陶富源文集

第 8 卷

政治文明的哲学观照

陶富源◎著

安徽师范大学出版社
ANHUI NORMAL UNIVERSITY PRESS
·芜湖·

责任编辑:张奇才　吴顺安
　　　　　谢晓博　陈　艳
装帧设计:张　玲　王晴晴
责任印制:桑国磊

图书在版编目(CIP)数据

政治文明的哲学观照 / 陶富源著.—芜湖:安徽师范大学出版社,2016.5(2024.7重印)
(陶富源文集;第8卷)
ISBN 978-7-5676-2286-9

Ⅰ.①政… Ⅱ.①陶… Ⅲ.①马克思主义哲学—文集 Ⅳ.①B0-0

中国版本图书馆CIP数据核字(2015)第289669号

政治文明的哲学观照

ZHENGZHI WENMING DE ZHEXUE GUANZHAO

陶富源　著

出版发行: 安徽师范大学出版社
　　　　　芜湖市北京中路2号安徽师范大学赭山校区　邮政编码:241000
网　　址: http://www.ahnupress.com/
发 行 部: 0553-3883578　5910327　5910310(传真)
印　　刷: 江苏凤凰数码印务有限公司
版　　次: 2016年5月第1版
印　　次: 2024年7月第2次印刷
规　　格: 700 mm × 1000 mm　1/16
印　　张: 24.25　　插页: 2
字　　数: 402千字
书　　号: 978-7-5676-2286-9
定　　价: 136.00元

出版前言

陶富源（1944.11.3—），江苏海安人，1969年7月毕业于北京大学哲学系，安徽师范大学马克思主义学院教授，博士生导师。曾任中国历史唯物主义学会常务理事、中国人学学会常务理事、国家社会科学基金学科评审组专家，终身享受国务院政府特殊津贴。获全国模范教师、省级教学名师、省十大杰出教师、省五一劳动奖章、安徽好人等10多项荣誉。主持和完成国家社会科学基金项目3项。独撰和合作出版著作、译作13部，发表论文240多篇，其中在《中国社会科学》《哲学研究》《马克思主义研究》发表论文20篇。获省部级教学科研成果一等奖、曾宪梓教育基金会高等学校教师奖三等奖等10多项奖项。

《陶富源文集》原10卷本，390余万字，于2016年5月由安徽师范大学出版社出版。2023年12月，陶富源先生又增加2卷本内容，并对原有10卷本进行修订，现为12卷本，470余万字。各卷的书名分别是《形上智慧论》《实践主导论》《终极关怀论》《哲学与马克思主义哲学》《青年马克思与费尔巴哈》《唯物辩证论与实践智慧》《唯物史观在当代》《政治文明的哲学观照》《精神家园的哲学守望》《面向世界的哲学沉思》《流年履踪的哲学随想》《学术论文写作通鉴》。

本套文集为陶富源先生从事马克思主义哲学研究50多年成果的结集，分别以哲学基本理论、马克思主义哲学基本理论、马克思人学基本理论、马克思主义辩证论、历史论、价值论、政治论、精神论等为主题，对学术界的既有成果给予了科学概括、论证和创造性理解、说明。本套文集视野开阔、时代气息浓郁、学术品味醇厚，全景式展现了一代哲学家的思想轨迹和学术贡献，从一个侧面反映了中国哲学理论研究的新进展和新成就，对推进中国哲学理论研究具有重要的学术价值。

由于收入本套文集的大部分作品为公开出版或发表过的，因此为了保留原作的本来面貌，除对个别文字、标点符号、部分参考文献作必要的技术处理外，对原文不作实质性改动。文集难免有文字讹错之处，敬请方家批评指出，以便今后重印时改正。

安徽师范大学出版社
2024年7月20日

总　序

哲学是时代的产物。

党的十一届三中全会开启了中华民族走向经济腾飞、文化复兴的伟大时代。这是一个古老民族从挫折中总结，于艰难中奋起，不断走向昌盛的时代，是一个解放思想、继往开来、锐意革新的时代。

沐浴着时代风雨，鼓荡起哲思才情，50多年一路走来，我共独撰和合作出版了著作和译作13部，发表学术论文240余篇，这些是我在哲学旅程中的一些思考和记录。在发表的论文中，有近半数的论文被《新华文摘》《光明日报》《中国人民大学复印报刊资料》《全国高等学校文科学术文摘》等转载、摘介和被多种著作所引用。

我信奉马克思主义哲学，因为它是指引人类走向彻底解放的真理，是科学的哲学。和一切科学一样，马克思主义哲学会随着时代的变化而发展。它的某些具体结论和具体原理，有的可能有错而被证伪，有的也会过时而被取代，但其基本原理具有持久的生命力，是不会从根本上被驳倒，被推翻，因而是必须坚持的。当然，马克思主义哲学的基本原理也要与时俱进，要经过不断改进、补充和丰富，从而能更系统、更全面、更正确地反映不断发展着的时代精神。

我这几十年来，除对自己留意以外，确也时时想到国家，想到社会，想到自己的责任，因而对治学始终持一种认真的态度，并以能为马克思主义哲学的宣传和发展尽自己的一点微力而感到欣慰。

承蒙学界朋友的鼓励和支持，我对多年来撰写和发表的部分文稿进行了梳理和审定，按相关专题，分成12卷出版。这12卷的书名分别是《形上智慧论》《实践主导论》《终极关怀论》《哲学与马克思主义哲学》《青年马克思与费尔巴哈》《唯物辩证论与实践智慧》《唯物史观在当代》《政治文明的哲学观照》《精神家园的哲学守望》《面向世界的哲学沉思》《流年履踪的哲学随想》《学术论文写作通鉴》。

收入该文集的个别文章在发表时因各种原因删减较多，现恢复原稿，这种情况已在文中作了说明。其余文章，除个别文字校正外，未作修改，以保持原貌。有少量文章是与别人合作撰写的，对此在书中也有标明。

本文集的出版，得到了安徽师范大学领导、安徽师范大学马克思主义学院领导的大力支持，得到了我的学生兼好友王平、陶庭马、汪盛玉、方芳、金承志、马和平、杨晶、张涛、黄友生、刘洋、毛加兴等的帮助，得到了我的家人的关怀，也得到了安徽师范大学出版社的鼎力相助。对各方的支持，谨此致以衷心的谢意。

陶富源

2024年6月20日

序　言

当代中国，正在按中国特色社会主义建设的基本要求，全面落实经济建设、政治建设、文化建设、社会建设、生态文明建设五位一体的总体布局。与这五个方面建设相对应的内容，是物质文明、政治文明、精神文明、社会文明和生态文明等五种文明。

社会文明、生态文明与物质文明、政治文明、精神文明不是并列关系，而是把渗透在经济、政治、文化中的人际关系或社会关系的进步状况独立出来，称之为社会文明；把渗透在经济、政治、文化中的人与生态关系的进步状况独立出来，称之为生态文明；并把它们提到国家战略的高度来加以建设，这是当代中国马克思主义的理论贡献，也是中国共产党人执政理念的重大创新。

从历史追溯角度说，物质文明、政治文明和精神文明概念的明确提出和理性把握，是马克思主义产生以后才出现的事情。另外，在这三大文明中，把政治文明看作是其中的关键所在，则更是马克思主义的一个基本观点。

这里还得从美国著名学者摩尔根说起。摩尔根在《古代社会》一书中，第一次把人类发展分为三个时代，也是第一次把人类从蒙昧时代和野蛮时代脱离出来的新时代，称之为文明时代。

在文明时代的早期，有了以金属制品（工具和钱币）为代表的物质文明，有了以人为宗教为主要文化形态的精神文明，有了国家制度的政治文明。尽管摩尔根还没有用物质文明、精神文明、政治文明的概念来表述。然而特别需要指出的是，在摩尔根那里，已经意识到国家制度或政治社会的出现，是人类社会进入文明时代的重要的，甚至根本的标志。他说："政治社会的建立则是文明伊始以后才有的事。"[①]

① ［美］摩尔根：《古代社会》，杨东莼等译，62页，北京：商务印书馆，1977年。

那么作为人类社会进入文明时代标志的国家制度，在人类进入文明时代以后的地位如何呢？关于这一点，恩格斯指出："国家是文明社会的概括。"[①]也就是说，国家制度是文明社会的集中体现。

列宁继承和发挥了恩格斯这一思想，他在论政治与经济的关系时，明确指出"政治是经济的集中表现"，因而"政治同经济相比不能不占首位"，并且认为："不肯定这一点，就是忘记了马克思主义的最起码的常识。"[②]

从恩格斯和列宁关于国家制度在社会生活中重要地位的上述论述，不难引申出以下结论：国家制度文明或政治文明是文明社会的集中体现和根本保障。

这是因为政治制度具有根本性、全局性、稳定性和长效性，因而社会的物质文明、精神文明的成果，只有通过文明的政治制度的保障，才能获得肯定、积累和持续发展。

在人类政治文明思想史上，马克思早在1844年11月写作的《关于现代国家的著作的计划草稿》中，就首次明确提出了"政治文明"的概念。马克思列举了研究现代国家问题可能涉及的基本内容，其中在第七条明确指出"集权制和政治文明"[③]。不难看出，马克思是准备从国家制度角度来研究和界定政治文明的。

应该说，这一思路从根本上说是正确的。当代学人把政治文明统合为政治意识文明、政治制度文明和政治行为文明等三个方面。不过，这其中最根本的还是政治制度文明。

因为相比较而言，如果政治意识文明不以政治制度文明为依托，那么就会变得软弱而没有力量。同样，如果政治行为文明得不到政治制度文明的护佑，那么也会难于持久而没有影响。马克思恩格斯之所以批判政治自由主义者，就是因为他们滞留于社会制度之表层，也就是仅在政治意识文明的范围内，谈论"政治""道德"诸理念，因而是没有多少实际意义的。与之有别，马克思主义则是深入到政治制度的内核，主张通过无产阶级的革命政治实践，来推进政治制度文明，来求证"人类解放"的重要性和路径。所谓政治制度文明，也就是与先

---

① 《马克思恩格斯文集》第4卷，195页，北京：人民出版社，2009年。

② 《列宁选集》第4卷，407页，北京：人民出版社，2012年。

③ 《马克思恩格斯全集》第42卷，238页，北京：人民出版社，1979年。

进的生产力和经济基础发展的需要相适应的政治制度进步状况。

由于生产力以及以此为前提的经济基础是一种历史发展的存在，因而与之相适应的政治文明也是一种历史发展的存在。

就现代政治文明而言，它集中表现为通过法制所保障的民主、平等、自由和人权的实现程度。在现代社会，存在着两种政治文明：社会主义政治文明和资本主义政治文明。其区别在于，社会主义政治文明是人民当家作主，用社会主义法制来维护广大人民的民主、平等、自由的权利和人权。资本主义政治文明则是资产阶级当家作主，用资本主义法制来维护资本主义社会的民主、平等、自由的权利和人权。

在人类文明发展史上，资本主义政治文明曾以它的先进性极大地促进了人类政治文明的进步，但它又有着片面性、狭隘性，因而在全世界，它终将为社会主义政治文明所取代，并通过社会主义政治文明建设，为最终把社会主义政治文明转变为社会管理文明创造条件。

政治和哲学都属社会的上层建筑，都受经济基础的制约，同时又反作用于经济基础。与此同时，哲学又受制于政治，同时也反作用于政治。由于政治在社会生活中的重要地位和巨大作用，因此，哲学对社会生活各方面的影响集中表现为对政治的影响，或者说，首先或主要是通过对政治的影响，从而去影响社会生活的其他方面。因此，从哲学的政治功能和社会功能的意义上说，哲学就是理论上的政治。从事哲学，也就是在理论上从事政治。

在西方，柏拉图有其“哲学王”的政治理想。在中国，儒家的“内圣外王之道”，道家《道德经》的“君王南面之术”，墨家的“十大治国方略”，法家的“一断于法”等理念和主张，都是以政治为中心，或者说，直接讲的就是政治。

马克思也把哲学对政治所发挥的作用，看作是哲学的基本任务和必须具备的政治功能。他在《黑格尔法哲学批判》中说：“哲学在政治方面所做的事情，就像物理学、数学、医学和任何其他科学在自己的领域内所做的事情一样。”[①]因而是理所当然的。

马克思主义哲学的政治功能，在无产阶级夺取政权的革命斗争中，是充当这个解放的头脑。用马克思的话说：“这个解放的头脑是哲学，

① 《马克思恩格斯全集》第1卷，127页，北京：人民出版社，1956年。

它的心脏是无产阶级。”[①]在无产阶级夺取政权以后的社会主义建设中，它的政治功能主要是引导和促进社会主义政治文明建设。

马克思恩格斯认为：“工人革命的第一步就是使无产阶级上升为统治阶级，争得民主。”[②]所谓“上升为统治阶级”，就是使无产阶级和广大人民群众成为国家和社会的主人，或曰实现主权在民和按人民的意志行使国家权力。所谓“争得民主”，就是用民主制度来保障和实现主权在民和按人民的意志行使国家权力。于是，有了体现社会主义民主要求的顺应民意原则、尊重多数人利益的投票民主原则、保护少数人利益的协商民主原则、民主程序原则、民主监督原则，以及作为上述原则依据的民主法治原则。法治就是依法治国。依法治国是中国共产党领导人民治理国家的基本方略，法治是治国理政的基本形式。以马克思主义哲学为指导，促进中国社会主义政治文明建设，就是要全面落实依法治国的基本方略，促进社会公平正义，保障人民安居乐业。

收入本卷的文章，其主要内容是在马克思主义哲学的指导下，论述了当代中国的政治文明建设。具体来说，它包含以下四个方面：一是论述了马克思主义国家观，重点是说明国家的社会管理职能与阶级职能的关系，以及这两种职能的历史走向。二是论述了马克思主义民主政治观、法治观，以及依法治国与以德治国的关系。三是论述了中国特色协商民主的本质内涵、历史演进、发展经验、健全发展等。四是论述了服务型政府建设、和平发展的对外关系，以及中国和平发展与新军事变革等理论问题。

① 《马克思恩格斯文集》第1卷，18页，北京：人民出版社，2009年。

② 《马克思恩格斯文集》第2卷，52页，北京：人民出版社，2009年。

目　录

论国家的社会管理职能*

国家是阶级统治的工具，具有阶级职能。但同时，国家又是社会管理的机关，具有社会管理职能。这样两个方面，对于前者，学术界多年来是十分重视研究的，而对于后者，则往往有所忽视。为了在理论上全面理解马克思主义国家学说，并在实践中合理、高效地发挥我国政权机关的社会管理职能，领导和组织好我国的四化建设，本文想就国家的社会管理职能，它的根据和内容，它与国家阶级职能的关系，以及社会主义国家与剥削阶级国家在行使社会管理职能方面的区别等几个问题，谈如下粗浅体会，以求得到指正。

一、社会管理是国家的基本职能

人类社会从它存在的第一天起，就有一个管理的问题。这是因为，社会绝不是无数单个人的孤立活动的凑合，而是由许多相互作用和相互制约的因素所构成的复杂有机体。要使构成这个有机体的各部分协调动作，从而使社会正常运行和发展，就需要进行管理。要通过管理，来维护全社会的公共利益。

在构成社会的诸多因素中，社会生产是最基本的因素。追溯起来，社会管理就是从人们在生产中出现的分工协作开始的。对分工协作的组织和指挥，这就是管理。关于这一点，马克思曾经说过："一切规模较大的直接社会劳动或共同劳动，都或多或少地需要指挥，以协调个人的活动，并执行生产总体的运动——不同于这一总体的独立器官的运动——所产生的各种一般职能。一个单独的提琴手是自己指挥自己，一个乐队就需要一个乐队指挥。"①

* 原刊于《青海师范大学学报》(哲学社会科学版)，1987 (1)。

① 《马克思恩格斯文集》第5卷，384页，北京：人民出版社，2009年。

由此可见，社会生产和社会生活都是不能没有管理的。只是由于生产力的发展水平和社会分工协作程度的不同，因而也就决定了不同时期，社会管理的性质和内容的不同罢了。

在原始社会，由于生产门类和人际关系都极为单纯，因此那时的“公共关系，社会本身、纪律以及劳动规则全靠习惯和传统的力量来维持，全靠族长和妇女享有的威信或尊敬……来维持，没有专门从事管理的人构成的特殊等级”[①]。

可是到原始社会末期，由于生产力的发展，分工交换的扩大，不同部落居民的杂居，使社会事务的处理开始复杂起来。特别是在私有制和阶级产生以后，不同阶级之间的纷争，日益发展到了不可调和的地步。在这种情况下，原始社会的习惯、传统、制度已经愈来愈失去了行使社会职能的作用，强力逐渐成为施行社会管理的重要手段。于是拥有暴力的特殊机构产生了。

恩格斯指出：“社会为了维护共同的利益，最初通过简单的分工建立了一些特殊的机关。但是，随着时间的推移，这些机关——为首的是国家政权——为了追求自己的特殊利益，从社会的公仆变成了社会的主人。”[②]这就是说，国家的形成过程，是一个从原先保护共同利益的机关，即“以某种经济的、社会的职能为基础”[③]的机关，逐渐独立而上升成为对社会进行统治的机关。

那么，国家在产生以后，是不是可以完全脱离社会，独立而成为不履行某种社会职能的纯粹压迫机关呢？不是的。

恩格斯曾极有分寸地指出，这个时候的国家只是“和社会公共职能的执行者更加疏远”[④]。列宁也认为，国家也只是“在一定程度上脱离社会的‘权力’”[⑤]。这是因为作为社会上层建筑的一部分的国家政权，它不可能离开社会孤立存在，不可能离开社会的经济关系和经济发展状况而孤立存在。不仅如此，归根到底，它还是被经济关系的性质和经济发展水平所决定的。所以，恩格斯认为：“政治统治到处都是

① 《列宁选集》第4卷，28页，北京：人民出版社，2012年。
② 《马克思恩格斯文集》第3卷，110页，北京：人民出版社，2009年。
③ 《马克思恩格斯文集》第9卷，190页，北京：人民出版社，2009年。
④ 《马克思恩格斯文集》第9卷，190页，北京：人民出版社，2009年。
⑤ 《列宁选集》第2卷，441页，北京：人民出版社，2012年。

以执行某种社会职能为基础，而且政治统治只有在它执行了它的这种社会职能时才能持续下去。”[①]

由此可见，由国家来执行某种社会职能，不仅是在历史发展的一定时期中，为社会所需要的，而且也是国家自身的存在所需要的。列宁指出：“国家就是从人类社会分化出来的管理机关”，但同时又是一个“专门从事管理……的特殊集团”[②]。这也就是说，国家是一个具有统治阶级特点的社会管理机关。因此，国家既具有一切社会的管理机关的共性，也有作为阶级社会的管理机关的个性。这种情况也就决定了国家具有两重的职能：第一，要“执行由一切的社会的性质产生的各种公共事务”；第二，“又包括由政府同人民大众相对立而产生的各种特殊职能”[③]。就国家的社会管理职能来说，它包含的内容是多方面的，择其主要说来有三：

第一，保卫国防，抵御外侮。

国家具有捍卫本国主权、领土完整和安全，防备和抵御外来侵略和颠覆的职能。国家的这种职能在遇到外族入侵时，尤其显得神圣和动人心弦。边关告急，无数血性男女应号召，疆场效命，众多民族英雄显身手。抵御外侮，虽然也保卫了占统治地位的剥削阶级的利益，但民族安危所系，国家利益至上。所以，在我国抗日战争时期，连地主、豪绅都要尽量团结，就是这个道理。

第二，维持社会秩序，捍卫国家统一。

维持社会秩序的内容是十分广泛的。大体说来有三个方面：

（1）“缓和”统治阶级和被统治阶级之间的“冲突”，使“经济利益互相冲突的阶级，不致在无谓的斗争中把自己和社会消灭”[④]。为了保持“秩序”，剥削阶级国家无疑要残酷镇压被剥削阶级的反抗，这是其阶级职能的表现。这是主要的。但另一方面，剥削阶级国家为了保持“社会秩序”，也不得不对剥削阶级自身有一定程度的约束。

正是这个意义上，恩格斯在论述雅典国家的产生时说：“既然氏族制度对于被剥削的人民不能有任何帮助，于是就只有期望正在产生的

① 《马克思恩格斯文集》第10卷，187页，北京：人民出版社，2009年。
② 《列宁全集》第29卷，432页，北京：人民出版社，1995年。
③ 《马克思恩格斯文集》第7卷，431、432页，北京：人民出版社，2009年。
④ 《马克思恩格斯文集》第4卷，189页，北京：人民出版社，2009年。

国家，而国家也确实以梭伦制度的形式给予了这种帮助。”恩格斯举例说，梭伦制度“规定了个人所能占有的地产的最大数额，以便至少把贵族对于农民土地的无限贪欲限制一下”①。当然剥削阶级国家对剥削阶级自身的约束，虽然在一定程度上能缓解被剥削阶级的苦难，但对剥削阶级国家来说，这样做的目的，归根到底是为了巩固自己的统治。

（2）协调统治阶级内部的矛盾。统治阶级内部的各部分、各阶层，由于在利益和权力分配上的不平衡，会引起种种纷争和动乱，这种纷争和动乱首先是有害于统治阶级的统治，但同时也会危及社会的安宁和人民生活的安定。在中国历史上，封建国家所采取的抑制豪强的种种措施，首先是为了协调统治阶级内部的矛盾，同时也起了某种维持社会安定的作用。

（3）作为旧的社会制度的衍生物，在旧的社会中土匪猖獗，盗贼横行，加之自然灾害频发，人民流离失所。在这种情况下，国家采取某些救援措施，以及维持治安，打击社会不良分子等，这些对人民、对社会都是有好处的。当然，这和统治阶级把反抗其统治的人民污蔑为“土匪”“强盗”加以镇压，是性质根本不同的两回事，是不能加以混淆的。

国家除了要维持社会秩序以外，还有反对分裂活动，捍卫国家统一的职能。因为国家的统一，是社会安定和社会生产、社会生活得以正常进行的政治前提。因此，我们要肯定汉景帝对“吴楚七国之乱”的平定，要肯定唐中期对“安史之乱”的削平，要肯定清康熙消灭“三藩”的战争。

恩格斯在论到欧洲统一国家的形成时也指出，在消灭分裂割据时，王权是进步的因素，它是无秩序中的秩序代表，是维护统一的力量。斯大林在《庆祝莫斯科建成八百周年的“贺词”》中也指出：“如果不能摆脱封建分散和诸侯混乱的状态，世界上任何一个国家都不能指望保持自己的独立和真正发展经济和文化。”因此，维护国家统一，这是国家政权的重要社会职能。

第三，组织生产建设，提供社会服务。

国家在这一方面的职能，随着时代的不同，而有很大的差别。在

① 《马克思恩格斯文集》第4卷，132页，北京：人民出版社，2009年。

历史的发展过程中，这一职能具有愈来愈加强的趋势。但即令在古代，国家也必须在一定程度上和一定范围内组织和领导社会生产。

社会的生产和再生产，是社会存在和发展的基础，也是掌握政权的剥削阶级维持其政治统治和经济盘剥的基础。所以，任何剥削阶级国家都要行使管理社会生产和管理社会经济的职能。恩格斯曾举例说："不管在波斯和印度兴起和衰落的专制政府有多少，每一个专制政府都十分清楚地知道它们首先是河谷灌溉的总管，在那里，没有灌溉，就不可能有农业。"[①]普列汉诺夫也认为："国家的兴起，在极大程度上是可以用社会生产过程的需要的直接影响来说明的。"[②]

与社会生产的管理相联系，国家还要管理国土、资源、劳动成果；要建设交通、通讯等公共服务设施，要管理国家财政、管理市场和对外贸易；要保护环境，维护生态平衡；要控制人口；要发展科学、教育、艺术事业；要兴办社会福利、社会保险事业；要保障社会安定、维护社会公德；等等。虽然这许多方面是历史地、逐渐地变成为国家的管理内容的，但它们都是属于社会生产赖以进行的共同的外部条件，都是服务于社会生产和社会生活的。

总之，社会管理是任何国家都具有的一种基本职能。这种职能对于历史发展和社会进步是有着重要意义的。

二、剥削阶级国家社会管理职能的政治本质

社会管理职能的特点，在阶级社会中，相对于国家的阶级职能来说，具有社会公共性的一面，它是服务于全社会的。那么，承认剥削阶级国家具有社会管理职能，会不会与超阶级的国家论划不清界限呢？不会的。

第一，如上所述，我们既要看到国家的社会管理职能与直接的阶级压迫职能有所区别，但同时又必须承认，任何剥削阶级国家都不可能牺牲统治阶级的利益，去执行某种社会职能。当社会义务与剥削阶级的利益发生矛盾的时候，当权的统治者会毫不犹豫地放弃履行自己的义务。

① 《马克思恩格斯文集》第9卷，187页，北京：人民出版社，2009年。

② 《普列汉诺夫哲学著作选集》第2卷，274页，北京：生活·读书·新知三联书店，1961年。

另外，剥削阶级国家在执行社会职能时，其目的、手段和方法，也是贯穿了其阶级性的。比如在第二次世界大战中，日本帝国主义大举侵华，在这民族危难的关头，抗击日寇成为神圣的进步的事业。在中国共产党的抗日民族统一战线的号召下，全国人民，八路军新四军，以及国民党的广大爱国官兵，都积极投入这一伟大的事业，从而做出了壮烈的牺牲。这是我们要永远纪念的。但以蒋介石为代表的国民党政府出于一己私利，一开始采取的是不抵抗政策。“九一八”事变爆发后，仅5天时间，辽、吉两省尽沦敌手，经过4个月零18天，东北三省全部沦陷。“九一八”事变时，日本在东北地区的正规军加上警察部队，才2万余人，而中国在东北地区的兵力实际达三四十万人。然而中国军队不战而败，丧权失地，这助长了日本帝国主义的嚣张气焰。后来国民政府虽然也参加和领导了抗战，并在正面战场消耗了日军大量有生力量，为抗日战争做出了重要贡献，但其重要目的则是为了维护中国亲美派大资产阶级的利益，因而它在抗日战争的相持阶段，在日寇的诱降面前，消极抗战，积极反共。关于这一点，毛泽东同志曾做了详细的揭露，这里就不再重述了。

第二，就剥削阶级国家来说，它的主要精力不可能用于执行社会的管理职能，而只能用于执行它的阶级职能。这是因为，在阶级社会中，国家政权掌握在剥削阶级手中，这一点决定了国家政权“在本质上都是镇压被压迫被剥削阶级的机器”①。

第三，剥削阶级国家虽然能在一定程度上和一定范围内执行某种社会职能，但归根结底还是为了维护自己的政治统治。因为，如果社会生产和社会生活失去必要的管理，那么，无论是剥削者，还是被剥削者的生存条件和社会地位都会遭到破坏。这样一来，也就更谈不上维护剥削阶级的政治统治了。在历史上，如果一个政权只知道一味地掠夺、榨取，无限地扩大其阶级职能，而不去解决群众亟待解决的社会问题，不去执行自己的社会管理职能，那么这个政权就会在群众中威信扫地，就会失去其存在的社会基础，也就迟早要被群众所推翻。

这是历史上许多剥削阶级政权在面临崩溃之时，常常可以看到的现象。剥削阶级中较有远见的当权者是深谙此理的。“君，舟也；人，

① 《马克思恩格斯全集》第21卷，200页，北京：人民出版社，1965年。

水也。水能载舟，亦能覆舟。”[1]因而慑于人民反抗的威力，统治阶级中某些开明的当权者，会在一定程度上使自己的贪欲有所收敛，从而比较注意发挥国家的社会管理职能。这样就会出现历史上较为繁盛昌明的时期。中国历史上的“文景之治”“贞观之治”“开元盛世”等，都是国家政权在执行社会管理职能方面，较有成效的时期，同时也是剥削阶级统治比较稳固的时期。

另外，对于剥削阶级当权者来说，为了维持政治统治，去执行社会管理职能和执行暴力镇压职能，这两者都是缺一不可的。但两相比较，前一种形式，即把阶级统治渗透于社会管理职能这种形式，要来得更安全、更可靠得多。所以历史上的剥削阶级国家总是以社会代表的面目出现在群众面前，其奥秘也就在这里。

第四，剥削阶级的自私本性决定了它们的贪欲终究是不可抑制，总是要膨胀起来的。因此，从总的趋势看，代表剥削阶级利益的国家政权，在社会基本矛盾激化，遭到人民群众日益强烈反抗的情况下，总是要不断地扩大自己的阶级职能，去削弱、取代在社会管理方面的某些职能的。这从而也就决定了历史上的剥削阶级政权，都逃脱不了灭亡的命运。

综上所述，占统治地位的剥削阶级执行国家的社会管理职能，归根到底，是为执行国家的阶级职能服务的，是为了统治阶级的利益而进行社会管理。因此，在阶级社会中，不存在脱离国家的阶级职能，也不存在不为阶级职能服务的社会管理职能。不能夸大剥削阶级国家的社会职能所具有的社会公共性的一面，更不能把它说成是各阶级的“普遍利益”的代表。

所以，两相比较，阶级职能是剥削阶级国家的根本职能，社会管理只是其第二位的职能。因此，承认剥削阶级国家具有社会管理职能，并不会发生与超阶级的国家论划不清界限的问题。相反，弄清国家的阶级职能和社会管理职能的关系，才能使我们在理论上进一步认识到，超阶级的国家论失足的地方正在于，它片面地夸大了剥削阶级国家的社会管理职能以及这种职能所具有的社会公共性的一面，而完全抹煞了国家的根本职能——阶级职能。另外，它也使我们进一步认识到，

① 《荀子·哀公篇》。

劳动者在一定历史时期中，之所以会产生国家崇拜的观念，除了因为受到剥削阶级的欺骗宣传以外，还有认识方面的原因。即国家具有社会管理职能的一面，而国家的阶级职能又往往渗透于社会管理职能之中，这从而也就增加了人们辨别的困难。

三、建设性管理是社会主义国家的主要职能

社会主义国家是新型的国家。它同任何国家一样，无例外地也具有阶级职能和社会管理职能。但是，社会主义国家与剥削阶级国家相比，其社会管理职能在国家活动中所处的地位、性质和意义等方面，都有着根本的区别。

第一，社会主义国家的主要职能，不仅是对人民的敌人进行专政，而主要是进行建设性管理。

历史上的国家是少数剥削者对多数劳动者进行的统治。因而"必须实行极凶狠极残酷的镇压，就必须造成大量的流血"[①]。这种情况，也就决定了阶级职能必然要成为剥削阶级国家的主要的、突出的职能。

而在社会主义社会，阶级斗争不具有全面的规模，斗争的形式也比历史上的阶级斗争要和缓得多。因为社会主义国家是多数劳动者对少数剥削者使用暴力，而"多数人去镇压剥削者少数人，相对来说，还是一件很容易、很简单和很自然的事情"[②]。

加之，社会主义革命变剥削私有制为社会主义公有制，这从而也就从社会赖以存在的经济基础内部，根除了阶级对抗的可能，取消了剥削阶级存在的基础。社会主义社会实行按劳分配的原则，而按劳分配"不承认任何阶级差别"[③]，它对来自不同阶级的人们是平等的，就是说，每个人都是以自己的劳动为唯一尺度来获得个人的消费品。这从而也就为把剥削分子改造成自食其力的劳动者，提供了客观的可能和条件。

因此，在生产资料所有制的社会主义改造完成以后，剥削阶级作为阶级已经消灭了，阶级矛盾和阶级斗争已经不是社会主义社会的主

① 《列宁选集》第3卷，192页，北京：人民出版社，2012年。

② 《列宁选集》第3卷，192页，北京：人民出版社，2012年。

③ 《马克思恩格斯文集》第3卷，435页。北京，人民出版社，2009年。

要矛盾。在这种情况下，对少数剥削分子的专政，虽然在相当时期内，仍然是社会主义国家的职能之一，但其主要职能，已经转到组织、领导和管理大规模的经济建设和文化建设方面。国家在很大程度上已经成为物质生产和精神生产过程的直接组织者。在旧的私有制社会，社会管理职能是国家的次要职能；而在社会主义社会中，建设性管理已上升成为社会主义国家的主要职能。不仅如此，随着阶级斗争的总形势在波浪式的起伏中趋于缓和，社会主义国家的社会管理职能也将越来越多地、直至最终完全取代阶级职能。

第二，社会主义国家执行社会管理职能，是完全为着社会的利益，是推动社会前进的巨大力量。

社会主义国家是以工人阶级为领导的。工人阶级与历史上任何掌握国家政权的剥削阶级不同，它除了争取人民的、社会的利益以外，并无自己特殊的利益。因此，社会主义国家在执行社会职能时，是抱着全心全意为人民服务的宗旨的。这与历史上的剥削阶级国家根本不同，因为后者在执行社会管理职能时，总是或多或少挟带着剥削阶级私利的。另外，旧的剥削制度也极大地限制了国家政权执行社会管理职能的范围和作用。

拿资本主义社会来说，马克思恩格斯曾多次指出，资本主义社会“对生产自始就不存在有意识的社会调节”[①]。资本主义社会的早期，它的全部生产“不是由共同制定的计划，而是由盲目的规律来调节，这些盲目的规律，以自发的威力，最后在周期性商业危机的风暴中显示着自己的作用”[②]。资本主义国家后来吸取了自由放任政策的教训，采取了一些凯恩斯主义的措施，但也仅仅是限于干预，这种对经济的干预，其最大作用，也只是限于市场的外部条件。

与此不同，社会主义社会的生产是由国家规划来实现的有意识的社会调节。在社会主义条件下，国家的社会管理职能成为更积极的力量，它对经济和文化的建设，要在社会规模上进行规划和组织。因此，国家的公共管理职能，在社会主义时期，其作用的范围得到了空前的扩大。

由此可以推论，如果充分发挥社会主义国家管理原则的合理性和

① 《马克思恩格斯文集》第10卷，290页，北京：人民出版社，2009年。

② 《马克思恩格斯文集》第4卷，195页，北京：人民出版社，2009年。

效能，那就必然会以历史上前所未有的巨大力量来加速社会经济和文化的发展，就会给人民带来日益美好的生活。我国建国三十多年来的实践也说明，在社会主义制度下，整个社会的进步，各阶层居民的日常生活，每个人的福利，都在很大程度上取决于国家管理原则的合理性和效能。反之，就会给亿万人民带来灾难。十年内乱就是这一方面的教训。

因此，在社会主义制度下，在全社会范围内，按照客观规律办事，有规划地全面组织社会生产和社会生活，繁荣社会主义的经济和文化，这不仅是社会主义国家的性质所要求的，同时也是国家对人民、对社会应负的严重历史责任。

第三，社会主义国家执行社会管理职能，是为了使国家的职能变为纯粹的管理职能而创造条件，也是为了使国家本身最终消亡而创造条件。

剥削阶级国家执行某种社会职能，最终是为了巩固自己的统治。社会主义国家是从国家到非国家的过渡。无产阶级夺取政权，并不是要永远保持政权，而是要通过不断扩大的社会管理职能，来加速社会主义的经济、政治和文化的建设，实现对整个社会的全面深刻的改造，最终完成阶级消灭、国家消亡、实现共产主义的伟大历史使命。

共产主义实现的物质基础，是现代化大生产的全面而极大的发展，并在这个基础上，才能形成共产主义实现的精神基础——人民群众觉悟的极大提高。社会主义国家的建设性管理职能的发挥，就是要创造这样的基础。正是在这个意义上，列宁说："无产阶级专政不只是对剥削者使用的暴力，甚至主要的不是暴力。"无产阶级专政的实质就"在于无产阶级代表着并实现着比资本主义更高类型的社会劳动组织"[①]。

国家的消亡，就是国家阶级职能的完全消亡，使公共管理职能成为惟一的职能。无产阶级专政作为政治的过渡形式，正是通过其阶级职能的缩小和社会管理职能的扩大，特别是建设性管理职能的扩大，使国家这个从社会中产生，凌驾于社会之上，同社会日益脱离的力量，向着返回社会的方向运动。"是社会把国家政权重新收回，把它从统治社会、压迫社会的力量变成社会本身的充满生气的力量。"[②]这就是说，

① 《列宁选集》第4卷，9、10页，北京：人民出版社，2012年。

② 《马克思恩格斯文集》第3卷，195页，北京：人民出版社，2009年。

国家的消亡，并不是社会管理职能的取消，它将被保留下来，失去其原有的政治性，变成为纯粹的管理职能。恩格斯在《论权威》一文中指出:“所有的社会主义者都认为，政治国家以及政治权威将由于未来的社会革命而消失，这就是说，公共职能将失去其政治性质，而变为维护真正社会利益的简单的管理职能。”①

另外，国家的消亡也是和广大群众学会社会事务的管理相联系的。要根除旧国家的官僚制和特权制，就必须改变少数人管理国家的现象。因为少数管理者即使在社会主义制度下，也“有变为脱离群众、凌驾于群众之上、享有特权的人物的趋势”②。列宁认为，必须创造条件，“把人人参加生产劳动同人人参加‘国家’管理结合起来”③。他还说:“国家政权职能的行使愈是全民化，这个国家政权就愈不需要了。”④

总之，充分、合理、高效地发挥社会主义国家机构的社会管理职能，这是马克思主义国家学说的一个重要观点。如何做到这一点，这不仅是一个理论问题，而且主要的是一个社会实践问题。这不但在我国，而且在所有的社会主义国家，都是一个崭新的课题，是必须要做好的一篇大文章。

我国目前进行的经济体制改革，实行政企分开，简政放权，对内搞活，对外开放等措施，其中要解决的一个根本问题，就是政权机关如何才能更好地发挥对于四化建设的领导和管理作用。我们相信，只要坚持改革，善于总结，在这个问题上，我们党一定会领导全国人民闯出一条新路子，总结出一套新经验来的。如果这一工作做好了，将会大大加快我国的经济建设和文化建设，同时，对丰富马克思主义关于国家的社会管理职能的理论，也将是一个巨大的贡献。

① 《马克思恩格斯文集》第3卷，338页，北京：人民出版社，2009年。

② 《列宁选集》第3卷，216页，北京：人民出版社，2012年。

③ ［俄］列宁：《马克思主义论国家》，宋书声、籍维立译，51页，北京：人民出版社，1964年。

④ 《列宁全集》第31卷，40页，北京：人民出版社，1985年。

无产阶级的国家是半国家*

无产阶级的国家是半国家。这一思想深刻地揭示了无产阶级国家的本质及其发展和演化的规律。它是马克思主义国家学说的一个重要命题。学习这一思想，对我们加强无产阶级领导的人民民主政权建设，是很有意义的。

关于无产阶级的国家是半国家的思想，在马恩著作中有过多次阐述。

例如，1873年恩格斯在《政治冷淡主义》一文中就指出：无产阶级建立自己的专政，只是“赋予国家以一种革命的暂时的形式”[①]。1875年恩格斯在给倍倍尔的信中曾直接宣布，“巴黎公社已经不是原来意义上的国家了”。马克思在《哥达纲领批判》一文中也明确指出：无产阶级专政是“一个政治上的过渡时期”的国家。为了把无产阶级的国家和本来意义上的国家相区别，马克思恩格斯曾建议，把无产阶级国家中的“国家”一词全部改成德文中的“共同体”，或法文中的“公社”[②]。

列宁继承了马克思恩格斯的上述思想，并把它概括为“半国家”这个概念。列宁在批判改良派时指出：应该用革命暴力“摧毁”资产阶级“官僚军事国家机器”，用“‘公社’，用新的‘半国家’代替它”[③]。他又说：“资产阶级国家不是‘自行消亡’的，而是由无产阶级在革命中来‘消灭’的。在这个革命以后，自行消亡的是无产阶级的国家或半国家。”[④]很显然，列宁在这两处都是在无产阶级国家的意

---

* 原刊于《辽宁师范学院学报》（哲学社会科学版），1980（2）。

① 《马克思恩格斯文集》第3卷，340页，北京：人民出版社，2009年。

② 《马克思恩格斯文集》第3卷，414页，北京：人民出版社，2009年。

③ ［俄］列宁：《马克思主义论国家》，宋书声、籍维立译，52页，北京：人民出版社，1964年。

④ 《列宁选集》第3卷，124页，北京：人民出版社，2012年。

义上，使用“半国家”这一概念的。

马克思恩格斯和列宁为什么要有保留地承认无产阶级的国家是半国家，而赋予它暂时的意义和作用呢？这是跟马克思主义在国家问题上的根本立场相联系的。马克思主义对国家是坚持最彻底的批判立场的。

马克思主义认为，国家是由非国家的机关演化而来的。原始公社起初用简单分工的办法为自己建立了各种机关，来保护共同的利益。后来出现了私有制和阶级的划分，原来的机关经过部分的改造和增设，变成了追求自己特殊利益的强制机关，这就是国家。列宁说，国家的“基本特征：把公职人员，‘社会公仆’，社会机关，变为社会的主人”①。

国家在奴隶社会、封建社会和资本主义社会中，都是一个阶级压迫另一个阶级的工具。恩格斯说:“国家最多也不过是无产阶级在争取阶级统治的斗争胜利以后所继承下来的一个祸害；胜利了的无产阶级也将同公社（指巴黎公社——引者注）一样，不得不立即尽量除去这个祸害的最坏方面，直到在新的自由的社会条件下成长起来的一代能够把这全部国家废物完全抛掉为止。”②列宁在学习恩格斯这段论述时写道：国家是“垃圾”“废物”，要“打倒全部‘国家破烂’”③。

革命导师的这些论述有着特别重要的意义，因为它不仅一般地论述了国家是祸害，而且特别谈到了国家政权即使在无产阶级手里，也是不得不继承下来的一个祸害，无产阶级尽其量也只能消除这个祸害的最坏方面，要完全消除这个祸害，就只有在未来的新的条件下把全部国家废除。按照恩格斯的观点，也就是说，只要国家还存在，其祸害是不可避免的。

但是无产阶级在争取阶级统治的斗争胜利以后，为了镇压剥削者的反抗，为了领导群众调整社会主义经济，就既不能像改良主义者所主张的，去运用资产阶级官僚机器，也不能像无政府主义者所主张的，去立即废除国家。列宁说:“要一下子、普遍地、彻底地取消官吏，是谈不到的。这是空想。但是一下子打碎旧的官吏机器，立即开始建立

① 《列宁选集》第3卷，180页，北京：人民出版社，2012年。

② 《马克思恩格斯全集》第22卷，228—229页，北京：人民出版社，1972年。

③ ［俄］列宁:《马克思主义论国家》，宋书声、籍维立译，59页，北京：人民出版社，1964年。

一个新的机器来逐步取消任何官吏，这并不是空想。”[①]这个新的机器就是作为半国家的无产阶级的国家。

革命导师在何种意义上把无产阶级的国家称为半国家呢？我们试着从以下三个方面来进行理解。

第一，无产阶级的国家不是原来意义上的暴力机关，而是多数人对少数人的暴力机关。

任何国家都意味着使用暴力，无产阶级的国家也不例外。但是历史上本来意义的国家是少数剥削者对多数劳动者使用暴力，而无产阶级的国家则是多数人对少数剥削者使用暴力。列宁在论述巴黎公社时说：公社还留着“国家的痕迹”，但是“公社已经不再是国家了，因为公社所要镇压的不是大多数居民，而是少数居民（剥削者）；它已经打碎了资产阶级国家机器，居民已经自己上台来代替实行镇压的特殊力量。所有这一切都已经不是原来意义上的国家了”[②]。

原来意义上的国家，“实行剥削者少数要能有系统地镇压被剥削者多数，就必须实行极凶狠极残酷的镇压，就必须造成大量的流血”。相比之下，无产阶级专政要算是最文明、最人道的政权了。因为“多数人去镇压剥削者少数人，相对来说，还是一件很容易、很简单和很自然的事情”[③]。

由此可见，谁要是仅仅承认无产阶级专政是镇压之权，他可能还没有走出剥削阶级专政的狭隘眼界，因为仅仅承认无产阶级专政是镇压之权，丝毫不妨碍他对无产阶级和其他劳动人民实行残酷的专政。林彪、“四人帮”鼓吹“政权就是镇压之权”，就是这一方面的一个典型。只有承认无产阶级专政是镇压之权，同时也承认无产阶级专政是多数人对少数剥削者实行镇压的人，才是真正承认无产阶级专政。

无产阶级专政作为一种暴力，怎样才能保证它的压迫制度只能用于压迫自己的敌人，而不是被滥用来对付人民，这是无产阶级在夺取政权以后所面临的重大课题。解决这一课题就成为无产阶级国家作为半国家的第二方面的意义。

第二，无产阶级国家是废除了官僚制和特权制的真正民主的国家。

---

① 《列宁选集》第3卷，153页，北京：人民出版社，2012年。

② 《列宁选集》第3卷，169页，北京：人民出版社，2012年。

③ 《列宁选集》第3卷，192页，北京：人民出版社，2012年。

在国家存在的地方，居民必然分为被管理者多数和专门管理者少数两部分。管理者少数凌驾于社会之上，谋取特殊的利益和权力，升官不仅是谋生的手段，而且是发财的手段。因而在几千年的历史中，国家政权都意味着官僚制和特权制的结合。

无产阶级在夺取政权以后的一个时期，由于物质条件和由物质条件所制约的文化水平的限制，劳动群众还不能直接参加社会公共事务的管理，而只有通过他们的代表，也就是我们通常所说的国家干部来为他们实行管理。这种由少数人管理国家的现象，和历史上是一样的。而且只要这种现象还存在，少数管理者就仍“有变为脱离群众、站在群众之上、享有特权的人物的趋势”[①]。

我国和其他一些社会主义国家的经验证明，为了防范上述情况的发生，单讲“发扬”民主，“保持”优良传统，是不能解决问题的。仅仅靠权力来澄清权力，也无法防止权力的腐败。最有效的办法是诉诸无产阶级，诉诸群众，实行真正的民主制。只有这样才能最大限度地防止社会公仆变为社会主人的历史重演。

巴黎公社就正好是这种民主国家的雏形。它第一次提供了保留国家而防止无产阶级国家干部官僚化的三项著名措施。

这就是：（1）国家公职人员由选举产生，并随时可以撤换；（2）他们的工资相当于普通工人的工资；（3）他们必须接受工人群众的直接监督。巴黎公社最初突破资产阶级民主的界限，而创造了无产阶级民主。列宁说：“在这里恰巧看到了一个‘量转化为质’的例子：民主实行到一般所能想象的最完全最彻底的程度，就由资产阶级民主转化成无产阶级民主，即由国家（=对一定阶级实行镇压的特殊力量）转化成一种已经不是原来意义上的国家的东西）。”[②]也就是说，无产阶级的国家是采取了真正民主制而废除了官僚制和特权制的国家。

由此可见，无产阶级在夺取政权以后，除了要对少数敌人实行专政外，还必须对人民实行民主。只有对人民实行民主，一方面，才能对少数敌人实行有效的专政；另一方面，才能防范无产阶级国家政权本身的官僚化和特权化。社会主义民主就是无产阶级国家制度，无产阶级的国家对广大人民实行民主，是题中应有之义。历史经验也证明，

① 《列宁选集》第3卷，216页，北京：人民出版社，2012年。

② 《列宁选集》第3卷，147页，北京：人民出版社，2012年。

在夺取了政权以后，即使建立了无产阶级的国家，但如果缺乏自觉，不实行民主的制度化，制度的民主化，那么就不能防止无产阶级国家的变质。林彪、“四人帮”不就是利用我国民主制度的不健全，钻了我们的空子，而得逞于一时吗？这个教训我们要永远记取。

但是正如前文所说，只要国家（包括无产阶级的半国家）还存在，官僚制和特权制就不可能完全绝迹。所以要根除这个祸害，就必须创造条件，使国家自行消亡。无产阶级的国家就是这种创造条件，使自己逐渐消亡的国家。

第三，无产阶级国家是从国家到非国家的过渡。

在原始社会瓦解奴隶社会兴起时期产生的国家政权，经过几度革命，最后转到资产阶级手中，这种国家是不会自行消亡的，只能由无产阶级革命来加以摧毁。马克思说，无产阶级革命的对象“不是哪一种国家政权形式——正统的、立宪的、共和的或帝制的，而是国家本身这个社会的超自然怪胎。这次革命（指巴黎公社革命）是人民为着自己的利益而重新掌握自己的社会生活的行动”[①]。这就是说，无产阶级革命与历史上的革命不同。这个革命夺取政权，并不是为了永远保持政权，而是要最终消灭国家政权。而这一目的的实现，是通过无产阶级国家的自身改造完成的。无产阶级国家和国家消亡是同一个历史过程。

所以，无产阶级国家的建立，不是革命的结束，而是对国家本身进行政治改造的开始。列宁说:“由此可见，无产阶级专政……是从国家到非国家的过渡，就是说，已经不是原来意义上的国家了”[②]，而是逐渐消亡的国家。

怎样实现国家消亡呢？通过怎样的具体途径和发展阶段达到国家消亡呢？这其中的许多细节是难以预料的，而只能由未来的实践来解决。但在其大的方向上是可以确定的。依据马克思主义观点，国家的消亡和民主的消亡是相联系的。国家的消亡只有通过无产阶级民主的不断扩大才能实现。社会主义民主愈完备，国家就愈成为不需要的东西了。

怎样才能使无产阶级民主不断扩大呢？

---

① 《马克思恩格斯文集》第3卷，193页，北京：人民出版社，2009年。

② ［俄］列宁：《马克思主义论国家》，宋书声、籍维立译，29页，北京：人民出版社，1964年。

首先，列宁指出：无产阶级“不能仅仅只是扩大民主”[①]。社会主义民主伴随着对剥削者的专政。只有对那些人民的敌人实行专政，把他们排斥在民主之外，无产阶级民主才能在人类历史上产生、巩固和发展。

其次，无产阶级民主充分实现的物质基础是社会生产力的大发展，是社会主义现代化大生产的全面充分的发展，并在这种物质基础上才能形成无产阶级民主充分实现的精神基础——人民群众思想觉悟的极大提高。正是在这个意义上列宁说:“无产阶级专政不只是对剥削者使用的暴力，甚至主要的不是暴力。”无产阶级专政的实质就“在于无产阶级代表着并实现着比资本主义更高类型的社会劳动组织”[②]。所以在生产资料所有制的社会主义改造基本完成以后，经济建设就上升成为无产阶级国家的主要职能。

总之，随着阶级和阶级斗争的逐渐消失，生产力的不断发展，人民群众觉悟的不断提高，国家的强制作用愈来愈缩小，社会主义民主的范围愈来愈扩大，无产阶级的国家就从大多数人民选举代表行使国家职能，逐渐变为大多数人民行使国家职能，逐渐变为全体人民行使国家职能的非政治国家。这时候，“国家还没有完全消亡，因为还要保卫那个确认事实上的不平等的‘资产阶级权利’”[③]。只有当按劳分配已经被按需分配所代替的时候，只有到那时候，国家权力对社会关系的干涉，将逐渐成为多余而自行停止下来。真正完全的民主才可能实现，国家才能完全消亡。完全的民主等于没有民主，民主也消亡了。

国家是从社会上产生，凌驾于社会之上同社会日益脱离的力量。而无产阶级专政作为政治过渡形式，是使国家向着回来的方向运动，“是社会把国家政权重新收回，把它从统治社会、压制社会的力量变成社会本身的充满生气的力量”[④]。由此可见，以生产力的一定发展为产生前提的社会主义民主，还必须在生产力发展的基础上才能发展起来。而没有社会主义民主的产生和发展，任何国家都是不会消亡的。一个不是自行消亡而是在不断集中权力，并追求自己特殊利益的国家，绝

① 《列宁选集》第3卷，190页，北京：人民出版社，2012年。
② 《列宁选集》第4卷，9、10页，北京：人民出版社，2012年。
③ 《列宁选集》第3卷，196页，北京：人民出版社，2012年。
④ 《马克思恩格斯文集》第3卷，195页，北京：人民出版社，2009年。

不是无产阶级的国家。反过来也可以说，这样的国家绝不会自行灭亡，而终将被人民所打碎。

无产阶级革命导师关于无产阶级的国家是半国家的思想，是极其深邃丰富的。我们对这一思想从上述三个方面进行的理解是不可能全面，也不可能是深刻的。但是，仅仅这三点已经足够说明，无产阶级的国家是半国家这一思想，是闪耀着历史辩证法的光辉思想，是我们坚持无产阶级专政，把社会主义事业进行到最终胜利的行动指南。

正因为无产阶级的国家是半国家这一思想有如此重大的指导作用，所以历来遭到了机会主义的反对。机会主义篡改马克思主义的国家学说，一般有两种形式：

一是右的形式，就是在阶级斗争还存在的情况下，宣布把民主扩大到全体社会成员，取消对阶级敌人的专政。考茨基的“纯粹民主”，赫鲁晓夫的“全民国家”都是这类右的货色。

二是“左”的形式，就是打着加强对资产阶级专政的幌子，把专政扩大到党内和人民内部，取消党内民主和人民民主。1921年托洛茨基提出的在工会内“拧紧螺丝”（即实行强制性），林彪、“四人帮”的“全面专政”都是这类“左”的货色。

以上“左”和右两种形式，虽然口号不同，但都是通过取消专政和民主这两个侧面中的一个，来否定无产阶级国家的半国家性质，都是力图把已经开始的国家消亡过程中断，使消亡中的无产阶级半国家退缩到本来意义上的国家，达到颠覆无产阶级专政的目的。由此可见，无产阶级的国家是半国家这一思想，是识别假马克思主义的一块试金石。

过去，由于我们对无产阶级的国家是半国家这一思想，学习和宣传得不够，因而在无产阶级专政问题上，在革命队伍内部还存在着不少糊涂认识。只有澄清这些认识，才有利于全国工作着重点的转移，才有利于实现四化建设。

例如，有人把无产阶级专政错误地等同于对阶级敌人的镇压、压制，以为专政的面越广，成绩就越大，打击的人越多，才显得越革命。他们不懂得社会主义民主和对敌人专政相结合，才是无产阶级的国家；不懂得在对敌人实行专政的这一任务完成以后，无产阶级的国家作为非政治国家，还将存在一个时期。有人错误地认为，加强无产阶级专政，就是国家权力的加强，而不是正确理解为是无产阶级民主的扩大。

还有人认为，既然要坚持无产阶级专政，那么宣传剥削阶级消灭就是右倾。或者从相反的角度认为，既然剥削阶级已经消灭，就不应该再提坚持无产阶级专政。

这两种认识都只看到剥削阶级消灭了，而没有看到剥削阶级残余还存在，残余形态的阶级斗争还存在，特别是没有看到国际阶级斗争还严重存在；他们只是把无产阶级国家看作阶级斗争方面的政治机关，而没有看到无产阶级专政也是经济建设方面的政治机关。总之，持以上这些认识的人们，都只是看到了无产阶级的国家与本来意义上的国家相同的半面，而没有看到无产阶级的国家作为非国家的半面，以偏概全，结果得出了错误的结论，不自觉地把无产阶级半国家混同于原来意义上的国家。

因此，我们必须通过学习和宣传无产阶级的国家是半国家这一思想，来澄清上述糊涂认识。并以这一思想为武器，促进全国工作着重点的转移，促进四化建设。

鉴于在我国剥削阶级已经消灭，剥削阶级的残余还没有消灭，我们不能放弃无产阶级暴力，对那些尚存在的反革命分子和各种严重破坏社会主义秩序的坏分子继续实行专政。但是，在新时期里，一般说来，无产阶级国家的基本任务已经不是对少数敌对分子和坏分子的镇压、压制，而是应该采取坚决有力的措施扩大社会主义民主，发展安定团结的政治局面，调动全国人民的社会主义积极性，全力以赴搞四化建设。

四化建设就是我国无产阶级国家政权在今后一个时期的主要职能，阶级斗争应该围绕四化这个中心工作，并为这个中心工作服务。巩固无产阶级国家政权，在今天来说，最根本的就是要坚持四化建设。这是新时期最大的政治，是为创造巩固无产阶级政权，促进国家消亡的物质基础的政治。所以，为实现四化而钻研技术，钻研业务，积极劳动，埋头苦干，都是有政治觉悟的表现，应该受到尊重和鼓励。相反，那种认为经济工作、技术工作和巩固无产阶级政权无关的思想，必须要坚决加以纠正和克服。

民主政治建设的现实思考*

一、民主与民主政治

进行政治体制改革的目的，是加强民主政治建设。

民主政治是社会主义民主在社会生活中的最高的、最根本的表现。

社会主义民主，概括地说，就是人民当家作主。这也就是我国宪法所规定的："中华人民共和国的一切权力属于人民。"人民行使国家权力，对政治、经济、文化及社会事务进行管理。

社会主义民主是分层次的。作为一种思想观念，它被称之为民主思想，比如平等、自主的观念，参政议政的意识等。作为一种行为表现，它被称之为民主作风，比如善于听取群众意见，遇事跟群众商量等。作为一种组织规范，它被称之为民主集中制原则，比如少数服从多数，下级服从上级。作为一种政权形式，它就是民主政治或民主制度。

在民主的这四个层次中，民主思想要通过民主行为来实现，民主行为要通过组织规范来保障，而民主的组织规范只有上升到国家制度和法律的高度，即进一步实现民主的制度化和法律化，才能使民主在社会生活中具有至上性和普遍性，才不致因执政者个人素质的差异、领导机关人事的变动，以及国际国内某些偶然因素的影响，而妨碍民主的建设和民主原则的实行。所以，民主政治对于社会主义民主的其他层次来说，具有根本的、决定性的意义。正是在这个根本性的意义上，列宁说："民主是国家形式，是国家形态的一种。"①

人类社会的民主尽管在形式上有很大不同，但其间存在着共性原

---

* 原刊于《淮北煤炭师范学院学报》(哲学社会科学版)，1989 (2)。

① 《列宁选集》第3卷，201页，北京：人民出版社，2012年。

则。其中最根本的是主权在民原则。

主权在民，也就是民主政治的主体是公民。具体说来，它有以下几个方面的含义。

第一，民主政治是民意政治。这里是说，民主政治承认国家权力的源泉在于人民。这与君权神授根本区别开来。在奴隶社会，封建社会通行的是君权神授，实际是通过暴力、或通过世袭、或通过阴谋执掌君权，而美其名曰“君权神授”。民主政治一反这种传统，而实行公权民授。人民是怎样授予他们的代表以公权力呢？这就引出了民主政治的第二个内涵。

第二，民主政治是选举政治。民主政治通过民主选举来表达民意，来推选自己的代表，来对重大事务进行决策。投票选举，涉及竞选。在社会主义国家可以不可以搞竞选，当然可以。因为通过竞争，候选人可以在选民面前展示自己，选民也可以借以了解候选人，从而便于选择。这里需要指出的是，不能如西方那样，把竞选作为个人行为，由个人筹措经费，由个人搭建平台。这就使竞选变了味。社会主义国家的竞选应该作为一种国家行为，由国家按规则来进行。这样才能切断利益的交换。诚然，在社会主义国家，竞选是人民推举自己代表的一个环节，另外还有考试、考核、听取群众评议等多个环节。至于当政者如何运用权力，这里的关键在于：依法办事。

第三，民主政治是法治政治。法治即依法治国。换句话说，国家的权力运作以法律为依据，这是民主政治的一个基本要求。当然，这里的法律，应该是“良法”，即人民共同意志的确定性体现。这样的法律才可以成为确定性行为的规范。历史上任何国家都有法律，但并非任何国家都是法治国家。法治国家的标准有二：一是法律是公民共同意志的体现，代表了社会公众的利益；二是法律在政治生活中居于至上地位，即法律面前人人平等。如何保障权力运作是依法办事呢，这就要通过民主监督，实行责任追究。

第四，民主政治是责任政治。在民主政治中，握有政治权力的运作主体应向授予权力的归属主体的人民或人民代表负责。是否负政治责任，是否被追究政治责任，是否在重大事故发生后受到惩罚，这是民主政治与专制政治一个方面的重大区别。

由上可见，在社会主义民主建设中，必须抓住民主政治建设这个根本。而在社会主义民主政治建设中，又必须抓住民主制度建设这个关键。应该说，在过去不少年中，我们对民主思想并没有少宣传，对发扬民主作风也并没有少提倡，但是成效不大，甚至官僚主义、特权现象、人身依附等，还有蔓延之势。之所以发生这种情况，原因固然很多，但其中很重要的一点就是，在新中国成立以后的一个相当长的时间里，我们党放松了民主政治建设，特别是民主具体制度建设。正如邓小平同志所指出的："我们过去发生的各种错误，固然与某些领导人的思想、作风有关，但是组织制度、工作制度方面的问题更重要。……领导制度、组织制度问题更带有根本性、全局性、稳定性和长期性。"①

正是吸取了历史的经验教训，党中央提出，要对我国现行的政治体制进行改革。党的十三大也已经对这一改革进行了部署。要通过改革，加强我国的政治民主建设。政治体制改革所涉及的问题很多，其中有些问题十分迫切，比如，要搞好集权和分权的结合，要完善选举制、监督制等。这些都需要提到工作日程上来加以妥善解决。

二、集权与分权

民主政治是与专制独裁根本对立的，而专制独裁又是以高度集权为组织保证和根本特征的。这里提出一个问题，民主政治中，集权与分权的关系如何?

任何国家的政治权力，从顶层来说，都可以从功能上分为三种：立法权、行政权和司法权。这三种权力之间的关系就构成了权力的结构。这种权力结构就体现为国家政体的类型。

（一）权力结构的三种类型

在人类政治发展史上，大体有三种类型的权力结构。

第一，专制独裁的权力结构。

这种权力结构是指，在上述三种权力中，行政权高于立法权和司法权，或者把立法权和司法权融入行政权之中，并由最高统治者执掌。

① 《邓小平文选》第2卷，289页，北京：人民出版社，1994年。

君主专制的建立，在中外历史上都曾经是一种进步。原先从原始社会共同体发展起来的国家，都不是所谓专制政体。中国夏、商王朝的王，大体为小国联盟的盟主或共主。夏商王朝设有朝贡制度（朝是指定期或不定期来朝见天子，贡即进贡地方物产），夏商王朝不向周围各国或部落地区派驻官员和军队，各方国和部落拥有高度的自治权。周初以周公为首的政治家们创立了在宗法基础上的分封制。西周的王对诸侯国有较大的控制权，但也并不具有专制性质。在古代西方，具有专制色彩的亚历山大帝国也只是昙花一现。

君主专制政体，在中国是与郡县制，在西欧是以行省制的发展密切相关的。

战国时期的秦国仍存在贵族封邑。秦统一中国以后，推行郡县制，但西汉初年又恢复了分封制。只要分封存在，并在国家政治生活中起着重大影响，这就很难说是真正确立了君主专制制度。在西汉前期，中央政府管辖地区与分封的诸侯王国人口之比为5.29∶10。诸侯王“掌治其国”，拥兵自重，专制一方。至汉武帝时代，诸侯王割据势力被破除。君王专制制度才真正得以巩固。秦汉王朝推行郡县制度，其控制地方的措施，主要为掌控郡县主要官员的任免，分离郡县的行政权和军权，建立严格的监督制度。

罗马君主专制制度的形成，与汉秦有类似之处。公元前27年，奥古斯都建立罗马帝国，实行的是元首制，元老院在国家事务中仍发挥着重要作用。经过从奥古斯都至戴克里先（公元285年至305年）长达300余年的时间，罗马政体才由元首制过渡到君主专制。罗马皇帝控制了行省主要官员的任命，行省总督不再握有军权，对行省监督也趋于严格。

秦汉郡县制与罗马行省制是中西文明史研究中的具体问题。然而对此具体问题的研究，可以清楚地看出古代中西方在不同文明发展中的共性。从小国（或城邦）发展至帝国，民族血缘关系不断被铲除，君主专制政体的形成就是其共性的表现。

秦汉郡县制和罗马行省制的发展，为君主专制政体的建立提供了重要条件。皇权神化，君主集立法、司法、行政和军事权力于一身，是君主专制政体所共有的特征。秦汉的官僚机构犹如一座层次分明的金字塔。塔顶是至高无上、独揽国家大权的皇帝。罗马行省之下为城市，而城市具有自治或半自治的性质，所以罗马行省表现为两大特点：一是机构设置简单，管束人数不多。二是行省主要负责税收、司法和治安等方面任务，远不及秦汉郡县制度管理那样广泛。①

这种高度集权的组织制度对于多民族国家的形成起到了促进作用。只有中央集权才能克服既得利益集团的干扰，得以从国家整体利益出发进行制度设计，这是其一。其二，在其内部相当程度上克服了多元政权割据造成的纷争。其三，促进了文明中心向边缘的辐射作用。其四，促进了大型公共工程的建设。

但其缺点也很明显。一是一人高高在上的专制统治，天下安危系于一身，专制君主的素质往往在一个时期影响着民族的命运，弄不好会造成民族的巨大灾难。二是这种至高的权力而又缺失有效地监督（虽然有天谴监督、谏官监督），其结果必然是朝廷日腐，天下日坏。三是与专制统治相联系的是长子世袭制，因皇位的争夺必然会造成无数的政治阴谋和宫廷杀戮。四是一人主宰，扼杀了民族的生机。

第二，三权分立的权力结构。

针对专制集权的弊端，近代资产阶级思想家提出了分权学说。对此，马克思说："在某一国家里，某个时期王权、贵族和资产阶级争夺统治，因而，在那里统治是分享的，那里占统治地位的思想就会是关于分权的学说。"②也就是说，近代分权学说，直接源自于资产阶级和新贵族对权力的分享，来源于封建势力与资产阶级的妥协。或者说近代分权学说是英国民主立宪制的理论表现，是英国君主立宪制的理论完善。

分权理论的代表人物，一是洛克，二是孟德斯鸠。把洛克的影响传到法国的主要人物是伏尔泰。但洛克的分权学说在法国的主要鼓吹者是孟德斯鸠。但二者的分权学说又有所区别。其一，洛克的三权分立是立法、行政和对外权的三权分立；孟德斯鸠的是立法、行政、司法的三权分立。其二，与洛克相比，孟德斯鸠的分权思想是在分权之外设计了权力制衡。这种制衡明确指出了这三种权力必须由三种机关来行使，不能集中在一人或一个机关之手。如果是那样，"它可以用

① 参见易宁：《秦汉郡县制、罗马行省制与古代中西文明的特点》，《新华文摘》，2007（16）。

② 《马克思恩格斯全集》第3卷，52页，北京：人民出版社，1960年。

‘一般意志’去蹂躏全国”[①]。

在资本主义国家的权力结构中，有总统制和议会制两种形式。在总统制中，总统由全国普选产生，总统对全国人民负责，总统是最高行政长官。议会制中，首相是最高行政长官，首相由议会中占多数席位的政党的首脑出任，首相对议会负责。

在美国的总统制下，议会享有立法权，总统行使行政权，最高法院行使司法权。但三权又相互制衡，总统对议会的立法权拥有否决权，即议会通过的法律、议案、决议（多数）可以否决，当然被总统否决时还可以再上报（赞成者占2/3多数）。但议会对政府有监督权，总统要做事情，必须有钱，必须提出预算，没有议会的拨款，总统什么事也做不成，而且议会有权弹劾总统；最高法院拥有对议会和总统的决策是否符合宪法的违宪审查权。

三权相互制约，这种制约的力度要达到平衡，就不能有任何一种权力的作用超越其他两种权力，不然就形成一种约束力量。

三权分立理论被美国的汉密尔顿加以继承和宣传。美国1787年的宪法就是以汉密尔顿这一理论为指导，并主要是由汉密尔顿起草和解释的。美国的资产阶级政治制度就是按照这一理论和原则并依据美国宪法的规定建立和运行的。

最初的“三权分立”是阶级分权，有削弱王权，反对封建的意义。资产阶级统治稳固以后，“三权分立”演化为资产阶级内部不同利益集团之间的分权。资产阶级内部存在着大量的政治派别和利益集团，他们通过分权制约的方式来协调内部不同的利益冲突。

三权分立制作为一种政治制度，在资本主义国家实行已有二三百年的历史。如何看待三权分立？应该说“三权分立”说和“三权分立”制相对于“君主至上”说和“君主专制”，无疑是一种进步的政治学说和政治制度，它在反对封建专制的斗争中，在资产阶级政治的建立和运行中起了相当大的作用。如果撇开阶级属性不谈，三权分立作为一种制度运作。①它强调了国家权力运行的法律化、制度化，在很大程度上避免了最高权力掌管者主观因素的干扰。②它限制权力的滥用，强调权力之间的相互制衡。③它把国家权力变成了机关所使用的权力，

① ［法］孟德斯鸠：《论法的精神》（上册），张雁深译，156页，北京：商务印书馆，1961年。

而不是长官一人的权力。

其缺点在于：①强调分权，忽视了统一，容易造成“多头政治”。在美国，现在（2007）的总统布什是共和党推出的，而国会是民主党占多数，许多问题不一致。在国内和国际许多问题上，发出不同的声音。②国家权力运作效率低下，三权分立相互制衡，弄不好也就是相互掣肘。

第三，议行监分工与统一的权力结构。

这三种权是各自独立的，但又是统一的。在三种权力中，代表民意的立法权高于行政权和司法权及检察权。这里的统一，是指制定国家意志的立法权和执行国家意志的行政权和司法权是一致的。行政权、司法权和检察权必须服从立法权。这种权力结构的民主程度比三权分立结构要高，要优越。

从马克思主义的国家学说来说，国家权力是一种政治统治权力。国家权力可以由不同的国家机关分别来行使，这叫权力分工或者叫分权都可以。对此，恩格斯曾说：“这种分权只不过是为了简化和监督国家机构而实行的日常事务上的分工罢了。”[①]这分权或分工不能离开权力的统一，而使其绝对化。三权分立是把这种分权和权力分工绝对化了。当今西方一些政治法律思想家也认为它已经过时，已经不适用了。他们提出要用“表达国家权力”和“执行国家权力”来取代“三权分立”。由于三权分立违背了国家权力的统一这一原则，造成了许多矛盾和混乱。现在无论是总统制的美国，还是君主立宪制的英国，或总统制的法国，他们的发展趋向都是在不断扩大行政权力，即总统、内阁的权力。

在我国，全国人民代表大会是国家最高权力机关，人民的一切权力统一地、集中地通过人民代表大会来行使。人民代表大会是立法机关，同时行政机关、审判机关和检察机关都由它产生，受其监督，对其负责，这体现了集中。所以，民主集中制是我国的政治组织原则。

其实集权与分权的关系不仅存在一个横向分权，而且还有一个纵向分权，即层次分权的问题。

① 《马克思恩格斯全集》第5卷，224—225页，北京：人民出版社，1958年。

（二）我国以往政治体制的弊端

中华人民共和国是在半殖民地半封建社会的废墟上建立起来的。这一历史行程，一方面避免了资本主义制度对于人民所造成的社会痛苦；但另一方面，也使我国的人民民主先天不足，加之在民主革命的长期武装斗争中，为了适应当时的环境和任务，我们党建立了较为集中统一的领导体制。由于历史惯性的作用和一些认识上的原因，也由于国际共产主义运动中某些消极因素的影响，在社会主义建设时期，我们的政治体制沿袭并强化了战争时期的做法，表现为集权过多，分权不够。

首先，政治体制上的这种弊端，就有可能为野心家、阴谋家加以利用，即他利用手中握有的过多权力，胡作非为。在这一方面我们是有教训的。十年动乱中，林彪“四人帮”正是钻了我国政治体制的这个空子把国家搞乱的。

其次，权力过分集中，也是产生官僚主义的温床。长期以来在加强党的一元化领导的口号下，不适当地、不加分析地把一切权力集中于党委，党委的权力又往往集中于几个书记，特别是集中于第一书记。什么事情都要第一书记挂帅、拍板。这样，“权力过分集中于个人或少数人手里，多数办事的人无权决定，少数有权的人负担过重，必然造成官僚主义。”①

最后，权力过分集中，一切听命于上级，必然窒息广大群众的社会主义积极性，使人民群众不能在事实上成为社会和生产单位的主人。因此，权力过分集中的体制，必须加以改革。

（三）正确处理好集权与分权的关系

要解决好权力过分集中的问题，要做好如下几个方面的工作：

第一，要搞好党政分工。在社会主义国家的政治体制中，执政的共产党居于领导的地位，并应对整个国家生活起领导作用，这是不容置疑的。但是不能由党来包揽一切，直接管理一切。党的领导主要是政治领导，党组织不是政府机关，它不能行使政府权力。

① 《邓小平文选》第2卷，329页，北京：人民出版社，1994年。

第二，要在国家大权统一的前提下，搞好政府权力的部门分工。在我国，国家大权统一于全国人民代表大会，它是最高权力机关。必须坚持这个统一，不然就会产生“多头政治”。在这个前提下，要实行立法、司法、行政机关等权力部门分工。每一个权力部门都有自己的责权，不允许一个部门侵犯另一个部门的权力。这种部门分工和制衡的制度是实行民主政治，防止越权和专权的有效手段。

第三，要搞好政府权力的层次分工。每一级政权机关都有其相关的权力和责任。上级政府机关对下级政府机关，在行使权力方面有检查、督促和否决之权，但不能代替下级机关去行使权力，不能去干涉下级机关去做权限范围内的事情。可是在过去，“我们的各级领导机关，都管了很多不该管、管不好、管不了的事”[①]。这种情况的产生是同缺乏“层次分权”的观念和体制有关的。

第四，要划分开政府机关的领导权与企事业单位的自主权。政府不是企业或事业实体，企业或事业单位也不是政府的一级组织。要克服政企、政“事”不分的现象。政府对企事业单位的领导，只能是按照法规政策为企事业服务并进行监督，但必须尊重企事业单位自主经营、自主管理的权力。只有这样，实行集权与分权相结合的原则，才有利于实现党和国家政治生活的民主化，以及整个社会生活的民主化。

三、上级任命与民主选举

人民当家作主，不是说十亿人民，人人出来管理国家和社会事务。在现阶段，人民行使国家权力的主要形式，就是通过选举，推出自己信任的代表，通过他们来管理国家和社会事务。因此，是否由人民选举他们的代表，这个问题事关重大。

然而在过去很长一段时间里，我们没有或没有认真实行选举制，搞的是上级任命，即下一级机关的干部都是由上一级机关来委任，在中央则是由最高领导指定自己的接班人。这种任命制度虽然在任命前，也得听取群众意见，但与民主选举不可同日而语。因为任命制体现的主要是上级机关的意志。这种意志可能与人民意志一致或

① 《邓小平文选》第2卷，328页，北京：人民出版社，1994年。

不一致。因此，这种上级任命制实行的时间愈长，其弊病也就愈加突出。

（一）上级任命制的弊端

第一，容易使干部滋长只对上级负责、不对群众负责的思想。为了和上面搞好关系，有的人会投其所好，逢迎拍马，由此也就形成了拉关系或找靠山等不正之风。有的干部自以为上头有人，也就胆大妄为，鱼肉人民。这种人对上苟且逢迎，是为其官运亨通，对下任性而为，是为其作威作福。在上级任命制下，这种人在没有被上级发现或撤换以前，群众一时拿他也没有多少办法。加之过去又实行干部终身制，因此对于这种居于官位的不良分子，人民群众有时只好诉诸自然法则，等他退休或离世，方可舒心吐气。

第二，容易给不正派或坏的干部钻空子。他们会利用手中的干部授予权，封官许愿，拉帮结派，结党营私，搞小圈子，任人唯亲，搞裙带关系等。现在有些地方，一个案子往往长期难以查清，查清了往往又难以合理处理下去，其中一个重要原因就是小圈子、小宗派从中作梗。有的人在一个地方经营有年，盘根错节，联络有亲，一损俱损，一荣俱荣。

第三，优秀人才难以脱颖而出，难以提拔到领导岗位上来。前几年不少报刊竞相宣传伯乐相马，其用意固然可嘉。但有些论者却把伯乐喻之为开明的领导者个人，这就有些偏颇。在识才的问题上，领导者个人再高明，可相对于群众来说，总有一定的局限性、片面性和主观随意性。再说，在我们的干部队伍中，那种并不高明也并不开明的人物还大有人在。在这种人控制的地方和单位，有见解有闯劲的贤才就难免不遭到压抑，相反，那些一味顺从的庸人却能官运亨通。总之，上级任命制的弊病甚多，必须用民主选举制取而代之。

（二）民主选举制的优越性

用民主选举制取代等级授权制有着无可比拟的优越性。

第一，社会主义选举制的实施是对选民意志的一种肯定，是他们的力量和权威的一种公开显示，任何组织和个人都无例外地要服从这个权威。

第二，选举制是一种择优汰劣制度。列宁指出，这“就可以造成一种能起生物学上所谓‘适者生存’的作用的自动机制”①。通过选举不断清除政权机构里那些不称职者和腐败者，而使那些贤能者得到任用和提拔，从而保证活跃在领导岗位上的始终是最正派、最热忱、最有能力和最有效率的人。

第三，选举制对于为政者具有某种震慑和警戒作用。可以说，社会主义选举制就如同握在群众手中的一根鞭子，它有助于驱使为政者按群众的意志办事，当好群众的公仆。

（三）进一步完善选举制

在这一方面，党和政府在近几年，已经采取了不少改革措施，做了大量的工作。现在的问题是要进一步完善选举制度。首先，要健全候选人提名制度，那种事先定比例、定人头，任意增减候选人的做法，是不可取的。其次，应建立介绍候选人的制度。外国是通过竞选的方式让选民了解候选人。我国到目前为止还没有采取这种方式，但也应该通过见面、座谈、介绍政绩、答辩和其他形式，促进选民对候选人的了解，同时也增加候选人对选民的责任感。再次，要继续坚持并完善差额选举制，使选民对候选人有自己的选择权，这对于改善我国的政治体制，真正实现人民当家作主有重大意义。最后，一定要尊重选举结果。尊重选举结果，就是尊重选民的意志，尊重选民的选择。不得以任何方式改变合法选举的结果，否则，就会使选举流于形式，使选民失去对政治的信任感。

四、权力需要监督

这是一条历史的经验教训。一切有权力的人都容易滥用权力。权力的滥用，一是公权私用，二是过度用权。这就可能侵犯或上级、或同级、或下级的权力。这里主要来谈谈公权私有。

公权私有就是以权谋私。这里存在一个矛盾，即公共权力与个别

① 《列宁选集》第1卷，417—418页，北京：人民出版社，2012年。

履行的矛盾。

国家权力的合理性在于公共性，权力的公共性意味着公共权力的履行除了公共身份以外没有任何特殊身份。然而国家权力作为公共权力，从诞生之日起，就是日益脱离社会共同体的，就从没有摆脱私人利益和剥削阶级，特别是占统治地位的剥削阶级利益的纠缠。这是一切剥削阶级国家的公共虚幻性的根源。

除此以外，这种公共权力，又总是由行政科层结构，以及科层结构中的各个个体来履行的。这样，权力的公共性、普遍性，在履行过程中，就可能在双重上被特殊化：一是科层集团的部门化，二是科员的私人化。这种特殊化，也就意味着公共权力私有化。

一切权力的腐败均源于公共权力的私有化。在西方有一个说法，叫权力寻租。即利用手中所掌握的公共权力谋取个人或单位的不正当利益。所以，权力腐败是一个伴生公共权力始终的现象，它只能被控制、克服，而难以被彻底杜绝。如何使公共权力真正成为公共的，而不是偏私的，这是人类必须长期直面的一个重大问题。

东西方两种文化传统在公共权力履行的问题上，存在着截然不同的理念：好人行政与恶人行政。

东方文化传统秉持的是好人行政理念，强调的是官吏美德。西方文化传统尤其是近代以来的政治文化，所秉持的大体是恶人行政理念，以此来强调制度约束的重要。尽管这两种观念各有其合理性。但这种合理性却分属主观性和客观性两种不同类型。

人们固然希望是好人行政，固然希望官吏们在黑格尔所说的伦理教育与思想教育的双重教育之下形成恪尽职守之吏德，但是却不能将社会民主大厦奠定在个人主观品性之上。个人主观品性虽然有效，但不可靠。因此，民主行政不能寄托于官吏们的善良愿望与主观品行之上，而必须奠基于客观的制度与体制上，建立在有效的权力监督与制约的基础之上。

恶人行政，其理论基础是人性恶，但西方的性恶论与中国传统的性恶论有区别。西方的性恶论认为，一切人的人性都是恶的，因为人类的祖先亚当、夏娃偷吃了伊甸园的智慧果，这本身就是邪恶，在圣经上叫原罪，即原始罪恶，或本有罪恶。中国古代的性恶说则是把人分为两种：一是圣王，二是普通人，圣王和普通人的人性都是恶的。

只不过是圣人是通过积累仁义德性而成的，普通人之所以成为普通人，是因为不懂得积累仁义德性，如果懂得了，那么“涂（途）之人可以为禹”。

恶人行政理念尽管听起来会让人不舒服。其实这里不是说，当官的都是恶棍、坏蛋，而是说，对于官吏的看待上，不能认为他们都是好人，而应该在观念上树立，他们可能是恶人，可能为恶，所以要加以看管，加以监督。对他们不能盲目顺从，而是拿着鞭子随时加以鞭笞。这样来看待和对待官吏，在理性的立场上，至少有两点好处。首先，使官吏们不再有天然道义上的优越感，不再自以为是高人一等的君子圣人，不再把权力与真理、与善混为一谈，以为集于他们一身。这不仅有助于官吏们明白自身代理人的角色，而且有助于官吏们在行使公共权力时不能再对公民颐指气使、盛气凌人。其次，促使社会建立起一套严密的监督约束机制，保证权力的公共性。这种权力的公共性不以人立，不因人废。这种权力制约来自两个方面：一方面是行政权力内部相互之间的有效监督与制约，其中包括司法监督、审计监督、纪律监督；另一方面，行政权力以外的社会力量的严密监督与制约。

总之，为了防止权力的滥用，对于当权者，启发他们的廉耻心、正义感和自觉性等是必要和有益的。但是仅仅这样做，并非完全靠得住。教化可以使人向善，但并不足以惩恶。18世纪法国哲学家孟德斯鸠认为，只有惩戒的恐惧才能使当权者对权力的滥用得以休止。因此任何一种权力都必须被另一种权力所监察、牵制和评判，才可以被正确使用。他告诫说，没有监督的权力是很危险的。这一点已为无数事实所证明。所以，不能将吏治的好坏系于当权者的主观精神状态如何上，最重要的是要建立一种使他们的行为始终处于被监督状态的制度，从而使他们在宪法和法律规定的范围内谨慎从事。

在中外历史上，权力监督的形式归纳起来有以下三种。

一是以个人的权力监督个人权力。在奴隶社会、封建社会中，基本上是这种监督形式。拿我国历史上的清朝来说，知县的权力由知州监督，知州的权力则由知府监督，这样延伸上去，一直到天子。天子的权力就基本上没有什么监督了。国王至尊至贵，金口玉言。因而国王的品质、性格、才能往往给国家造成重大影响，而且国家政策的改变往往是通过王位的更迭来实现的。所以，在专制社会中，以个人权力澄清个人权力，最终不能防止权力的腐化。资产阶级在建立政权的过程中，吸取了这一教训，创造了权力的组织监督。

二是以组织的权力监督个人的权力和组织之间的互相监督，也就是权力制衡原则。这种监督形式保证了资产阶级稳妥地选择自己的政治代表人物，基本上避免了权位的个人阴谋篡夺。另外，不管这些执政人物如何穿梭般地更迭，都会使他们按照资产阶级的意志行事。因此，撇开阶级内容不说，权力运用的组织监督形式，无疑是有很大优越性的。对于社会主义国家来说，国家权力是属于人民的，必须为人民的利益服务。因此，社会主义社会中的权力监督，除了有个人监督、组织监督这两种形式以外，还创造了群众监督的形式。

三是群众监督。邓小平曾强调:“要有群众监督制度。”[①]这是因为其一，群众监督相对于组织监督来说，具有普遍性和多方面性。其二，组织监督只有以群众监督为基础，才能充分发挥作用。其三，只有发展群众监督，才能有效防止和揭露个人的违法乱纪行为，包括某些组织、某些单位的负责人互相利用、互相勾结、违法犯罪、谋取私利的行为。

借鉴东西方的治国经验，为了在社会主义国家中防止社会公仆变为社会主人的历史重演，必须有严格的多层次的监督手段，必须加强和完善民主监督机制。这里包括:（1）国家权力机关，即各级人民代表大会对行政机关和司法机关的法律监督；（2）监察机关对于政府部门和各级公务人员的行政监督，以及同一部门内部上级对下级的行政监督；（3）国家检察机关、审判机关对各部门和各级公务人员的司法监督；（4）新闻媒介对于各部门和各级公务人员的新闻舆论监督；（5）政党、群众团体和群众自治组织对国家民主生活的社会政治监督；（6）群众性的全方位的社会监督。

要充分发挥各种组织和广大群众对于政务的监督作用，就必须增加政府活动的公开性、透明度。所谓政务公开，就是指国家政治事务和活动必须在法律范围内公开。这样才便于群众知政、参政、议政，行使监督权。列宁曾经指出，政务“没有公开性而来谈民主制是很可

① 《邓小平文选》第2卷，332页，北京：人民出版社，1994年。

笑的”。因为只有把公务人员的活动昭示于众，才能真正实行人民群众对“社会公仆”的公开监督。目前，我们必须正视这样一个现实，即某些干部正是利用了政治的缺乏透明度而大搞神秘化，背着群众，互相利用，暗中分肥，谋取私利。即使群众一旦知道，某种利益早已分光，而成既成事实了。无数事实说明，没有监督，就容易腐败。因此，要提高干部素质和纠正不正之风，非有政务的公开和群众的监督不可。

五、民主政治建设的长期性

十一届三中全会以来，党和国家对于建设有中国特色的社会主义民主政治，已经进行了大量的工作。

从纲领上，我们党明确地把建设高度的社会主义民主作为社会主义的根本任务之一，并且开始恢复法治在社会生活中的崇高地位，明确规定“法律面前一律平等”，“党必须在宪法和法律的范围内活动”，“人民法院依照法律规定独立行使审判权”，“人民检察院依照法律规定独立行使检察权”。

从实践上，我们党开始实施政治体制改革，要改变过去那种党政不分、政企不分的状况，废除了领导干部职务的终身制，着手对干部制度的改革，实行县级人民代表由选民直接选举制，对干部进行了民主评议、公开招聘以及避亲、避籍、易地交流等试点工作，发展了多种形式的民主管理制度，扩大了企事业单位的自主权。加强了新闻的舆论监督作用。党制定了若干准则，防止和纠正干部中的官僚主义、搞特殊化等不正之风。党加强了立法和司法工作，制定了包括刑法、刑事诉讼法在内的一批重要法律，加强了民主的制度化、法律化。

这些都是明显的、很大的进步。但是，正如党的十三大工作报告中所指出的，要“建立高度民主、法制完备、富有效率、充满活力的社会主义政治体制。这是需要长期努力才能实现的。”这是因为：

第一，我国还处在社会主义初级阶段，阶级斗争还在一定范围内长期存在，各种敌对分子、违法犯罪分子还存在，还在不时破坏社会治安，危害人民生命财产的安全，还在破坏人民的各种民主权利的实现。因此，要建设高度的社会主义民主，就必须与各种敌对分子和违法犯罪分子作斗争，而这是一个长期的任务。

第二，社会主义民主政治建设要受到各种剥削阶级思想的干扰。除了资产阶级自由化思想会不时出来作祟以外，还有封建主义残余的影响，比如宗法观念、特权思想、专制作风、拉帮结伙、裙带关系等等，这些在我国政治生活中仍有相当的市场，而这些不是短时间能够消除的。

第三，社会主义民主政治建设要受到经济文化发展程度的制约。我国的生产力发展水平低，经济文化还较落后。要建设社会主义民主政治，就要大力发展社会主义商品经济，要大力发展社会生产力，要尽快地提高人民的物质文化生活水平。这是最根本的条件。只有这样，才能为社会主义民主政治的建设提供物质条件和精神条件。愚昧、落后总是与专制相联系的，而科学、文明则总是与民主相伴随的。因此，一切热衷于社会主义民主建设的人们，必须热衷于我国的四化建设，热衷于为提高人民的物质文化生活水平而奋斗。不然，一切都是空谈。而要建设社会主义民主政治的物质文化基础，这也不是一蹴而就的，而是一个逐步积累的渐进过程，需要几代人坚持不懈的努力。

第四，社会主义民主政治建设是一个逐渐摸索前进的实践过程。它是一个新事物，我们还十分缺乏经验，到底怎样搞好，在马克思主义那里找不到现成的答案，到西方世界也找不到这一答案，其他社会主义国家也正在实践中探索。所以，邓小平曾经指出："我们所做的是一场伟大的试验，有些事情不可能一次完成，甚至有时还可能出些差错。"[①]所以我们既要"勇于探索"，又要"细心谨慎"。既然是这样，那就不能急于求成，否则就会欲速则不达。

我国现阶段所处的社会主义初级阶段，是进步与落后、发达与贫困、法制与人治、指导思想的先进与旧思想广泛影响的同时存在。在这样一个两重性的社会中，我们想要大踏步地前进，然而道路却是那样崎岖，我们想迅速改变旧的面貌，然而历史的包袱又是那样沉重。对由此而引起的一系列特殊问题，我们要有足够的认识。

总之，社会主义民主政治建设，既有紧迫性，又有长期性。在这个问题上，既不能安于现状，也不能急于求成，更不能灰心丧气，而

① 邓小平：《根据本国情况进行政治体制改革》，《建设有中国特色的社会主义》（增订本），144页，北京：人民出版社，1987年。

是要把革命精神和科学态度结合起来，通过不断深化经济体制改革和政治体制改革，逐步积累，循序渐进，使我国的社会主义民主制度日臻完善。

西方政党制度与中国民主政治建设*

长期以来，许多西方论者对两党制或多党制大肆渲染，把它美化为民主政治的样板。对此，我国社会中也有一些人存在模糊认识，以为采用这种政党制度，或许有利于我国的民主政治建设。因此，有必要对西方的两党制或多党制作些考察，并弄清为什么在中国不能实行两党制，而只有不断健全中国共产党领导的多党合作制，才有利于我国社会主义民主政治的建设。

一、西方政党制度的阶级实质

在世界近代史上，资产阶级产生后，始有资产阶级政党，资产阶级掌权后，始创资本主义国家的政党制度。其类型有三种：一党制、两党制、多党制。

一党制是一个国家长期由一个政党掌握政权的制度，两党制是由两个主要的资产阶级政党轮流执政的制度，多党制是指某些资本主义国家多党并立而采取的几个党联合执政或轮流执政的制度。

二战以来，实行一党制的是非洲一些民族主义国家，因为它们大多数是在一个民族主义政党领导下获得独立的，另外也是鉴于老牌帝国主义国家实行两党制或多党制所产生的种种弊端，而作出的一种政治选择。就一些老的资本主义国家来说，所实行的或是两党制，或是多党制。但是，不管是实行两党制，还是多党制，其目的都是为了争夺政治权力，特别是问鼎总统或首相的宝座。

那么，什么党的候选人会登上总统或首相的宝座呢？这里的因素是很多的。其中最主要的，是看哪个政党推荐的候选人更能适合资产

* 原刊于《芜湖师专学报》，1993（3）。

阶级统治的需要。与此相联系，他就能募捐到更多的竞选经费，那么他也就有较大的可能当选。

直白地说，这里起核心作用的是金钱。为了争取选民，参加竞选的人周游全国进行演讲要花钱；发送大量宣传品和礼品要花钱；为了在群众中树立形象，在电视台、广播电台租用专门节目要花钱；在报纸杂志上刊登竞选广告、发表宣传文章要花钱；在旅馆、饭店等地举行各种招待会要花钱。在资本主义国家，每次大选，竞选人都要花费很多的钱，而且有越来越增多的趋势。

比如在美国，1860年林肯竞选总统才花去竞选费用10万美元，1936年民主、共和两党共花去竞选费用1400万美元，1940年超过3500万美元，1972年达到4亿美元，1980年上升到10亿美元，1984年高达18亿美元。

这么多的钱是从哪儿来的呢？主要是来自资本财团的支持，每个参加竞选的资产阶级政党都是以一定的财团做后盾的。比如在美国，民主党的后台主要是洛克菲勒、摩根、波士顿、哈利曼、南部的德克萨斯等财团；共和党的主要后台是梅隆、杜邦等东部财团，以及西部加利福尼亚财团和中西部财团。有些垄断财团往往同时支持两个党，其目的是显而易见的。因此，无论是实行两党制或多党制，哪个政党要上台执政，离开了资本财团的支持是不成的。同时，任何一个政党上台执政，不按资产阶级的意志办事也是不行的。所以说，竞选“是有钱人的游戏”，资产阶级政治实质上是“金元政治”。

那么在资本主义国家中，既然执政党只能代表资产阶级利益，又为什么要实行两党制或多党制，在执政党外，允许一个或几个反对党存在呢？这是因为两党制或多党制对维护资产阶级的统治有重要作用。这表现在以下方面：

第一，可以调整大垄断财团之间的关系，以保障整个垄断资产阶级的利益。

作为执政的资产阶级政党是因某些财团的支持而上台的，无疑要照顾这些财团的利益。但为了防止执政党因此而忽视其他财团的利益，所以就需要台下的反对党时时盯着台上的执政党，以便随时抓住把柄加以攻击，甚至通过竞选，把对方搞下台，从而迫使执政党小心谨慎，注意兼顾到其他财团的利益。一旦执政党所采取的政策引起垄断财团之间关系紧张而又有损整个资产阶级的利益时，就可以利用在野党把执政党赶下台，以调节资产阶级内部的矛盾。

例如，1967年下半年美国约翰逊政府搞越南战争升级，使美元贬值，从而影响了美国垄断财团的利益。结果一些财团首领和军队元老开了一个“贤人会议”，会后通知约翰逊说：“你已经失去了我们的信任。”约翰逊慌了手脚，于1968年初宣布战争降级，保卫美元，并说不再参加1968年的总统竞选了。约翰逊下台后，尼克松靠西南部财团的支持于1969年1月上台。然而他上台不久，就一头扎进西南部财团的怀抱，从而触犯了东部的洛克菲勒财团的利益，结果借水门事件迫尼克松辞职下台。继任总统福特上台以后，不得不马上进行人事和政策调整，以照顾东部财团的利益。

第二，可以作为资产阶级的民主“装饰”，借以欺骗人民群众。

如上所述，两党制或多党制都是资产阶级专政的表现形式，但它能迷惑人。在两党或多党竞选的基础上，通过选民选举出总统或首相，这容易使人觉得：“似乎这种选举真正能够体现大多数选民的意志。”另外，执政党和反对党之间的互相攻击，虽然有些只是资产阶级统治的策略之争，有些纯粹是党派斗争的需要，无事生非，但确又能给无产阶级和劳动人民以民主的假象。特别是到了大选临近之际，总统竞选人为了捞取选票，往往故作姿态，不惜大谈所谓妇女问题、劳工问题、老人问题，借以赢得人们的好感。其实，竞选许诺是一回事，上台执政是另一回事。正如一位西方作者所言，只是愚蠢的总统才会根据竞选时的许诺执政。

第三，可以逃避危机的责任，借以维护资产阶级的长期统治。

实行两党制或多党制，资产阶级可以在社会危机时，把责任推到一个党或总统或首相个人身上，采取换班的办法，转移人民的斗争视线，缓和人民的不满情绪，阻碍工人阶级去建立和发展真正代表自己利益的政党。有些资本主义国家，虽然表面上承认工人阶级政党的合法存在，并允许其参加竞选。但是，资产阶级往往采用种种手段阻止工人阶级政党上台执政，同时又使工人阶级政党成为资产阶级民主的一种摆设。

总之，西方的两党制不过是资产阶级维护自己统治的十分巧妙的工具，实际上是资产阶级的一党政治。

二、西方政党制度不适合中国

如上所言，在西方，通行的是两党制或多党制。这样的政党制度不适合中国国情，这不仅是历史的结论，而且也是现实的结论。

在中国近代史上，曾经有两次企图实行多党政治的动作。

一是，辛亥革命失败后，中国资产阶级的代表人物曾试图在中国推行多党制和内阁制，以为这样就可以制服袁世凯，夺回国民党失去的某些权力，然而结果是以国民党要人宋教仁的被刺身亡宣告破灭。

二是，在抗日战争胜利和大规模的内战尚未爆发之时，以八个民主党派以及青年党和民社党为代表的第三势力企图让国民党放弃一党专政，而实行多党政治，结果以蒋介石对民主党派和无党派爱国民主人士的迫害，而宣告他们这种努力的破产。历史事实说明，西方的多党制虽然在旧中国早就有人主张加以实行，但终因中国民族资产阶级太软弱，而始终没有能变成现实。

中国人民在中国共产党领导下，在取得新民主主义革命胜利以后，建立了中华人民共和国，在经历了四十多年光辉历程的今天，是否可以实行两党制或多党制呢？回答是不需要，也没有可能。理由有以下几点：

第一，我国是社会主义国家，实行以公有制为主体的经济体制，剥削阶级已经被消灭，工人、农民、知识分子和其他劳动者已经成为国家和社会的主人，他们在根本利益上是一致的，共产党就是全中国人民根本利益的代表者，因此，从维护全中国人民的根本利益来说，在中国共产党之外，不需要一个或多个反对党。如果非要在中国共产党之外，人为地搞所谓反对党，这样的反对党不是代表了反社会主义势力的利益，就是代表了部分群众的膨胀了的局部利益。在这两种情况下，都危害了全中国人民的根本利益，因而是行不通的。

第二，社会主义国家的经济是社会主义市场经济。在这种经济关系中，中国共产党领导的政府与企业的关系，不同于资本主义社会中政府与企业的关系。在资本主义社会中，企业与政府的关系比较松散。政府对企业的影响手段主要是税收政策，至于其他方面，企业有完全的自主权，一切以获得最大利润为目的。对现代资本主义国家来说，国家的干预并没有从根本上克服生产的无政府状态。既然是无政府，所以执政党的变更对企业经营的影响不大。而在中国，情况就不同了。社会主义经济要能满足人民日益增长的物质文化生活需要，社会主义国家的职能主要是规划和调控经济发展。在这种情况下，如果实行多党制，政府更换频繁，方针政策多变，整个经济生活以及社会生活就会混乱不堪，经济目的的实现就无从谈起，也就必然会搞垮社会主义物质经济基础。

第三，中国是一个发展中的社会主义国家，人口多，基础差，起点低，各地发展很不平衡，我国还长期处于社会主义初级阶段。为了能较快地改变我国的落后面貌，为了调动广大人民的积极性，为了能集中力量搞好对国计民生有重大影响的经济项目和社会改造项目，为了使全国各地区、各民族有一个较为均衡的发展，这就需要有一个威望崇高、比较稳定、精力专注的集中统一的核心来领导。在中国，这个领导核心就是中国共产党。它是中国保持安定团结，不断取得胜利的根本政治和组织的保障。

反之，如果实行两党制或多党制，一党在台上执政，一些反对党在台下起哄，或无中生有，或抓住一些鸡毛蒜皮的事情小题大做，那么执政党就会既没有威信，也不能集中精力，领导国家的各项建设。反对党对执政党掣肘拆台，就会严重影响国家机器的正常运转。

这在美国政治生活中多有表现，在美国议会中，一些议员为维护各自政党所代表的财团利益展开喋喋不休的争论，往往使一些重大问题议而不决，甚至长期搁置，政府的动作因此迟缓不灵，效率降低。当年，尼克松当总统时，就曾深为美国两党斗争所头痛。他哀叹，我们美国总统有百分之五十的精力都用于应付国内的党争了。当然，就美国来说，实行两党制已有一百几十年的历史，两党的党争在总体上还是在法制的轨道上进行的。但尽管如此，也仍然避免不了种种丑恶行为的发生，以至有些党魁要人在黑枪下毙命身亡。至于世界上那些法制不健全而又实行两党制或多党制的国家，情况就很为糟糕。那么多政党，你争我夺，简直无法无天，使国家在政治上长期处于动乱之中。有的国家不到10年就发生20多起政变，国无宁日，民不聊生，这就是前车之鉴。

第四，中国共产党是中国最有威信、最有力量的政党。在长期复杂、激烈的斗争中，中国共产党积累了极其丰富的经验。中国共产党成立以来汇集了中华民族的大批优秀人物，培养了许许多多治党、治军、治政，安邦定国的人才。共产党全心全意为人民服务，不怕困难和牺牲，为拯救祖国和振兴中华献出了自己的全部忠诚。中国共产党领导中国人民已经把一个贫穷落后、受人蹂躏和欺辱的国家变成了一个人民当家作主的、初步繁荣昌盛的、在国际舞台上发挥着重要作用的社会主义大国。中国共产党提出了并正领导中国人民实现中国特色社会主义现代化建设的蓝图，它还制定了通过“一国两制”完成祖国统一大业的正确的大政方针。中国共产党拥有几百万个基层组织，五千万党员，它不仅是中国最大的政党，而且也是全世界最大的政党。现在中国没有一个党，能像中国共产党那样，取得如此巨大的胜利，获得如此崇高的威望，拥有这样巨大的力量。所以在中国搞两党制或多党制，实行所谓轮流执政，那是不现实的。

第五，实行两党制或多党制就要搞竞选，如果撇开其他方面不说，仅就竞选活动旷日持久、耗资巨大这一点而言，每隔几年就如此折腾一次，中国人民也是不会答应的。

总之，在中国搞两党制或多党制，就必然会动摇甚至否定共产党的领导地位，这是违背全中国人民的根本利益的。

三、中国共产党领导的多党合作制

社会主义民主，概括地说，就是人民当家作主。这也就是我国宪法所规定的：“中华人民共和国的一切权力属于人民。”即人们行使国家权力，对政治、经济、文化及社会事务进行管理。社会主义民主在社会生活中的最高、最根本的表现是作为国家形式的社会主义民主政治。

在我国，体现社会主义民主政治的有人民代表大会制度、共产党领导的多党合作和政治协商制度、民族区域自治制度、基层民主制度，以及按民主集中制办事的原则。这几项制度是我国政治制度的特点和优势，是在长期的中国革命和建设中逐步形成和发展起来的。

我国社会主义民主政治的最本质特征是中国共产党的领导。或者说，中国的社会主义民主政治是中国共产党领导的民主政治。中国共产党是我国的执政党，党的领导是社会主义民主得以实现和不断发展的根本保证。也就是说，人民当家作主必须通过共产党的领导来实现。

在这里，共产党的作用就在于领导和组织人民当家作主。共产党作为执政党，并不是以党代政，也不是凌驾于政府之上去发号施令，而是在共产党领导下，人民通过由自己选举产生的各级人民代表大会统一行使国家权力（包括立法权、重大问题决定权、监督权、重要人事任免权等）。共产党的主张和建议，也是通过法定程序，才能上升为国家意志而发挥作用。这是共产党发挥政治领导作用的主要方式。在共产党领导下，在人民代表大会统一行使国家权力这一前提下，又明确划分了国家行政、审判、检察等机关的职权，从而使国家机关各司其职，协调一致的工作。这种政治组织形式的正确运用和逐步完善，既可以防止权力过分集中，又可以避免西方三权分立制度所造成的"多头政治"弊端，从而能够兼取决策民主化、科学化，与提高政府工作效能等优点和长处。因此，有人把共产党领导说成是共产党"一党专政"，是完全违背事实的，持有这种论调的人，不是别有用心，就是惊人的无知。

当然，共产党也难免犯错误。为了保障共产党领导的正确和充分发挥各民主党派参政议政的积极性，我国还实行了中国共产党领导的多党合作和政治协商制度。这是具有中国特色、体现和保障社会主义民主的新型政党制度。各民主党派在中国共产党领导下参加国家政权和国家事务的管理，国家大政方针的协商，同共产党亲密合作，又实行互相监督。它们和共产党一道都是参政党。

因此，在我国，中国共产党领导的多党合作和政治协商制度，既不同于一些国家的一党制，也根本不同于欧美资本主义国家的那种相互倾轧、彼此斗争的两党制或多党制。中国共产党和各民主党派不是在朝党与在野党的关系，更不是执政党与反对党的关系，而是在共产党领导下，为实现中国特色社会主义现代化这一共同目标，"长期共存、互相监督、肝胆相照、荣辱与共"的亲密友党关系。

中国共产党领导的多党合作和政治协商制度，既有利于避免某些国家实行一党制因缺少必要的监督而造成的失误，也有利于防止一些西方国家实行两党制或多党制所造成的倾轧和混乱。总之，实行中国共产党领导的多党合作和政治协商制度，这是健全社会主义民主，巩固和加强人民民主专政的重要保障。

由于社会主义民主政治建设是一个过程，也由于主观认识上的某些失误，我国的政治民主建设在十一届三中全会以前的不少年中进展不快。在总结了以往的经验教训，特别是“文化大革命”的沉痛教训之后，我们党做出了发展社会主义民主，健全社会主义法制的战略决策。在纲领上，在政治体制改革方面，在干部人事制度改革方面，在民主管理制度方面，在立法和司法工作方面，都取得了明显的、很大的进步。我们的这些进步和成就都是在共产党领导下取得的。事实证明，中国共产党是我国社会主义民主建设取得胜利的核心力量。

诚然，对我国民主政治建设所取得的成就，也不可估计过高，在这方面我们还必须作踏踏实实、持久不懈的努力。

比如，人民代表大会的各项制度还必须进一步坚持和完善，人民代表大会的立法工作、法律监督和工作监督还有待加强；选举制度还需要进一步改革和完善；通过怎样一些法定程序和法律形式，把共产党的主张变为国家意志，还需要进一步探索；我国的政党制度和政治协商制度也有待进一步完善。

特别应该指出的是，在改革开放条件下，党和政府的干部队伍中滋生了各种消极腐败现象。虽然它发生在少数人身上，但影响极坏，为广大人民群众所深恶痛绝。党的十一届三中全会以来，我们制定了一系列惩治腐败的法律和制度，在付诸实施中也取得了明显的成效，但这些都是初步的，还不够成熟、完备和严密。我们要加强这方面的工作，逐步建立起一套严密有效的反腐败的机制，最大限度地消除腐败现象产生的温床，使搞腐败的人得到应有的惩治。

当然，关于民主政治建设的上述一系列任务，都必须在坚持共产党领导的前提下，依靠全中国人民的团结奋斗来解决。我国的政治体制改革，就是要建立起一套定型化制度，建立起科学的民主运行机制，从非程序政治走向程序政治，达到国家的长治久安，使我国人民享有愈来愈充分的民主权利。

齐之以法　导之以德*

——解读法治与德治的本质意蕴

江泽民同志在2001年在全国宣传部长会议上强调指出，我们在建设中国特色社会主义，发展社会主义市场经济的过程中，要坚持不懈地加强社会主义法制建设，依法治国，同时也要坚持不懈地加强社会主义道德建设，以德治国。这一重要思想，是对我们党领导人民安邦治国的基本方略的高度概括，对推进我国新世纪的改革、发展、稳定，实现中华民族的伟大复兴，具有重大而深远的指导意义。

一、社会主义法治

法治，是与民主政治和商品经济相伴生的伟大制度化运动。法治在当代社会主义中国具体表征为“依法治国，建设社会主义法治国家”。那么怎样具体理解和说明社会主义法治的基本内容呢？我们以为有以下四个方面：

第一，社会主义法治要求贯彻人民主权原则。人民主权原则作为民主政治的理论基础和法治建设的根本目的，它具体表现为：社会主义国家权力机构必须由真正的选举产生；经过选举合法产生的政府真正掌握人民赋予的权力，不允许非民选的任何个人和组织取代政府；国家政权体系无论采取什么结构形式，都必须采用权力制衡原则，以防止权力过分集中或权力滥用；人民必须享有充分的参政权、议政权和监督权。

第二，社会主义法治必须是“良法之治”。这种法律应当充分体现社会主义的价值取向和现代法的精神，即要尊重和保障人权，伸张社会正义，善待公民权利，达成国家公共权力与个体权利的平衡。

---

* 原刊于《安徽法学》，2002（1）。与王平共同撰写。

第三，社会主义法治要求法律具有至高无上的权威，亦即要求“良法”必须获得普遍的服从。法律之所以要具有非人格的最高权威，不仅应坚持“法律面前人人平等”，而且要特别强调政治家和各级官员效忠于法律，严格执行法律。

第四，社会主义法治要求司法独立和司法公正。司法独立是现代法治的一项重要原则，也是衡量法治国家的一块试金石。独立的司法权，既能处理由于政府和公众在法治框架内活动而引起的各种问题，又是实现司法公正的先决条件。没有司法独立的国家，是很难被称之为“法治国家”的；如果司法不独立，那必然严重损害司法公正，而失去了公正性的司法则可能引发灾难性的后果。正如英国哲学家培根所言：“一次不公正的（司法）判断比多次不平的举动为祸尤烈，因为这些不平的举动不过弄脏了水流，而不公正的判断则把水源败坏了。”[①]

二、社会主义德治

所谓德治，指的是主要靠执政者品德的影响力及良好的社会教化而推行的政治。如孔子言：“为政以德，譬如北辰，居其所而众星共之。”[②]又如孟子言：“以不忍人之心，行不忍人之政，治天下可运之掌上。”[③]同时，也可以作这样的理解，德治是一种以道德规范来约束人们的行为从而达到的社会秩序和实现社会正义的国家治理观念和方式。事实上，德治并不与法治、人治直接相对应。因为道德规范约束作为一种非正式制度约束，它只是内在于人治和法治这两种治理国家的主导模式当中，以促成人治或法治模式的实现。而其自身由于非确定性易导致高度弹性、自觉自律性易导致缺乏普遍有效性，而非普遍性易导致标准多元化等因素，因而不能作为单独的，或者说，主导性的国家治理方式而起作用。换言之，德治作为道德教化之治，并不是一个独立的治国模式，而只是人治或法治模式下，为人治或法治所采用的“器”，它可以为人治服务，也可以为法治服务。

---

① ［英］培根：《论司法》，《培根论说文集》，水天同译，193页，北京：商务印书馆，1983年。

② 《论语·为政》。

③ 《孟子·公孙丑上》。

由之，治国史上存在着两种不同形态的德治。

第一，依附于人治的德治即传统德治。这是一种以等级差别性为基点的道德体系，它重伦理而轻法理，重贤人而轻制度，忽视制度和法律对统治者的制约。当今中国法治化进程常常裹足不前的一个重要原因，便是依附于人治的传统德治阴魂不散，仍在作祟。因为，当人治作为一种制度在我国成为历史之后，内化于人治之中的传统德治却作为一种思想观念、一种习惯仍具有一定的市场，仍在阻碍法治建设的顺利推进。另外，现实也说明，要彻底克服传统德治的思想观念和习惯势力，比之推翻人治的统治制度更为艰难，更为长期。

第二，建立在民主政治基础上的德治，这是一种现代德治。不言而喻，现代德治与我们的法治模式能够兼容，而且必须兼容。在当代中国，尽管日趋完备的法律体系和日益健全的法律制度，正在国家的法制现代化过程中发挥着重要作用，法治之路却还只能说是刚刚开始。探其究竟，其原因也正在于与法治社会相契合的传统德治在当代中国还未彻底消亡。我们今天所动情呼唤的现代德治则是以民主和法治为前提的，它是在社会主义法治国家总的框架下的一个重要的治国措施。换言之，在实施以德治国方略的时候，我们必须自觉地坚持社会主义法治国家的基本取向，自觉地坚持把德治隶属于社会主义法治国家总的目标之中。

三、坚持社会主义法治与德治的统一

接下来我们需要讨论的是，法治与德治为什么必须统一（即法治与德治统一的社会诉求是什么）这个问题，可以从以下三个方面对此问题作出解答。

（一）法治与德治统一的政治必须

这里的“必须”表现在阶级社会或有阶级存在的社会中，国家的存在具有必然性。国家是建立在一定经济基础之上的政治上层建筑，是经济利益的集中表现。为了实现阶级统治的实质目标（维护支持特定国家的经济基础）和形式目标（追求特定社会的正义理想和一个社会的基本秩序），国家必须存在。而法与统治阶级道德则是维护国家存在的两个基本手段。法是刚性的一手，统治阶级道德是柔性的一手。

因此，从国家存在的层面上讲，法治与德治必须统一起来。关于这一点，孟子论述得十分中肯：“徒善不足以为政，徒法不能以自行。”[①]统治阶级道德作为柔性的统治手段为国家的存在提供了合法性论证，而法作为刚性的统治手段则为国家的存在提供强制性的保证手段。二者相互补充，缺一不可。

美国学者巴尔在分析了美国二十五年来道德剧变所引发的犯罪和各种社会问题后指出：“目前通过政府和新的法律来解决这些问题成为普遍的期待，但我们最迫切的问题不是由我们法律中的缺陷引起的，而是起因于应该支持法律的道德共识的分崩离析。”由于“民众的政府及其法律必然依赖于某种先于国家和人为法律而存在的基本的道德秩序”，因此，解决问题的关键“并不在于法律上的修补，而是对公共哲学及道德秩序的重建”[②]。

（二）法治与德治统一的社会必然

这里的“必然”在于此二者的统一能增加人类的福祉，完善并提升人的生存境界。历史经验告诉我们，法律和道德是建设和保障社会精神文明的两大支撑，法律是防止人性缺陷的工具，道德是丰厚人性优点的养料，二者相得益彰，不可或缺。

第一，法治着力通过约束人的外部行为和建设人的行为文明，来开掘人的内心文明；德治则着力通过提高人的内心觉悟和建设人的动机文明，来端正人的行为文明。按行为科学的区分，人的活动可分为动机与行为两个部分，因而人的文明活动可分为行为文明与动机文明。道德着力于动机文明的塑造，因为道德的特点是强调自律，即使它亦借助舆论褒贬和种种批判教育手段，但最终落脚点仍是人的觉悟，道德自身没有任何强制性手段。与道德相对应的是，法律着力于行为文明的塑造，因为法律的特点是强调强制，不管一个人的动机如何，只要他的行为在客观上违反了法律，一般就会受到法律的惩处。因此，道德对人的约束，是从内到外；法律对人的约束，是从外到内。一个建设动机文明，一个建设行为文明，前者着力于挖掘人类文明的深度，

① 《孟子·离娄上》。

② ［美］巴尔力文：《三种不同竞争的价值观念体系》，《国外社会科学文摘》，1993（9）。

后者着力于增大人类文明的强度。

第二，一个社会的精神文明从集体和个人的角度来看，可以分为个体文明和群体文明两个部分。个体文明即那些卓尔不群的英雄、模范所体现的动机和行为文明，其特点是超功利、超时代，如雷锋所表现的共产主义精神。这种文明反映了社会文明的深度，昭示了人类未来前进的方向。群体文明反映了社会文明的广度，其特点是具有时代性，体现了社会多数人的道德水准。以德治国着力于通过建设个体文明，来促进群体文明的提高，这就是平常我们所说的“榜样的力量是无穷的”。依法治国则着力于通过厉行法治，建设群体文明，以群体文明的力量震慑社会基本文明原则的违反者。因此，以德治国落实到操作层面上，最倾向做的就是树立个体文明的榜样，用榜样的先进性感召社会大众。而依法治国落实到操作层面上，最倾向做的就是根据多数人的道德水准设定法律，使法律成为道德的底线。

（三）法治与德治统一的市场诉求

即坚持上述二者的统一，才能促进市场经济健康有序发展。

1. 市场经济是法治经济

人类文明发展的主流已汇入市场经济的汹涌大潮之中。法治在市场经济健康运行过程中起着巨人作用，因此许多学者直接把市场经济定义为法治经济。

第一，从历史来看，市场经济作为人类文明进步的当代形式，其本质便是以法权代替过去的特权，以事先的机会均等和机会公平准则替代过去的特权，以事先的机会均等和机会公平准则替代事后的非制度性的人为规范，消解传统人治社会中所不可避免的随意性的片面性，使整个社会走向制度化和法治化，从而避免或节约传统社会在经济和社会发展过程所不可避免的社会代价和社会成本，形成当代社会和经济发展所必需的社会成本节约机制。因此，法治先行是现代市场经济健康运行所必需的，法治精神是当代市场经济社会的核心理念之一。

第二，从现实来看，无论是生产资料的占有、使用或生产成果的分配都必须通过市场交易得到实现，而交易的顺利完成必须以交易者身份的平等和契约的公正为前提。维系健康的市场秩序，保证法权的公平和公正，保护市场契约的稳定性和严肃性，也必须以法代人，以法代权，否则作为市场交易生命的公平和公正就难以实现。因此，法治又是市场经济现实运行过程中所必不可少的社会保障力量。正是从上述意义上，我们把市场经济称为法治经济。

2. 市场经济须有道德支撑

但我们也必须注意到这样一个事实：尽管市场经济的法治秩序不可或缺，但法治也有其自身无法克服的片面性，它并不是万能的，市场经济的健康运行内在呼唤更为根本的主体性道德秩序。仅有法治而无道德建设，那么以下后果将在市场经济的运行过程中表露无遗：首先，经济活动的价值追求与社会整体的价值目标相悖谬，其结果是经济的发展并不是社会福利增加的象征，经济的发展由于得不到社会的支持而举步维艰。其次，经济的发展造成人性的分裂或异化，使经济活动成为了人的发展和完善人的障碍。再次，经济领域出现“见物不见人”，“认物不认人”的现象，造成了物的尺度取代了人的尺度。最后，市场经济领域中的精神生产功能也必然会逐渐丧失。

综言之，法治与德治必须要统一起来。或曰：良好的治国方略既不能是“道之以政，齐之以法”，也不能是“道之以德，齐之以礼”，而只能是“齐之以法，导之以德”。

论柏拉图的“由德返法”和商鞅的“由法返德”*

从历史和逻辑的角度分析，古希腊思想家柏拉图和中国古代思想家商鞅的社会理想，都是由前后依次递嬗的两个阶段组成。柏拉图是“由德返法”，即从道德乌托邦基石之上的“理想国”，到以重视法律作用为基础的“法治国”；商鞅则是“由法返德”，即从“重刑主义”基石之上的“法治”社会，到以道德理想主义为基础的“道德自律社会”。笔者认为，对它们进行比较分析，对于今天我们更好地把握法治与德治的辩证关系是有深刻意义的。

一、柏拉图的“道德乌托邦”到“法治国”

就柏拉图思想而言，我们可以在他的正义理论和法律观之间作一明确界分。柏拉图的正义理论详尽而确定，是构成其整个思想体系的基石，并且其间的主要观点一以贯之。柏拉图的法律思想是其思想体系的表层，且在其后半生发生了实质性的变化。

柏拉图认为，人生来就是不平等的，而这种不平等是建立一个等级制理想共和国的依据。在他的《理想国》中，人被分为金质（统治者）、银质（辅助者）、铜质（工匠）和铁质（农夫）四个等级，各个等级有着严格的等级界限和特殊职责。每一个隶属于特定等级的公民都必须将其活动严格限定于适当履行本等级的特殊职责，对于政府按其特殊能力和条件而分配给他的任务必须恪尽职守，每一个等级都必须固守自己的工作而不得干涉他人事务。“按照社会分工，各司其职”[①]就是正义。

---

* 原刊于《中共合肥市委党校学报》，2002（2）。与王平共同撰写。

① 张宏生、谷春德主编：《理想国》，转引自《西方法律思想史》，8页，北京：北京大学出版社，1990年。

那么，如何才能实现“正义”呢？早期柏拉图寄希望于教育的作用。在《理想国》中，这位思想家强调通过教育可以完善人的本性。他有两项主张：一是由国家主导教育，自由民个人不能随便参加学习；二是把教育分为初级和高级两种不同形式。初级教育的目的是使每一个公民发展为既具有健康的体格，又具有温良恭俭让的品质的人。高级教育的目的则是要从20岁到35岁的青年公民中，培养出少数杰出统治者，使他们像哲学家那样具有睿智。

按照柏拉图的观点，要使国家完善，必须让哲学家当国王，或者把国王培养成为哲学家。因为哲学家具有渊博知识，是最理想的统治者。

同时，柏拉图认识到，即使在他的已实施充分教育的理想国里，也会出现纠纷。不过他认为这些纠纷必须由政府当局行使“自由裁量权”来裁决。柏拉图不希望行政官们受法典中所规定的固定且呆板的规则约束。《理想国》中的国家乃是一个行政国家，它是依靠最出色的人（哲学家）的自由智慧来管理的，而不是依凭法治来管理的。正义的执行应当是不依据法律的。柏拉图说，一个城市国家如果实行法治的话，就会限制和妨碍哲学家的统治，因为哲学家所掌握的真理和美德要比国家机关制定的法律高明得多。①

柏拉图在其《政治家》的对话录中，集中阐述了他不甚重视法律的理由。他认为，法律绝不可能发布一种既约束所有人又对每个人都真正有利的命令。法律在任何时候都不能完全准确地给社会的每个成员作出何谓善德、何谓正确的规定。人类个性的差异、人们行为的多样性、所有人类事务无休止的变化，使得人们无论是什么时候都不能制定出绝对适用所有问题的规则。

柏拉图还认为，法律原则上是由抽象的、过分简单的观念构成的，然而简单的原则是无论如何也不能用来解决复杂纷繁的事物状况的。立法者在其为整个群体制定的法律中，永远不能准确地给予某个人以其应得的东西。因此，最佳的方法并不是给予法律以最高权威，而是给予明晓统治艺术，具有才智的人以最高权威。

不难看出，在轻蔑与忽视法律的同时，极端重视道德对人性的完

① 张宏生、谷春德主编：《理想国》，转引自《西方法律思想史》，10页，北京：北京大学出版社，1990年。

善作用，并企图以倚重道德教育来实现的所谓的“正义”，是柏拉图早期理论中的一个根本性观点。对此，我们称之为道德乌托邦思想。

到了晚年，由于在西西里岛的锡拉古城建立道德国的实现遭到失败，柏拉图开始重视法律的作用。虽然他仍然坚持“无法律”的国家（那种依靠个人才智自由地、不受约束的国家治理图式）是最高级且最完善的统治形式，但它已承认这种国家的有效运行需要由具有最高才智和不会做出错误判断的人士来掌握；而这种人很难找到。并且，“一个专制的政体（缺失哲学家国王的政体——引者注）；如果是根据好的成文法律来统治，就是六种政府中最好的，可是，如果他不根据法律，那就是最无情的，对他的国民的压迫也是最厉害的”[①]。

因此，柏拉图提出“法治国”是人进行统治的次优选择。柏拉图的最后一部著作《法律篇》详尽地描绘了“法治国”的蓝图。在这里，国家统治当局在设有成文法典和法律规定的情形下已不再享有随意司法的权力。恰恰相反，他们应当成为法律的仆人，有义务从指导公民行为的一般法规中寻求指南，而不用考虑人的因素。此外，由于对法律的信任，这位思想家还这样充满感情地断言：“如果一个国家的法律处于从属地位，没有权威，我敢说，这个国家一定要覆灭；然而，我们认为一个国家的法律如果在官吏之上，而这些官吏服从法律，这个国家就会获得诸神的保佑和赐福。”[②]

显而易见，在柏拉图的晚期理论中，我们不难看出，为了实现“正义”，柏拉图已十分强调法律对于治理国家的重要意义。对这样的“共和国”，我们称之为以重视法律作用为基础的“法治国”。

二、商鞅的“重法而治”到“道德自律社会”

中国古代的思想家大都重视对人性的研究，并且每每把各自的人性论作为构建自己理论大厦的基石。这一点，商鞅亦不例外。

商鞅的人性论可抽绎为“人性好利”。“民之生，度而取长，称而

---

① 法学教材编辑部《西方法律思想史编写组》编：《政治家》，转引自《西方法律思想史资料选编》，19页，北京：北京大学出版社，1983年。

② 法学教材编辑部《西方法律思想史编写组》编：《法律篇》，转引自《西方法律思想史资料选编》，25页，北京：北京大学出版社，1983年。

取重，权而索利。”[①]“民之于利也，若水于下也，四旁无择也。”[②]“利”有双重义项：一是人类自然生理欲求，二是人类社会欲求。商鞅认为，人类社会存在与发展的原始动力便是，人对利锲而不舍的孜孜追求。

与此同时，商鞅的思想体系还有另外一个理论基石：“民本”观念为基础的正义理论。“故尧舜之位天下也，非私天下之利也，为天下位天下也，论贤举能而传焉，非疏父子亲越人也，明于治乱之道也，故三王以义亲天下，五伯以法正诸侯，皆非私天下之利也，为天下治天下。”[③]商鞅于此提出了一个著名的论断：“为天下位天下”。天下不是君王一姓之天下，而是天下人之天下。如果君王视天下为私有之物，必将最终被天下人所唾弃。只有像尧舜那样，以天下为公，为“天下人”利益而治天下，才真正洞察了治国之要。

商鞅认为，正因为“人性好爵禄而恶刑罚”，所以可以用奖赏的办法来鼓励民众努力从事农战，用惩罚的办法来制止他们去做有害于农战的事。不但如此，诸侯国君的一切法令要想得到贯彻，同样可以采取这种办法。“人生而有好恶，故民可治也。”[④]也正因为人性好利恶害，所以只能用赏罚而不能用别的什么仁义道德等办法来进行统治。“背法而治，此任重道远而无马、牛，济大川而无船可楫也”[⑤]。

商鞅认为法是社会道德化的源泉，伦理道德是法治的胎儿，而绝非法与法治的母体。高度法治化的社会至少在逻辑意义上必将同时又是高度道德化的社会。仁者固然能自爱、爱人，但却不可能通过这种方式使天下人像他一样自爱、爱人。孟子儒学的失误就在于，虽然意识到了人类未来完美的社会模式应是道德自律社会，但又寻觅不到通往这个理想社会的桥梁。“圣人有必信之性，又有使天下不得不信之法。所谓义者，为人臣忠，为人子孝，少长有礼，男女有别；非其义也，饿不苟食，死不苟生，此乃有法之常也。”[⑥]尽善尽美的社会道德风尚，不过是天下大治所显现出来的一种表象。孟子单纯倡导仁义治

① 《商君书·算地》。
② 《商君书·君臣》。
③ 《商君书·修权》。
④ 《商君书·错法》。
⑤ 《商君书·弱民》。
⑥ 《商君书·画策》。

天下，不但不能导致社会的道德化，反而恰恰使社会道德沦丧、仁义废灭。总之，在商鞅看来，通过"轻罪重罚"达到"以刑去刑"社会目的，通过法治来实现天下大治，方是迈向道德自律社会的唯一切实途径。

《商君书》云："治国，刑多而赏少。……一国行之，境内独治；二国行之，兵则少寝；天下行之，至德复立。此吾以杀刑之返于德，而义合于暴也。"[①]又云："圣君知物之要，故其治民有至要，故执赏罚以辅壹教。仁者，心之续也。……力生强，强生威，威生德，德生于力。圣君独有之，故能述仁义于天下。"[②]法与德在本质上是相通的，"杀刑"与"圣德"相反相成，相生相依。社会完全法治化之日，恰恰又是社会高度道德化之时，至大至刚的法治精神与至善至美的伦理境界是水乳交融的。

那么，天下大治是怎样一种完美的社会形态呢？商鞅以此作了十分动人的描述："故王者，刑赏断于民心，器用断于家。……故有道之国，治不听君，民不从官。"[③]在这里，"至德复立"的刑罚备而不用，法不再是外在、异己的力量；是非美丑，功过美恶，人人都能裁于心。人们不再需要行政机构从外部进行强制性的威慑和管制。质言之，法已内化为一种生命本然需要。行政机构虽然尚未废除，但实际上已"搁置"起来。在这种高度法治化基础上，法的力量已逐渐退居幕后，伦理力量机制急剧放大膨胀，道德信念突破原来固有的阈限渗入政治学领域，并进而上升为社会政治关系的显性原则，道德主义的"德治"成为一种新兴的政治体制。

总言之，从"垂法而治"到道德自律社会，这一"由法返德"的逻辑发展呈现了商鞅社会理想的全部嬗变轨迹。

三、"法治"与"德治"的辩证统一

比较分析柏拉图的"由德返法"和商鞅的"由法返德"，我们能够在以下两个方面深化对法治与德治辩证关系的理解。

---

① 《商君书·开塞》。

② 《商君书·勒令》。

③ 《商君书·说民》。

其一，由于道德（一种非正式制度约束）固有属性中的缺陷：如其非确定性易导致过度弹性、其自觉自律性易导致缺乏普遍有效性，而非普遍性易导致标准多元化，以及其过多至善理想性易导致缺少宽容和衡平，使得它相对于法律治理而言，不能作为单独的，或者说，主导性的国家治理方式而起作用。换言之，法律化了的制度文明比道德化的人格魅力在防止人性缺陷方面（这是治国的第一个层面）更重要、更可靠、更持久。

惟有法律化的制度文明方能提供一种既能使坏人改过自新又能使好人不蜕化变质的可靠机制。这一点，古希腊贤哲亚里士多德曾有深刻的论析："凡不是凭感情因素治事的统治者总比感情用事的人们较为优良。法律恰正是全没有感情的；人类的本性（灵魂）便难免有感情。……谁说应该由法律遂行其统治，这就有如说，唯独神祇和理智可以行使统治；至于谁说应该让一个个人来统治，这就在政治中混入了兽性的因素。常人既不能完全消除兽性，虽最好的人们（贤良）也未免有热忱，这就往往在执政的时候引起偏向。法律恰恰正是免除一切情欲影响的神祇和理智的体现。……要使事物合于正义，必须有毫无偏私的权衡；法律恰恰正是这样一个中道的权衡。"①

另一方面，道德在防止人性缺陷方面虽不能起主导作用，但它却在丰厚人性优点方面（这是治国的第二个层面）起着主导作用。换言之，法律安排在于为人类之恶圈围起一道牢固的栅栏，并在栅栏四周派驻重兵把守以作警戒，其重心在于追求并实现一定的社会秩序；道德建设则在于为人类之善铺设一条金光大道，并在这条大道的前方悬挂一幅绚烂的图画以作吸引，其重心在于提升并完善人的生存境界。

柏拉图的早期乌托邦理想实质上正是强调以道德立国（把道德治理作为第一层面上的主导性的治国方略），并幻想通过政治伦理化达到社会伦理化的终极目的。早期柏拉图没能认识到良好的道德自律社会恰恰正是社会高度法治化的必然逻辑结果，从而混淆了理想与现实、目的与手段。最终，柏拉图的早期政治理想虽然在情感层面上充满了温情脉脉的人情味，但在实践中却不可避免地成为没有道德基石的空中楼阁。

① ［古希腊］亚里士多德：《政治学》，吴寿彭译，163—169页，北京：商务印书馆，1965年。

商鞅则不然，从“垂法而治”到高度法治化基础上的“道德自律社会”，这是商鞅“由法返德”的社会政治理想的嬗变轨迹。显然，商鞅已经认识到，在自由地运用道德丰厚的人性优点之前，首先要有一种机制能够有力防止人性的缺陷；而一旦人性的缺陷因为法律治理得到有效防止后，丰厚人性优点的养料——道德治理便也自然而然地生长起来了。一言以蔽之，商鞅的“由法返德”是一种从强调防止人性缺陷，到人性缺陷已得到有效防止基础上强调丰厚人性优点的“返”，是一种从追求社会秩序的实现，到社会秩序已获得切实保障的基础上着重提升并完善人类生存境界的“返”。

其二，柏拉图的“由德返法”，我们也可以视之为道德法律化。首先，道德法律化是将人类的正义理论（蕴含在道德理想、道德原则、道德规范之中）铸为法律的过程，也是良法由此产生的过程。它为“法治”的构成建奠了基石。其次，道德法律化的实现形态表现为法律，它是一个社会主体由采取自律手段到采取他律手段的转化过程。最后，道德法律化的价值定位是法制，它并不必然表明主体对法律的信仰与自愿遵守。它倚重法律所具有的强制作用。

商鞅的“由法返德”则可被视之为“法律道德化”。首先，法律道德化是使法律转化为更高的道德习惯和道德义务的过程，是法律源归于其“正义”本质的过程。它是法律得以被主体普遍遵守的必然体现。法律可以创设特定的义务，却无法创设服从法律的一般义务，“一项要求服从法律的法律将是没有意义的。它必须以它竭力创设的那种东西的存在为先决条件，这种东西就是服从法律的一般义务。这种义务必须、也有必要是道德性的。”[①]假如没有这种义务，那么服从法律就仅仅是暴力下的被迫服从而已，而不是缘于道德上做正当事情的原因。其次，法律道德化实现的样态是道德义务；它是社会主体由他律到自律的过程，也是逐步培养人的优良品格，造就人的高尚情操，进一步满足人的精神需要的过程。最后，法律道德化的价值定位是“法治”，它表明主体把遵守服从法律视为道德上的一般义务，并表明主体对法律的真诚信仰。

---

① ［英］米尔恩：《人的权利与人的多样性——人权哲学》，夏勇、张志铭译，35页，北京：中国大百科全书出版社，1995年。

加强公民道德建设是依法治国的重要保障*

2001年10月，中共中央颁布了《公民道德建设实施纲要》（以下简称《纲要》），这是我国社会生活中有着深远意义的一件大事。它的颁布和贯彻，不仅是我国实施以德治国的重大举措，而且对依法治国的实现也有着巨大的促进作用。加强公民道德建设，提高公民道德素质，是实行依法治国的重要保障。

一、“良法”创建是道德法制化的过程

要实行依法治国，首要的和基本的前提就是要有法可依。如果无法可依，或法制不健全、不完善，那么依法治国便会流于空谈，或者大打折扣。其次，所依之法必须是良法，因为只有良法，才能获得多数人的拥护，才能得以实施。换言之，只有所依之法是良法，才有可能真正做到依法治国。因此，依法治国从实质来说，也就是依良法治国。在人类政治史上，资产阶级和无产阶级作为执政者，都是主张依法治国的。但对什么是良法，它们的评价标准是不同的。

在人类社会生活中，从对人的行为发生作用的影响面和包容度来说，经济和伦理无疑应排在其他社会因素的前列。从这个意义上说，作为社会生活主体的人，要过物质生活，并且以此为基础才能从事其他活动；同时人也要过道德生活，要正确处理人与人之间的关系。不然社会生活就会出现混乱、无序的状况。

为了防止这种道德缺失状况的出现，人们创立了法制。法制实际是用强制手段把少数人纳入道德生活的轨道，同时维护多数人的道德生活。从内容方面来说，法制较强调禁止性的规范，而公民基本道德

* 原刊于《高校理论战线》，2002（5）。与王平共同撰写。

则较强调倡导性的规范，二者是有机统一的。因此，加强公民道德建设，模范遵守《纲要》所提出的二十字基本道德规范，不断提高中华民族的基本道德水准，同时也是我国现阶段社会主义法制不断完善的过程。

“良法”的创制过程，即道德的法律化过程。一般说来，它主要是通过三种方式来实现的：一是将一定的道德规范直接上升为法律规范，即通过禁止性、义务性的法律规范，直接反映特定的道德规范。如子女赡养父母、父母抚养子女并不得遗弃等法律规定，就是道德法律化的直接表现。二是通过立法，规定法律主体必须遵守一般的道德规范（主要是社会公德），从而使一般的道德规范具有某种法律属性或法律效力。如现代民商法中关于进行民事活动应遵守诚实信用、尊重社会公德、遵守职业道德的原则规定，就属此类。三是立法规定准用性道德规范，使其成为国家立法的有效补充。如我国民事司法实践中不乏依习惯或道德规范认定特定行为合法与否的做法。

二、司法道德是司法公正的关键因素

实行依法治国，不仅要有法可依，而且要司法公正。司法公正是依法治国的一个根本环节，它也是衡量法治国家的一块试金石。英国思想家培根曾深刻地指出:“一次不公的（司法）判断要比多次不平的举动为祸尤烈。因为这些不平的举动不过弄脏了水流，而不公正的判断则是把水源败坏了。”①要实现司法公正需要多方面的条件，其中主要的是司法主体方面的条件，特别是司法主体的道德能力保证。

司法主体的道德能力，主要是指司法主体的道德素养和以此为基础的道德判断力和道德意志力。司法主体的道德素养较高，他就会具有相应的道德评价能力，即分清是非、善恶、美丑的能力。相应的道德意志力，即为伸张正义、维护公平而与各种违法现象作斗争的人格力量和无畏精神。因此要实现公正司法，就需要司法主体有一个高尚的灵魂。

首先，法律规范不可避免地具有一定的模糊性。因为社会关系是

① ［英］培根：《论司法》，《培根论说文集》，水天同译，193页，北京：商务印书馆，1983年。

复杂多变的，而法律总具有滞后性和僵硬性。立法者为了尽量使法律在调整社会关系时具有较大的适应性，便保留充分的道德平衡空间，采用一些模糊性的条款，使司法人员能够对具体问题进行具体分析和处理。然而，立法者虽然立意高远，用心良苦，但能否如愿以偿，还要依靠司法人员是否具有一定的道德素养。不然，法律条文的模糊性，就可能被司法人员利用来兜售其私，使法律遭到不应有的践踏。

其次，在具体的司法实践中，司法人员总是具有一定的自由裁量权。法律的形式条文，往往无视或漠视行为的种种具体环境和条件；作为可以量化、操作的形式规范，法律所能规范的是人们行为的外在方式，在大多数情况下，它只能以行为的效果为对象，而很难顾及行为的动机。总之，考虑到现实情况的复杂性和法律条文的形式性，为了更好地体现法律的公正，立法者对定罪量刑及处罚等方面都规定了一定的幅度，以使司法人员在此幅度内具有自由裁量的权力。但是要正确运用这种权力，也主要取决于司法人员的道德素养。不然，这一权力会被滥用，以至完全失去司法公平。

最后，在司法过程中，司法人员不可避免地具有证据采信方面的自由心证权。“以事实为依据，以法律为准绳”，是我们实行定罪量刑和行政处罚的基本原则。但这里的事实在执法、诉讼活动中需经过司法人员的认定，才能转化为证据，进而成为是否处罚的依据。而在认定事实的过程中，司法人员的道德素养和道德能力也是至关重要的。否则，指鹿为马、颠倒黑白等情况将会发生，其后果不堪设想。

总之，加强公民道德建设，提高司法人员的道德水平和道德能力，是实现司法公正的一个关键性因素。

三、公民道德优良是法治社会的基础

普遍守法既是依法治国追求的直接目的，又是依法治国取得的现实成效。

那么，如何才能做到守法呢？从主要方面来说，一是要在全社会加强法制宣传、法制教育，提高公民的法律素质；二是要加强道德建设，提高公民的道德素质。二者相较，后者具有更深远的意义。其原因有三点。

第一，只有加强道德建设，才能为公民实现从外在守法上升为内在守法提供根据和动力。

所谓外在守法是指法律主体迫于外在的威慑或强制而服从法律，即被迫守法。内在守法则是指法律主体自觉认同法律，而把守法内化为一种道德义务，即自愿守法。民众如果停留在外在守法的水平上，由于其守法是被迫的，那么一有机会，他就可能触犯法律。美国在法律方面的严格和包罗万象，在世界各国中是屈指可数的，可美国的犯罪率居高不下，也被世人长期关注。这就从反面启示人们，必须把公民的外在守法上升为内在守法。

因为公民只有达于内在守法的水平，他才能把守法行为视为道德行为，才能在道德感的支配下，自愿地遵守法律，把守法视为文明人的一种道德义务、一种道德良心、一种优良品质。因此，只有加强公民道德建设，提高公民的精神境界、道德情操，才能为普遍守法提供根据和动力。

第二，只有加强道德建设，才能为公民普遍守法营造良好的道德氛围。

营造良好的道德氛围就是要通过宣传、舆论和榜样的作用，提高人们的道德素养，提高道德的社会影响力和感召力，使好的思想、好的品格、好的作风，打动亿万人的心灵，得到发扬光大，并逐渐形成风气、积淀为习俗；使那些消极的、腐败的、丑恶的东西受到抵制、受到谴责，甚至如过街老鼠，人人喊打。在这样的道德氛围中，对多数公民来说，遵纪守法就会成为一件极自然、极平常的事情。有少数公民可能感到不那么自在，但碍于大势所趋，人心所向，也不得不循规蹈矩。至于极少数不稳定分子，当他们环顾四周，和者盖寡时，也会迫于道德压力，而不敢轻举妄动。

反之，如果一个社会道德败坏，世风日危，甚至将守法诋为愚不可及，违法被誉为一种神通，那么守法者就会愈来愈少，违法者也就会愈集愈众。俗话说，法不责众。到那时，不要说普遍守法，就是法律的施行也会困难重重。由此可见，通过道德建设，营造良好的道德环境，是促成普遍守法得以实现的一种长久之计。

第三，加强公民道德建设，才能有利于与不法行为作斗争。

首先，加强公民道德建设，有助于预防犯罪。比如，提倡关心集体、热爱祖国，就有助于防止贪污、盗窃、挪用公款，以及丧失国格等犯罪行为的发生；提倡明礼诚信，就有助于防止背信弃义、蒙骗欺诈等违法行为的发生。

其次，加强公民道德建设，有助于动员群众揭发不法分子的犯罪事实。我国公安机关破获的大量犯罪案件，都是与群众的支持分不开的。犯罪分子怕公安机关，更怕掌握他们犯罪事实、具有道德感和正义感的人民群众。

另外，在司法审判活动中，遵循公民道德原则去实施法律，严格、公正地以事实为根据，以法律为准绳，对犯罪者作出准确判断，这样就能使犯罪分子认识自己的罪责和道德过失（因为一般来说，触犯刑律的行为也是不道德行为），从而有助于他们从内心深处认罪伏法，并改造成为新人。

总之，认真贯彻党中央颁布的《纲要》，切实加强公民道德建设，对保障依法治国的实现，具有基础性、关键性和深远性的意义。

协商民主：中国民主政治的一大特色*

一、中国社会主义民主的两种形式

中国社会主义民主是不同于资本主义的、绝大多数人享有的民主。发展这种民主，除了要在实践中不断充实和丰富民主的内容以外，还必须寻找与这种内容相适应的新的民主形式。关于这一点，列宁曾经指出:“彻底发展民主，找出彻底发展的形式，用实践来检验这些形式等等，这一切都是为社会革命进行斗争的任务之一。”①

中国人民在争取民主的长期斗争中，特别是在致力于社会主义民主政治建设的伟大实践中，对民主形式的发展和完善进行了不懈的探索和追求，积累了宝贵经验，提高了理性自觉，逐步形成了包括表决民主和协商民主在内的社会主义民主形式，其重要标志就是2006年2月中共中央颁布的《关于加强人民政协工作的意见》（以下称《意见》）。

《意见》明确指出:“人民通过选举、投票行使权利和人民内部各方面在重大决策之前进行充分协商，尽可能就共同性问题取得一致意见，是我国社会主义民主的两种重要形式。”这一重要论断强调社会主义民主有表决民主和协商民主两种形式，其意义十分深远，必将对促进中国民主政治建设和推进人类政治文明的发展发挥重要作用。

二、表决民主的效率性与狭隘性

民主是人类在漫长的历史进程中共同追求的美好政治理想和共同

* 原刊于《高校理论战线》，2007（7）。与王平共同撰写。

①《列宁全集》第31卷，75页，北京：人民出版社，1985年。

创造的政治文明成果，民主的发展是一个过程。仅就民主的形式而言，表决民主曾经被视为民主政治的唯一形式，当今欧美国家被看作是采用这种民主形式的典型。

表决民主作为民主发展的产物，无疑是人类的一个伟大创造。社会主义民主坚持表决民主，这是社会主义民主对人类政治文明成果的一种继承和弘扬，也是社会主义民主发展的内在必然要求。

表决民主以少数服从多数为基本原则，或者叫多数决定原则。坚持这个原则，是由于利益差异和认识差异的存在，公民对公共事务的态度会做出多种多样的选择，或赞成或反对，或坚决或动摇，或两可或随流。这样难免会七嘴八舌，议而难决。而社会公共生活的正常进行，不允许这种旷日持久、没有结果的争论。更何况，有一些重大紧急事务的处理，等不得拖不得，必须当机立断。因此，多数决定原则实则是对公共事务做出决断的一种效率原则。讲效率是表决民主的一大优点。但少数服从多数，并不必然意味着是非、公正的判定。而这又是它的一大缺陷。具体说来，它在肯定多数人利益和意志的同时，漠视和否定了少数人的利益和意志，包括那些具有正当性、合理性的利益和意志。另外，这种多数的形成，有时并不是基于对整体共同利益的肯定，而可能纯粹出于局部利益的考虑。更何况，某个突发事件的发生、某种偏激情绪的煽动和蔓延，也会造成一时的多数。而且，有时候这个多数相对于少数只是极其微弱的多数。因此，有人把多数决定原则诟病为多数人对少数人的暴政。

表决民主作为民主实现的一种形式，总是服从和服务于民主的内容的。在阶级社会中，民主是有阶级性的。因此，表决民主在阶级社会中，总是为一定阶级的利益服务的。比如，在古希腊罗马的奴隶制民主制中，民主只是统治阶级内部的民主，而奴隶和其他获得市民资格的人是没有民主的。因此，在这样的制度中，多数决定原则只是奴隶主阶级中的多数决定原则，而不是一人一票的社会成员多数决定原则。可见奴隶主阶级内部的表决民主，说到底是少数人的民主。这里的民主只是意味着少数人对多数人的压迫和奴役。在历史的发展进程中，资产阶级民主相对于奴隶主民主在形式上已经有了很大进步，由于普选制的推行，它在形式上已经实行了多数选民决定原则，但其实质依然如故，即仍然是少数人的民主。

拿美国的民主来说，表决民主只是狭隘地表现为四年一次的自由选举，即公民通过投票，选举国家总统。谁能充当总统候选人呢？只是那些有财团做后盾的“权力精英”，特别是美国共和和民主两党推出的“权力精英”。选民只能被迫在少数权力精英中挑选总统。最终哪位候选人能登上总统的宝座，这里的因素是很多的。其中最主要的因素是看哪位候选人更适合美国资产阶级统治的需要。与此相联系，他就能募捐到更多的竞选经费，就能更广泛地开展各种竞选活动，就能长时间地利用各种媒体来制造舆论，树立形象。直白地说，这里起核心作用的是金钱。另外，公民通过定期选举，选择国家最高领导人，由他和他所领导的班子制定公共政策，实施公共管理。这种民主，所关注的是谁适合当“领导者”，而不是如何“实施领导”，也就是说，它仅是民主的“准入”程序，而不是民主的决策过程。各位候选人通过竞争人们的选票而得到作出决定的权力。可是对于选民来说，这种权力一旦授予，也就很难从根本上对之加以制约。这就是美国总统布什作出出兵伊拉克的错误决定，而美国人民对之无可奈何的制度原因所在。

美国民主的实质和弊端已经被越来越多的人所认识和揭示。早在20世纪50年代，美国哥伦比亚大学的社会学家米尔斯就曾指出，美国的民主是一种“形式上多数人参与、实际上少数人控制”的民主。美国学者熊彼得也把美国的民主称之为是“精英民主”。美国前副总统戈尔在前不久出版的《对理性的侵犯》一书中，也惊呼美国的“民主正面临被掏空的危险”。

面对表决民主的缺陷，以及表决民主在西方民主运行中的资产阶级狭隘性、虚假性的表现，20世纪末一些西方学者提出了用“协商民主”来拯救表决民主的理念。随着人们对代议民主理论的批判性反思，加之世界各地竞选实践中暴露出来的问题日益增多，单纯强调表决民主的价值取向日渐为诸多现代政治学家所质疑。

一些西方学者开始把研究的焦点逐渐转向“协商民主”，期望在现代社会建立起以公共协商为核心价值理念的民主政治。约瑟夫·毕塞特较早从学术角度提出这一概念。罗尔斯认为多数裁决原则作为一种程序手段只具有从属地位，在立法阶段应依赖实际讨论过程而进行决策。哈贝马斯也提出，要建立以“交往行动理论”和“商谈理论”为指导的“商议性政治”。他主张通过建制化的方式和程序促使民主的意见、意志、法律及公共决策的形成和实现。这在理论上是很有意义的，但是这种良好愿望，在以阶级对立为基础、少数人享有民主的资产阶级制度范围内，是不可能实现的。

然而早在西方学者提出“协商民主”概念半个世纪以前，即在20世纪40年代，我国人民在筹划和建设新中国民主政治的实践中，已经从中国的国情出发，从中国人民的根本利益出发，创立了既重视表决民主，又重视协商民主的人民民主政治制度。其最高体现就是人民代表大会制度与中国共产党领导的多党合作和政治协商制度的有机结合。这当然不是偶然的。

三、表决民主与协商民主的统一

中国有五千年的文明史，有着著称于世的灿烂文明。从1840年起，西方资本主义列强发动了一次又一次的侵华战争，由于封建统治阶级的腐朽衰败，中国才逐渐沦为半殖民地半封建社会。在救亡图存的运动中，一些先进的中国人曾经把目光转向西方寻求救国救民的道路，在中国发动资产阶级民主革命，模仿西方民主制度模式建立资产阶级共和国，包括议会制、多党制等。然而，孙中山所领导的辛亥革命以及其后所建立的这种民主制度，并没有实现中国人民要求独立、民主的迫切愿望，很快就在中外各种反动势力的冲击下归于失败。

由此，中国人民深切认识到，在中国照搬西方资本主义政治制度的道路走不通，要完成救亡图存和反帝反封建的历史任务，必须以新思想新理论开创中国革命的新道路，建立全新的政治制度。领导中国人民找到这条新道路和建立新制度的重任，历史地落在了中国共产党身上。

中国共产党自1921年成立起，就以实现和发展人民民主为己任。中国共产党领导人民进行革命的目的是要实现大多数人的民主，而不是少数人的民主。中国共产党创造性地把马克思主义普遍真理与中国革命的具体实际相结合，先后提出了“工农民主”“人民民主”“新民主主义”等民主概念，不断丰富和发展马克思主义的民主政治理论，并先后以罢工工人代表大会、农民协会、工农兵代表苏维埃、参议会、各界人民代表会议等实践和组织形式，创造适合中国国情、能够保证人民当家作主的民主政治实现形式，其中，包括表决民主与协商民主两种形式。

毛泽东是中国协商民主理论的提出者和实施者。早在1941年11月召开的陕甘宁边区参议会上，毛泽东就指出:“国事是国家的公事，不是一党一派的私事。因此，共产党员只有对党外人士实行民主合作的义务，而无排斥别人、垄断一切的权利。”[①]随后，他又提出了建立有各党各派以及无党派民主人士代表参加的联合政府的设想。在这个思想的指导下，中国共产党在陕甘宁边区建立的“三三制”政权，其实质就是践行协商民主。这为人民政协的建立积累了政治资源。

在建国前夕召开的七届二中全会上，毛泽东又指出：为了“把中国建设成一个伟大的社会主义国家”，“要求我们党去认真地团结全体工人阶级、全体农民阶级和广大知识分子”。“我党同党外民主人士长期合作的政策，必须在全党思想上和工作上确定下来。我们必须把党外大多数民主人士看成和自己的干部一样，同他们诚恳地坦白地商量和解决那些必须商量和解决的问题”[②]。毛泽东的这一论述为中国协商民主的实施做了思想上的准备。

1949年9月，新中国成立前夕召开的中国人民政治协商会议第一届全体会议是中国共产党和各民主党派、人民团体、无党派民主人士共商建国大计的一次重要会议，会议确立了新中国的国家制度和政权组织形式，通过了具有临时宪法地位的《中国人民政治协商会议共同纲领》，这是中国协商民主与政治协商制度的原始创设和开始运作。

1956年生产资料私有制的社会主义改造基本完成以后，毛泽东又对中国协商民主的经验进一步进行了总结。他指出:“究竟是一个党好，还是几个党好？现在看来，恐怕是几个党好。不但过去如此，而且将来也可以如此，就是长期共存，互相监督。”[③]

但是，新中国的民主政治建设，包括协商制度的建设在探索中也走过弯路，特别是“文化大革命”的严重错误，使中国的民主政治建设经历了严重的挫折，留下了沉痛的教训。

---

① 《毛泽东选集》第3卷，809页，北京：人民出版社，1991年。

② 《毛泽东著作选读》下册，665页，北京：人民出版社，1986年。

③ 《毛泽东文集》第7卷，34页，北京：人民出版社，1999年。

20世纪70年代末实行改革开放政策以来，中国共产党深刻总结正反两个方面的历史经验，领导人民进入了中国社会主义民主政治建设的新时期。近30年来，中国社会主义民主政治建设在实践中取得了重大进展，人民代表大会制度、中国共产党领导的多党合作和政治协商制度和其他各项制度，不断得到发展和完善。中国的协商民主在中国政治实践和各项事业中不断得到发展和体现，从而充满了生机和活力。

一方面，协商民主通过一定的规则和程序，在国家作出重大决策之前，将要决策的问题进行广泛的酝酿、讨论，开展充分、反复的协商，进行不同意见的比较研究。另一方面，协商民主通过多种渠道，听取广大人民群众对国家和各级政府工作的意见、建议，把其中好的意见、建议吸收到决议或决定的草案中去，实现民主与集中的辩证统一、民主协商与科学决策的良性互动，这就提高了决策的民主化和科学化程度。

理论来源于实践。中国的协商民主在长期的实践中积累了丰富的经验。主要有：一是中华人民共和国宪法是协商民主的政治基础，是最高权威，是协商活动的根本准则。只有这样，才能使政治协商有所依归。二是协商制度的创新和建设是协商民主得以实施的基本平台和重要保证。这样才能使协商成为促进和巩固民主政治的带根本性、全局性、稳定性、长期性的重要资源。三是协商以共存为基本前提，以合作为基本价值，以发展为共同目标。协商各方的共存、合作，从根本上是为了国家整体利益和社会公共利益的实现和发展。在现阶段，就是要为建设一个富强、民主、文明、和谐的社会主义现代化国家而奋斗。四是以参与为基本动力。政治协商有效运作的动力来自不断扩大、不断制度化的多层和多向的参与。五是坚持以民主集中制为根本组织原则和活动方式，坚持协商民主与表决民主的统一。

社会主义民主，是广大人民群众根本利益一致基础上的民主，是为了维护、发展、落实这种根本利益的民主。社会主义民主的这种根本性质，决定了社会主义表决民主与协商民主内在统一的可能性与必要性。协商意味着人民意愿的充分表达和反映，意味着对各种意见的肯定和总体的权衡与协调，这就为表决民主提供了公正性基础。表决民主以协商民主为前提，集中正确意见，多数决定，集体决策，使人民的意愿和要求得到集中、落实和满足。协商民主与表决民主的统一，可以把民主的公正性与效率性、民主的充分性与权威性、尊重多数与保护少数等有机地结合起来。

四、坚持党领导下的协商民主建设

中国的民主是中国共产党领导的人民民主，是由最广大人民当家作主的民主，是有最可靠的制度保障和宪法依据的民主。作为中国社会主义民主形式的协商民主及其与表决民主的有机结合，都必须坚持中国共产党的领导、人民当家作主和依法治国三者辩证统一的社会主义民主政治建设的发展方向。

中国共产党是坚持为人民执政、靠人民执政、保证人民当家作主的政党。没有中国共产党的领导和执政，就没有社会主义民主，人民就不可能通过协商和表决来就重大问题表达自己的意志，维护自己的权利。作为执政党，中国共产党不仅是国家政治生活的核心，而且也是社会组织的核心。

在国家政治生活层面，中国共产党可以通过党的职能组织以及所团结的各民主党派，建立协商民主和表决民主运作的组织与机制；在社会生活层面，中国共产党可以通过其基层组织、工青妇外围组织以及党所联络的各种社会组织，在社会领域为协商民主和表决民主运作，建立覆盖面广、协调面大的组织与机制，保障协商民主和表决民主的有效运作。

所以，中国共产党在中国社会的领导核心作用以及由此产生的对社会的强大动员力和整合力，是中国协商民主和表决民主得以发展的重要政治基础。反过来，对于中国共产党来说，协商民主和表决民主也是中国共产党在多样化社会中巩固和发展其领导地位的重要民主政治形式。

中国共产党领导人民当家作主。人民当家作主是中国社会主义民主的本质。在中国，公有制经济是社会主义制度的经济基础。在社会主义初级阶段，国家坚持公有制为主体、多种所有制经济共同发展的基本经济制度，坚持按劳分配为主体、多种分配形式并存的分配制度。这就从经济基础上决定了中国的民主不受资本的操纵，不是少数人的民主，而是最广大人民的民主。

在中国，享有民主权利的人民范围包括一切不被法律剥夺政治权利的人。中国的民主性质决定了民主协商和民主表决的主体是人民。民主协商是人民内部各方面的协商。民主表决是人民通过选举、投票进行表决。协商和表决作为统一的政治过程，是人民内部各部分就重大决策，自由、公开地表达或倾听各种不同的意见，理性地、认真地思考各种意见和建议的理由，或者说服别人改变意见，进而通过表决形成合理的公共政策的过程。这种公共政策是在人民自己行使民主权利的过程中形成的，因而人民就能从心底里自愿接受，并能在行动中自觉履行。因此，贯彻人民当家作主的原则，是协商民主和表决民主展开的必然要求和本质体现。

人民当家作主，要通过一系列的法律制度来规范和保障。法制是保证政治机制良性运转的规范形式。因此，发展社会主义民主，必须贯彻依法治国的原则。社会主义法治以法律手段保障人民的各项民主权利，依法打击各种妨碍人民行使民主权利的违法犯罪行为。在社会主义法治规范下，才能保证人民有序的政治参与、有效的政治监督。社会主义民主的建设之路，就是不断实现民主的制度化、法律化的过程。要通过民主的制度化、法律化，广开言路，畅通议政渠道，让人民群众通过规范的程序，充分表达自己的意见，通过某种平台沟通和协调各种意见，通过适当的机制集中正确的意见，形成决议并加以实施。这里的程序、平台、机制，只有用法律和制度形式固定下来，才具有权威性、可靠性和相对稳定性。有这种法律和制度的规范和保证的民主协商和民主表决，才不是某种权宜之计，才能防止偶然因素的干扰，才能成为社会主义民主发展的重要形式，从而成为化解各种社会矛盾，调适各种利益关系，凝聚人心，统一行动，去完成各项社会任务目标的重要手段。

总之，与表决民主并列和统一的协商民主是中国民主政治的一大特色。因此在实践中，不断发展和完善协商民主，这是建设中国特色社会主义民主政治的一项重要任务。

中国特色协商民主的当代阐释*

民主是世界各国人民的普遍追求，是人类政治文明发展的重大成果。协商民主是民主的一种具体实现形式，是民主在当代发展的一种重要表现。中国特色协商民主是中国人民在中国共产党领导下，通过长期政治实践所开创的一种具有中国特色的社会主义民主形式。因此要了解中国特色协商民主的科学内涵，首先必须弄清楚什么是民主。

一、民主的一般理解

要说明什么是民主，这在当今并非轻松之事。关于这一点，美国政治学家乔·萨托利在其著作《民主新论》中曾经指出：直到20世纪40年代前，无论是喜欢民主还是反对民主的人，还都知道民主的含义是什么，但是后来，虽然人们都声称喜欢民主，却不再知道什么是民主了。因此在他看来，我们是“生活在一个以民主观混乱为特色的时代里”[①]。无独有偶，另一位研究民主的政治学家卡尔·斯密特也用形象的语言将“民主”描述为泛滥于政治市场的“贬值的通货”[②]。

怎样看待他们的观点呢？应该说，他们的观点敏锐地反映了当代民主所面临的困境，或曰“民主困境”，是对这种困境的无可奈何而在理论上的一种偏颇表现。

所谓“民主困境”，一是指民主的滥用，使人真假难辨。这是因为，发展民主已成为当今世界绝大多数国家的共识，而且成为当代政治的核心价值观念。正因为如此，所以世界上各种各样的政治主张、行为活动及制度安排都纷纷贴上民主的“商标”，以宣示自己的合法性

* 原文来源于陶富源、王平：《中国特色协商民主论》，芜湖：安徽师范大学出版社，2011年。

① ［美］萨托利：《民主新论》，冯克利等译，7页，北京：东方出版社，1993年。

② 转引自刘军宁编：《民主与民主化》，20页，北京：商务印书馆，1999年。

与正当性，以至有人把“民主”作为兜售其奸的一种伪装，实现私利的一种手段，实际是假借民主之名行残害民主之实。这在当今世界已屡见不鲜。二是指民主的多义使人难以捉摸。也就是说，民主的表现多种多样，它犹如“有着一张普洛透斯似的脸，变幻无常，随时可呈不同形状并具有极不相同的面貌”[①]。由此有学者断言：关于民主的系统和总体研究，在任何语言中都不存在，有的只是“一个民主，各自表述”。

如何看待民主所面临的上述“困境”？我们认为：

第一，以民主为伪装的以假乱真难以避免。但“假民主”毕竟是假，不能成真。因此，它能骗一些人，不能骗一切人；能骗人一时，不能骗人永久。俗话说，狐狸尾巴总是藏不住的。可见，不能因假民主的干扰，而对真民主失去信心。不能因此而陷入关于民主的相对主义、虚无主义。唯一正确的做法是不懈揭露假民主，努力追求真民主。

第二，民主的多义也很自然。这是因为，民主本身是一个发展过程，不同发展阶段的民主，其含义自然有别。另外民主可以通过不同方式获得表现。这些以不同方式表现的民主在含义上也会有所不同。但不同发展阶段上的民主，总是民主发展的不同阶段；不同方式表现的民主，也总是民主表现的不同方式。因此，不能把民主的一般与个别、普遍与特殊绝对对立起来。不能因为强调民主的个别性和特殊性，而否定民主的普遍性、一般性，即不能否认关于民主的本质规定[②]。

（一）民主的本质规定

人类的民主，尽管在内容和形式上都在不断丰富和发展，但其间贯穿着一个根本原则。这个原则就是人民当家作主。

人民当家作主有两个层面的含义：一是主权在民；二是按人民的

① ［美］博登海默：《法理学：法律哲学与法律方法》，邓正来译，252页，北京：中国政法大学出版社，1999年。

② 国内著名政治学者王长江对此有着深刻论述：“不管是哪一种形式，哪一种特色的民主，都有一些共同原则要遵守，这是人类文明的共同成果。……民主不是随心所欲打扮的小姑娘，想怎么样就怎么样。中国的民主要有自己的特色。但前提是遵守民主的普遍规律。”参见赵灵敏：《中国到了非大力推进民主不可的地步》，《南风窗》，2009（22）。

意志行使国家权力。就二者的关系来说，一方面，主权在民为按人民的意志行使国家权力提供了合法根据；另一方面，按人民的意志行使国家权力则为主权在民提供了具体实现。

然而，这里的关键主要不在于关于民主的抽象规定，而在于民主的具体落实，在于人民如何行使国家权力，即如何保障国家权力的民有、民治、民享。这是因为：公民行使国家权力至少到目前为止还不可能是每个公民都直接去行使国家权力，而只能是推荐他们的代表去行使国家权力。这些代表如何能真正代表全体公民行使国家权力，而不是代表其个人，或代表某些利益集团，或代表部分公民。于是，如何通过法律约束、程序规范和公众参与以防止这些代表侵害公共利益而谋取私利，就成为一个极为重要的问题。两千多年以来，特别是近代以来的民主发展，就是为解决上述问题而不断探索和不断思考的过程。作为阶段性的认识成果，关于民主的本质可以展开为以下几个基本原则。

1. 顺应民意原则

什么是民意？民意就是老百姓的所想、所盼、所烦。或用邓小平的话说，就是看群众高兴不高兴，群众拥护不拥护，群众赞成不赞成。尊重民意是民主政治的基本前提，是社会进步和政治文明的一个重要表现。民主政治的一切制度、一切规范、一切决议、一切操作都必须以顺应民意、符合民意为原则，而不能违背民意或强奸民意。违背民意是专制政治的本质，强奸民意是阴谋政治的勾当。当然，民意本身并不单纯。这里首先要尊重多数人的意愿。

2. 多数决定原则

即少数服从多数的原则。它是指按多数人的意志来决定政府的组成和改变，来进行政治决策。坚持这个原则，是由于利益差异和认识差异的存在，公民对公共事务的态度会做出多种多样的选择。这就难免七嘴八舌，议而难决。而社会公共生活的正常进行，不允许这种旷日持久、没有结果的争论。更何况，有些重大紧急事务的处理，等不得，拖不得，必须当机立断。因此，多数原则是对公共事务作出决断的一种效率原则。

3. 保护少数原则

尊重民意，不仅意味着要尊重多数人的意愿，要求少数服从多数的裁决，而且意味着要允许少数人保留自己的意见，要保护少数人的正当权益，决不能因为是少数，因持不同意见而遭到歧视，甚至打击。没有这一条，民主就是不完全的。随着民主程度的提高，保护少数原则将越来越受到重视。

4. 民主程序原则

民主程序原则是指民主政治，不论是民主决策，还是民主选举，都必须有法定的、可遵循的程序和规则。通常这种程序和规则是由宪法和其他法律来规定的。对多数人意志的尊重和对少数人的保护，都要通过法定程序才能得到表现和实现。法定程序一旦确定，不能轻易改变，不能违背或破坏。

5. 民主法治原则

上文所说的民主程序原则说到底是依据于民主法治原则来确定的。法治就是依法治国，换言之，国家权力的运作必须依法办事，这是民主政治的基本要求。因为在民主社会中，法律是公民协商意志的确定性体现。因此，尊重法律就是尊重公民意志，就是尊重公民通过法律获得的社会权利。法治社会通过法律开辟了公民在社会中得到保护、尊重及享受民主、自由的根本途径。然而，法律只是手段，做到“法治”才是目的。这里的关键在于要通过民主选举，产生代表民意的政府。

6. 民主选举原则

选举制的实施是对选民意志的一种肯定，是对他们的力量和权威的一种公开显示，任何个人和组织都无例外地要服从这个权威。选举制是一种择优汰劣制度。通过选举不断清除政府中那些不称职者和腐败者，而使那些贤能者得到提拔和任用。选举制对于为政者具有某种震慑和警戒作用。它如同握在群众手中的一根鞭子，从而有助于驱使为政者按群众的意志办事。

7. 民主监督原则

公民通过选举把权力授予政府，如何保证权力的运作是依法办事呢？这就需要民主监督，而且一旦发生问题，就要追究政治责任。在民主政治下，运用权力的主体应向授予权力的主体——公民或公民代表负责。是否要负政治责任，是否被追究政治责任，是否在重大政治责任发生时被迫下台，这是民主政治与专制政治在政治行为方面的一个重大区别。

民主的上述七个基本原则或七个构成要素相互联系、相互制约，构成了一个整体。其中顺应民意原则根源于民主的本质：主权在民。民意往往既通过多数人的意愿又通过少数人的意愿获得具体表现，因而就派生出了多数决定原则和少数保护原则。这两个原则也是互为前提、相互规定的，它们是民主的两个相互补充的方面。如果脱离多数原则，那么膨胀起来的少数原则，就会导致无政府主义或少数人或个别人的独裁，如果脱离少数原则，那么孤立的多数原则就会成为多数人对少数人的暴政。为了实现多数原则与少数原则的有机统一，在操作上，就要坚持民主程序原则，包括民主法治原则、民主选举原则、民主监督原则等。

民主的上述七个构成要素也是检验一个国家、一个政府是否是民主国家、民主政府的尺度。封建专制制度之所以毫无民主可言，是因为封建皇帝鼓吹君权神授，以天子自命，把一家一姓的私利私欲说成上天的意志。因此，所谓按天的意志行事，也就是按皇帝一己的私欲行事。封建皇帝的意志就是法律，即所谓言出法随。随心所欲就是程序，“顺我者昌，逆我者亡”便是通例。皇帝崇拜、皇位世袭等导致的宫廷阴谋、皇位争夺，在中外封建社会历史上比比皆是。至于传为美谈的一些开明君主的纳谏，主要取决于个人素质，而非社会制度使然。它是特例而非通则，况且这种纳谏也是某种情势下的逼迫，一旦情势缓解，也就成明日黄花。

以上述七个要素为内涵的政治民主只是关于民主的一般说明。这些一般说明充其量不过是对人类民主历史发展的一般考察和抽象概括。正如马克思所指出的：“这些抽象本身离开了现实的历史就没有任何价值。”[①]因此，这种抽象本身只有结合民主发展的具体历史行程才能获得科学的理解。

（二）民主的源头追踪

关于民主的发展历程和民主的发展趋势，列宁曾经有一个总体的说明。他说：“从专制制度到资产阶级民主；从资产阶级民主到无产阶

① 《马克思恩格斯文集》第1卷，526页，北京：人民出版社，2009年。

级民主；从无产阶级民主到没有任何民主。”[①]列宁的这个说明是十分简洁和精彩的。但是列宁对民主发展历程的说明，是就成熟形态的民主而言的。如果从民主的成熟形态追溯到不成熟形态，并从不成熟形态进一步追溯到民主的生长因子及其土壤，那么可以说，民主及其思想还是源远流长的。

如果把民主因子及其质朴表现作为考察的起点，那么按历史顺序来说，大体有原始自然形成的民主、中国先秦的人本民主、古希腊雅典的城邦民主、资本主义民主、社会主义民主等。下面就民主的源头来作一些具体说明。

1. 原始自然形成的民主

在远古的原始社会，人们共同劳动，平均分配，在地位上人人平等。氏族、部落和部落联盟的领导人“必定是或者由人民选举的，或者为人民的公认机关——议事会或人民大会——所认可的”[②]。这种认可的标准是“公正、刚强和勇敢”[③]，并随时可以罢免。“氏族有议事会，它是氏族的一切成年男女享有平等表决权的民主集会。……它是氏族的最高权力机关。”[④]“议事会公开开会，四周围着其余的部落成员，这些成员有权加入讨论和发表自己的意见；决议则由议事会作出。按照通例，每个出席的人都可以随意发表意见，妇女也可以通过她们所选出的演说人陈述自己的意见。”[⑤]著名人类学家摩尔根也曾形容说，在氏族社会，“一种强有力的民主精神弥漫于整个有机体中”[⑥]，它集中体现为氏族的重大事务，通常是由氏族内部的相关成员以面对面商讨的方式集体决议（俗称“大树底下的民主”）。恩格斯把这种社会制度称之为“自然形成的民主制”[⑦]。作为一种民主形式，这种“大树底下的民主”获得了某种遗存。比如，在印度乡村有什么重大事情要办，村民们便聚集在村中的大树下进行议论。要议论就得有一个或几个人来主持。于是那些年纪大、辈分高的人被推举出来。这在古印度叫

① ［俄］列宁：《马克思主义论国家》，宋书声、籍维立译，24页，北京：人民出版社，1964年。

② 《马克思恩格斯文集》第4卷，123页，北京：人民出版社，2009年。

③ 《马克思恩格斯文集》第4卷，111页，北京：人民出版社，2009年。

④ 《马克思恩格斯文集》第4卷，102页，北京：人民出版社，2009年。

⑤ 《马克思恩格斯文集》第4卷，106、107页，北京：人民出版社，2009年。

⑥ ［美］摩尔根：《古代社会》，杨东莼等译，139页，北京：商务印书馆，1981年。

⑦ 《马克思恩格斯文集》第4卷，121页，北京：人民出版社，2009年。

“本佳亦德”，意思是“五老会”。这个名称在今天的印度乡村里还在沿用。

2. 中国先秦的人本民主

这个提法本身容易引起非议。一是，一般都认为活跃在近代中国的“民主主义”是一种舶来品，中国古代没有以“民主”为标志的思想家。因此，在这种观点看来，提出所谓先秦的人本民主，自然荒谬可笑。二是，近代以来在中国思想界流行着一种“西学中源”说。这种学说认为西方近代的一些科学技术、思想学说源自于古代中国。因此，会有人认为，提出所谓人本民主是一种“西学中源”说的现代表现。三是，中国古代的“民本”思想，其本质是为了维护封建王权，于是，民本似乎与民主根本扯不上边。

怎样看待上述观点呢？我们认为：第一，近代以前的中国未曾发展出成熟的近代民主思想，因此近代中国民主主义主要来源于西方，这是应该承认的。但这并不意味着中国就完全不存在与近代民主思想相衔接的思想因素和可供近代民主思想生长的土壤。实际上，在先秦时代，也就在大统一的君主专制制度确立以前，在那时的民本思想中所蕴含的民主元素还是不少的，虽然不是用“民主”这个词来表达这种思想。第二，“西学中源”说是不对的，是没有根据的，这是一种妄自尊大、自我安慰的狭隘民族心理在作怪。但是这与尊重历史、尊重文本，从中挖掘和梳理出民主元素的做法，不能混为一谈。第三，为封建王权服务的民本思想与作为国家形式的民主有着本质区别，这是毫无疑问的，但不能因此而否认其中蕴含着以量的形式、以火花的形式而存在的民主元素。关于这些元素，我们认为有以下几个方面：一是民意是天，二是民为邦本，三是诛灭无道。

（1）民意是天。

用现代语言说，就是民意最大最重要。当然，这种解释已经抹去了古代这一思想的神秘色彩。或者说，在古代，人们是以神秘形式表达了民意最大、最重要这一民主思想。中国古代人之所以会形成这一重要思想，是与一场革命，即史书上所说的“周武革命”相联系的，是对这场革命所进行的政治合法性的辩护和说明。

所谓政治合法性，是指国家在社会中获得政治统治和政治管理的权威正当性的资格与权力。

中国古代早期的君主主要是利用神权思想来建构和维护统治的政治合法性[①]。据史料记载，夏禹本人对鬼神非常虔诚，并且重视祭祀。殷商统治者更以迷信鬼神而著称，“殷人尊神，率民以事神”[②]。随着商王权力的强化，在当时的宗教迷信中出现了一个主宰一切的至上神——帝或上帝。所有国家大事，举凡年成的丰歉、战争的胜负以及城邑的兴建，都要通过占卜向上帝和祖先进行祈祷或请示。发展到后来，为了假托神意，商王几乎无事不卜，甚至定罪量刑也要诉诸鬼神。表面看来，似乎商王完全是遵照上帝的意旨来进行统治，事实上这只不过是给商王的命令涂上一层神意的色彩。天上的上帝仅仅是地下商王的投影。正是基于这种神权合法性的自信，殷纣王曾宣称“我生不有命在天?”[③]也正因此，殷商的刑罚在历史上空前绝后的野蛮与残酷。这里亦体现了世界史上的一般规律。诚如孟德斯鸠所言：在披着神秘色彩的“专制的国家里，……它是恐怖之上再加恐怖”[④]。

殷商的残酷统治激起了国人和诸侯国的反抗，在激烈的战争中，商朝灭亡，周朝代之。这就是周武王率领各诸侯国的军队所进行的“周武革命”。但是周人通过军事斗争的胜利建立了自己的政权，并没有万事大吉，它在思想上必须尽快消除“殷王执有天命”的信念对其革命合法性的挑战。这种挑战可以归结为以下两点：第一，天帝过去曾被殷商贵族作为他们的祖先神而独占，现在为何又转归周王？第二，受上帝庇护的商王为什么会王冠落地，上天的意志可以撼动吗？为回应这种挑战，以周公为代表的周初思想家们便提出了“以德配天”“惠民是德”“民意是天”等一系列理论观点。

在这种观点看来，殷王之所以丢失天命，丢失政权，主要是因为殷王缺德。即所谓“不敬厥德，乃早坠厥命”，而“皇天无亲，惟德是辅”[⑤]。意思是说，天命并不偏爱哪一家一姓，天命只会授予有德之人。正因为如此，所以天帝发现周王有德，于是“天乃大命文王殪戎

---

① 著名法律思想史专家张国华教授指出：中国的神权法思想形成于夏代，极盛于殷商，动摇于西周。参见张国华：《中国法律思想史新编》，19页，北京大学出版社，1998年。

② 《礼记·表记》。

③ 《尚书·西伯戡黎》。

④ ［法］孟德斯鸠：《论法的精神》上册，张雁深译，60页，北京：商务印书馆，1982年。

⑤ 《尚书·蔡仲之命》。

殷，诞受厥命越厥邦民”[①]。因此“周虽旧邦，其命维新”[②]。这种“以德配天”的观点，不仅论证了周武革命的正当性，而且使以往占主导地位的神权合法性退隐其次，使德性合法性跃居其上。

那么什么是君王之德呢？周人认为，君王之德就是惠民、保民。即所谓“民心无常，惟惠之怀”[③]。这就是说，民心并不专属一家一姓，只有给老百姓带来恩惠，就能得到民心。如《尚书·无逸》所记曰：“文王卑服，即康功田功。徽柔懿恭，怀保小民，惠鲜鳏寡。自朝至于日中昃，不遑暇食，用咸和万民。文王不敢盘于游田，以庶邦惟正之供。”这里是说，文王生活俭朴，以安民、养民为要务，以恭敬之德感化人；他心中时刻牵挂着臣民的冷暖疾苦，以爱善之心惠及鳏寡孤独；他废寝忘食，不敢须臾懈怠，没有丝毫贪占。于是文王的德行感动了上苍，才使得周人代殷配受天命。

为什么惠民如此重要呢？在周人看来，民意是天。因此，“天视自我民视，天听自我民听”，“民之所欲，天必从之”[④]。这种民意是天或民意天从的观点不仅把天命与民意联系了起来，而且把民意放置于主导地位，强调民意最大、最重要。这一点在中国政治文明的演化史上有着革命性意义，具有了民主的某种意蕴。

（2）民为邦本。

民意或民心为什么最重要，这种证明可以从多种进路加以进行。在中国古代这种进路主要有二。

一是从人与物的联系上，说明人为万物之灵。《尚书·泰誓》记载，周武王说：“惟天地万物之母，惟人万物之灵。”这是古代中国文字记载最早的对人的价值的肯定。

二是从君臣关系上，即君王与臣民关系上说明“民为邦本”。这一传统民本主义的核心思想始见于《尚书·五子之歌》。其云：“民惟邦本，本固邦宁”。意思是说，臣民是国家的根本，这个根本巩固了，国家才能长治久安。民本思想由此登上了历史舞台。其后，儒家学派进一步使民本思想发展上升到了政治理念的高度。孔子认为，为政之道

① 《尚书·康诰》。

② 《诗经·大雅·文王》。

③ 《尚书·蔡仲之命》。

④ 《尚书·泰誓》。

在于“敬事而信，节用爱人，使民以时”[①]。正是在这一思想基础上，孔子答季康子问政曰：“政者，正也。子帅以正，孰敢不正？”[②]又说：“子为政，焉用杀？子欲善而民善矣！”[③]孟子更是把民众置于君主和国家之上，将西周民本理论演绎为“民贵君轻”论。他直截了当地宣告：“民为贵，社稷次之，君为轻。是故得乎丘民而为天子，得乎天子为诸侯，得乎诸侯为大夫。”[④]需要指明的是，这里的“贵”不是贵贱的贵，而是指最重要。如“礼之用和为贵”[⑤]中的“贵”一样，都是最重要、最根本之意。意思是说，臣民的生存、生活之事最重要，解决了这个问题，土地才能得以耕耘，庄稼才能得以播种和收获（“社”为土地，“稷”为谷物，“社稷”合称国家），君主才能取财有源，才能巩固统治。荀子则对民众的力量做出了最为形象深刻的描述。他说；“君者，舟也；庶人者，水也。水则载舟，水则覆舟”[⑥]，“天生之民，非为君也。天立之君，以为民也。”[⑦]管仲也曾提出：“政之所兴，在顺民心；政之所废，在逆民心。”[⑧]尽管传统民本思想的核心和实质是“为民做主”，而非“由民做主”，但它毕竟看到了人民在国家政治生活中基础地位和重大作用，因而具有质朴的民主主义色彩。

（3）诛灭无道。

即对于那些不能“敬德保民”的“无道”帝王，人们拥有顺“天道”而革其命的权力。即所谓“汤武革命，顺乎天而应乎人”[⑨]。这一论证破天荒地提出了对帝王人君的行为规范进行政治问责，从而使像纣王那样为所欲为的君王，第一次不仅在道义上，同时也在理论上遭到否弃。孟子继承和发展了西周民本理论中的“问责”理论。《孟子·梁惠王下》有言：“贼仁者谓之贼，贼义者谓之残。残贼之人谓之‘一夫’。闻诛一夫纣矣，未闻弑君也。”孟子将丧失政治合法性的君主比喻成落魄狼狈的独夫，人人得而诛之（这已经非常接近洛克《政府论》

① 《论语·学而》。
② 《论语·子路》。
③ 《论语·子路》。
④ 《孟子·尽心下》。
⑤ 《论语·学而》。
⑥ 《荀子·王制》。
⑦ 《荀子·大略》。
⑧ 《管子·牧民》。
⑨ 《易·革彖辞》。

中对人民起义权的界定）。难怪后世朱元璋读了《孟子》大发雷霆，一气之下要将孟子请出文庙[①]。后世如唐太宗“天子者，有道人推而为主，无道则人弃而不用”等民本观点皆源于此。这一“问责”思想强化了对帝王的秉德要求，有利于帝王以改善统治的方式强化统治，也有利于人民基本权利的保护。正是在这一意义上，傅斯年宣称：《周诰》《大雅》中的“天命靡常”观是中国人道主义的黎明。[②]

3. 古希腊雅典的城邦民主

有论者认为，“自从公元前四世纪以来，所有以民主的名义取得的成就，多多少少都要归功于古雅典的人民”[③]。因此，把西方民主的源头上溯到古希腊时期的雅典，大致是不会错的[④]。与中国古先贤们热衷于理论务虚不同，古希腊的民主先驱者更注重创建制度的政治实践。据顾准先生考证[⑤]：希腊城邦民主制萌芽于公元前8世纪的迈锡尼时代。它多少承袭了氏族社会的民主遗产，即诉诸集体成员之间的直接互动做出公共决策，以“人民的直接统治”诠释民主范畴。只不过，氏族社会“大树底下的民主”变成了“广场民主”，氏族会议变成了公民大会，会议议题由氏族事务变成了城邦政治事务。

由此可见，无论是“大树底下的民主”还是“广场民主”，本质上都是一种直接参与民主[⑥]。它具备四个特征：第一，凡涉及公共利益的重大事务，集体成员应能够直接参与决策；第二，参与决策的每个成

① 朱元璋曾说：“使此老（孟子）在今日宁得免耶！”参见全祖望：《鲒埼亭集》卷35。洪武二年，朱元璋下令将孟子牌位撤出孔庙。洪武二十七年，朱元璋下令删节《孟子》，书中被认为言论荒谬的共85章，一律删去，占了全书的三分之一，删定后定名为《孟子节文》。

② 傅斯年：《性命古训辨证》中卷，103页，桂林：广西师范大学出版社，2006年。

③ ［美］里普逊：《民主新诠》，登云译，12页，北京：新知出版社，1972年。

④ 根据目前史料，在古希腊城邦中，雅典民主政体的建立在时间上先于其他城邦（如叙拉古、阿尔哥斯、底比斯等）。因此在新材料未能发现之前，可以认为雅典是古希腊民主政体的发源地，而雅典民主政体的成因即可视为古希腊民主政体的成因。参见施治生、郭方：《古代民主与共和制度》，127页，北京：中国社会科学出版社，2002年。

⑤ 以下关于古雅典城邦政治制度的资料凡没有注明出处的均引自《顾准文集·希腊城邦制度》。参见顾准：《顾准文集》，63—219页，贵阳：贵州人民出版社，1994年。

⑥ 美国政治学家科恩就是这样界定民主的，不过他主张的“参与”包括直接参与，也包括间接参与。科恩指出：民主乃是这样一种社会管理体制，在该体制中，“社会成员大体上能直接或间接地参与或可以参与影响全体成员的决策”。参见科恩：《论民主》，聂崇信等译，10页，北京：商务印书馆，1988年。本书认为，参与民主中的“参与”形式包括表决参与和协商参与，但全部局限于直接参与。否则，所有民主类型都应该涵盖在参与民主当中，这也就失去了单独界定“参与民主”的应有含义。换言之，本书主张参与民主即直接民主。

员享有平等的发言权；第三，平等的意见表达受到保护；第四，集体共识的达成必须遵循一定的规则，譬如全体一致或多数决定的规则等。

总起来说，雅典民主政治是当时奴隶制中最进步的一种政治体制。雅典和实行民主制的希腊城邦，无论在自然科学、社会科学，还是文学艺术等方面都处于那个时期世界的顶峰。它为后世人类民主政治的发展树立了一个榜样，产生了重大影响。

当然，雅典城邦民主是奴隶主的民主、少数人的民主。其极盛时期的伯里克利时代，雅典人口共有40万。其中只有16.8万自由民享有选举权，其余的3.2万外邦人和20万奴隶是与民主无缘的。古希腊的民主共和传统，后来在古罗马得到了传承和发展，曲曲折折演变了几百年，后来被帝制取代了。

这是为什么呢？因为城邦衰落了，庞大的帝国建立起来了。无论是马其顿国王亚历山大，还是凯撒的继承人屋大维，都是“朕即天下”的君主。昏君当道、奴隶起义、外族入侵，是古希腊罗马衰亡的主要原因。在西罗马帝国之后漫漫的中世纪，基督教教会的势力至高无上。一直到13、14世纪的意大利文艺复兴，矛头直对教皇。当时的觉醒者从古希腊、罗马的废墟里挖掘了“人道”“民主”这样的政治元素，用“人”挑战“神”。但他们的反抗主要局限于艺术和学术的领域。

历史发展到17世纪，随着资本主义的兴起，一批像伏尔泰、孟德斯鸠、卢梭等为代表的思想家，用“民主”反对王权，痛诉君权神授，主张“社会契约论”，从而为资本主义民主的产生准备了思想武器。西方国家走上了资本主义民主道路，走走停停，时有反复，至今已有三百多年，逐步形成了一套相对稳定的资本主义民主制度，包括资产阶级政党制、普选制、议会制、三权分立制等。

随着一些国家走上社会主义道路，逐步建立起人民当家作主的社会主义民主政治。社会主义民主政治建设还要经历一个相当长的时期，才能在实践中不断走向成熟。

通过对民主源头的追溯和民主发展轨迹的大体回顾，可以看出，民主的发展是一个过程。与这一过程相适应，人们对民主的理解也是一个不断深化的过程。

（三）民主的理论探索

在历史上，民主的理论探索主要是围绕着为何治理、由何治理、如何治理等三个方面来进行的。下面分别来展开说明。

1. 为何治理

“为何治理”是回答政体存在的终极目标。它有两个基本答案，即“天下为公”与“天下为家”。这里标明了民主制度与专制制度的一个根本区别。

（1）“天下为公”与“天下为家”。

这两个词源于中国古代典籍《礼记·礼运》。该篇借孔子之口指出：“大道之行，天下为公，选贤与能，讲信修睦。……今大道既隐，天下为家，各亲其亲，各子其子，货力为己。”这里所讲的“天下为公”与“天下为家”，完全是指政治权力是否具有公共性。

关于为何治理的第一种回答把它概括为“天下为公”（民享），即治理的终极目标在于不断追求和实现社会政体的公共性。公共性就是尊重、实现、发展和提高公共利益，遏制、消除公共灾祸。按照西塞罗的经典定义：一个政治体系如果在公法和公益的基础上聚合民众，并将国家当作一项“人民之事业”来实施治理，便可称为共和国①。

后一种回答把它概括为“天下为家”，即治理的终极目标在于满足一部分人的“私利”。“天下为家”是“天下为公”的异化，即把本来为最广大社会成员服务的公共权力变成了某些人或某个人谋取私利的手段。这种异化的表现有两个层次。

（2）公共权力的两种异化。

公共权力的第一种异化是，公共权力从作为社会服务的工具异化为阶级统治的工具。“民主”是“全体人民的统治”，全体社会成员对

① 参见［古罗马］西塞罗：《论共和国论法律》，王焕生译，39页，北京：中国政法大学出版社，1997年。英语“共和”（republic）一词源于拉丁文，意为“公共事务”或“公共事业”。在古希腊古罗马时期，民主理论从属于共和理论；共和标准是区分民主政体和平民政体的试金石。按照亚里士多德的划分，“正宗”的政体有三类：一人当政且维护共同体利益者，为君主政体；少数人当政且维护共同体利益者，为贵族政体；多数人当政且维护共同体利益者，为民主政体。如果背弃共同体的公共利益（共和精神），“正宗”政体就会转化为“变态”政体：君主政体蜕变为僭主政体，贵族政体蜕变为寡头政体，民主政体蜕变为平民政体。显然，在亚里士多德看来，共和精神是民主的必要条件，但不是充分条件（君主政体与贵族政体也可以践行共和精神）。此处西塞罗所称之“共和”也是在民主必要条件意义而言。

自己的公共事务进行决议和处理[①]。但伴随着社会分裂成统治阶级与被统治阶级，统治阶级独掌公共权力并最大化地谋取本阶级利益。显然，相对于被统治阶级来说，这是一种公权力的异化。这种异化是历史规律的体现（只有到共产主义社会才能完全复归），但彻底的（或说过度的）异化即使在阶级社会也不利于其发展。因为国家作为缓和阶级冲突的工具，它在一定程度上必须承担相应的社会职能（服务公共事务）。其数量多少可以取决于统治阶级和被统治阶级的博弈、妥协，但不能从根本上缺乏。否则，国家和政府就会丧失其社会基础。恩格斯对此有着深刻论述，他说："政治统治到处都是以执行某种社会职能为基础，而且政治统治只有在它执行了它的这种社会职能时才能持续下去。"[②]也就是说，极端漠视社会公共性，其结果反而会损害统治阶级。当然，统治阶级的国家履行某种社会职能，不是被视为自己的一种职责，而是被颂扬为对民众的一种恩赐。也就是说，民众可以享有的、极为有限的公共物品也被理解为权力集团赐予民众的"圣物"。正如马克思在谈到封建社会所指出的，"那个时代的小农，他们不能代表自己，一定要别人来代表他们。他们的代表一定要同时是他们的主宰，是高高站在他们上面的权威，是不受限制的政府权力，这种权力保护他们不受其他阶级侵犯，并从上面赐给他们雨水和阳光。"[③]

公共权力第二种异化是，公共权力从作为社会服务的工具异化为统治集团的工具。如果说，第一个层面异化的本质在于阶级统治取代社会服务，统治阶级利益凌驾于社会利益之上，那么第二个层面异化的本质在于集团统治凌驾于阶级统治之上，统治集团利益凌驾于统治阶级利益之上。有意思的是，第一个层面异化后，统治阶级不遗余力地宣称自己代表了全体社会利益；第二个层面异化后，统治集团则千方百计地论证自己代表了整个统治阶级利益。

在阶级社会中，民主的设计，从根本目的来说，就是为了维护和

① 学者乔耀章认为：私有制、阶级和国家产生以前，原始社会也有公共权力，这个时期行使公共权力的主体或机构也可以称为"政府"，构成"非国家机构的政府"。这个"非国家机构的政府"秉承公共权力为全体社会成员服务。它与作为国家机构的政府相对应。参见乔耀章：《论作为非国家机构的政府》《再论作为非国家机构的政府》，《江苏行政学院学报》，2004（1），2005（2）。

② 《马克思恩格斯文集》第9卷，187页，北京：人民出版社，2009年。

③ 《马克思恩格斯文集》第2卷，567页，北京：人民出版社，2009年。

巩固上述第一种异化。即维护和巩固占统治地位的剥削阶级对广大人民的统治，同时防止统治阶级中统治集团谋取自己特殊的利益。也就是通过民主手段使统治阶级中的每个成员都能共享到统治阶级的公共利益。社会主义民主与以往剥削阶级的民主的一个根本区别就在于，社会主义民主是要尽可能消除上述两种异化，使最广大人民群众共享社会发展的公共利益。

（3）“民享”的“两种自由”。

如果以“民享”为参照系，那么我们可以发现有基于积极自由的民享与基于消极自由的民享两种观点。消极自由（negative freedom）和积极自由（positive freedom）概念由英国思想家以赛亚·伯林首先明确界定。

消极自由，又称为“逃离政治的自由”，指的是人们对于在不受他人干涉和强迫情况下从事活动的自由。伯林认为，人们必须维持最低限度的个人消极自由。既然人类无法享有绝对自由，因此必须放弃某些自由，以保障其不准外界干涉的自由。“无论这个不准干涉的范围，是根据什么原则来划定的，无论它是根据自然法、自然权利、功利原则、康德所谓的无上命令、社会契约的神圣不可侵犯性或是人类用来厘清并支持他们的信念的其他任何概念来订立的，在这种意义之下，自由都是‘免于……的自由’（be free from）——即在变动不居但是永远可以辨认出来的界限以内不受任何干扰。”

在此意义上，正义就是每个人拥有最低限度的自由。消极自由观以英国经验主义和有限理性为哲学前提。在这种观点看来，世界是否存有客观真理人们无从知晓。既然缺乏真理的指引，于是自然状态下的人们便可以为所欲为（自然状态下的自然权利和消极自由）。洛克思想的先行者霍布斯据此将自然权利定义为：“每一个人按照自己所愿意的方式运用自己的力量保全自己的天性——也就是保全自己的生命——自由。”①洛克借上帝名义阐述他对自然权利的理解：“上帝扎根在人类心中和镂刻在他的天性上最根本和最强烈的要求，就是要保存自己的要求，这就是每一个人具有支配万物以维持个人生存与供给个人使用的权利的基础。”②

① ［英］霍布斯：《利维坦》，黎思复、黎廷弼译，97页，北京：商务印书馆，1985年。

② ［英］洛克：《政府论》上篇，瞿菊农、叶启芳译，76页，北京：商务印书馆，1982年。

不过，虽然不能发现真理，但是人们却可以通过证伪方法发现谬误。证伪法告诉人们必须舍弃一些自然状态下的权利，因为这些权利的使用已经被证明是错误的。于是，人们的行为就有了碰不得的“高压线”与戒律。反过来看，我们便有了自然法和社会契约的基本内容：每个人都不能行使已经被证伪的权利。显然，消极自由观的“免于……是自由的”（be free from）可以作这样解释：理论上，人生而自由（自然状态下各种自然权利），但回归文明状态意味着有些自然状态下的自由必须放弃（因为这些权利已经被证伪并写进了社会契约）；除此以外，人依旧享有不受干涉的自由。①显然，在洛克看来，自然权利和社会权利并没有质的区别，只有量的差异。人类社会从自然状态过渡到社会状态，是因为一部分自然权利被证伪而不能再使用了，这些总量减少的自然权利被称之为社会权利。因此，消极自由也可称为避免受到伤害的自由。

积极自由作为消极自由的对立物，它是指人们可以按照特定方式行事并主动参与事务的权利能力。积极自由的要求产生于每个人都想成为自己的主人，产生于个体自治和自主的愿望。“按照（积极）自由概念，只有当某个按照自己的本性合理性、按照某一宗教、某一部落或集团的本性合理性而行事的个人有意识地使用自由时，这种自由才被确定为真正的自由。”积极自由观认为自由是“去做……的自由”（be free to）——即去做一种已经规定好的事务的自由。②

积极自由观以绝对理性主义为哲学基础。世界存在着不以人的意志为转移的客观规律，客观规律可以被人们认识并进而形成客观真理（即卢梭言之的公意）。所谓自由便是在真理（公意）指引下遵循客观规律办事。由于真理（公意）是一元的，积极自由也是一元的。一个人之所以有社会自由，是因为他发现了真理并努力实践真理。如果他违背真理，即使看起来“为所欲为”，事实上恰恰表明他的不自由。或者说自然状态下这种自由（消极自由）是一种动物式的自由，是人类进化中不成功的表现。人类需要在真理（公意）引导下的社会自由，后者与前者具有质的差别，不可同日而语。因此，积极自由也可理解为不断拓展自由空间的自由。

① 参见王平：《社会契约论三种》，《安徽教育学院学报》，2007（5）。

② 参见［英］伯林：《自由论》，胡传胜译，189—204页，南京：译林出版社，2003年。

“民享”政体应该最大化地尊重、实现、发展和提高公共利益，遏制和消除公共灾祸。这一点，几乎没有人会提出异议。但究竟什么是公共利益，什么是公共灾祸？不同学者往往给出了不同，甚至截然相反的答案。

基于积极自由的学者认为，维护公共性就是维护“真理的世界化和世界的真理化”，所有私域的藏污纳垢都要在真理阳光普照下被彻底整肃和清洗。前引卢梭是其中代表人物。在积极自由观看来，公共利益就是让真理的阳光晒得更强烈一点（维护实质主义宪政共识），而公共灾祸就是乌云遮住了真理的阳光。

基于消极自由的学者认为，维护公共性首先是维护合理私域的不可侵犯。在他们看来，人类只能通过证伪的方法去发现自己行为的铁栅栏，而并不能通过证实的方法去发现通往真理桃花源的芳菲小径。既然如此，每个人除了履行不伤害他人的义务外，私域是他纯粹的“消极自由”和获得保留的自然权利。公共利益就是防火防盗（维护形式主义宪政共识），并为人民间合理的妥协、合作保驾护航，同时防范政府通过滥作为和不作为的方式在合理私域里制造公共灾祸。

显然，在坚持积极自由观的学者看来，公共利益就是寻求真理性认识对实践的引导，公共灾祸就是实践偏离了真理性认识。这种观点不能说没有一点道理，但公共利益的寻找不能归结为是认识问题，实际是一个价值问题，是一个通过民有、民治，实现民享的问题。因此，在这里不能把追求真理与追求价值混为一谈。

在坚持消极自由观的学者看来，公共利益可分为两级：一级公共利益是防止形式主义宪政共识（底线共识）的丢失，人民的自然权利被损害；二级公共利益是在各种“假说”的引导下，维护人民各种自然权利的发展。相应的公共灾祸也可以分为两级：一级公共灾祸是形式主义宪政共识被抛弃，人类重新回到自然状态，或者国家权力肆意侵犯人民的自然权利；二级公共灾祸是各种“假说”虽然没有损害形式主义宪政共识，但因为“假说”质量不高，不断被证伪也给人民利益带来损害。在坚持消极自由观的学者看来，二级公共灾祸是没有办法避免的，只能通过“大胆假设、小心求证，充分沟通、反复协商”，力求减少公共灾祸。在人类历史上，许多遵循消极自由观的政治国家其重心都在维护一级公共利益，遏制一级公共灾祸，忽略和漠视了二级公共利益的实现和发展。

正是因为“民享”容易在多个层面流失，公共利益不经意之间就会变成公共灾祸，所以仅仅将“民享”寄托在真理性说法或“共和精神”之上，并不具有根本性、稳定性和长远性。鉴于此，人们还创设了下述制度框架以维护民主。

2. 由何治理

“由何治理”回答治理的主体是谁，即主权在君还是主权在民(民有)。

（1）主权在民与主权在君。

这是民主政治与专制政治的又一重大区别。一切专制政治都坚持主权在君。即所谓“普天之下，莫非王土。率土之滨，莫非王臣”[①]。相反，一切民主政治都坚持主权在民。

古代东西方的民主先驱对主权在民这一原则做出了不同程度的肯定。

首先，古代中国广泛存在的“天命”观固然可以看成一种“主权在天”思想，但是，在相当多思想家的心目中，“天意”与民意是相通的。因此，君王必须以民心为“天”，即所谓“得民心、得天下”。因而这种意义上，“主权在天”可以看成是“主权在民”的一种曲通。至于统治者积极严格遵循天道，最大的奖励一是内在的“德性生成”(内圣)，二是民意对统治者的认可（外王)，即所谓“水”可载“舟”前行。后世儒家民本思想大多就后一个层次发挥阐释。只不过，儒家思想对德性的看重和对制度安排的忽略，不仅导致中国传统社会公共性的生成与发展缺乏制度保障，也使得“民有”和“民治”无法开展（缺乏政治权力与民意支持之间的实质联系和可操作程序)，最终为后来一些人以强权和武力强奸“天意”预留了空间。

其次，在古希腊亚加米农时代初创议事会形式时，人们便孕育了主权在民的观念。而由梭伦改制所规范的“议事会”制度，更是一开始就把相当于东方君王的雅典执政官的权力，限制在“议事会”的民

① 《诗·小雅·北山》。

意监控之下。执政官由民选产生，这从根本上解决了君权（政治权力）与民意的关系问题。城邦的重大问题须由代表民意的议事会讨论，形成议案后交由公民大会表决，这从制度上解决了“民意表达”的问题。

（2）主权在民的合理性论证。

在东西方的民主理论先驱那里，一直缺乏关于主权在民的合理性论证，倒是一些精英主义者对主权在民原则提出了严峻挑战。比如亚里士多德认为，对于维护公共性而言，治理主体不同并不必然意味着级差明显的治理效果。公共精神的培养比选择治理主体更为重要。而柏拉图则认为，拥有公共精神的、智慧无比的君主或哲学家要比一群闹哄哄的民众更能发展公共性。“人们理发和修鞋都要找个专门的人，治理国家怎么就随随便便的委托给任何人呢?”[①]

对“人民主权”的经典阐释是在后世社会契约论中完成的。洛克与卢梭是近代西方社会契约论的主要代表人物。西方的契约理论最早源于古希腊哲学和罗马法，是商品交换的产物，属于经济学的范畴，从内容来说，可称为经济契约。随着商品经济的发展，16至18世纪古典自然法学派的思想家又将契约观念由经济观念阐发为一种社会政治观念，即所谓“社会契约论”。

这一理论由卢梭在《社会契约论》一书中推向了顶峰。在卢梭看来，人的本性是自由的，他说：“人是生而自由的”，“这种人所共有的自由，乃是人性的产物”[②]。但是这种自由只有在一定的社会秩序中才能得到保障。在卢梭看来，人起初生活在自然状态中，这种自然状态存在着多种不利于人生存的阻力。这种阻力超过了自然状态下每个人能用于自保的力量。于是为了生存下来，人们便订立契约，通过协同一致形成一种克服生存阻力的合力。卢梭指出：每个人都必须通过缔结社会契约把他的全部自然权利让渡给社会。人类由于社会契约而丧失的，乃是他的天然自由，而他所获得的乃是社会自由。惟有社会自由才使人类真正成为自己的主人。

卢梭主张每个人都必须通过缔结社会契约让渡他的全部自然自由（自然权利），同时，所有人都必须完全服从“抽象整体人民”的意志，

① 参见施治生、郭方：《古代民主与共和制度》，127页，北京：中国社会科学出版社，2002年。

② ［法］卢梭：《社会契约论》，何兆武译，8—9页，北京：商务印书馆，1980年。

即公意[①]。只有公意才能创造人的社会自由（社会权利），实现人类社会真正的公共性。显然，“公意”是人类社会真正公共性的外显，只有遵循“公意”，民享政体才会得到实现和巩固。而遵循“公意”落实在实践中即为人民主权原则。即国家主权来自人民，并非君权神授，政府首脑是作为主权者的人民的受雇者。因此，反抗暴政是人民不可剥夺的一项权利。

需要指出的是，长期以来，人们普遍认为只有卢梭社会契约论可以有力论证人民主权原则，但事实上洛克的社会契约论也可以完成这个历史重任。

同样按照天下为公的目标导向，洛克主张社会成员通过签订社会契约放弃他的部分自然权利（被证伪的自然权利）。因为只有放弃这部分对社会共同体存有危害的自然权利，最低限度的公共性（即消除公共灾祸）才会得到尊重、实现和维护。为了避免个别社会成员对放弃部分自然权利的社会契约的“敲诈式”的破坏——仅一个人的否决就能对众多社会成员的合意选择有效地予以阻止，社会契约不仅建立在逻辑论证基础上，同样也以“公意”（抽象人民整体）的名义对外发布。维护最低限度的公共性意味着遵循“公意”，而遵循“公意”意味着人民主权[②]。

由于社会契约论只是一种理念构造，在实际的政治发展中，“公意”和人民主权常常以宪法作为外显的具体形式。宪法问题本质上是政治问题。所以，在前引卢梭积极自由观的人民主权下，“政治正确”意味着维护“真理”的纯洁并努力实践“真理”；在洛克消极自由观的人民主权下，“政治正确”意味着遵循公共法则，消除那些已被证伪的公共灾祸。积极自由观下的宪法具有主动性和战略进攻性，它沉醉于美好社会的蓝图当中；消极自由的宪法则具有防御性和被动性，它孜

① 公意在卢梭思想中占据极为重要的地位。在卢梭看来，公意是社会共同体的真实意志，是符合真理的意志，是每个人与社会相统一的意志。它同众意截然不同，后者不过是私意的叠加，归根到底还是私意。人只有遵循公意，其行为才可享有社会自由，而遵循私意得到的是自然状态下的自由。

② 美国的《独立宣言》可谓洛克思想大树上长出的一片新叶。《独立宣言》指出：“人生而平等，造物主赋予他们一些不可剥夺的权利，其中有生命、自由和追求幸福。为了保障这些权利，才在人们中间创立政府，政府的正当权力源于被统治者的同意。任何形式的政府只要变得有损于这些目标，人们就有权改变或废除它，并创立新的政府。”

孜不倦于维护当下制度的逻辑起点和基本法则[1]。

社会契约论关于主权在民的合法性论证，作为新兴资产阶级反对封建贵族统治和建立资产阶级民主共和国的理论武器，曾发挥了巨大的不可磨灭的历史作用，但这种论证是建立在主观想象的基础上的，是不科学的。只有马克思主义的历史唯物主义才给我们揭开了历史之谜，才从以生产劳动为最基本形式的社会实践的主体角度、历史发展的主体角度，全面深刻地说明了主权在民的合理性。当然合理性不等于现实性。关于现实性“民有”的生成有两种理解。

（3）关于民有的两种理解。

如果以“民有”为参照系，那么可以将民主划分为“革命—动员”型民主与“法理—程序”型民主[2]。

“民有”意味着人民拥有主权，它可以从两个维度来理解。首先，具有理想色彩的整体性的人民拥有主权，重在回答国家权力的终极来源。其次，相对平实的具有可计算意义的人民拥有主权，重在回答国家权力的具体规划[3]。

前者彰显的人民主权原则具有形而上学的价值诉求，属于“革命—动员”类型，它适合意识形态化的宣传与论战。问题在于，这种人民主权虽然备受推崇，但它仅仅是对政府权力来源的政治合法性解释，而不是实施国家权力配置的一种具体规划。抽象的人民概念一定要转换为具体的人民概念。

后者恰恰沿着这种思路前行，它开始“形而下”地思考两个问题：在可计算的意义上，究竟多少人才足以构成人民，“可量化”的人民究竟怎样才能真实触摸与控制公权力。对这两个问题的回答，引出了“法理—程序”型民主。其一，将可计算的人民理解为所有社会成员等于提出

① 学者沈荣华、朱海伦在比较东西方现代化发展路径的基础上认为，建设和谐社会是我们努力奋斗的目标和蓝图，以人为本是实现和谐社会的制度起点。蓝图易得，制度性起点难求。没有制度性起点，人们就有可能在关注目标的实现过程中，急于求成、主观随意、左右摇摆、大起大落。这种观点对于社会主义市场经济体制下的当代中国构建和谐社会，具有十分重要的借鉴意义。参见沈荣华、朱海伦：《论和谐社会的制度性起点》，《理论探讨》，2008（5）。

② 这种分类得益于《政治哲学关键词·民主篇》。参见张凤阳等：《政治哲学关键词》，61页，南京：江苏人民出版社，2006年。

③ “革命—动员”型民主以“公意”为旗帜，它的表征内容为宪法；“法理—程序”型民主以“众意”为原则，它的表征内容是法律和政策。显然，“法理—程序”型民主的地位低于“革命—动员”型民主，正如各类法律和政策不能违反宪法。

了一个无法满足的程序要求。因为据此判断人民的意愿，只能采取全体一致的表决原则。但这个规则在巨型规模的民主国家缺乏起码的可操作性；退一步讲，即使具有可操作性，也会在投票过程中出现一种前述个人轻易否决多数合意的“敲诈式”行为[①]。这样，可计算意义上的人民，就只能按照多数原则来把握了。其二，可计算意义上的人民通过两种制度化的模式“占有”公权力。一种是人民通过直接管理公共事务体现主权在民，所谓“大树底下的民主”与“广场民主”。另一种是人民可以通过“委托”[②]代理人的方式体现主权在民，即间接民主。

现代社会，直接民主越来越丧失其适用性，而间接民主则愈来愈广泛地获得运用。

首先，间接民主蕴含了独特的制度安排优势。

一是，间接民主暗含了一种“精英治理”的政治主张。所谓间接民主，不是让人民直接行使决定国家事务的权力，而是经由人民的自愿委托，将处理国家事务大权及其责任一并转移给自己合意的“政治精英”。熊彼特认为，由于选举并不制定政策，而只是决定由谁来制定政策，因而就可以且只能这样来界定间接民主：“民主方法是为了达到政治决定的一种制度上的安排，在这种安排中，某些人（政治精英）通过竞取人民选票而得到作出决定的权力。”[③]古希腊直接民主最大的缺陷在于，普通公民经常要在超出其个人知识范围之外的事情上做决策。比如，雅典公民注重讨论和交流，在公民大会之外，体育场、市场等各个地方都是他们讨论的场所。对于他们所了解的事务，当然能在讨论基础上作出理智的判断。而对那些不了解的事务，再充分的讨论也难以判断[④]。

---

① ［美］萨托利：《民主新论》，冯克利、阎克文译，24—25页，北京：东方出版社，1993年。萨托利明确指出，执意将纷繁复杂的偏好综合为一种可接受的方案，不仅会耗费极高的决策成本，而且会使一个激烈的持不同政见者对绝大多数合意选择强行否决，从而演化成违背民主精神的个人或少数人专断。

② 民法原理上的“所有权”可以理解为占有权、使用权、收益权与处分权的综合。“人民拥有公权力”同样意味着人民可以占有、使用、收益与处分“公权力”。人民将公权力“委托”给代理人，既体现了对“公权力”的间接占有，又体现了对“公权力”的自由处分。

③ ［美］熊彼特：《资本主义、社会主义和民主主义》，绛枫译，337页，北京：商务印书馆，1979年。

④ 在伯罗奔尼撒战争中期，公民大会讨论是否入侵西西里，尽管多数公民并不知道西西里的情况，公民大会还是作出了入侵西西里的灾难性的决定。

二是，间接民主一定程度上能够制约直接民主所引发的“多数人暴政”现象。当民主政治的运作溢出制度化和程序化的常规，激发起“爆炸性”政治参与（直接民主）的时候，多数人的意志表达很容易被非理性情绪所感染。法国思想家基佐指出：“民主是战争的呼声；它是多数下层人反对少数上层人的旗帜。这个旗帜有时是为了最合理的权利而举起，有时却是为了最残酷、最邪恶的激情而举起；它有时是为了反对最不公正的篡权者，有时却是为了违抗最合法的权威。”①而代议制民主（间接民主）一方面作为分权主义的制动器，另一方面因委托人的“不在场”使得理性往往战胜激情，从而决策在最大程度上接近公共性而规避私益性。

其次，以萨托利为代表的西方思想家从三个角度探讨了直接民主向间接民主转换的内在机制。

一是，直接民主只有在“微型”政治规模的条件下才有可能。萨托利断言：“可以得到的自治强度与所要求的自治广度成反比。”②若是个人决策，则自治强度最高，而广度为零；但当自治的空间范围推广到团体的时候，其自治强度就会相应减弱。显然，当政治共同体扩展为巨型规模的现代国家后，直接民主就应该让渡给间接民主了。一方面，在地域广大、人口众多的现代国家，由于社会交往水平、交通通讯等技术手段以及决策时效性的限制，直接意义上的“人人平等参与”已经不具有可操作性③。另一方面，在直接民主语境中，人们固然获得了民主收益，但巨大的民主成本也常令人望而却步。间接民主通过发展政治上的委托代理关系促进人类社会再一次大分工，节约了民主成本。

二是，时间维度也是考察直接民主转向间接民主的一个变量。萨托利指出：“可能的自治强度同所要求的自治的持续性成反比。”④炽热的民主参与激情往往在很短的时间内高密度爆发，然后则是无尽的政治冷漠。伴随着市场经济的兴起，政治参与更是逐渐沦落成一种必不

① ［英］约翰·邓恩编：《民主的历程》，林猛等译，149页，长春：吉林人民出版社，1999年。

② ［美］萨托利：《民主新论》，冯克利、阎克文译，69页，北京：东方出版社，1993年。

③ 一位古希腊哲学家曾感叹：最佳的公民规模当是在一个演说者的听距范围内能够集合的数目。尽管现代政治体建立在发达科技基础上（如存在“麦克风效应”），但有效政治参与的人数仍然是有限的。这也是各国议会人数普遍控制在500人左右的原因。

④ ［美］萨托利：《民主新论》，冯克利、阎克文译，70页，北京：东方出版社，1993年。

可少的“制度化沉没成本”。一方面，始终保持公民高昂的政治参与热情无异于痴人说梦。熊彼特不无准确地断言：重大政治问题在现代公民心目中的位置已经同业余时间的闲扯差不多。[①]另一方面，职业政治家将政治参与化为自己的专职工作，从而始终保有政治参与热情。这种情况下，间接民主取代直接民主也就大势所趋了。

三是，公民群体匀质性的不断缺失也使得直接民主的欢迎度每况愈下。一般说来，民主过程的要义在于通过争论、商讨而达成共识。但如果参与政治过程的公民利益诉求相左而又十分偏执，那将不仅导致决策的低效率，而且在纷争中可能断送共同体的社会基础。这一点在直接民主制度框架中尤为突出。麦迪逊发表了他的担忧：一种让公民亲自议事的“纯粹民主政体”，非但不能制止派别争斗，反倒会刺激派别争斗，直至造成严重的政治瘫痪。[②]直接民主之所以在古希腊枝繁叶茂，根本原因在于古希腊城邦公民群体的匀质性较高。麦金泰尔对古希腊城邦社会作出精确判读：城邦不是若干孤立个人的原子式集合，而是一个群体本位的生命归属系统。

在这个系统中，公共利益作为个体生命的终极皈依，先在地为个人生存提供价值和意义。一定程度上可以说，古希腊城邦社会缺乏炙烤食物的火光，但并不缺乏关于社会发展和追求公共性的真理之光。显然，由于社会发展真理之境的澄明，城邦社会的公共行政是积极而自觉的公共行政。城邦活在每个社会成员的内心深处。在这种情况下，将“私”的欲求带入公共领域断不许可；民主过程不是私利的公开博弈，而是公民发现和见证公共性的神圣职责。

伴随着“从身份到契约”的进步运动，现代社会个人权利的张扬和主体性的觉醒已经成为时代的精神。“在市民社会中，每个人都以自身为目的，其他一切在他看来都是虚无。但是，如果他不同别人发生关系，他就不能达到他的全部目的，因此，其他人便成为特殊的人达到目的的手段。……在（市民社会）这一基地上，一切癖性、一切禀赋、一切有关出生和幸运的偶然性都自由地活跃着；又在这一基地上

① 参见［美］熊彼特：《资本主义、社会主义和民主主义》，绛枫译，326页，北京：商务印书馆，1979年。

② 参见［美］汉密尔顿等：《联邦党人文集》，程逢如等译，48—49页，北京：商务印书馆，1989年。

汹涌澎湃，它们仅仅受到向它们放射光芒的理性的节制。”[①]显然，在这种情况下，直接民主已经很少有生存空间了。

3. 如何治理

“如何治理”回答的是通过什么样的治理手段确保“民治（人民自治）”的实现。在人民主权原则下，“人民自治”因为以下两个因素有可能遭到流失。

（1）“民治”流失的两个因素。

首先，在存在“委托代理”关系的间接民主当中，如果这种“委托代理”关系没有制度化和有效的政治问责体系，“民治”往往会因为人民作为“委托人”无法控制“代理人”而流于形式。比如，直接民主的代言人卢梭就辩称：纯正的民主不需要“代表”，如果把大权转交给“代表”行使，“主人”即变成虚拟的符号，甚或等于零了。[②]卢梭的观点表达了对“委托代理”制度的担忧。但他的观点有失偏颇，因为在一个有着良好制度安排的社会里，“代理人”会在最大化程度上体现“委托人”的意志。

其次，基于卢梭“公意”的抽象人民主权如果不受制约，“民治”也最终会在道德乌托邦的迷梦中覆灭。作为“公意”的人民意志是不可分割的有机整体，这是理解抽象“人民”概念的重要向度。当卢梭把抽象人民整体宣称为主权者的时候，他对国家权力的终极来源作出了划时代的解答。这种解答肯定了人民主权的至上性，让民主成为普通话语。但卢梭对民主政治作出最大贡献的同时，也潜在地造成了对民主政治的最大威胁。

按照卢梭的推论，人民意志既然是完美无缺的“公意”，则它就不应该受任何制约；反过来，不受约束的绝对权力一经披上“公意”的道德外衣，就可以将柔弱的个体生命“正当”地进行整肃（个体生命的反抗只能理解为“私意”对“众意”的冒犯，在公意面前，它们不仅微不足道，而且是所有错误的根源）。因为只有服从“公意”，人民才能享有真正的“社会自由”，对于那些背离“公意”的人，人民应该“强迫”他自由。在这个意义上，卢梭关于“公意支配个人是自己支配自己，个人服从公意也是服从自己”的断言，就不仅是为人民主权提

① ［德］黑格尔：《法哲学原理》，197页，北京：商务印书馆，1961年。

② ［法］卢梭：《社会契约论》，何兆武译，123页，北京：商务印书馆，1980年。

供合法辩护，而且是在客观上为假冒民主名义的集权专制提供堂而皇之的借口①。

因此，如何防止“民治”流失，就成了关于民主理论需要探索的一个重要问题。为了解决这个问题，在认识和实践的结合上，人们提供了种种进路。

（2）关于“民治”保障的进路。

如果以“民治”为参照系，那么可以将民主划分为集权主义民主与分权主义民主，制度化民主与“运动式”民主，投票民主与协商民主。

第一，“民治”强调治理方式。首先根据公权力（或说主权）受限与否，治理手段意义上的民主可以划分为集权主义民主与分权主义民主。

集权主义民主认为人民主权具有对内最高、对外独立、不可分割、不可转让等属性。换言之，人民主权是无限的，不应该有任何意志对立面。集权主义民主往往与抽象意义上的人民主权（公意）相联系。分权主义民主则强调主权应该分割，并且相互制约。它往往与具体意义上的人民主权，特别是与间接民主意义上人民主权（众意）相联系。一方面，人民将公权力委托给代理人，由于担心代理人侵犯公共利益，于是不同代理人之间的相互权力制约显得必要。另一方面，分权体制下，可计算意义的人民需要多个“多数通过”才能有效决策，也可以使得决策更为科学、严谨和审慎。

第二，根据人民自治是否制度化，“民治”层面上的民主可以划分为“运动式”民主与制度化民主。

“运动式”民主与前述“革命—动员”型民主相联系。它从“代表人民”的角度论证“革命”或“统治”的合理性，并进而“动员”民众广泛参与种种“革命”或高度服从各种“统治”。但是，仅此而已。如果“运动式”民主超越政治合法性的边界，鲸吞日常民主，混淆民主的政治逻辑和法律逻辑，那就最终会出现事与愿违的现象。一是，

① 参见张凤阳等：《政治哲学关键词》，59页，南京：江苏人民出版社，2006年。基于卢梭人民主权理论在实践中的病变，罗素把卢梭称为“与传统君主专制相反的伪民主独裁的政治哲学的发明人”。参见［英］罗素：《西方哲学史》下卷，马元德译，225页，北京：商务印书馆，1976年。而塔尔蒙则干脆把这一类型的“民主”称之为“极权主义民主”。参见［以］塔尔蒙：《极权主义民主的起源》，孙传钊译，42—55页，长春：吉林人民出版社，2004年。

"运动式"民主无法有效制约形形色色的"人民代理人",致使人民主权得不到任何保障。二是,"运动式"民主往往伴随着无政府主义的混乱和恐怖[①]。新兴"人民代理人"总是斥责前任"人民代理人"失道寡助,然后,它号召人民以"革命"的名义将其取代。整个社会就像一杯混浊液被强力摇匀,然而时间长了它又慢慢积淀,于是更新的代理人横空出世,接着号召人民"揭竿而起"。如此循环,周而复始。"运动式"民主逐渐成为代理人个人至高无上的绝对权威与整个社会极端无政府状态的奇异结合[②]。

制度化民主与"法理—程序"型民主相联系,它认为人民主权是一个"不言而喻的命题",关键在于如何确保国家权力真正属于具体而现实的人民大众。因此,它强调制度设计,重点防范国家权力通过各种途径落于私人之手。为此,制度化民主创造了权利保留、分权制衡、投票表决以及协商民主等原则为核心内容的民主制度。通过这些制度的运作,非但没有否定人民主权这一根本原则,反而防止了民主理论在实践中犯或"左"或右的错误。

第三,根据民主的实现形式,可以将民主划分为表决民主与协商民主。关于这一点,后文将有详细的说明。

总之,完整的民主理论应该包括上述"民享""民有""民治"理论。如果一个政体丧失了其公共性,造成了"民不享";丧失了人民主权基础,造成了"民不有";丧失了人民自治原则,造成了"民不治",那它就不是民主政体,或是成了亚里士多德所抨击的"变态"民主政体。

通过上述分析,可以发现,民主的原则及其实施含有多个层面、多个方面,各国的民主也有多种特点,如何在总结、概括的基础上,形成一个民主的理想模型,这对民主的健康发展是有益的。我们认为,

---

① 美国政治学者塞缪尔·亨廷顿认为,政治统治的首要问题是建立一个合法的公共秩序。他说:"如果我们出于理性,而不是出于情感;如果我们出于尊重实际,而不是沉湎于想象,我们就应该承认,对于社会公共生活而言,秩序具有最高的价值。"参见[美]塞缪尔·亨廷顿:《变化社会中的政治秩序》,王冠华等译,68页,北京:生活·读书·新知三联书店,1989年。因为,在混乱不堪的无政府世界中,人们苦苦追寻的"自由、民主、博爱"瞬间都失去了原有意义。

② 阿伦特认为,崇尚政治运动的国家往往缺乏有效的政治结构,因为"任何形式的法律结构和政府结构对于运动来只会是一种障碍"。参见丛日云:《从运动政治走向法治政治》,《中国选举与治理网》,2009·8·4。

坚持“民享”的积极自由与消极自由的统一、“民有”的“革命—动员”型民主与“法理—程序”型民主的统一、“民治”的多种手段的综合性运用，特别是坚持表决民主与协商民主的统一，是十分必要的。

二、从协商到协商民主

如前所述，民主的本质是主权在民。这是从实质上，从根本内容的意义上对民主所作的规定。但是任何内容都不是脱离形式而孤立存在的。也就是说，民主既有它的内容方式，也有它的形式方面。从内容与形式的辩证关系来说，一定的民主内容总是与相应的形式相统一的。当然，我们这里所说的民主形式不是相对于民主具体内容而言的具体形式，而是相对于民主的一般内容而言的一般形式。从这个意义上说，民主的一般形式，迄今为止，大体有两种：一是表决民主，二是协商民主。就协商民主而言，它实际是把古来存在的，作为一种人际交流的手段的协商，发展和提升为民主实现的一种形式。因此要了解协商民主的基本内涵，除了要了解上一节所说的什么是民主以外，还要了解什么是协商，要了解如何从协商发展和提升到协商民主。

（一）协商的基本含义

协商作为人类的一种活动，随时随地都在进行，以至司空见惯。然而究其起源，却极为久远。

1. 协商的历史起源

在人类发展史上，先有了劳动，然后在劳动基础上产生了语言，有了语言也就有了以语言为手段的协商。

劳动作为一个决定性环节，使森林古猿在生物进化的基础上发展为人。

劳动是一种社会活动。这种社会性最初表现为原始人在采集和渔猎活动中的共同协作。这种共同协作因劳动而产生和发展。用恩格斯的话说：“劳动的发展必然促使社会成员更紧密地互相结合起来，因为它使互相支持和共同协作的场合增多了。”①

① 《马克思恩格斯文集》第9卷，553页，北京：人民出版社，2009年。

然而行动中的共同协作，是以共识的形成为前提的，而共识的形成又是人们互相协商的产物。由此，社会成员共同协作的劳动也就产生了他们之间的互相协商的客观必要性。

另外，劳动中语言的形成，也为这种协商必要性的实现提供了可能和条件。

原始人所进行的共同劳动，其好处不仅在于共同劳动的物质收获大大超过个人劳动所得，而且还在于在一个劳动集体中，使个别成员所掌握的信息变成全体成员的共同财富。而信息要成为全体成员的财富，只能用人人都懂得的手段来传递。简单的信息可以用手势做符号来传递，而复杂的信息靠手势已经无能为力。这时候的人"已经达到彼此间不得不说些什么的地步了。需要也就造成了自己的器官：猿类的不发达的喉头，由于音调的抑扬顿挫的不断加多，缓慢地然而肯定无疑地得到改造，而口部的器官也逐渐学会发出一个接一个清晰的音节。"[①]这就是语言符号的产生。

当人类的语言伴随着意识在劳动中产生以后，它也就立即成为推动人类和人类认识向前发展的重要杠杆。从协商形成的角度来说，其作用主要表现为：

第一，语言促进了作为个体思维的协商主体的形成。语言作为符号具有抽象性，它所标志的对象已经失去了作为具体的个别存在的特征，而成为人类的某种一般的东西。因此，语言的产生，语言的掌握，也就为个体的感性形象思维发展到概念思维提供了前提。由于语言作为信息的载体，因而它也就作为符号代替复杂的事物在头脑中进行联系、运作和组合，从而促进个体记忆力、思维力的发展。特别是语言的产生和个体对语言的掌握，能够把个体的所感、所悟、所思、所想通过语言加以指谓和表达，从而为形成现实的个体思维主体，形成个体协商主体提供了基础。

第二，语言作为工具促进了人际交流和协商的生成和发展。从本质上说，语言是把个体的人结为群体、社会的一种纽带。通过这个纽带，不同意见、不同观点获得表达，获得比较，获得碰撞，获得某种一致。这一过程也就是协商的过程。

---

① 《马克思恩格斯文集》第9卷，553页，北京：人民出版社，2009年。

需要指出的是，一些西方论者往往从人性自私、人性冲突的角度去说明协商的起源。这一思路不妥，是唯心主义的。从归根到底的意义上说，协商起源于劳动的协作性要求与劳动基础上形成的语言中介性支持的统一。

2. "协商"的词源解析

"协商"在汉语中由"协"与"商"两个字根组成。"协"即"恊"，指多个力相加，从而通过协同、协助、协力等方式把各方面的力量凝聚起来。"商"就是商量、讨论、沟通，找出共同点、化解分歧点，商量出各方当事人都能接受的意见或共同的指向。在英语中，"deliberative（协商）"一词的基本含义包括聚集或组织起来进行协商辩论、商议等内容[①]。如何进一步深化对"协商"的理解，西方学者给出了两个思路。

其一是，协商是一种决策前的讨论。如詹姆斯·费伦认为："协商或者是指特殊的讨论，它包括认真和严肃地衡量支持和反对某些建议的理由，或者是指衡量支持和反对行为过程的内部过程。"通过这种讨论和观点交流，可以提高协商参与者的道德素养和知识水平，从而能做"正确的事情"。

其二是，协商是一种决策过程。如博曼指出："协商与其说是一种对话或辩论的形式，不如说是一种共同的合作性活动。"[②]在协商过程中，参与者能够在互动过程中自由、公开地表达或倾听各种不同的理由，通过理性认真地思考，或根据他人的立场改变自己的判断、偏好和观点，或根据自己的立场改变他人的判断、偏好和观点，进而做出合理的公共抉择。

综合以上论述，我们可以对"协商（deliberative）"作这样一种词源学意义上的诠释。所谓协商，就是若干当事人从"求同化异"的目标出发，通过沟通、讨论、意见整合，扩大共识，减少分歧的

① 学者陈家刚比较了英语中几个与deliberative相近的词源。conversation是指"无拘束或非正式的谈话"；talk指"非正式的讲话"；dialogue是"双方之间的对话"，用于机构或政治方面的交往；discussion的含义是"讨论""商议"，更多地包含有辩论的意思。相比之下，只有deliberative具有通过平等、自由、开放的讨论和批判性审议，再经由理性思考而达成共识的内容。参见陈家刚：《协商民主引论》，《马克思主义与现实》，2004（3）。

② ［美］詹姆斯·博曼：《公共协商：多元主义、复杂性与民主》，黄相怀译，25页，北京：中央编译出版社，2006年。

过程。

“求同化异”有两层含义：一是指通过协商相互消除信息不对称的困境，减少或克服有限理性对决策的危害。所谓“三个臭皮匠赛过诸葛亮”就是这个道理。显然，这种协商更多是弥补人类知识上的缺陷。二是指通过相互协商，若干当事人能够弱化或消解自己的价值偏好，从而在妥协或价值偏好修正①的基础上实现和谐共存。人们对“双赢”“多赢”“共赢”的追求就是基于这种理念。显然，这种协商的意义在于通过公共理性引导人类价值的健康发展。

3. “协商”的本质透视

关于协商的本质，我们可以从哲学根据和主导原则两个方面去把握。

（1）协商民主的哲学根据。

从哲学根据来说，协商的前提是各协商方之间存在矛盾，或者说存在认识差异或利益差别。不然，协商就没有必要。这是显而易见的。但矛盾只是协商的前提，不是协商的根据。也就是说，有的矛盾能通过协商来解决，有的矛盾并不能通过协商来解决。换句话说，有矛盾并不必然会导致协商。众所周知，任何矛盾双方都是对立统一的关系。这里的对立性和统一性或同一性都是极为广泛的概念。矛盾双方因其同一性而相互依存、相互渗透、相互贯通，又因其斗争性而相互排斥、相互否定。

有一种观点认为，斗争性使协商成为一种社会诉求，而同一性则使协商获得了内在可能。因为没有斗争性，协商各方就没有通过沟通、交流、讨论而实现认识与价值的相互转化、相互过渡的必要。同样，如果没有矛盾的同一性，协商各方也就仅仅“存异”而无法“求同”。

按照这种观点，任何矛盾双方都存在同一性，因而任何矛盾都可以通过相关方的协商来解决。这样一来也就把矛盾双方的同一性作为

① 前述洛克与卢梭的社会契约论从发生学意义上都体现了不同偏好之间相互协商的特征，但二者在协商的目标上又旨趣相异。洛克认为，自然状态下不断发生人与人的冲突，每个人的利益都得不到切实保障。于是，在理性的引导下，每个人都让渡一部分权力赋予“主权者”，构筑秩序，维护安全。这种因对形式主义理性尊重而形成的社会契约论属于“妥协”性质的协商目标。卢梭认为，自然状态应该过渡到社会状态，每个人都应该将自己所有的自然权利交付社会，享受“崭新”的社会权利，这属于“价值偏好创新”的协商目标。在洛克看来，每个社会成员的利益具有冲突的一面，因此只能两害相权取其轻，相互妥协。在卢梭看来，社会成员的利益具有耦合的一面，因此在价值创新的基础上，人们可以幸福地生活，超越冲突。

协商的根据。实际上，这一推论是不能成立的。比如，在战场上激烈交战的双方，也具有同一性，否则怎么会打仗？我们总不能把打仗说成是一种协商吧！

在我们看来，矛盾的当事方之所以能够通过协商解决问题，其根据在于矛盾双方相互关系的一种特殊性质。这种特殊性质表现在：矛盾双方的发展不仅不互相损害，而且还互相促进，即人们通常所说的"相辅相成""共存共荣""和实生物""互利双赢"。也就是说，矛盾的当事方在利益上有共同点。

当利益有共同点的基础时，矛盾的当事方才可能进行协商。这种利益的共同点就是矛盾当事方协商的哲学根据。没有这种共同点就没有协商的根据。当年我们进行反法西斯战争的时候，就不能同希特勒、墨索里尼、东条英机等进行什么协商。今天，在我们进行社会主义建设的时候，也不能同图谋颠覆社会主义、图谋分裂祖国的敌对势力，同腐败分子和其他犯罪分子之间有什么协商，因为其间没有利益的共同点。由此可见，不能把矛盾当事方的利益共同点泛化为矛盾的同一性作为协商的哲学根据。另外也不能把矛盾斗争性仅仅看作促使协商的一种社会诉求，而不是一种手段。实际上，谈判、协商、沟通、说服、化解、妥协，乃至求同存异等，从哲学意义上看都是不同形式的斗争，同时也是一种协商手段。

（2）协商民主的主导原则。

诚然，矛盾当事方在利益上有共同点只是协商的哲学根据，或者说，只是为协商提供了可能，但协商能不能进行，能不能顺利进行，能不能获得当事方满足的结果，还必须有其他条件。在这些其他条件中，最主要的是坚持公共利益原则或者是作为公共利益反映和表现的"公共理性"原则。

所谓"公共理性"原则，也就是以扩大共同利益为旨归、为根据的说理原则。即坚持摆事实，讲道理，以理服人。也可说是坚持"真理面前人人平等"。矛盾当事方或协商各方在地位上、信息存量的拥有上、价值偏好上肯定存在种种差距，但是发现利益的共同点，争取和扩大共同利益，并在这个基础上形成相应的共识，从而用以指导共同的行动，这就是协商各方应该树立的公共理性原则。在这一点上大家是平等的。

有一种观点认为，利益博弈原则是协商民主，甚至是社会主义协商民主的根本原则。这一观点不妥。公共利益原则才是协商民主，包括社会主义协商民主的根本原则。

当然，在坚持公共理性原则的前提下，各方的理性影响力肯定不一样。具体说来就是，不管“协商”是一种知识论上的互补，还是一种价值论上的妥协、耦合，它都关涉到一个核心概念：“理性的影响”。“协商”的本质正是若干当事人之间由于知识存量不同和价值偏好不同，从而通过高势能向低势能流转而相互“理性影响”的一种活动。

一是，在协商进行中，自由、平等的参与者倾听、响应并接纳他人的观点，每一个人都努力地忠于理性影响价值。二是，在决策做出前，协商能够赋予参与者对各种建议或方案的理性审视与理性批判的权利。三是，在整个协商过程中，真正发挥作用的是理性的观点，而不是情绪化的诉求。公共协商的“批判反思过程预设协商参与者都会超越自身观点的局限而理解他人的观点、需求和利益；他们通过相互理解和妥协的过程达到一致，而不是将自己的观点强加给别人”[①]。“影响”的现实表现形式为“影响力”。

所谓影响力，是指一个或更多行动者的需要、愿望、倾向或意图影响另一个或其他更多行动者的行动或行动倾向。[②]显然，如果这种理性的影响力足以促使各方当事人丰富知识、放弃狭隘偏见，并最终达成共识，则属于成功的协商。反之，如果这种影响力不足以使得各方当事人抛弃陈见，则属于协商不成功。

需要强调的是，“在协商背景中，基于力量的威胁是不允许的，……假定唯一考虑的力量（应该）是‘更好观点的力量’。”[③]换言之，“协商”作为一种理性的影响活动，只有那些依靠公共理性（说服）的活动才属于“协商”，而那些依靠强制、控制和欺骗的影响活动与“协商”风马牛不相及。

在人类社会中，人们主要凭借以下资源实现自己的影响力。它们中有些属于协商，有些则不然。

---

① 陈家刚：《协商民主：概念、要素与价值》，《中共天津市委党校学报》，2005（3）。

② 杨光斌：《政治学导论》，38页，北京：中国人民大学出版社，2007年。

③ 陈家刚：《协商民主》，223页，上海：上海三联书店，2004年。

一是，强制力是实施影响力的首要资源或基础。强制力是指甲要求乙做某事，乙因为受到甲的威胁，虽然不愿做但不得不去做。在封建社会，武力最强者得天下。如后晋大将军安重荣曾一针见血地指出："天子宁有种邪？兵强马壮者为之尔！"[①]虽然强制力是一种最为刚性的影响力，但它并不适用于"协商"。因为，那种"刺刀下的民主"和"刺刀下的协商"都像寓言故事《狼和小羊》[②]一样让人觉得可悲可憎。强权之下的"协商"不过是强权者的一块遮羞布。

二是，操纵性力量是实施影响力的另一重要资源和基础。在罗伯特·达尔看来，操纵性力量主要表现为操纵性说服。"A不是向B传播真实信息而提供对选择的正确理解，而是企图操纵B的理解来说服B行动。当A在影响B时，在传播中故意歪曲、篡改或隐瞒A所知的事实的某些方面，而如果B知道了这些方面就会大大影响B的决定，这时就存在着操纵性的说服。"[③]显然，这种广告式的说服力（影响力）虽然经常"行之有效"，但同样不能适用于"协商"。因为，从本质上讲，操纵性力量是一种暗箱欺骗的力量，而协商的力量则属于理性阳光普照的力量，二者水火不容，背道而驰。

三是，人格魅力[④]也是实施影响力的一种资源与基础。如果某种人具有超凡的品质、丰富的知识和启示力，那人们就会对他们产生特殊的尊敬。进而，这种具有人格魅力的人能够运用其人格的力量去影响他人。传统社会，人格魅力主要在"最伟大的"英雄、领袖、"先知"、救星或救世主身上获得体现，它集中显现为一种非理性的信仰和崇拜。现代社会，随着"世界的解咒（the disenchantment of the world）"和

① 《新五代史·安重荣传》。

② 《伊索寓言》有这样的记载：一只狼在溪流喝水，看到一只小羊在下游喝水。"那是我的晚餐，"狼想，"我要找一个借口吃掉他。"于是，他恶狠狠地对小羊说："你怎么敢搅浑浊了我的水？""我没有，先生，"小羊回答说，"我在下游喝水，怎么能搅浑你喝的水呢？""那么，"狼见此计不成，又说道，"你去年的今天为什么说我的坏话？""不可能，"小羊说，"我现在才只有六个月大。""我不管，"狼说，"如果不是你，就是你的爸爸。"说完，他就向小羊扑去。这则寓言告诉人们，坏人要办坏事，也是需要借口和遮羞布的。

③ ［美］罗伯特·达尔：《现代政治分析》，王沪宁、陈峰译，58—59页，上海：上海译文出版社，1987年。

④ 德国思想家马克斯·韦伯用一个专门的术语"卡里斯马（charisma）"来形容具有人格型魅力的人。"卡里斯马"原指古代的宗教先知和战争英雄。

“理性化（rationalization）”[①]的到来，人格魅力更多体现为逻辑和知识的力量（理性的力量）。显然，传统社会之中的人格魅力与“协商”是格格不入的。在无限崇拜的语境中，非理性的盲目接受取代了理性的“拿来主义”。而现代社会的人格魅力则可以成为“协商”的基础。一方面，现代社会的人格魅力主要来自于不偏不倚的品格和丰富的知识，它们恰好在“协商”中稀释不同价值偏好的冲突，消解有限理性的困境。另一方面，现代社会的人格魅力建立在批判理性主义基础上。既如此，这种人格魅力本质上属于可怀疑与可批判的，因此，它不会造成“协商”当事人对另一当事人的盲目崇拜。同时，现代社会的人格魅力并不被某些“先知”所独享，而是分散于不同的“协商”当事人之中。换言之，某个当事人具有理性方面的人格魅力，而另一当事人则可能具有品格（如公正与不偏不倚）方面的人格魅力。事实上，正是这种互补使得协商成为可能与必要。

4. “协商”的历史发展

（1）协商在西方的发展。

“协商”很早就在西方社会开花、结果。埃尔斯特就此指出：“协商民主或者说通过自由而平等的公民之间的协商来进行集体决策的观念，绝非是一种创新，而是一种复兴，这种理念与实践几乎和民主的概念本身一样久远，都来自公元前五世纪的雅典。”[②]

苏格拉底是古希腊伟大的哲学家，也是早期智者运动中的杰出代表。这个曾经在伯罗奔尼撒战争中冲锋陷阵、英勇无畏的战士，在实际生活中还是一个善于运用“与他人协商”方法传授知识、传播理性的智者。根据柏拉图的记载，苏格拉底并不直接把结论教给别人，而是用“协商”的方式引导谈话者自己得出正确的结论。由于苏格拉底把教师比喻为“知识的产婆”，因此，这种“苏格拉底方法”亦称“助产术”。

---

① 德国思想家马克斯·韦伯用来形容现代社会基本特征的几个概念。“世界的解咒”意味着人们不再认可从实然可以推出应然，从事实可以导出价值，从宗教或宇宙论上可以建立普世的人生选择。“价值是由人的决定所创造的，……每个人的良心都是不可被推翻的，……而价值乃奠基于选择，它只能拥有纯粹主观的根据。”“理性化”是源于“世界的解咒”而创生的范畴。“理性化是把工具——目的的理性力量放入到社会文化系统中的每一个部门去所做成的进步。尤其是把科学与技术上的进步所做成的影响应用到经济与科层行政上去。”参见石元康：《从中国文化到现代性：典范转移?》，133页，北京：生活·读书·新知三联书店，2000年。

② 转引自马奔：《协商民主问题研究》，17页，山东大学博士学位论文，2007年。

具体来说，它包括四个步骤：讥讽（不断提问题使对方自陷矛盾最终承认自己的无知）、助产（帮助对方得到问题的正确答案）、归纳（从各种具体事物中找到事物的共性和本质）、定义（把个别事物归入一般概念）。

政治协商的方式也可以追溯到古希腊时代。

一方面，古希腊人通过把随机抽样和微观协商相结合，来制定公共决策。比如他们选举五百人议事会和陪审制度的政治官员，都是先通过抽签选择公民“试用”，经过一定时期观察和政治协商，再赋予他们重要的公共决策权力。

另一方面，在作出重大公共决策之前，公民大会一定安排充分的时间进行讨论。古雅典的总督伯利克里在其著名的葬礼演说词中提到协商民主在当时的盛况：“在我们这里，每个人不仅关心个人事务，而且关心国家事务：即使那些总是忙于自己事务的人也熟知一般的政治生活——这就是我们的特点。我们并不是认为对政治不感兴趣的人是一个只想着自己个人事务的人，我们只是认为他在这里根本没有任何事情可做。我们雅典人，都是自己人，我们作出我们的决策，或者对某些决定展开适当讨论。因为我们并不认为，在语言和行为之间存在着矛盾性。最坏的事情莫过于在结果尚未适当讨论之前就匆匆地付诸行动。”①

近代欧洲资产阶级或通过和平方式或通过暴力的方式从封建统治者手中夺取政权，却用协商的办法来完成资本主义政治制度的建造，建立资产阶级的统治。最有代表性的是英国发生的1688年“光荣革命”，实质是资产阶级和新贵族通过“协商”“妥协”的方式实现了建立资本主义社会的理想，协商成果以《权利法案》等具有法律效力的文件确立下来，具有很强的政治合法性。比如，前引洛克社会契约论就是政治协商的经典理论化版本。而这种理论陈述的政治协商又完全是实践中英国资产阶级革命过程中政治协商的反映。

“洛克一生经过整个革命时期，他的政治思想是为通过1688年的妥协而奠定的议会制的资产阶级国家辩护的。在这个意义上，我们说洛克是1688年英国封建贵族同资产阶级和新贵族（资产阶级化的贵族）妥协的产儿。”②美国独立战争胜利后制定的1787年宪法，也是当时包

① ［英］戴维·赫尔德：《民主的模式》，燕继荣等译，19页，北京：中央编译出版社，1998年。

② 参见吴恩裕：《论洛克的政治思想》，洛克《政府论》，前言部分。

括联邦党人在内的各派政治力量“协商”的杰作，为美国长达数百年的发展繁荣奠定了坚强基石[①]。

及至现代，政治协商更是在西方世界蓬勃发展起来。在20世纪80年代，美国著名社会学家阿尔文·托夫勒在《第三次浪潮》一书中就论述了复活“政治协商”的时代价值：“在现代的政治框架结构中，即使是圣人、英雄加天才来统治，也仍然面临代议制最终的危机。必须通过广泛的协商，心平气和的共同参与，重新确立政治的框架结构。”[②]在这些理论先行者的倡导下，政治协商不断从理论走向实践。一些对制度设计感兴趣的协商民主者已经通过探索，形成了一系列协商实践模式，包括费什金的协商民意测验[③]和加拿大哥伦比亚特区公民会议[④]等，它们显示了某种生命力。

（2）协商在中国的发展。

“协商”作为一种超越多元冲突与权力专断的治理方式，历来也是中国社会生活的优良传统，追溯起来也源远流长。

尧舜禹的禅位制就是建立在充分协商基础上的。相传尧在帝位的时候，咨询四岳，后举舜为帝。舜在帝位的时候，也咨询众人，后举禹为帝。春秋战国时期，子产主政郑国，他广开言路，其中“乡校”

① 事实上，早在美国宪法颁布之前，一些北美殖民地已经通过政治协商的方式形成了类似于宪法的制度规范。在这其中，普利茅斯殖民地的《五月花号公约》最为著名。1620年，在牧师布莱斯特率领下一批英国清教徒（102人）乘五月花号前往北美寻梦。经过长途跋涉，他们终于可以望见美丽新世界了。这时候，船反而停了下来，船上的成年男子在低声讨论着：他们将如何管理未来的新世界，依靠什么？领袖的权威、军队的威力，还是国王的恩赐？他们决定将这个问题弄清楚之后再上岸。讨论十分激烈。最后，在共同协商的基础上，他们决定签署一份名为《五月花号公约》的社会契约。公约内容是：“我们在上帝面前共同立誓签约，自愿结为一民众自治团体。为了使上述目的能得到更好地实施、维护和发展，将来不时依此而制定颁布的被认为是对这个殖民地全体人民都最适合、最方便的法律、法规、条令、宪章和公职，我们都保证遵守和服从。”人们普遍认为，这份蕴含了朴素人民主权思想的公约，形式上虽然不是但究其精神应该是美国的第一部宪法。参见［美］威廉·布莱福特：《五月花号公约签订始末》，王军伟译，序言部分，上海：上海三联书店，2006年。

② ［美］阿尔文·托夫勒：《第三次浪潮》，朱志焱、张焱、潘琪译，511页，上海：上海三联书店，1984年。

③ 詹姆斯·费什金（James Fishkin）教授是美国斯坦福大学传媒与政治科学系教授，已在许多国家运用并发展了协商民意测验方法。协商民意测验是一种基于信息对等和充分协商基础上的民意调查，可以克服传统民意调查的诸多局限性。通常组织者通过随机抽样产生参与者，然后将他们召集起来共同参与一至三天的协商论坛。这种论坛坚持“三上三下”的原则，实行三次分组三次汇总，共需六次讨论。

④ 哥伦比亚特区公民会议的立法机构让渡有限权力给公民陪审团，在他们充分协商后再行决策。

便是重要的政治协商的场所。

西汉时期的"盐铁会议"当属中国古代历史上最为著名的"协商"会议。汉武帝时，为了增大国家财政收入，将晒盐冶铁的山海池泽收归国有，实行盐铁国家专卖。这种盐铁国营的政策大幅提升了国家财政能力，但同时也造成了民间经济凋敝等负面结果。公元前87年汉武帝死后，主掌朝政大权的大臣桑弘羊继续执行汉武帝的盐铁政策，遭到商业利益集团的强烈反对。于是，公元前81年，政府召集各地贤良文学之士（代表民间商业利益集团），就现有的经济政策广开言论，与政府（以大臣桑弘羊为代表）进行公开辩论，史称"盐铁会议"①。经过充分讨论和沟通，展开辩论的双方各自妥协，达成一定程度的共识。比如，盐铁国家专卖得以延续，但酒类国营就此中止。

历史延伸到现代社会，中华人民共和国的民主建国堪称"政治协商"经典。关于这一点，后文将作详细的说明。

（二）"协商民主"的多维考察

人类历史很早就浓墨重彩地书写了"协商"或者"政治协商"，但是，"协商民主"作为一种政治诉求，作为一种民主形式的概念指谓，它的正式提出，还仅是20世纪80年代以前的事情②。

1. "协商民主"研究的兴起

1980年，约瑟夫·毕塞特在《协商民主：共和政府中的多数原则》一文中，第一次从学术意义上使用"协商民主（deliberative democracy）"的概念。在这篇论述美国宪政结构的文章中，毕塞特竭力主张公民参与的宪政解释而反对精英主义。

较早的对协商民主做出系统研究的是伯纳德·曼宁和乔舒亚·科恩。

---

① 以桑弘羊为代表的政府官员积极为盐铁政策辩护：第一，实行这些专卖政策可以缓解国家财政困难。第二，国家实行专卖政策可以削弱地方的割据势力。桑弘羊等以吴楚之乱为前车之鉴，防止像吴王刘濞那样的割据势力再次出现。第三，可以打击富商大贾，制止他们囤积居奇，操纵市场以牟取暴利。贤良文学之士则认为宜罢专卖政策：第一，专卖政策造成了官商不分，吏治腐败，官商们利用专卖政策假公济私。第二，实行专卖政策以后，官府制作的铁器往往呆重而规格一致，难以适用不同地区的农民使用。第三，销售过程中官僚作风严重。铁器定价不合理，销售点的设置不科学。参见钱穆：《中国历代政治得失》，19—21页，北京：生活·读书·新知三联书店，2005年。

② 有学者认为，虽然"协商民主"不过是"协商"这个千年陈迹酒瓶里的新酒，但这并不意味着"协商民主"仅仅是"协商"的复活。相比较"协商"而言，"协商民主"的功能和价值大大丰富和拓展了。参见陈家刚：《协商民主引论》，《马克思主义与现实》，2004（3）。

伯纳德·曼宁在《论合法性与政治协商》一文中认为，社会的生存和延续需要一种确定的正义原则和稳定的制度（政治合法性）。因此，人们必然要面对什么样的原则是合理的、怎样的制度是合法的，从而依靠怎样的路径做出决策、解决冲突、行使权力，并保存构成社会生活的各种行为和愿望的统一这样的问题。为了构建政治合法性，曼宁提出了非常完善的政治协商理论。①协商，即各种观点相互比较的过程。②协商过程既是集体的，也是个人的，它是话语的和理性的过程。③政治协商和辩论以相对理性的听众为前提，协商过程是公众自己建构教育和培训的过程。④政治协商概念不应该排斥任何人投票和参与协商的权利，以及有效行使这种权利所必需的基本自由。⑤协商理论仅仅提供了一种不完善的、尽可能合理地做出决策的方式。[①]

乔舒亚·科恩在《协商与民主合法性》中认为，协商民主观念来源于一种直观的共同体的理想，在这种共同体中，其条件和状态的正当性是通过平等公民之间的公开争论和推理而实现的[②]。“协商民主意味着一种事务受其成员的公共协商支配的社团。我认为，这种社团的价值将民主本身视为一种基本的政治理想，而不仅仅是可以根据某方面的平等或公正价值来解释的衍生性理想。”[③]

20世纪90年代以后，协商民主理论的研究成果更是精彩纷早。

1996年，詹姆斯·博曼教授出版了《公共协商：多元主义、复杂性与民主》。博曼认为，由于大多数对协商民主的研究基本上是规范性

① 转引自陈家刚：《协商民主研究在东西方的兴起与发展》，《毛泽东邓小平理论研究》，2008（7）。

② 近代西方最主要的民主范式，从其关注的核心价值来说可以分为消极自由主义民主和积极自由主义民主。消极自由主义民主更重视消极自由的价值，认为个人才是民主的主体，社会和国家是由个人组成的，只是社会契约的派生物，个人才是真实的存在。因此，消极自由主义民主更关注个人利益，而忽视社会利益的存在。积极自由民主则更强调平等的价值，认为个人只有在共同体中才有其真实的存在，将共同体放在个人之上。因此，积极自由民主更关注共同利益，甚至可能为了共同利益而牺牲个人利益。这两种走向极端的民主理论遭到了协商民主理论家的强力批判。他们认为，这两种学说都有其不足。消极自由主义民主忽视了公共利益的成长，而积极自由主义民主则过于理想化，容易走向乌托邦的极权主义。只有将二者结合起来，人们才能既享有宪政赋予的消极自由，又能享有共和主义带来的公民精神。协商民主则被广泛认为是衔接二者的重要桥梁。协商民主非常重视共同体的价值，同时尊重宪政和消极自由的正当性。

③ ［美］詹姆斯·博曼、威廉·雷吉：《协商民主：论理性与政治》，陈家刚等译，50页，北京：中央编译出版社，2006年。

的，是基于理想的而非现实状况作出的思考，这种理想性的研究路径，难以将规范的政治理论同实际的民主实践以及民主变革的真正可能性联系起来，从而加剧了对协商民主理念可行性的怀疑。为了对协商民主现实可行性的怀疑进行回应，作者一一考察了协商民主面临的三大挑战——文化多元主义、不平等和社会复杂性，最后认为这些并不是协商民主不可逾越的障碍。

1998年，乔恩·埃尔斯特教授主编的《协商民主》是一本在学界享有盛誉的文集，正如编者所说的，它探讨了作为决策机制的协商民主。

2000年，约翰·德雷泽克教授出版了《协商民主及其超越：自由与批判的视角》。他认为，民主走向协商，表明人们在持续关注着民主的真实性，即在多大程度上，主权在民的落实是实质性的而不是象征性的，而且公民有能力参与到民主中。全书围绕着协商是否是更有效解决社会问题的决定性手段；协商应该是以共识为目标，抑或仅仅是票决前的一个序曲；协商合适的归宿是既有的代议制，还是应该向社会层面推进等问题对协商民主进行了阐述。

此外，哈贝马斯、罗尔斯和吉登斯等的一系列论著中也包含着丰富的协商民主思想。哈贝马斯的公共交往理论和话语民主理论与协商民主理论是相互促进的。罗尔斯关于公共理性的论述也为协商民主提供了资源。吉登斯则提出了“对话民主”概念，竭力为协商民主的实践鼓与呼。这些著名思想家对协商民主的研究有两个方面的作用，一是增加了协商民主的知识存量，使得协商民主日渐成为学术研究的富矿。二是他们的学术声誉赋予了协商民主以巨大的威望，使得协商民主慢慢成为一种显赫的民主理论。

中国社会虽然很早就开始实践协商和协商民主，但学术化的协商民主[①]范畴却是从西方引进的。

根据学者陈家刚的研究，中国学术界开始接触并了解协商民主理论，最初应该是2002年。其时，德国思想家哈贝马斯在华发表了《协

① “协商民主（deliberative democracy）”目前在国内的翻译并不统一。台湾地区主要把它翻译为审议民主，大陆地区主要把它翻译为协商民主。学者陈家刚认为，翻译为“协商民主”的理由在于，一是该词能够相对表达参与主体的平等地位、对话和讨论、权力制约、批判性反思、妥协与共识等基本特征，二是因为这样翻译更容易与本土话语对接，同时赋予本土话语以新的意义。学者马奔认为，审议民主这种翻译存在一些误解，听起来好像是对民主本身的一种“审议”或“审查”，而不是把“审议（审慎的讨论）”作为民主的定语。

商民主的三种规范》演讲，让国内学术界开始知晓了“协商民主”。而首次见著于文的“协商民主”研究，则是中央编译局俞可平教授2003年6月发表于《学习时报》的《当代西方政治理论的热点问题》一文。俞可平认为，政府与公民进行协商，既是民主决策的内在要求，也是政治合法性进一步“开源”的必要环节。从2004年开始，尤其是2006年2月《中共中央关于加强人民政协工作的意见》发布后，协商民主理论研究开始越来越多地进入国内学术视野。一时间，学术杂志开设专栏①、相关部门设置课题②、学者出版著作③。此外，各类学术研讨会也相继举行，如浙江大学2004年11月举办的“协商民主国际研讨会”，复旦大学2007年7月举办的“选举与协商：中国民主政治的发展路径”研讨会以及台湾地区的学术研讨会都具有很大影响。

通过文献检视与历史回放，可以发现，中国理论界已经在协商民主的内涵、协商民主的条件、协商民主制度构建、协商民主在中国的运用以及协商民主面临的困境等方面都作了不同程度的研究。但总的说来，目前国内对协商民主的研究还处于初级阶段。一方面，国内还缺乏对协商民主的理论内涵、制度设计和实践运作的系统总结。另一方面，由于协商民主是西方舶来品，很多中国学者的研究还停留在西方文化视域之中而不能自拔。这种“被牵着鼻子走路”的研究方式与中国民主政治的发展实践严重脱节。因此，本书以中国特色协商民主发展历程与基本规律作为研究主题，确有显见的理论价值和实践价值。

2. 协商民主的科学定义

正如给民主范畴下定义会遭遇到“民主困境”的干扰一样，对协

① 《马克思主义与现实》2004年开辟了“协商民主专题”等专栏，发表了诸多有见地的研究成果。《浙江大学学报》（人文社科版）“协商民主研究”自2003年来在介绍协商民主前沿理论方面功不可没，如陈剩勇、杜洁《互联网公共论坛：政治参与和协商民主的兴起》，何包钢、陈承新《中国协商民主制度》等；《高校理论战线》近年来也在“社会主义理论与实践”栏目发表了不少关于协商民主的文章。

② 仅国家社会科学基金项目近年来就设置了多项。如2005年国家社会科学基金青年项目：“协商民主与当代中国的政治实践”；2007年国家社会科学基金项目：“中国政治协商的程序化研究”；2008年国家社会科学基金项目：“中国特色协商民主发展历程与基本规律研究”；2008年国家社会科学基金青年项目：“协商民主、票决民主及其关系之研究”。

③ 上海三联书店2004年出版了《协商民主》文集；2005年，国家新闻出版署将俞可平教授主编的《协商民主译丛》列为国家“十一五”重点图书出版；2006年，中国社会科学出版社出版了浙江大学协商民主国际学术研讨会的论文集《协商民主的发展》；2007年，江苏人民出版社出版了《审议民主》文集。

商民主范畴的科学界定本身也是一个不断“协商”的过程。

（1）国外学者对协商民主的界定。

西方学者对协商民主主要有两种解释。

一是，澳大利亚学者卡罗琳·亨德克里斯根据协商的规模和形式，将协商民主理论分为微观和宏观两种类型。[①]

协商民主的微观解释集中于界定和讨论协商论坛的本质及其理想条件。规范地说，协商是一种面对面的交流形式，它强调理性的观点和说服，而不是操纵、强迫和欺骗。协商的目的主要是为了交流而不是策略目标。微观协商民主的目标是为公共机构的协商提供理想的模式。因此，微观理论总是与当前西方民主的政治制度如立法机关相联系。微观协商民主理论的代表有科恩、古特曼、汤普森、埃尔斯特等。

宏观协商民主则关心公共领域内发生的错综复杂的协商形式。宏观或谈话式的协商发生在社会的非正式空间中，其中的交流是自发的、不受限制的。它包括从面对面小范围的讨论到社会运动以及媒体在内的一系列交流空间。这种协商是很难预测的、谈话式的协商，它不排除策略性的活动形式，如抗议、抵制和激进主义。宏观协商民主理论的代表有哈贝马斯、博曼等。

二是，美国学者詹姆斯·博曼将协商模型分为三种类型：预先承诺模型、纯粹程序主义模型和对话性模型。[②]

预先承诺模型描绘的是不可撤回的限制（通常体现为宪法“权利”）所主导的协商过程中的理性。这种模型将民主自治看作是获得社会合作的策略。在政治中，宪法或章程被看作是优先于不可撤回的限制的共识，一方面对政府进行限制，另一方面公民也通过宪法来限制自身以避免冲突。

程序主义模型认为，只是程序性规则和限制便足以保证协商中的理性。程序主义者将宪法看作是一个明确的社会决策过程，即“一个描述实际作出决策的制度机制的规则系”。

对话性协商模型认为公共协商是一种联合性、合作性的活动，这

① 参见［澳大利亚］卡罗琳·亨德克里斯：《公民社会与协商民主》，陈家刚选编《协商民主》，126—128页，上海：上海三联书店，2004年。

② ［美］詹姆斯·博曼：《公共协商多元主义、复杂性和民主》，黄相怀译，42—51页，北京：中央编译出版社，2006年。

样就不但能弄清楚政治问题实际上是怎么解决的，而且也更能弄清楚复杂多样的社会中政治共识的要求。在对话性协商中，参与者提出的观点必须具有可理解性和责任性，而且要在认真听取他人观点的基础上对自己的观点进行反思。这种反思性特征是对话性交流所独有的，这样协商中的多元主体就能通过回应和影响他人来进行合作。

（2）国内学者对协商民主的界定。

国内学者对协商民主也有着仁者见仁、智者见智的界定。但由于协商民主理论植根于西方社会，大多数中国学者对协商民主的解释还是借西方学者的观点而展开。其中，学者陈家刚对当代西方协商民主的三种主要内涵的概括具有代表性。

一是，作为决策形式的协商民主。如米勒认为，当一种民主体制的决策是通过公开讨论——每个参与者能够自由表达，同样愿意倾听并考虑相反的观点——做出的，那么，这种民主体制就是协商的。亨德里克斯认为，“在协商民主模式中，民主决策是平等公民之间理性公共讨论的结果。正是通过追求实现理解的交流来寻求合理的替代，并做出合法决策。”[①]从决策的角度来看，协商民主要求容纳每个受决策影响的公民；实现参与的实质性政治平等以及决策方法和确定议程上的平等；自由、公开的信息交流，以及赋予理解问题和其他观点的充分理由。只有满足这些条件的协商过程才能够形成具有民主合法性的决策。这种理解抓住了协商民主最主要的特征，但实际上缩小了其外延，因为它将有协商而无决策的活动排除在外。

二是，作为治理形式的协商民主。现代社会的最显著特征就是文化的多元化。多元文化民主面临的最大危险就是公民的分裂与对立。“协商民主是一种具有巨大潜能的民主治理形式，它能够有效回应文化间对话和多元文化社会认知的某些核心问题。它尤其强调对于公共利益的责任、促进政治话语的相互理解、辨别所有政治意愿，以及支持那些重视所有人需求与利益的具有集体约束力的政策。”[②]作为民主治理形式的协商民主在本质上以公共利益为取向，主张通过对话实现共识，明确责任，进而做出得到普遍认同的决策。从“治理”的含义看，将协商民主作为一种治理形式，切合了协商民主所具有的两个显著特

① 转引自陈家刚：《协商民主引论》，《马克思主义与现实》，2004（3）。

② 转引自陈家刚：《协商民主引论》，《马克思主义与现实》，2004（3）。

点：首先，协商民主不仅可以发生在政府、议会等正式组织中，也可以发生在非政府组织、公民团体、社会组织等非正式组织中。其次，协商民主不是控制，而是一种互动的交流过程。但是，在治理中是需要权威的，而在协商民主中却需要排除权威的影响，所以将协商民主看作是排除权威的治理形式也不是很合适。

三是，作为社团或政府形式的协商民主。库克认为，“如果用最简单的术语来表述的话，协商民主指的是为政治生活中的理性讨论提供基本空间的民主政府。”[①]科恩也认为，协商民主是一种事务受其成员的公共协商所支配的团体。这种团体将民主本身看成是基本的政治理想，而不只是将其看成是能够根据公正和平等价值来解释的协商理想。[②]这种观点是从协商民主的组织形式来定义，但它将协商民主看作是静态的，而协商民主的真正价值在于协商过程之中。协商组织只是为协商民主提供了可能性，要使协商民主运转起来，还有待协商参与者的努力。

（3）关于协商民主的科学理解。

在充分吸收和借鉴前人研究基础上，本书认为从结构—功能角度对协商民主进行界定或许更为科学。所谓协商民主是指政治共同体中自由、平等的公民，通过有序政治参与、提出自身观点并充分考虑其他人的偏好，在理性的指引下，实现偏好妥协或转换以达成共识的政治活动。

协商民主的结构要素包括协商民主的主体、客体、场域、方法以及结果。协商民主的功能在于理性立法[③]、公民自治和有序政治参与[④]。为了进一步理解关于协商民主的这一定义，下面就协商民主的要素作

① 转引自陈家刚选编：《协商民主》，43页，上海：上海三联书店，2004年。

② ［美］乔舒亚·科恩：《协商与民主合法性》，詹姆斯·博曼、威廉·雷吉主编《协商民主论理性与政治》，50页，北京：中央编译出版社，2006年。

③ 协商民主不同于一般的对话、讨论和交流，它是一种以公共理性作为出发点与归属点的交流形式。“公共协商是政治共同体成员参与公共讨论和批判性审视具有集体约束力公共政策的过程。这种协商过程基于政治谈判或契约交易，同时受公共利益责任的支配。公共协商的主要目标不是狭隘地追求个人利益，而是利用公共理性寻求最大限度满足所有公民愿望的政策。协商过程的参与者是平等的，不存在特殊成员的利益具有超越其他任何公民利益的优先性。”参见陈家刚：《协商民主》，336页，上海：三联出版社，2004年。

④ 协商民主超越协商的一个重要方面在于：协商追求共识的合理性，而协商民主则不仅追求共识的合理性，并且通过有序政治参与，追求共识的合法律性。

如下分析。

3. 协商民主的要素分析

具体说来，作为完整过程的协商民主应该包括协商主体、协商客体、协商场域、协商方式、协商结果等五个要素[①]。

（1）协商主体。

所谓协商主体也就是协商民主的参与者，它回答的是由谁来协商的问题。协商民主的主体可谓多种多样。“参与主体是协商民主过程的基本要素，协商的过程实际上就是各种具有不同利益倾向、不同偏好的政治主体参与政治生活的过程。从参与者的角度来看，我们可以将协商参与者分为这样几种类型：作为公共权威机构的政府、多元利益格局中的个体、不同文化背景中的族群，以及治理过程中的机构或团体参与者。他们参与协商过程，并对达成共识、形成具有合法性的决策承担责任。”[②]

根据不同视角，协商民主的主体可做多种分类。一是从数量与组成方式看，协商民主的主体可分为个体参与者与集体参与者。个体参与者即个体公民，集体参与者即各种复合型政治主体，如各种利益集团、政党、政府。也就是说，小到公民个人，大到国家乃至国际性组织，都可以是协商民主的主体。二是从掌握各种资源的多少来看，协商民主的主体可分为精英性主体与大众性主体。精英性主体掌握着较多的政治、文化、经济乃至社会资源。大众性主体也就是通常所谓的普通老百姓，他们手中可资利用的资源相对较少；但他们来自社会基层，有着第一手的实践信息。前述人格型魅力的协商当事人不仅包括精英性主体，也包括一部分大众性主体。三是从协商的层级来看，协商民主主体可分为直接协商主体与间接协商主体。直接协商是一种协商主体直接参与式的协商，他们面对面地交流、讨论、相互说服以形成意见整合。比如，在我国农村广泛存在的“村民恳谈会”就是一种直接协商。间接协商是指人们遴选一些具有特殊资格的社会成员代表自己参加协商。中华人民共和国各级政治协商会议，对作为政协委员所代表的群众来说，便是一种间接协商。

---

① 关于“政治协商”的结构要素，本书部分参考借鉴了学者童庆平的研究成果。参见童庆平：《当代中国政党协商民主要素论析》，《学习与实践》，2007（8）。

② 陈家刚：《协商民主：概念、要素与价值》，《中共天津市委党校学报》，2005（3）。

(2) 协商客体。

所谓协商客体也就是协商的内容。一般的协商民主理论都用偏好来表达协商的内容。“所谓偏好，其最初的含义是消费者对消费品组合的一组排序。在社会生活中，偏好指的是行为者基于自身利益而表现出来的对于特定目标对象的倾向性与选择性。不同时期、不同地域、不同文化背景的行为者，其行为偏好可能会存在巨大的差异。偏好具有多样性特征，偏好影响制度选择，也受制度的约束。在政治生活当中，面对立法机构的议案或者行政机构的决策，每个利益相关者都会有充分的理由表示支持或反对，这种支持或反对的理由、根据就是偏好。”①

很多人认为，偏好是非理性的，或者是一成不变的。这种观点在理论上不科学，在实践中有危害。因为过分夸大偏好的既定性，只会造成协商的缺失和强制主义的兴起。协商民主理论认为，无论宏大叙事的偏好还是于微见细的偏好，从来都不是既定的。有学者指出，只有在理性万能和社会大同的情况下，各种偏好才能以绝对真理与永恒价值的姿态永远岿然不动。否则，有限理性与多元价值会使得偏好妥协与转换成为社会常态。②

事实上，协商民主犹如一个舞台，舞台戏剧的导演是公共理性，而舞台上的两个主角则正是偏好与偏好协商。首先，对于现实的协商过程而言，协商主体必须是具有自身偏好的行为者，千人一面、千曲一调的思想或行为无须“协商”。其次，各种偏好必须要在协商中表达出来，在公共理性的指引下实现偏好的整合并理性立法。整合的路径分为两类：一是妥协，即价值和偏好的相互放弃和让渡。二是转换，即以新的共同价值超越旧有的、纷争的个别价值或偏好。

根据不同角度，同样可对协商民主的客体（偏好）作出不同分类。一是，从协商客体的覆盖面来说，协商民主的客体可分为宏观性内容与微观性内容。宏观问题如一个国家的政治、经济、文化和社会生活中的重要问题以及人民群众普遍关心的问题等；微观问题主要涉及具体的、局部的问题。二是，从协商客体的性质来说，协商民主的客体可分为冲突性内容与耦合性内容。前者更多体现在社会阶层与社会利

① 陈家刚：《协商民主：概念、要素与价值》，《中共天津市委党校学报》，2005（3）。

② 参见张凤阳等：《政治哲学关键词》，252—265页，南京：江苏人民出版社，2006年。

益高度分化的政治生态中，不同的协商主体各怀有个人偏好而不礼让。协商的过程充满了冲突，协商的理想结果是不同协商主体各自以妥协换取协商的成功。后者更多发生在公民群体匀质性较高的社会之中。在这里，整体利益活在每个社会成员的内心深处。因此，尽管不同协商主体也存在各自偏好，但这些偏好本质上是耦合的。每一种偏好犹如“相对真理”的水滴，汇合在一起就形成了整体利益的“绝对真理”的长河。显然，不同的协商主体是以完善和丰富整体利益，而非各怀私心来进行协商的。

需要注意的是，协商民主的客体并不是没有任何限制的。在现代民主国家，一些基本的宪政问题是不允许被“协商”的。第一，根据前文的分析，对于那些通过证伪方法发现的消极意义上的公共法则，是这个社会的宪法和最高原则，无论是抽象的人民还是可计算意义上的人民，无论是表决民主还是协商民主都不能觊觎或动摇它[①]。尽管从发生学或实践的角度来看，这些形式主义宪政共识也是经由协商和妥协而得。但是，一旦以“公意”的形式将之宪法化，它必然就成为各种政治协商的前提和底线共识。第二，在当代中国，一些实质主义宪政共识（如坚持四项基本原则）因为实践的反复证明和马克思主义的科学论证，也具有了宪法原则的意义，同样应该成为政治协商的前提和底线共识。质言之，各色各样的偏好与协商只有在尊重上述两类宪法原则的基础上才具有存在的合法性与合理性。

（3）协商场域。

所谓协商场域，特指协商民主在什么地方进行。关于这个问题，澳大利亚国立大学教授约翰·德雷泽克有着精彩的论述。在其专论《不同领域的协商民主》中，约翰·德雷泽克把协商民主“发生的不同地点”归纳为三个层面：国家制度（the institutions of the state）、普通公民或政治鼓吹者发起的特设论坛（designed forums for deliberation）以及

① 美国著名行政学家弗雷德·里格斯将这些宪法原则称之为“政治神话”。“政治神话是指用以表明主权的最后源泉、人之天性与命运、人之权利、义务以及主要的关系等等信念。”“在美国，政治神话便是根植于美国人心中的主权在民、人生而平等、天赋人权神圣不可侵犯等观念；而在一些传统的或过渡的社会中，政治神话则是指君权神授、君臣名分不可逾越等。”参见丁煌：《西方行政学说史》，295—296页，武汉：武汉大学出版社，1999年。

公共领域（the public sphere）。“每个场所的实践都可以构建一个协商民主。对每个场所而言，到底何种制度与实践是最佳选择，并不存在一个准确或普适性的处方。对协商民主的追求本身就应该是一个协商的过程。在这个过程中，政治理论家们也许能作出点贡献，但前提条件是他们提出的每一个建议都征得大范围的公众认可，因为公众同样有可能对此有着创新的想法。”[①]应该说，放眼目前世界范围内的协商民主，上述三个场域都在演绎着理性协商的精彩。然而，从政治制度学的角度考察，协商民主不管在什么地方发生，用制度化的程序保障它、规范它都具有极为重要的意义。这一点，中国特色协商民主已经取得了显著的成绩，但仍有待于进一步发展。

（4）协商方式。

所谓协商方式是指怎么协商的问题。主要包括两个层面：

一是协商民主必须坚持的原则。协商民主必须遵循特定的原则，这是协商的前提；否则，协商民主便成了无原则的妥协和利益交换。美国学者科恩认为，理性的协商应该遵循自由、平等、理性与合法性原则。[②]古特曼和汤普森则认为，协商参与者还必须信奉三个主要原则：互惠、公开和责任。[③]

本书认为，把握协商民主的原则主要要处理好以下几对关系：底线共识和道德虚无主义（或道德绝对主义），有限理性和情绪（强制），自由平等和专制等级，有序参与和无序参与。把握好这几对关系的协商民主，也就是体现了公共精神的协商民主。

底线共识是协商民主的基石。协商和妥协并非对原则的放弃，也不是道德虚无主义，恰恰相反，协商和妥协正是为了坚守某种原则才作出让步。在价值多元的社会里，如果没有底线意义上的基本共识，

① ［澳大利亚］约翰·德雷泽克：《不同领域的协商民主》，《浙江大学学报》（人文社会科学版），2005（3）。需要注意的是，随着互联网时代的到来，政治协商的场域越来越多地从“居庙堂之高”的政府机构位移到“处江湖之远”的网络论坛。一些对传统协商场域怀有“偏好”的人可能会抵制网络论坛的兴起，怀疑网络论坛作为协商场域的功能作用，但“青山遮不住，毕竟东流去”。事实上仅仅在中国，不但数亿普通网民聚居在网络论坛上就各类公共事务进行交流、讨论，就连胡锦涛、温家宝等各级政府领导人也频频上网与民众展开充分沟通。这可能也是德雷泽克教授所言及的“对协商民主的理解本身就是一个不断‘协商’的过程”的真实意蕴。

② 朱勤军：《协商民主与和谐政治》，《上海市社会主义学院学报》，2006（6）。

③ ［英］约翰·德雷泽克：《协商民主及其超越：自由与批判的视角》，丁开杰等译，37—38页，北京：中央编译出版社，2006年。

协商与妥协往往成为一种没有原则的“交易”而失去了价值层面的正当性。正是这个原因，罗尔斯将底线共识称为“公共理性”，认为它是“政治的正义观念”的核心。[①]同时，协商和妥协也反对道德绝对主义。美国学者多比尔把拒绝一切协商与妥协的人称为道德绝对主义者，并对他们拒绝妥协的逻辑有过精彩的分析。他认为，尽管具体的伪装有变化，但绝对主义者反对妥协的理由呈现三个明显的特征：首先，他们的目标在伦理上是绝对优先的。这种道德优先性意味着其他的任何主张必须用他们的衡量维度来评价，而其他的主张对他们而言在伦理上是没有值得认真考虑的分量的。其次，他们的目标或标准使得所有实现它们的方法神圣化。神圣的目标或标准要求所有人遵从他们的指示而不计后果。最后，反对者在伦理上可以被归类为堕落的或低下的人。[②]显然，在道德绝对主义者将“道德绝对优先”奉为圭臬时，协商与妥协也就没有存在的必要了。

有限理性是协商民主的风帆。人们凭借有限理性论论证了消极自由和底线共识的可贵，凭借有限理性论瓦解了道德绝对主义的乌托邦，同时，也是凭借有限理性论使得协商民主成为可能。启蒙时代以来，理性的地位不断攀升，一度扩张到自以为是的全知全能境界。然而，哈耶克戳穿了这个简单的神话，并警告这种自负是致命的。因为存在于社会经济和政治生活中的信息分布如此的广泛分散，每个人获得的那部分都是不完整的、局部的、零散的和有限的。人类的无知普遍存在，即便是专家的知识也是非常有局限性的观察的结果。[③]

波普尔和西蒙分别从哲学和管理学的角度论证了哈耶克观点的合理性。波普尔以此提出批判理性主义，认为基于实证的真理人们无法获得，人们只能享有被证伪的谬误和日新月异的各类“假说”。西蒙批判此前广泛存在的最优决策模式是无法实现的。因为该模式“要求决策者有能力用某种一致的效用尺度”，去比较种类无限繁杂、性质无限不同的可能后果。[④]这事实上要求决策者是一个无所不能和无所不会的

① 参见［美］约翰·罗尔斯：《政治自由主义》，万俊人译，236页，南京：译林出版社，2000年。

② 参见张凤阳等：《政治哲学关键词》，262页，南京：江苏人民出版社，2006年。

③ ［英］哈耶克：《通往奴役之路》，王明毅等译，57页，北京：中国社会科学出版社，1997年。

④ ［美］赫伯特·西蒙：《现代决策理论的基石：有限理性说》，杨砾等译，79页，北京：北京经济学院出版社，1989年。

超人，具备完全和十足的理性。遗憾的是，“人类提出与解决复杂问题的智力能力同问题的规模相比，是微不足道的”[①]。当然，我们这里强调有限理性论，并不是主张走向真理虚无论或真理相对主义。真理有限论事实上是对真理相对性的一种肯定，它与肯定真理的绝对性并不相悖。

显然，有限理性论使得人们在充分协商的基础上“试图作出满意的决策，而不是最优的决策”[②]。它拒绝任何强制的控制和失控情绪的弥漫。

有限理性论也使得协商民主崇尚自由平等而反对专制等级。在绝对理性主义的旗帜下，人因为理性能力的差异并不平等。中国历史上许多思想家都根据理性禀赋不同而将人以群分：先知先觉的人、后知后觉的人、不知不觉的人。试想，那些“先知先觉的人”已经将自我神化，这种情况下协商民主最多不过是一种亲民的姿态罢了。更多的时候，“先知先觉的人”连姿态都不愿去做，而是直接“元恶不待教而诛之”[③]。有限理性论认为人生活在现实的世俗世界中，注定要接受不完美的事实。换言之，有限理性面前，人人平等而自由。既然如此，谁也无法成为“先知先觉的人”去追求最大的善（那是致命的自负），而只能大胆假设、小心求证，“摸着石头过河”。崇尚有限理性的波普尔在其名著《开放社会及其敌人》中也反复强调自由社会成员平等协商的价值。他转引古希腊政治家伯利克里的话说：“尽管只有少数人可以制定政策，但我们却都能批判政策。”[④]

有序[⑤]参与强调协商民主的程序公正，使得基于协商民主的决策不仅具有合理性，也具有合法性。有序政治参与可以界定为：社会成员在认同现有政治制度的前提下，为促进国家与社会关系良性循环、为提高政府治理公共事务的能力而进行的各种有秩序的活动，包括各种利益表达、利益维护的行为。亨廷顿认为，在处于现代化之中的社会

① ［美］查尔斯·林布隆：《政策制定过程》，朱国斌译，25页，北京：华夏出版社，1988年。

② ［美］赫伯特·西蒙：《现代决策理论的基石：有限理性说》，杨砺等译，79页，北京：北京经济学院出版社，1989年。

③ 《荀子·王制》。

④ ［美］卡尔·波普尔：《开放社会及其敌人》第一卷，陆衡等译，21页，北京：中国社会科学出版社，1999年。

⑤ 此处“有序”不仅包括“有秩序”，也包括“有公正程序”。

里，扩大有序政治参与具有十分重要的价值。这些国家政治稳定的核心就是能否动员民众在承认现存政治体系而非反对它的条件下参与政治。[①]普遍化、大众化、生活化的协商与有序参与并无抵牾之处，但是民主作为一种国家制度必然是高度重视程序公正的。程序公正使得正义以一种“看得见”的方式实现，杜绝了暗箱操作和权力干涉（多数人强权或少数人强权）的可能。显然，协商民主只有坚持程序公正和有序政治参与，才能使民主制度化、法律化，并从而进一步提升民主决策的政治合法性。

二是协商民主的具体方式。协商民主必须通过具体环节和机制的设计，对公民参与、讨论和对话的过程进行规范。依据这些程序机制，我们可以对协商民主进行不同的区分。从正规化程度看，协商可分为正式协商与非正式协商；从协商发生的时间方面来看，协商可以在事前进行，也可以在事情发生过程中进行，甚至在事后补救时也需要协商。从协商主体间相互交流的距离看，可以有远程协商和面对面交流。

（5）协商结果。

所谓协商结果是指协商民主要达到的目标。在协商民主中，化解偏好达成共识（consensus）是最高目标。“共识原本指主体间理解的协调、通约和一致。‘达成共识’即指达成理解的一致意见。在协商理论中，共识是协商的结果，是政治过程参与者在充分协商基础上形成的，对所讨论问题表现出的一致性。共识是合法决策的基础。缺少共识，没有达成一致，就无法形成合法的决策。”[②]为了实现最大化的公共利益，协商民主的参与者必须争取最终达成一种共识，否则协商民主也就变成了一种政治清谈[③]。

共识分为单一性共识与多元性共识。在社会匀质性程度较高的一元化社会中，人们追求的共识往往是单一性共识；而在社会分层发达的多元化社会中，多元性共识成为协商政治追求的主要内容。首先需要强调的是，无论单一性共识还是多元性共识都不能与基于有限理性

① ［美］塞缪尔·亨廷顿：《变化社会中的政治秩序》，王冠华等译，68页，北京：生活·读书·新知三联书店，1989年。

② 陈家刚：《协商民主：概念、要素与价值》，《中共天津市委党校学报》，2005（3）。

③ 至于经由协商民主达成的共识，具有什么样的法律效力，各国并不相同。有些国家直接将这种共识当成具有法律效力的公共决策，有些则将其作为重要提案供表决民主决策认定，还有些则将其作为重要的咨询性文件为决策者制定政策提供理路和信息。

获得的底线共识相违背。

三、中国特色协商民主的概念界定

在对民主和协商民主一般理解的基础上，本书进一步对中国特色协商民主的科学内涵展开解读。

（一）中国特色协商民主的命题提出

中国特色协商民主理论始于毛泽东，成于胡锦涛。

毛泽东生前没有提出“协商民主”概念。然而早在西方学者提出“协商民主”概念半个世纪以前，即在1940年，以毛泽东为代表的中共第一代领导集体已经提出了具有协商民主意蕴的“合作民主”[①]概念，并在其后筹划和建设新中国民主政治的实践中，已经从中国的国情出发，从中国人民的根本利益出发，提出了关于协商民主的政治思想。历经党的几代领导集体发扬光大，协商民主在中国的发展已然熠熠生辉。

在2006年2月发表的《中共中央关于加强人民政协工作的意见》中，以胡锦涛为代表的中共新一代领导集体明确指出：“人民通过选举、投票行使权利和人民内部各方面在重大决策之前进行充分协商，尽可能就共同性问题取得一致意见，是我国社会主义民主的两种重要形式。坚持表决民主与协商民主的统一，可以把民主的公正性与效率性、民主的充分性与权威性、尊重多数与保护少数有机结合起来。”显然，《中共中央关于加强人民政协工作的意见》的发表标志着中国特色协商民主理论已经走向成熟。

（二）中国特色协商民主的基本内涵

中国特色协商民主是以中国共产党领导的多党合作和政治协商制度为基本制度安排，人们内部各方面在重大决策之前进行充分协商，尽可能就共同性问题取得一致意见的社会主义民主实现形式。中国特色协商民主的这一基本内涵可以从以下两个方面予以理解：

① 《毛泽东选集》第3卷，809页，北京：人民出版社，1991年。

1. 中国特色协商民主的理论品格

就理论底蕴而言，中国特色协商民主包括三个递进层次的理论内涵。

（1）中国特色协商民主的民主内涵。

中国特色协商民主包含于“民主”这个最大的集合中，它是一种千真万确的民主形式，是民主大家庭中的重要成员。民主所具有的一切特质它都具备：①民主，包括中国特色协商民主是保障人民当家作主（民享、民有、民治）的一种国家制度。②民主，包括中国特色协商民主虽然使一些在非民主条件下很简单的事务变得相对复杂和烦琐，从而增大政治和行政的成本或降低行政效率；但是，在人类迄今发明和推行的所有政治制度中，民主是弊端最少的一种。③民主，包括中国特色协商民主不仅是人类社会走向善政与善治的工具，而且它因为与人的主体性和人的尊严相契合，而成为人类社会的基本价值与基本目标。④民主，包括中国特色协商民主的建立，都需要具备相应的经济、文化和政治条件以作支撑，更需要觉醒的人民不断去推动、去促进。

（2）中国特色协商民主的协商民主内涵。

中国特色协商民主包含于“协商民主”这个较大的集合中，它是协商民主的一种形式。它具备协商民主的一般内涵与一般特征。

①协商民主，包括中国特色协商民主都意味着公民主体参与决策不应该局限于定期投票方式，而是在信息公开透明的条件下，自由而平等地通过公开讨论与对话的方式进行；它主张通过公共协商赋予决策以正当性和合法性，主张决策过程应该贯穿理性和公正的价值，主张决策结果应充分体现公共性。

②协商民主，中国特色协商民主都具备如下八个方面的基本特征[①]：其一，协商主体与客体的多元性。多元性意指文化、种族、民族、社会群体的多样性，利益的多样性，分歧的多样性等。多样性是协商民主的前提，协商民主的动力来自多样性。其二，协商结果具有合法性。协商民主的合法性来源不仅建立在尊重参与者的个人意愿基础上，更重要的是它具备决策形成的科学程序，即理想的协商程序使

① 参见陈家刚：《协商民主：概念、要素与价值》，《中共天津市委党校学报》，2005（3）。

各种分歧最终通过讨论而达成共识。换言之，公共协商结果的政治合法性不仅建立在广泛考虑所有人需求和利益的基础之上，而且还是建立在利用公开审察过的公共理性指导协商这一事实基础之上。其三，协商过程的程序性。它是指整个协商过程必须要遵循一种规范性的程序要求，即通过具体的环节、机制的设计和共同遵守的原则的确立来规范公民参与、讨论和对话。其四，协商过程的公开性。协商过程的公开性是协商民主过程的本质要求，其中，公共讨论的主题、内容、程序、参与者的偏好及其转向等各种涉及共识形成和决策制定的信息，都必须是公开透明的，而不是暗箱操作的。其五，协商主体的平等性。平等性指参与者享有参与协商过程的机会平等、资源平等和能力平等。平等是协商民主的基本前提之一。其六，协商主体的广泛参与性。参与意味着公民与公民、公民与相关问题、公民与决策、公民与制度及政治体系、公民与整个共同体之间建立起密切的相互联系。协商主体的广泛参与性是协商民主的本质属性。其七，协商行为的责任性。它指参与协商过程的公民对自身言行有承担责任的责任、对其他观点有做出回应的责任以及有及时修正偏好以实现共识的责任等。其八，公共理性。协商过程中发挥作用的是合理的观点，而不是情绪化的诉求或人多势众的民粹主义欲求。参与者是在公共理性或说公共性的指导下，通过相互理解、说服和妥协的过程达成公共利益的最大化，而不是将自己的观点强加给别人，更不是以追求个人或个别利益最大化为目标。

（3）中国特色协商民主的中国特色内涵。

中国协商民主具有浓郁的中国特色或曰中国品格。①马克思主义的多党合作理论、统一战线理论和人民民主理论是中国特色协商民主的三大理论基石。中国共产党人善于把马克思主义理论和中国的具体实践相结合，与时俱进，不断进行理论创新和实践创新。坚持马克思主义理论的根本指导地位是中国特色协商民主的内在的必然要求。②发展中国特色协商民主是近现代中国社会发展的必然选择，它也是中国共产党和中国各民主党派共同创造的结果。③中国特色协商民主以社会主义和人民民主为基本原则，从而获得了质的规定性；以中国人民政治协商会议等为制度平台，从而具有实践可操作性；以中国传统社会和合政治文化为底蕴精神，从而具有和谐性。④中国特色协商民主是中国表决民主健康发展的社会助力器，二者相结合是当代中国社会主义民主政治的发展方向；中国特色协商民主是提升当代中国政府政治合法性的锐器，也是完善党的领导方式和提高党的执政能力的重要途径；中国特色协商民主还是协调人民内部矛盾、构建社会主义和谐社会的必要手段。

2. 中国特色协商民主的实践品格

中国特色协商民主有三个层面的实践品格。

（1）中国特色协商民主是一种合理的民主制度设计。

若干年以来，中国特色协商民主推动者以坚持党的领导为原则，以发扬社会主义民主为主线，以建设社会主义政治文明为核心，不断大力推进多党合作和政治协商制度建设。协商民主作为一种合理的民主制度设计越来越从理论走向实践，从不完善走向完善。

（2）中国特色协商民主是一种新型的民主形态。

它与表决民主结伴前行、互为补充。①协商民主可以弥补表决民主的缺陷。一方面，协商民主通过一定的规则和程序，在国家作出重大决策之前，将要决策的问题进行广泛的酝酿、磋商、讨论，开展充分、反复的民主协商，进行不同意见的比较研究。另一方面，协商民主吸收任何对国家和人民有利的因素，无数良好意见被集中到决议或决定的草案中去，实现民主与集中的辩证统一，民主协商与科学决策的结合，提高了决策的民主化和科学化程度。②协商民主也从表决民主获得支持。协商民主的本质是若干当事人从“求同化异”的角度出发，通过沟通、讨论、意见整合，扩大共识，减少分歧。然而，由于利益差异和认识差异的存在，纯粹的协商往往会导致旷日持久、没有结果的争论。因此，协商民主在充分体现公正性和民主性的时候，也暴露了效率性和集中性不足的缺陷。这种缺陷可以从表决民主得到弥补。

（3）中国特色协商民主是一种有效的民主治理形式。

中共新一代领导集体在《关于构建社会主义和谐社会若干重大问题的决定》中指出：中国特色协商民主作为一种民主治理形式，能够有效地化解社会冲突、促进社会共识、推动社会和谐。这一论断准确把握了发展协商民主的社会诉求和时代价值，从而为协商民主的发展提供了根据和动力。具体说来，中国特色协商民主可以从制度、体制和机制三个层面促动社会主义和谐社会的建构。

(三) 中国特色协商民主的基本特征

中国特色协商民主有其基本特征：中国特色协商民主以马克思主义民主理论与中国实际相结合为基本原则，以中国共产党为领导核心，以作为主体的公有制为主要经济基础，以保证人民主权为价值旨归，以在实践中不断完善为根本要求。就此具体展开说明如下。

1. 中国特色协商民主以马克思主义民主理论与中国实际相结合为基本原则

指导中国特色协商民主发展全局的战略思想是坚持以马克思主义民主理论与中国实际相结合的基本原则，而非西方自由主义或社群主义理论。

在当代西方社会，自由主义者认为对个人利益予以维护是政府存在的充分条件。因此，他们发展协商民主的初衷在于更好地彰显个人权益。每一个公民如果不参加与自身利益休戚相关事务的协商，他的利益就有可能受到损失；因为公共政策可能会因为他的“不在场”而偏离他的偏好。

社群主义者反感自由主义者对个人价值的无限拔高，呼吁社会整体利益才是第一位的，认为它在质量上、数量上都与个人利益不可同日而语。因此，公民之所以参加协商民主与其说是为了维护自己的利益，不如说是履行公民的神圣职责；每一个公民的参与才能使得公共政策具有更多的真理性或曰公共性。某种程度上还可以说，协商民主是培育公民公共意识的学校；这种培育与公民履行自己义务之间，又是一种正向的循环关系。显然，这种呼吁本质上是一种呓语，因为它根本没有触动西方社会个人主义生成的经济基础。

当代中国的协商民主不是发端于西方社会的议会或者咖啡厅，而是马克思主义民主理论与中国国情相结合的产物。一方面，近代中国苦难深重，一直遭受帝国主义的欺凌。我们在马克思主义民主理论的指导下，经过新民主主义革命和社会主义革命，建立了人民民主的社会主义新中国。因此，中国特色协商民主自然要围绕国家与民族的整体利益展开；这不仅是对中华民族优秀传统的一种光大，对历史经验的一种总结，而且更是因为新中国的经济是以公有制为主体，中国的政治是人民当家作主。另一方面，马克思主义从来不反对个人的正当利益，并且把对这种正当利益的尊重、发展、维护以及提高当成自己的奋斗目标。因此，中国特色协商民主在维护公共利益的同时，从来不侵蚀公民的正当个人利益；事实上，发展好公共利益与维护好公民的正当个人利益是一枚硬币的两面。只有发展好了公共利益，公民的正当利益才有可能在新的平台上获得更优质的实现。同样，不断扩大公民的正当利益，也才能激发公民为发展公共利益而做贡献的积极性。综上所述，中国特色协商民主在指导思想方面已经超越了西方协商民主。

2. 中国特色协商民主以中国共产党为领导核心

引导中国特色协商民主发展的核心力量是中国共产党，而非西方多党制或两党制。

西方社会的多党制或两党制实质上是资产阶级一党专政下的多党或两党，但这里的多党和两党代表着不同集团的利益。因而，它们在引领协商民主发展的过程中必然存在多重的局限。一方面，多党制或两党制使得西方协商民主强调协商成员地位绝对平等，反对正当的领导和权威，导致西方社会协商成员声音纷杂时，缺乏一个领导者主动承担最后的决策权。另一方面，西方社会以个人利益个人权利为主导原则，处处需彰显个人价值。当众多意见相左或相背时，协商就会陷入僵局，这时候就需要一个强有力的中介者抑或领导者来调和。但是，西方社会，无论是多党还是两党，都缺乏一个真正体现公共利益的、具有极大包容性的政党来引领人民。结果，只能造成协商的无序化和低效化。

中国特色协商民主不论是其组织体系还是程序过程，都以中国共产党为核心，从而确保了协商民主的高效性。中国共产党在当代中国不仅是工人阶级的先锋队，也是中华民族和全体人民的先锋队，它不仅代表无产阶级的根本利益，也代表最广大人民的根本利益。也就是说，中国共产党的根本性质和宗旨使得它超越了西方资产阶级政党的狭隘性，进而使得它能够成为协商民主的领导核心，提高协商民主的效率与效能。

3. 中国特色协商民主是以作为主体的公有制为主要经济基础

支撑中国特色协商民主发展的经济基础是公有制为主体的经济制

度，而非私有制。

资本主义国家有着较为完善的民主模式（如表决民主，也包括协商民主），但这种形式上的民主无论如何完善，结果都是服务于资产阶级内部特殊利益的平衡。资产阶级从来都是掩盖其特殊利益，并把这种特殊利益说成社会普遍利益。但基于资本主义私有制的“政治解放”却不断创生着资产阶级的各种特殊利益。因此，所谓协商都不过是市民社会不同私利间的妥协。另一方面，从现实角度来看，在资本主义国家中，财产权是政治权的真实基础。谁拥有更雄厚的财产，谁就能更广泛地开展各种竞选活动，就能长时间地利用各种媒体来制造舆论，树立形象，摘得民主的果实。而在他们以民主的名义胜出后，往往又将自己所属集团的私利加以包装并贴上共同利益的标签，兜售给人民。

在当代中国，社会主义公有制使得中国特色协商民主，包括表决民主真实而深刻。一方面，公有制为主体的经济基础和按劳分配为主体的分配原则使得中国社会杜绝了“金钱民主”的可能性。另一方面，党的领导，加上公有制为主体的经济基础使得中国社会存在很多真正属于全体人民的公共利益。这些公共利益与每个人休戚相关，必须要通过广泛的民主（表决民主和协商民主）过程，才能加以实现。表决民主和协商民主成为中国人民获得普遍利益的制度保障。

4. 中国特色协商民主以保证人民主权为价值旨归

推动中国特色协商民主的价值旨归是保证人民以国家和社会主人的身份充分发挥建设国家、管理国家的积极性、主动性和创造性，不断推进中国的经济发展和社会全面进步。如前文所述，人民当家作主不能停留在“抽象人民主权”层面上，它必须要发展到“具体人民主权”。只有这样，“民享”（在当代中国可表述为“全体人民共享改革开放成果”）才有保证；也只有这样，人民的主动性和聪明才智才能汇聚到建设国家、发展社会的道路上。中国特色协商民主正是具体人民主权的一种重要载体，它既保障了人民对国家主权的真正执掌，又保障了人民建设国家、管理国家的积极性、主动性和创造性。

5. 中国特色协商民主以在实践中不断完善为根本要求

中国特色协商民主经历了一个从开创到推进，继而提升和发展的历史演进过程。在这个过程中，党的几代领导集体克服重重困难，为推动中国特色协商民主健康发展作出了重要贡献。以毛泽东为代表的第一代中共领导集体对中国特色协商民主这块处女地予以开拓，以邓小平为代表的第二代中共领导集体对中国特色协商民主这部时代列车予以推进，以江泽民为代表的第三代中共领导集体对中国特色协商民主这一中国人民的伟大创造予以提升，以胡锦涛为代表的第四代中共领导集体对中国特色协商民主这一蓝图予以了新的描绘。换言之，中国特色协商民主不是一蹴而就的，它是中共几代领导集体领导中国人民不懈奋斗的过程，而且这一过程还将继续下去。

中国特色协商民主的历史演进*

几十年来，中国特色协商民主经历了一个演进过程。在这一过程中，发生着一个从自发向自觉、基本制度规范向体制化和程序化规范，以及从社会精英协商主体扩大到社会公众协商主体的重大转变。当然，这一转变并非一帆风顺，而是在实践中呈现曲折发展的状态。因“文革”动乱，在总体上走的是一个“之”字路。从其发展阶段来说，它经历了开创、推进、提升和发展等不断递进的四个阶段。中共几代领导集体对应相关阶段，都分别做出了各自独特的重要贡献。

一、中共第一代领导集体对中国特色协商民主的开创

以毛泽东为代表的中共第一代领导集体是中国表决民主与协商民主相结合的奠基人，是中国特色协商民主的开创者。他们在人类政治思想史上第一次提出了关于协商民主的政治思想，领导中国人民实施了协商民主的制度安排，卓有成效地推进了中国特色协商民主的政治运作，创造和积累了丰富的经验。

（一）新民主主义革命道路的开辟

人类几千年政治文明史，反复印证了一个道理：一个国家实行什么样的政治制度，走什么样的道路，采取什么样的民主形式，是与一国的国情相适应的，是与一国所面临的主要矛盾以及解决这个矛盾的实践相关联的。中国社会主义民主政治以及中国特色协商民主，根植于中华民族几千年来赖以生存和发展的广阔沃土，产生于中国共产党和中国人民为争取民族独立、人民解放和国家富强而进行的伟大实践，

* 原文来源于陶富源、王平：《中国特色协商民主论》，芜湖：安徽师范大学出版社，2011年。

是符合中国国情和社会进步要求的选择。

中国有五千年的文明史，中华民族创造过灿烂的古代文明。中国在科学技术和生产力的发展方面，曾在世界上遥遥领先，并将这种领先地位保持到15世纪。一直到1840年鸦片战争以前，中国还是一个独立的封建国家，并且随着封建社会内部商品经济的产生和发展，也已经孕育着资本主义的萌芽。然而，从18世纪末期开始，由于封建统治者不顾时势，闭关自守，导致生产力发展日趋迟缓。而当清朝统治者沾沾自喜于"康乾盛世"的余辉时，欧美资本主义国家却乘着工业革命的东风，迅速发展起来，中国被甩在了后面。

于是，这个衰落了的封建帝国，成了列强掠夺的对象。帝国主义的不断入侵，改变了中国社会发展的轨道，使社会性质发生了两个根本性的变化：独立的中国逐步沦为半殖民地的中国，封建的中国逐步变为半封建的中国。中国社会的半殖民地半封建化，是随着帝国主义发动侵略战争和迫使清政府签订一系列不平等条约造成的①。

一方面，帝国主义通过政治、经济和文化的手段，使中国逐渐成为半殖民地国家。政治方面，它们在中国割占和强行租借土地，划分势力范围，驻扎军队及干涉行政、司法等，使中国丧失了许多主权和政治上完全自主的地位。经济方面，它们通过索取战争赔款、控制海关税收、倾销商品及垄断财政金融等手段操纵中国的经济命脉，使中国不得不依赖和受制于帝国主义列强。文化方面，它们通过殖民文化的灌输，力图在中国培育帝国主义的政治代言人，同时竭力贬损中华文化，为把中国变成帝国主义原材料供应地和商品倾销地提供文化保障。

另一方面，帝国主义的入侵虽然在一定程度上加速了封建社会自给自足的自然经济的解体，从而在客观上为中国资本主义的发展创造了一定条件，但这并不足以使中国发展成资本主义国家。原因有二：

① 辛亥革命前，帝国主义和中国政府签订了500多个不平等条约。其中，仅从《南京条约》到《辛丑条约》的八次主要赔款，就被勒索19亿多银元，相当于1901年清政府全年财政收入的16倍。在这个时代，中国土地上曾经出现过"华人与狗不能入内"的外国招牌。马克思在《中国革命和欧洲革命》一文中对它作了准确而深刻的描述："与外界完全隔绝曾是保存旧中国的首要条件，而当这种隔绝状态在英国的努力之下被暴力所打破的时候，接踵而来的必然是（封建王朝）解体的过程，正如小心保存在密闭棺木里的木乃伊一接触新鲜空气必然要解体一样。"参见《马克思恩格斯选集》第2卷，3页，北京：人民出版社，1995年。

一是，封建社会的经济基础依然存在，没有受到根本的冲击。广大农民仍然遭受地主阶级的沉重剥削。而且，这种封建经济又同依附于帝国主义的买办资本和高利贷资本结合起来，获得了一种畸形的发展。二是，中国民族资本先天基因不足，后天发育不良。民族资本中，商业资本和金融资本占了很大比重，工业资本不足。有限的工业资本当中，轻工业发展较为突出，重工业发展严重滞后，不能构成完整的工业体系。同时，帝国主义勾结封建主义和官僚资本主义，利用其在政治、经济方面的强势，对民族资本进行百般打压，千方牵制。民族资本只能在压迫的缝隙中求生存，发展十分艰难。

基于此，毛泽东曾对中国近现代基本国情有一个基本判断：中国多了两件东西："一件是帝国主义的压迫，一件是封建主义的压迫"；同时，中国又少了两件东西："一件是独立，一件是民主"①。显然，这个判断是极为深刻的。帝国主义与中华民族的矛盾决定了我们要追求民族独立；封建主义与民主主义的矛盾决定了我们要追求人民民主。总体上说，近代中国社会的主要矛盾，决定了近代中国革命的根本任务是推翻帝国主义、封建主义和官僚资本主义的统治，从根本上推翻反动腐朽的政治上层建筑，变革落后的生产关系，从而解放生产力、发展生产力。

为了挽救空前深重的民族危机和社会危机，追求独立和民主，中国人民曾经进行过多次不屈不挠的英勇斗争，无数杰出人物苦苦探求救国救民的道路。这些斗争和探索，每一次都对推动中国社会走向进步产生了一定影响，但每一次又都摆脱不了失败的命运。

毛泽东曾系统地对这种情况做过总结："自从一八四〇年鸦片战争失败那时起，先进的中国人，经过千辛万苦，向西方国家寻找真理。洪秀全、康有为、严复和孙中山，代表了在中国共产党出世以前向西方寻找真理的一派人物。那时，求进步的中国人，只要是西方的新道理，什么书也看。向日本、英国、美国、法国、德国派遣留学生之多，达到了惊人的程度。国内废科举，兴学校，好像雨后春笋，努力学习西方。我自己在青年时期，学的也是这些东西。这些是西方资产阶级民主主义的文化，即所谓新学，包括那时的社会学说和自然科学，和

① 《毛泽东选集》第2卷，731页，北京：人民出版社，1991年。

中国封建主义的文化即所谓旧学是对立的。学了这些新学的人们，在很长的时期内产生了一种信心，认为这些很可以救中国。……要救国，只有维新，要维新，只有学外国。……帝国主义的侵略打破了中国人学西方的迷梦。很奇怪，为什么先生老是侵略学生呢？中国人向西方学得很不少，但是行不通，理想总是不能实现。多次奋斗，包括辛亥革命那样全国规模的运动，都失败了。”①

之所以如此，原因有二：一是，从中国社会发展情况来看，近代中国的社会性质和主要矛盾决定了中国革命是资产阶级民主革命。因此，不触动封建根基的自强运动和改良主义、旧式的农民战争都不能完成反帝反封建的历史任务，都不能为中国找到真正出路。二是，中国独特的社会性质造就了软弱的中国资产阶级，它虽然向往民主革命，并且照搬西方资本主义的种种方案，但它无力在中国真正突破三座大山的压制。资本主义给西方带来了空前的富强、繁荣，而给中国带来的却是痛苦和黑暗。东西方历史进程的差异，再一次把中国社会抛向历史的深渊。即使满清王朝的倾覆，也没有给中国社会的基本形态带来变化。中国仍旧处在帝国主义、封建主义和官僚资本主义三座大山的压迫之下。

这个时候，“俄国人举行了十月革命，创立了世界上第一个社会主义国家。过去蕴藏在地下为外国人所看不见的伟大的俄国无产阶级和劳动人民的革命精力，在列宁、斯大林领导之下，像火山一样突然爆发出来了，中国人和全人类对俄国人都另眼相看了。这时，也只是在这时，中国人从思想到生活，才出现了一个崭新的时期。中国人找到了马克思列宁主义这个放之四海而皆准的普遍真理，中国的面目就起了变化了。”②

俄国十月革命的胜利，启示了中国人民：要使中国摆脱被奴役、掠夺和控制的地位，只有结束帝国主义和封建主义在中国的统治；而能够担当起这个历史重任的，不是软弱的中国资产阶级，而是中国无产阶级。如同毛泽东指出的那样：“就是这样，西方资产阶级的文明，资产阶级的民主主义，资产阶级共和国的方案，在中国人民的心目中，一齐破了产。资产阶级的民主主义让位给工人阶级领导的人民民主主

① 《毛泽东选集》第4卷，1469—1470页，北京：人民出版社，1991年。

② 《毛泽东选集》第4卷，1470页，北京：人民出版社，1991年。

义，资产阶级共和国让位给人民共和国。”[①]这种让位使得中国的资产阶级民主主义革命，从原来属于旧的世界资产阶级民主主义革命的范畴，转变为属于新的资产阶级民主主义革命的范畴，即新民主主义革命的范畴。

总之，近代中国社会的发展，期待新的阶级及其政党领导新的革命，呼唤新的革命理论的产生。旧民主主义革命的失败、近代中国革命形势的发展，以及世界形势的新变化，为新民主主义革命理论的形成提供了客观条件。

（二）人民民主与统一战线的建设

中国新民主主义的一个根本内涵就是在无产阶级领导下，结成广泛的统一战线去实现人民民主。在这一内涵中，人民民主是革命的目标，统一战线是实现目标的手段。中共第一代领导集体在马列主义指导下，从中国的国情出发，在长期的革命实践中，始终坚持目标和手段的辩证统一。

1. 中共第一代领导集体关于人民民主的理论与实践

新民主主义革命的奋斗目标是要实现人民民主，因此，新民主主义在一定程度上就是人民民主主义。

毛泽东指出：“一九二四年，孙中山亲自领导的有中国共产党人参加的国民党第一次全国代表大会，通过了一个著名的宣言。这个宣言上说：‘近世各国所谓民权制度，往往为资产阶级所专有，适成为压迫平民之工具。若国民党之民权主义，则为一般平民所共有，非少数人所得而私也。’除了谁领导谁这一个问题以外，当作一般的政治纲领来说，这里所说的民权主义，是和我们所说的人民民主主义或新民主主义相符合的。只许为一般平民所共有、不许为资产阶级所私有的国家制度，如果加上工人阶级的领导，就是人民民主专政的国家制度了。”[②]他又指出：“在国内，唤起民众，这就是团结工人阶级、农民阶级、城市小资产阶级和民族资产阶级，在工人阶级领导之下，结成国内的统一战线，并由此发展到建立工人阶级领导的以工农联盟为基础

① 《毛泽东选集》第4卷，1471页，北京：人民出版社，1991年。

② 《毛泽东选集》第4卷，1477、1478页，北京：人民出版社，1991年。

的人民民主专政的国家。”[①]

1949年通过的《中国人民政治协商会议共同纲领》则以法律的形式规定：“中华人民共和国为新民主主义即人民民主主义的国家，实行工人阶级领导的，以工农联盟为基础的，团结各民主阶级和国内各民族的人民民主专政。”

人民民主从表面上看似乎是个赘词，因为民主这个词本身就包含人民权力的意思，因此，人民民主则意味着“人民的人民权力”。同义反复显然不是出于对民主本意的误解，而是有着其他的含义。[②]因为在特定的年代，当民主被资产阶级所滥用时，再使用民主已不能表达“人民主权”的本意时，“人民民主”是被用来强调有别于资产阶级民主的更伟大和更进步的民主。[③]

资产阶级民主是残缺不全的、贫乏的和虚伪的，是只供富人和少数人享受的民主；而人民民主则意味着人民是真正的统治者，享有管理国家事务的权利。[④]比如，苏维埃民主作为人民民主的一种形式就是让群众自下而上地直接参加全部国家生活的民主，是“由群众自己从下面来全面管理国家的制度”[⑤]，“普遍吸收所有的劳动者来管理国家”[⑥]，“使大多数人即劳动者实际参加国家的管理”[⑦]。苏维埃民主对广大劳动人民权利的真实保障，与当时的资产阶级民主的危机形成鲜明的对照，不但迫使一些资本主义国家进行民主改革，扩大民主，而且对许多国家政治道路的选择产生了巨大的吸引力。

以毛泽东为代表的中国共产党第一代领导集体正是从顺应世界民主发展潮流和代表人民根本利益的角度出发，自始至终地追求、坚持和发展人民民主。

1939年5月，毛泽东初次提出了人民民主概念，指出中国应当建立“人民民主主义的制度”[⑧]。

① 《毛泽东选集》第4卷，1472页，北京：人民出版社，1991年。
② 马奔：《协商民主问题研究》，76页，山东大学2007年博士学位论文。
③ [美] 乔·萨托利：《民主新论》，冯克利、阎克文译，510页，北京：东方出版社，1998年。
④ 王沪宁：《政治的逻辑》，305页，上海：上海人民出版社，2004年。
⑤ 《列宁全集》第29卷，287页，北京：人民出版社，1985年。
⑥ 《列宁全集》第34卷，49页，北京：人民出版社，1985年。
⑦ 《列宁选集》第3卷，722页，北京：人民出版社，2012年。
⑧ 《毛泽东选集》第2卷，563页，北京：人民出版社，1991年。

1940年1月，毛泽东在《新民主主义论》一文中提出，我们所要建立的共和国是“一切反帝反封建的人们联合专政的民主共和国”①。同时毛泽东指出：“谁要是想撇开中国的无产阶级、农民阶级和其他小资产阶级，就一定不能解决中华民族的命运，一定不能解决中国的问题。”②

1945年4月，毛泽东在七大闭幕词中对全党宣布：“现在的世界潮流，民主是主流，反民主的反动只是一股逆流。”③

1945年7月，应中共中央、毛泽东的邀请，黄炎培等6位国民参政员赴延安访问。黄炎培坦率地向毛泽东说了一番话：“我生60多年，耳闻的不说，所亲眼看到的，真所谓‘其兴也勃焉，其亡也忽焉’。一人、一家、一团体、一地方乃至一国，不少单位都没有能跳出这周期率的支配力。大凡初时聚精会神，没有一事不用心，没有一人不卖力，也许那时艰难困苦，只有从万死中觅取一生。继而环境渐渐好转了，精神也渐渐放下了。……一部历史，‘政怠宦成’的也有，‘人亡政息’的也有，‘求荣取辱’的也有。总之，没有能跳出这个周期率。中共诸君从过去到现在，我略略了解了的，就是希望找到一条新路，来跳出这个周期率的支配。”对此，毛泽东当即明确回答：“我们已经找到了新路，我们能跳出这周期率。这条新路，就是民主。只有让人民来监督政府，政府才不敢松懈；只有人人起来负责，才不会人亡政息。”④毛泽东的这一番话，表达了中国共产党人领导中国人民在未来中国践行人民民主的决心与承诺。

1949年6月30日，毛泽东发表了著名的《论人民民主专政》，进一步明确强调我们要建立的基本政治制度“就是工人阶级（经过共产党）领导的以工农联盟为基础的人民民主专政。”⑤

民主制度担负着中国共产党人极大的价值期许。第一，毛泽东认为，人民民主是党和政府实施科学决策的有力保证。他说，人民政府的一切重要工作都应交人民代表会议讨论，并作出决定。如果没有民

---

① 《毛泽东选集》第2卷，675页，北京：人民出版社，1991年。
② 《毛泽东选集》第2卷，649页，北京：人民出版社，1991年。
③ 《毛泽东选集》第3卷，1103页，北京：人民出版社，1991年。
④ 黄炎培：《八十年来》，164页，北京：中国文史出版社，1982年。
⑤ 《毛泽东选集》第4卷，1480页，北京：人民出版社，1991年。

主，意见不是从群众中来，就不可能制定出好的路线、方针、政策和办法。[①]第二，毛泽东认为，只有充分发扬民主，才能调动群众和干部的积极性，搞好社会主义建设事业。他说："我们的目标，是想造成一个又有集中又有民主，又有纪律又有自由，又有统一意志，又有个人心情舒畅、生动活泼，那样一种政治局面。"[②]如果"没有这样的政治局面，群众的积极性是不可能发动起来的"[③]。

此外，"中国共产党创造性地把马克思主义国家学说同中国具体实际结合起来，对建立新型人民民主政权及其组织形式进行了长期探索和实践。从第一次国内革命战争时期的罢工工人代表大会和农民协会到第二次国内革命战争时期的工农兵代表苏维埃，从抗日战争时期的参议会到解放战争后期和建国初期各地普遍召开的各界人民代表会议，都是中国共产党为实现人民民主而进行的探索和创造。"[④]

在这个过程中，实行民主集中制的人民代表大会制度逐步被认可为新政权最根本的政治制度。早在1940年1月，毛泽东在《新民主主义论》中就明确提出中国"可以采取全国人民代表大会、省人民代表大会、县人民代表大会、区人民代表大会直到乡人民代表大会的系统，并由各级代表大会选举政府。但必须实行无男女、信仰、财产、教育等差别的真正普遍平等的选举制，才能适合于各革命阶级在国家中的地位，适合于表现民意和指挥革命斗争，适合于新民主主义的精神"[⑤]。

1945年4月，毛泽东在《论联合政府》中进一步指出"新民主主义的政权组织，应该采取民主集中制，由各级人民代表大会决定大政方针，选举政府。""只有这个制度，才既能表现广泛的民主，使各级人民代表大会有高度的权力；又能集中处理国事，使各级政府能集中地处理被各级人民代表大会所委托的一切事务，并保障人民的一切必要的民主活动。"[⑥]

---

① 《建国以来毛泽东文稿》第6卷，63页，北京：中央文献出版社，1992年。

② 《建国以来毛泽东文稿》第6卷，543页，北京：中央文献出版社，1992年。

③ 《毛泽东著作选读》下册，819页，北京：人民出版社，1986年。

④ 参见袁峰：《中国形态协商民主的成长》，66页，复旦大学2006年博士学位论文。

⑤ 《毛泽东选集》第2卷，677页，北京：人民出版社，1991年。

⑥ 《毛泽东选集》第3卷，1057页，北京：人民出版社，1991年。

2. 中共第一代领导集体关于统一战线的理论与实践

追求人民民主的新民主主义革命理论本质上包含了统一战线理论。在近代中国，统一战线的重要性尤为突出，以至于成为新民主主义革命的三大法宝之一。中国革命的统一战线理论，是中国共产党人把马列主义的统一战线理论与中国革命实际相结合的产物。

（1）马克思恩格斯的统一战线理论。

作为马列主义统一战线理论的开创者，马克思和恩格斯明确提出无产阶级及其政党必须联合其他阶级及其政党，以实现解放全人类的历史使命。早在1848年的《共产党宣言》中，马克思、恩格斯不仅写道："全世界无产者，团结起来"，而且写道："以前的中间等级的下层，即小工业家、小商人和小食利者，手工业者和农民——所有这些阶级都降落到无产阶级的队伍里来了……"[①]。

之所以要和"中间等级的下层"建立统一战线，原因有三：一是，无产阶级必须解放全人类，才能最后解放自己。"被剥削被压迫的阶级（无产阶级），如果不同时使整个社会永远摆脱剥削、压迫和阶级斗争，就不再能使自己从剥削它压迫它的那个阶级（资产阶级）下解放出来。"[②]无产阶级因其彻底的革命性，它和任何具有革命倾向的阶级都具有某个阶段的共同利益。二是，在联合的反革命资产阶级面前，小资产阶级和农民阶级中一切已经革命化的成分，自然必定要与革命利益的主要代表者，即与革命无产阶级联合起来。同时，"在阶级斗争接近决战的时期，统治阶级内部的、整个旧社会内部的瓦解过程，就达到非常强烈、非常尖锐的程度，甚至使得统治阶级中的一小部分人脱离统治阶级而归附于革命的阶级，即掌握着未来的阶级"[③]。因此，"说什么对工人阶级说来，中间等级'同资产阶级一起'并且加上封建主只组成反动的一帮，……是荒谬的"[④]。三是，无产阶级可能而且必须联合这些中间等级的势力。否则，无产阶级革命"是不免要变成孤鸿哀鸣的"[⑤]。

---

① 《马克思恩格斯文集》第2卷，39页，北京：人民出版社，2009年。

② 《马克思恩格斯文集》第2卷，9页，北京：人民出版社，2009年。

③ 《马克思恩格斯文集》第2卷，41页，北京：人民出版社，2009年。

④ 《马克思恩格斯文集》第3卷，438页，北京：人民出版社，2009年。

⑤ 《马克思恩格斯文集》第2卷，573页，北京：人民出版社，2009年。

除了在理论上提出了统一战线思想，马克思、恩格斯还在革命斗争中实践和发展了统一战线思想。1848年4月，马克思、恩格斯返回德国科伦，投身轰轰烈烈的革命运动。他们从当时德国的实际情况出发，主张无产阶级政党还不能把自己的特殊要求提到首要地位，而必须以革命民主派的旗帜进行活动，与资产阶级、小资产阶级结成反对封建专制的联盟。

恩格斯后来回忆这段历史时说："如果我们当时不愿意这样做，不愿意站在已经存在的、最先进的、实际上是无产阶级的那一端去参加运动并推动运动前进，那我们就会只好在某一偏僻地方的小报上宣传共产主义，只好创立一个小小的宗派而不是创立一个巨大的行动党了。但我们已经不适于做沙漠中的布道者：我们对空想主义者研究得太清楚了而我们制定自己的纲领也不是为的这个。"①

当然，马克思、恩格斯同时也强调无产阶级与小资产阶级民主派有着本质区别，并强调无产阶级在联盟中的领导权。在政治上为了一定的目的，甚至可以同魔鬼结成联盟，只是必须肯定，是你领着魔鬼走而不是魔鬼领着你走。

（2）列宁对马克思主义统一战线理论的发展。

列宁在领导俄国革命过程中，从四个方面继承和发展了马克思主义有关统一战线的思想。

首先，列宁指出建立统一战线的可能性。他说："无产阶级决不应该把其他阶级和政党看作'反动的一帮'，恰巧相反，它应该参加整个政治生活和社会生活，应该支持进步阶级和进步政党去反对反动阶级和反动政党。"②其次，列宁指出建立统一战线的必要性。"社会主义革命胜利的必要条件，就是各先进国家的被剥削劳动农民同工人阶级即无产阶级结成完全的联盟"③，"我们帮助农民，是因为不和他们结成联盟就不可能有无产阶级政权，就谈不上保持政权"④。再次，列宁指出建设统一战线的策略性。"要战胜更强大的敌人，就必须尽最大的努力，同时必须极仔细、极留心、极谨慎、极巧妙地一方面利用敌人之

① 《马克思恩格斯全集》第21卷，19—20页，北京：人民出版社，1965年。

② 《列宁选集》第1卷，268页，北京：人民出版社，2012年。

③ 《列宁全集》第33卷，91页，北京：人民出版社，1985年。

④ 《列宁全集》第42卷，49页，北京：人民出版社，1987年。

间的一切'裂痕'，哪怕是最小的'裂痕'。利用各国资产阶级之间以及各个国家内资产阶级各个集团或各种类别之间利益上的一切对立，另一方面要利用一切机会，哪怕是极小的机会，来获得大量的同盟者，尽管这些同盟者可能是暂时的、动摇的、不稳定的、不可靠的、有条件的。”[①]最后，列宁指出建设统一战线的原则性。由于20世纪以来历史条件的变化，资产阶级已经不能领导资产阶级民主革命取得彻底的胜利，因此，无产阶级成为民主革命的领导者，已经是民主革命取得彻底胜利的决定性条件。

（3）建设最广泛的统一战线是中国革命胜利的法宝。

中国革命具有世界无产阶级革命的共性，因此也需要建立马列主义统一战线。但由于半殖民地半封建的社会性质，中国革命不仅需要建立一般的统一战线，还需要建立最广泛的统一战线。

首先，“中国社会是一个两头小中间大的社会，无产阶级和地主大资产阶级都只占少数，最广大的人民是农民、城市小资产阶级以及其他的中间阶级。”[②]这种情况下，中国共产党要领导无产阶级推翻三座大山，就必须把农民、城市小资产阶级以及其他的中间阶级都团结在自己的周围，结成最广泛的统一战线。毛泽东代表中国共产党人明确指出：“中国无产阶级应该懂得：他们自己虽然是一个最有觉悟性和最有组织性的阶级，但是如果单凭自己一个阶级的力量，是不能胜利的。而要胜利，他们就必须在各种不同的情形下团结一切可能的革命的阶级和阶层，组织革命的统一战线。”[③]

其次，半殖民地半封建的社会性质造成了中国革命的残酷性、长期性及其发展的不平衡性。一方面，中国革命的敌人是异常强大的，他们事实上组成了反动阶级的战略联盟，互为犄角，狼狈为奸。同时，为了固守既得利益，他们不愿意退出历史舞台，且无比仇恨无产阶级革命。这种长期以来敌强我弱的情况，导致中国革命的残酷性举世罕有。因此，无产阶级政党必须要采取正确的统一战线策略，把一切可以团结和利用的力量尽可能团结在自己的周围，以逐步从根本上改变敌强我弱的态势，夺取革命的最终胜利。另一方面，中国社会发展不

① 《列宁选集》第4卷，180页，北京：人民出版社，2012年。

② 《毛泽东选集》第3卷，808页，北京：人民出版社，1991年。

③ 《毛泽东选集》第2卷，645页，北京：人民出版社，1991年。

平衡导致中国革命发展不平衡，中国革命不仅要最终完成建立无产阶级专政的任务，还要完成民族独立的任务，完成民主革命的任务。这种革命的长期性使得我们不能毕其功于一役，必须要在每一个革命阶段完成一个革命任务，同时围绕这个革命任务建立一个为之服务的统一战线①。

最后，半殖民地半封建的社会性质决定了近代中国各种矛盾交织在一起，这在客观上为无产阶级及其政党建立统一战线提供了可能性。一是，中华民族与帝国主义的矛盾决定了无产阶级及其政党可以把一切爱国的、不愿受帝国主义奴役的人们团结在自己的周围。二是，民族资产阶级深受帝国主义和封建主义压迫，因而能够在一定时期和无产阶级及其政党合作，参加反帝反封建的革命斗争。三是，当革命的矛头主要是指向某一个帝国主义（如日本）的时候，属于别的帝国主义（如美国）系统的官僚资产阶级集团也可能在一定程度上和一定时期内参加统一战线。毛泽东就此指出："中国的革命是全民族人民大众的革命，除了帝国主义者、封建主义者、官僚资产阶级分子、国民党反动派及其帮凶们而外，其余的一切人都是我们的朋友，我们有一个广大的和巩固的革命统一战线。这个统一战线是如此广大，它包含了工人阶级、农民阶级、城市小资产阶级和民族资产阶级。这个统一战线是如此巩固，它具备了战胜任何敌人和克服任何困难的坚强的意志和源源不竭的能力。"②

我们党在长期的革命斗争中，根据各个革命时期的任务和性质及其具体情况，进行具体分析，以争取尽可能多的同盟者，组成了最广泛的统一战线，从而最大限度地壮大了革命力量，最大限度地削弱和孤立了敌人，并最终取得了革命的胜利。

（三）中国特色协商民主的缔造

中国特色协商民主孕育于人民民主与统一战线的理论与实践之中。

---

① 新民主主义革命时期，中国共产党领导的统一战线，先后经历了第一次国共合作的统一战线、工农民主统一战线、抗日民主统一战线、人民民主统一战线等几个时期。它们围绕革命的中心任务，团结同盟军，分化敌人，发挥了巨大的历史作用。

② 《毛泽东选集》第4卷，1465—1466页，北京：人民出版社，1991年。

1. 人民民主为协商民主的开创提供了政治空间

这表现在人民民主为协商民主发展培育了适宜的政治生态，通过作为其制度表现的民主集中制内在地蕴含了表决民主与协商民主的统一。关于前一点前文已经多有分析，不再赘述。此处专论“民主集中制”对协商民主发展的直接推动作用。

民主集中制本来是共产党党内活动原则，由马克思恩格斯实际上创立，列宁贯彻和发展，中国共产党积极引进并努力运用。毛泽东在思考人民民主具体实践形式的时候，创造性地将民主集中制发展为人民民主政体的组织原则。在这个过程中，民主集中制的含义也发生了一些变化。然而，无论是作为党内活动原则的民主集中制，还是作为人民民主政体组织原则的民主集中制，都建立在协商民主充分发展的基础上。

（1）作为党内活动原则的民主集中制的历史发展。

马克思恩格斯在创立科学社会主义学说的同时，在批判、继承前人组织社会、管理国家以至组织政党活动的经验的基础上创立了无产阶级政党学说。他们用民主制原则改造“正义者同盟”为“共产主义者同盟”[①]，规定同盟的各级领导机关由民主选举产生；“代表大会是全盟的立法机关”[②]。同时，在全盟内部实行严格的纪律，中央委员会是全盟的权力执行机关，实行有领导的民主。一方面，党内自由而公开的理论与政策辩论始终是组织发展的常态，也正是在活跃的思想辩论中无产阶级政党组织不断走向成熟壮大。另一方面，在马克思恩格斯那里，集中、权威和纪律对于在阶级对立的残酷斗争环境中能否成功实现无产阶级民主目标至关重要。没有必要的集中和权威，没有组织纪律性，无产阶级政党组织就会像一盘散沙，就不会有凝聚力和战斗力。可见，马克思恩格斯从实际上创立了作为党内活动原则的民主集中制。

从1899年到1904年间，列宁曾多次主张按集中制建党，但他同时也肯定并坚持民主制。列宁曾说：“只有社会民主工党才不顾一切巨大困难，甚至不顾重大牺牲，在组织中真正实行民主制。”[③]在1906年3

① 《马克思恩格斯全集》第4卷，572页，北京：人民出版社，1958年。

② 《马克思恩格斯全集》第4卷，575页，北京：人民出版社，1958年。

③ 《列宁全集》第14卷，241页，北京：人民出版社，1988年。

月《提交俄国社会民主工党统一代表大会的策略提纲》一文中列宁正式使用“民主的集中制”一词。其后党的“四大”通过的新党章明确规定“党的一切组织是按民主集中制原则建立起来的”。后来列宁不断完善这一思想，并在他起草的《加入共产国际的条件》中规定：“加入共产国际的党，应该是按民主集中制的原则建立起来的。”[①]这样，民主集中制的原则，就成了各国共产党遵守的普遍原则。

中国共产党提出民主集中制是无产阶级政党的组织原则，强调民主和集中的辩证统一。1927年6月通过的《中国共产党第三次修正章程决案》第12条首次规定：“党部的指导原则为民主集中制”。党的七大新党章进一步规定：“民主的集中制，即是在民主基础上的集中和集中领导下的民主。”1945年刘少奇在党的七大关于修改《党章》的报告中指出：“我们的党，不是许多党员简单的数字的总和，而是由全体党员按一定规律组织起来的统一的有机体，是党的领导者和被领导者的结合体，是党的首脑（中央）、党的各级组织和广大党员群众依照一定的规律结合起来的统一体。这种规律，就是党内的民主集中制。”[②]现行《党章》规定：党是根据自己的纲领和章程，按照民主集中制组织起来的统一整体。

从上述分析可见，作为党内活动原则的民主集中制，其实质就是科学决策的民主制。换言之，它既要凸现民主的本质与精神，也要符合科学的规范与尺度，达到合目的性与合规律性的高度统一。显然，民主集中制作为科学的民主制与自由主义的民主制有所区分。从本质上讲，后者仅仅关注表决民主的形式意义，忽略了决策过程中的实质意义；仅仅关注表决民主的合目的性，忽略了决策过程中的科学性，即合规律性。造成二者区分的根本原因在于，民主集中制不仅内在地包含了表决民主发生机制——即通过党员群众广泛投票达到民主决策的合目的性，也内在地包含了协商民主发生机制——即通过广泛的意见沟通、整合尽可能达到民主决策的合规律性。

在这个过程中，坚持党的群众路线思想（一切为了群众、一切依靠群众；从群众中来、到群众中去）和坚持发展协商民主本质上是一致的，或者说，党内协商民主主要是通过发扬群众路线来实施和贯彻。

① 《列宁选集》第4卷，254页，北京：人民出版社，2012年。

② 《刘少奇选集》上卷，358页，北京：人民出版社，1981年。

一定程度上，党内协商民主机制通过超越表决民主的“投票惰性”而实现了协商民主对表决民主的超越。正是党的首脑、党的各级组织和广大党员群众全方位审时度势，认认真真调查研究，才形成各种合乎事物发展内在规律的决策。显然，这种决策在表决民主中必然能够获得绝对多数通过，同时，它比那种仅仅基于盲目性投票通过的决策不知要高明多少。

（2）作为人民民主政体组织原则的民主集中制的提出。

毛泽东很早就从国家政权的角度准确地论述过民主集中制。

1937年10月，他在《和英国记者贝特兰的谈话》中就明确指出：“民主和集中之间，并没有不可越过的深沟，对于中国，二者都是必需的。一方面，我们所要求的政府，必须是能够真正代表民意的政府；这个政府一定要有全中国广大人民群众的支持和拥护，人民也一定要能够自由地去支持政府，和有一切机会去影响政府的政策。这就是民主制的意义。另一方面，行政权力的集中化是必要的；当人民要求的政策一经通过民意机关而交付于自己选举的政府的时候，即由政府去执行，只要执行时不违背曾经民意通过的方针，其执行必能顺利无阻。这就是集中制的意义。”①

前已述及，1940年1月，毛泽东在《新民主主义论》中论述政体时说：“没有适当形式的政权机关，就不能代表国家。中国现在可以采取全国人民代表大会、省人民代表大会、县人民代表大会、区人民代表大会直至乡人民代表大会的系统，并由各级代表大会选举政府。但必须实行无男女、信仰、财产、教育等差别的真正普遍平等的选举制，才能适合于各革命阶级在国家中的地位，适合于表现民意和指挥革命斗争，适合于新民主主义的精神。这种制度即是民主集中制。”②

1945年4月，毛泽东在中共七大的政治报告《论联合政府》中进一步准确地阐释了民主集中制：“新民主主义的政权组织，应该采取民主集中制，由各级人民代表大会决定大政方针，选举政府。它是民主的，又是集中的，就是说，在民主基础上的集中，在集中指导下的民主。只有这个制度，才既能表现广泛的民主，使各级人民代表大会有高度的权力；又能集中处理国事，使各级政府能集中地处

① 《毛泽东选集》第2卷，383页，北京：人民出版社，1991年。

② 《毛泽东选集》第2卷，677页，北京：人民出版社，1991年。

理被各级人民代表大会所委托的一切事务，并保障人民的一切必要的民主活动。”①

1957年，毛泽东在《关于正确处理人民内部矛盾的问题》中从国家政治生活辩证法的角度指出：“在人民内部民主是对集中而言，自由是对纪律而言。这些都是一个统一体的两个矛盾着的侧面，它们是矛盾的，又是统一的，我们不应当片面地强调某一个侧面而否定另一个侧面。在人民内部，不可以没有自由，也不可以没有纪律；不可以没有民主，也不可以没有集中。这种民主和集中的统一，自由和纪律的统一，就是我们的民主集中制。”②

显然，毛泽东对作为人民民主政体组织原则的民主集中制作了如下发展：一是，在民主集中制中，民主是基础。在普选的基础上产生各级人民代表大会，人民代表大会是民意机关、权力机关。人民代表大会通过表决民主决定国家的大政方针，选举政府。二是，由人民代表大会选举产生的行政机关集中地处理人民代表大会所委托的行政事务，并以此来维护和保障人民的民主。这是民主集中制的集中方面。三是，民主与集中的关系是统一的，这构成了民主集中制。

经过比较，我们发现作为党内活动原则的民主集中制和作为人民民主政体组织原则的民主集中制既有联系，也有区别。联系在于：二者都蕴含了表决民主与协商民主的统一。关于前者我们已作过分析，后者也不排斥表决前经由协商而化解分歧。区别在于：前者更关注协商民主，而后者的落脚点则在于表决民主。前者主要是寻求决策的合规律性，后者主要是寻求决策的合目的性、合法性。③

然而，作为人民民主政体组织原则的民主集中制并不因为对内蕴

① 《毛泽东选集》第3卷，1057页，北京：人民出版社，1991年。

② 《毛泽东著作选读》下册，762页，北京：人民出版社，1986年。

③ 需要指出的是，政府作为权力机关的执行机关，包括党的各级执行机关在执行各类决策的时候，也存在一定程度的“民主集中制”。因为，在这个世界上根本不存在纯粹的执行权，面对纷繁复杂的世界，执行者往往获得极大的自由裁量权空间。此时，执行事实上已经某种程度上转换为决策了。而这种执行过程的决策，也需要民主集中制才能实现决策的科学化。不同的是，与作为党内活动原则的民主集中制重视协商民主也兼顾表决民主不同，与作为人民主权政体原则的民主集中制重视表决民主也兼顾协商民主不同，以行政首长负责制为特色的执行机关的民主集中制仅仅实施协商民主。“民主基础上的集中”指行政机关（特别是行政首长）集中下级和人民群众的智慧制定统一的决策；“集中指导下的民主”指在行政机关（特别是行政首长）的集中领导下，通过发挥协商民主和群众路线实现人民智慧的展现和人民意志的体现。

的表决民主的推崇，就忽略了协商民主作为另一种民主制度的时代价值。事实上，恰恰因为内涵协商民主机制的不足，作为政权组织原则的民主集中制特别需要制度化的协商民主促进其健康发展，从而把民主的权威性与充分性、尊重多数与保护少数、追求效率与追求公正、合目的性与合规律性有机统一起来。我们说民主集中制蕴含了协商民主的发展，也主要是从这个角度展开的。

比如，毛泽东就非常重视作为民主另外一种实现形式的协商民主。他倡议召开新政协，协商建立中华人民共和国，甚至连1950年决定出访莫斯科也都征求过民主党派领导人的意见，为全党树立了民主协商的表率。

特别是随着1954年一届人大的召开，政治协商制度是否继续存在下去面临新的形势。毛泽东明确指出："人民代表大会是权力机关，这并不妨碍我们成立政协进行政治协商"[①]，"各党派、各民族、各团体的领导人物一起来协商新中国的大事非常重要。人民代表大会已经包括了各方面，人大常委会是全国人民代表大会的常设机关，代表性当然很大。但它不能包括所有的方面，所以政协仍有存在的必要，而不是多余的。"[②]这个谈话为政协与人大作为两种民主的制度载体长期并存提供了依据。

2. 统一战线为协商民主的开创提供了现实平台

马列主义关于统一战线的理论与实践，尤其是中国最广泛的统一战线，从其组建到维护，都蕴含了丰富的协商民主思想。换言之，以毛泽东为代表的中共第一代领导集体通过建设最广泛的统一战线极大地促进了协商民主的开创。

（1）最广泛的统一战线的组建和维护体现了协商民主底线所要求的共识精神。

协商并非意味着对原则的放弃，恰恰相反，正是为了坚守某种原则，从而才使协商有现实的动力。底线共识作为协商民主的核心概念，是上述基本原则的体现。一种协商和妥协只有建立在共识基础上，才具有正当性。中共第一代领导集体在每一个时期建设的统一战线都严格遵照底线共识原则，以服务中国革命发展历程，从而避免任何自私

① 逄先知、金冲及：《毛泽东传》上卷，315页，北京：中央文献出版社，2003年。

② 逄先知、金冲及：《毛泽东传》上卷，315页，北京：中央文献出版社，2003年。

的“内幕交易”。

1922年7月，中国共产党召开第二次全国代表大会，并首次提出组建统一战线。在《关于“民主的联合战线”的议决案》中，中国共产党指出了这个统一战线的底线共识和根本原则：“我们共产党应该出来联合全国革新党派，组织民主的联合战线，以扫清封建军阀，推翻帝国主义的压迫，建设真正民主政治的独立国家为职志。”①

在抗日战争时期，以国共第二次合作为标志的抗日民主统一战线建立，中国共产党又积极为这个统一战线制定共同纲领②，力求用底线共识保护、规范它。中国共产党不仅运用底线共识约束统一战线的其他政治势力，也运用这种底线共识进行积极的自我约束。毛泽东对党内一些不欢迎抗日民族统一战线的人展开严厉批评：“日本帝国主义决定要变全中国为它的殖民地，和中国革命的现时力量还有严重的弱点，这两个基本事实就是党的新策略即广泛的统一战线的出发点。组织千千万万的民众，调动浩浩荡荡的革命军，是今天的革命向反革命进攻的需要。只有这样的力量，才能把日本帝国主义和汉奸卖国贼打垮，这是有目共见的真理。因此，只有统一战线的策略才是马克思列宁主义的策略。关门主义的策略则是孤家寡人的策略。关门主义‘为渊驱鱼，为丛驱雀’，把‘千千万万’和‘浩浩荡荡’都赶到敌人那一边去，只博得敌人的喝采。关门主义在实际上是日本帝国主义和汉奸卖国贼的忠顺的奴仆。关门主义的所谓‘纯粹’和‘笔直’，是马克思列宁主义向之掌嘴，而日本帝国主义则向之嘉奖的东西。我们一定不要关门主义，我们要的是制日本帝国主义和汉奸卖国贼的死命的民族革命统一战线。”③

当统一战线偏离了底线共识时，中国共产党又会积极采取“团结—批评—团结”的方法予以纠偏。如果无法纠偏时，那么中国共产党绝不

---

① 中央档案馆：《中共中央文件选集》第1册，66页，北京：中共中央党校出版社，1989年。

② 共同纲领内容为：实行《总理遗嘱》，唤起民众，一致抗日；实行民族主义，坚决反抗日本帝国主义，对外求中华民族的彻底解放，对内求国内各民族之间的平等；实行民权主义，人民有抗日救国的绝对自由，民选各级政府，建立抗日民族统一战线的革命民主政权；实行民生主义，废除苛捐杂税，减租减息，实行八小时工作制，发展农工商业，改良人民生活；实行蒋介石的“地无分南北，人无分老幼，无论何人皆有守土抗战之责任”的宣言。参见毛泽东：《毛泽东选集》第2卷，362页，北京：人民出版社，1991年。

③ 《毛泽东选集》第1卷，155页，北京：人民出版社，1991年。

放弃原则，同流合污，而是采取坚决的斗争。毛泽东明确指出："我们共产党人对于一切革命的人们，是决不排斥的，我们将和所有愿意抗日到底的阶级、阶层、政党、政团以及个人，坚持统一战线，实行长期合作。但人家要排斥共产党，那是不行的；人家要分裂统一战线，那是不行的。"[①]又指出："对于统一战线中各种不同的同盟者，我们的态度应该是有联合，有批评，有各种不同的联合，有各种不同的批评。"[②]

最广泛统一战线的组建和维护体现了协商民主的相互妥协精神。

"妥协"是协商民主能否实现的必要条件。在现代政治生活中，不同利益集团或群体要达到绝对意义上的共识是不可能的，因此，为了组建政治共同体，持不同意见的双方就必须根据公共理性进行妥协。妥协的本质是协商主体各自一部分"权利"的放弃或者让渡；只有经由相互妥协组建的政治共同体才具有稳定性。在各个历史阶段的统一战线中，中国共产党为了顾全大局，总是采取有原则的主动妥协。这一点，在抗日民族统一战线和人民民主统一战线当中表现得尤为突出。

1944年，毛泽东与《西行漫记》作者哈里森·福尔曼谈话时指出："讲到政府，像你晓得的一样，我们信仰与实行民主政治，采用'三三制'，限制任何一党专政的可能性，像今天国民党所实行的那种情形。在这一方面，我们也和俄国的苏维埃制度大不相同，那就是在那里面，我们的民主政府形式，包括地主、商人、资本家、小市民，以及工农。在今天的苏联，却是没有地主、没有商人、没有小市民的。"[③]

中国共产党一直师从苏联，但为了建立抗日民族统一战线，它主动修正自己的奋斗目标。这种妥协是巨大的，但也正是这种妥协让中国共产党在抗日民族统一战线中取得广泛支持，并最终成为统一战线的领导核心。另外，统一战线的"三三制"政权直接体现了中国共产党对非共产党人士的合作与让步关系。因为无论在陕甘宁还是在其他敌后根据地，共产党都获得了群众的广泛拥护，因而具有较大的政治优势。如果完全按照民主普选，共产党将赢得大大超过三分之一的席位。但是为了使其他党派的代表得到参政议政的充分权利，中共主动让步，将自己的代表限制于三分之一席数内。

---

① 《毛泽东选集》第2卷，683页，北京：人民出版社，1991年。

② 《毛泽东选集》第3卷，849页，北京：人民出版社，1991年。

③ 转引自袁峰：《中国形态协商民主的成长》，51页，复旦大学2006年博士学位论文。

1949年，人民民主统一战线的制度载体——新政协召开。从新政协选举的中央人民政府委员会人员组成来看，中国共产党为维护人民民主统一战线又一次作出了重大让步。“毛泽东为中央人民政府主席，副主席是朱德、刘少奇、宋庆龄、李济深、张澜、高岗。主席、副主席名单中，民主人士占了50%。中央人民政府委员五十六名，民主人士也有26名，占46.5%。中央人民政府委员会产生的政务院同样体现了民主协商的成果。周恩来为政务院总理。副总理：董必武、陈云、郭沫若、黄炎培。总理、副总理名单中民主人士占了50%。政务委员十五名，其中民主人士九名，甚至超过了半数达到了60%。此外，政务院所辖机构负责人九十三名，其中民主人士42名，占45%。民盟主要领导人沈钧儒担任最高人民法院院长，还有两名无党派民主人士分别担任最高人民法院副院长和最高人民检察署副署长。”[①]

（2）最广泛统一战线的日常运作遵循了协商民主的公共协商机制。

公共协商是协商民主的运作机制，它主要包括参与、倾听和讨论三个环节。

“参与”是协商民主的前提，是事物既对立又统一的现实基础。

“倾听”是协商民主成为有效协商而不流于形式的根本保证。“倾听”要求协商各方以更加开明的姿态接纳对方观点，特别是要正确对待不同意见。异议，主要有合理、不合理和虽有合理因素但暂不可行三种情况。对正确的意见要吸纳，对错误的意见要宽容，对有合理因素但暂不可行的意见要解释。

“讨论”是协商民主的关键环节。所谓讨论就是平等交流、理性讨论、互相说服、集思广益，而不是单纯的通报或表态。这三个环节具备了，既合目的性又合规律性的“意见整合”往往也就水到渠成。

中国共产党在革命时期一直坚持多党派参与协商国家大事。1941年11月6日，毛泽东在陕甘宁边区第二届参议会演说时将矛头直指国民党的一党独裁：“国事是国家的公事，而不是一党一派的私事。共产党员只有对党外人士实行民主合作的义务，而无排斥别人、垄断一切的权利。”“共产党的这个同党外人士实行民主合作的原则，是固定不移的，是永远不变的。”[②]

---

① 参见彭友今：《当代中国的人民政协》，48—59页，北京：当代中国出版社，1993年。

② 《毛泽东选集》第3卷，809页，北京：人民出版社，1991年。

建国后，中国共产党仍然坚持这种公共协商的广泛参与性。1949年10月，毛泽东指出："没有统一战线，革命不能胜利，胜利了也不能巩固。搞统一战线哪能怕麻烦，怕捣乱，怕人家吃了你的饭？切不可叶公好龙。长征二万五千里不是因为有统一战线，而是因为太纯洁。这次政府的名单中，共产党人和进步人士还是一半一半好，要搞五湖四海。别人在民主革命困难时期拥护共产党，为我们说过好话，帮过忙，我们胜利了不能不要人家。"① "统一战线到底还要不要？现在经常发生这个问题。这不是一个政党（共产党或者它的中央委员会），一个集团，少数人或者个别的人，说要就要、说不要就不要这么一个问题。这是要看统一战线存在下去有好处还是没有好处，对劳动人民事业，对走社会主义道路，有利益还是没有利益来决定的。……我们的道路很宽广，将来不怕没有事情做。我们跟国民党那个时候完全不同，我们的事业很宽广，每年都发展，我们不怕人多。我们已经在长期革命中证明，有统一战线比没有要好。"②

1956年，在社会主义改造即将完成之际，又有人对共产党同民主党派是否还要继续合作持怀疑态度。为此，毛泽东在《论十大关系》中专门指出："究竟是一个党好，还是几个党好？现在看来，恐怕是几个党好。不但过去如此，而且将来也可以如此，就是长期共存，互相监督。"③周恩来也就此指出："党派的存在与否，不取决于任何政党与个人的主观愿望，而是由客观的历史发展所决定的。"④

在倾听不同意见方面，中国共产党认为统一战线具有无可替代的作用。

毛泽东指出："在我们国内，在抗日反蒋斗争中形成的以民族资产阶级及其知识分子为主的许多民主党派，现在还继续存在。在这一点上，我们和苏联不同。我们有意识地留下民主党派，让他们有发表意见的机会，对他们采取又团结又斗争的方针。……这对党，对人民，对社会主义比较有利。"⑤因此，"不论什么人，只要不是敌对分子，不

① 《毛泽东文集》第6卷，14页，北京：人民出版社，1999年。
② 《毛泽东文集》第6卷，494页，北京：人民出版社，1999年。
③ 《毛泽东文集》第7卷，34页，北京：人民出版社，1999年。
④ 《周恩来统一战线文选》，347页，北京：人民出版社，1984年。
⑤ 《毛泽东文集》第7卷，35页，北京：人民出版社，1999年。

是恶意攻击，允许大家讲话，讲错了也不要紧。各级领导人员，有责任听别人的话。实行两条原则：（一）知无不言，言无不尽；（二）言者无罪，闻者足戒。如果没有‘言者无罪’一条，并且是真的，不是假的，就不可能收到‘知无不言，言无不尽’的效果。”[①]之所以如此，一方面，“一个党同一个人一样，耳边很需要听到不同的声音。大家知道，主要监督共产党的是劳动人民和党员群众。但是有了民主党派，对我们更为有益”[②]。另一方面，民主党派和无党派人士往往代表了不同社会阶层的特殊利益。那种认为民主党派是“一根头发的功劳”、一根头发拔去拔不去都一样的说法是不对的。从他们背后联系的人们看，就不是一根头发而是一把头发，不可藐视。要团结他们，要给事做，尊重他们。我们对民主党派在抗战时有“团结、抗战、进步”的口号，今天应该是“团结、建设、进步”的口号。[③]因此，共产党要主动树立对立面、“唱对台戏”，让民主党派监督共产党。

在有效讨论方面，以毛泽东为代表的中共第一代领导集体也直陈统一战线的重要性，并提出了许多深刻观点。毛泽东指出：“共产党员必须倾听党外人士的意见，给别人以说话的机会。别人说得对的，我们应该欢迎，并要跟别人的长处学习；别人说得不对，也应该让别人说完，然后慢慢加以解释。共产党员决不可自以为是，盛气凌人，以为自己是什么都好，别人是什么都不好；决不可把自己关在小房子里，自吹自擂，称王称霸。除了勾结日寇汉奸以及破坏抗战和团结的反动的顽固派，这些人当然没有说话的资格以外，其他任何人，都有说话的自由，即使说错了也是不要紧的。”[④]“共产党员必须与党外人员实行民主合作，倾听党外人员的意见，和他们一起，共同商量问题与决定问题，共同遵守少数服从多数、局部服从全体、下级服从上级的民主集中制，并须使党外人士有职有权，敢于说话，敢于负责。”[⑤]“我们党同党外民主人士长期合作的政策，必须在全党思想上和工作上确定下来。我们必须把党外大多数民主人士看成和自己的干部一样，同

① 《毛泽东文集》第3卷，242—243页，北京：人民出版社，1996年。
② 《毛泽东文集》第7卷，235页，北京：人民出版社，1999年。
③ 参见《历次全国统战工作会议概况和文献》，6页，北京：档案出版社，1988年。
④ 《毛泽东选集》第3卷，809页，北京：人民出版社，1991年。
⑤ 《毛泽东文集》第2卷，396页，北京：人民出版社，1993年。

他们诚恳地坦白地商量和解决那些必须商量和解决的问题。”[①]

（3）统一战线坚持协商民主所蕴含的公共理性精神，引导统一战线健康发展。

公共理性是协商民主的活的灵魂。它能够引导协商民主在遵循底线共识的基础上发现和培育更多的公共利益。“协商民主的一个主要优点在于，它致力于使理性在政治中凌驾于权力之上。政策之所以应该被采纳，不应该是因为最有影响力的利益取得了胜利，而应该是因为公民或其代表在倾听和审视相关的理由之后，共同认可该政策的正当性。”[②]从总体上说，公共理性不仅使得协商民主各方抛弃情绪化的诉求、对立和冲突，寻求和维护彼此间的底线共识，而且它能够不断引导这种底线共识的健康发展，从低级底线共识进步到较高级的底线共识。

中国共产党始终坚持对统一战线的领导权，因为，只有中国共产党是完全没有私利的党，是目光远大的党，是具有彻底革命精神的党，是最富有时代公共理性[③]的党。诚如毛泽东指出的那样：“共产党并不是一个只图私利的小宗派、小团体。不是的，共产党是真心实意想把国事办好的。”[④]事实上也证明，共产党对统一战线的坚强领导权，使统一战线才能完成它的历史使命，而且可以发展到新的阶段。

这一点，以毛泽东为代表的中共第一代领导集体是极为清醒的。1937年，毛泽东在《中国共产党在抗日时期的任务》一文中深刻指出：“一九二四年至一九二七年的经验，表明了当资产阶级追随着无产阶级的政治领导的时候，革命是如何地前进了；及至无产阶级（由共产党负责）在政治上变成了资产阶级的尾巴的时候，革命又是如何地遭到了失败。这种历史不应当重复了。依现时的情况说来，离开了无产阶级及其政党的政治领导，抗日民族统一战线就不能建立，和平民主抗战的目的就不能实现，祖国就不能保卫，统一的民主共和国就不能成功。”[⑤]1940年，毛泽东在《新民主主义论》一文中又指出：“在中国，

① 《毛泽东著作选读》下册，665页，北京：人民出版社，1986年。

② 《毛泽东建党学说论》上册，620页，北京：人民出版社，2003年。

③ 它集中体现为中国共产党提出了“新民主主义”这一科学的、革命的、先进的理论。

④ 《毛泽东选集》第3卷，810页，北京：人民出版社，1991年。

⑤ 《毛泽东选集》第1卷，262页，北京：人民出版社，1991年。

事情非常明白，谁能领导人民推翻帝国主义和封建势力，谁就能取得人民的信仰，因为人民的死敌是帝国主义和封建势力、而特别是帝国主义的缘故。在今日，谁能领导人民驱逐日本帝国主义，并实施民主政治，谁就是人民的救星。历史已经证明：中国资产阶级是不能尽此责任的，这个责任就不得不落在无产阶级的肩上了。”[①]

在阐明了统一战线必须由中国共产党实施领导后，以毛泽东为代表的中共第一代领导集体还具体提出了如何引领统一战线中其他政治势力走向进步的基本措施。毛泽东认为，我们对同盟者工作方法应该是，“1. 切实的具体的帮助，多采取建议的方法；2. 依照他们觉悟的程度与迫切的需要，提出适当的要求与口号，不要太高太左；3. 善意的批评，也应该赞扬他们的好处；4. 利用群众的力量推动，即自下而上的推动，但不是对立。”[②]经过共产党对统一战线的坚强领导，许多原来主张走“资产阶级中间路线”的非共产党人士纷纷放弃陈见，追随中国共产党。比如，民进党常务理事马叙伦于1947年11月指出：“所谓第三方面现在不应该存在了，在政协会议上，民盟就是与共产党站在一条线上与国民党交战的。只有反民主的政府和民主的民众两个方面，不能有第三方面，再有第三方面，就是帮反民主的忙。没有再调停两可的余地，只有勇往直前，以斗争解决我们的生存问题。”[③]

3. 关于协商民主的制度安排

以毛泽东为代表的中共第一代领导集体是中国协商民主理论的发掘者，更是中国协商民主制度安排的拓荒者。如前所述，中国特色协商民主理论扎根于人民民主理论和马列主义统一战线理论之中。事实上，中国特色协商民主的制度安排也扎根于人民民主政体和最广泛的统一战线之中。

一方面，在以实施表决民主为核心的民主制度中，如中国共产党在各个时期建立的罢工工人代表大会、农民协会、工农兵代表苏维埃、参议会、各界人民代表会议，都内在蕴含了投票表决前进行充分协商的机理和机制。比如，董必武认为“中国的民主制度，采用协商方式，

① 《毛泽东选集》第2卷，674页，北京：人民出版社，1991年。

② 《毛泽东文集》第2卷，53页，北京：人民出版社，1993年。

③ 参见彭友今：《当代中国的人民政协》，433页，北京：当代中国出版社，1993年。

是很大的特点”[①]。周恩来也指出，“我们所要反对的是旧民主主义的议会制度，因为它不是事前协商，只是便于剥削阶级政党间互相争夺，互相妥协，共同分赃的制度。……而我们却是长期合作，不是彼此互相交替。”[②]

另一方面，当统一战线（如人民民主统一战线）所容纳的进步政治势力都属于“人民”范畴时，统一战线便实际上成为实现人民民主的另一种民主形式的根本制度安排，即与表决民主相对应的协商民主的根本制度安排。因此，中共第一代领导集体对协商民主的制度化推进主要是对统一战线制度化的推进。具体来说，它包括共产党在抗日战争时期建立的具有统一战线性质的“三三制”政权和在解放战争时期建立的具有统一战线性质的“中国人民政治协商会议”。

（1）“三三制”政权：协商民主制度化的早期探索。

1940年3月6日，毛泽东在为中共中央起草的党内指示《抗日根据地的政权问题》中正式提出建设“三三制”政权的主张，规定在抗日根据地政权的人员分配上，“共产党员占三分之一，非党的左派进步分子占三分之一，不左不右的中间派占三分之一。”[③]同年7月5日，毛泽东在纪念抗日战争三周年的文章《团结到底》中，向全国公布了共产党的“三三制”主张。“三三制”政权指示发出后，陕甘宁边区党委和政府决定首先在绥德、富县、陇东等地试行。

1941年2月，在边区的第二次普选中，根据边区中央局的指示，彻底贯彻“三三制”原则。“在这次选举中，由于边区中央局所提名的候选名单中的非中共候选人很多未能当选，还特决定聘请46名非党人士为边区参议会正式参议员。”[④]

为了进一步巩固和宣传“三三制”政权，中国共产党在1941年发布的《陕甘宁边区施政纲领》中指出：“本党愿与各党各派及一切群众团体

① 《董必武选集》，306页，北京：人民出版社，1985年。

② 《周恩来统一战线文选》，141页，北京：人民出版社，1984年。

③ 胡乔木：《胡乔木回忆毛泽东》，128页，北京：人民出版社，1994年。

④ 胡乔木：《胡乔木回忆毛泽东》，129页，北京：人民出版社，1994年。为了贯彻“三三制”原则，陕甘宁边区还选举了开明绅士李鼎铭担任边区政府副主席，并且与之建立良好的民主合作关系。同时，李鼎铭为巩固边区“三三制”政权也作出了特殊贡献。通过参加“三三制”政权，李鼎铭不断认识“三三制”原则蕴含的协商民主精神，并在此基础上提出了“三三制精神”这一重要概念。“三三制精神”主要包括照顾各方、顾全大局、自我批评和善于协商的精神，概括起来就是精诚团结、民主合作。

进行选举联盟，并在候选名单中确定共产党员只占三分之一，以便各党各派及无党无派人士均能参加边区民意机关之活动与边区行政之管理。在共产党员被选为某一行政机关之主管人员时，应保证该机关之职员有三分之二为党外人士充任。共产党员应与这些党外人士实行民主合作，不得一意孤行，把持包办”[①]。同时中共中央要求党所领导的一切机关、部队、团体、学校，“均须讨论此纲领”。并“须照此纲领坚决实施之。党员有违反此纲领之任何条文者，予以纪律之制裁”。

《陕甘宁边区施政纲领》第一次以“法”的形式将“三三制”政权制度化、刚性化。随着这个纲领的颁布，“三三制”原则推广到全国各抗日根据地。“1941年晋冀鲁豫边区召开临时参议会，参议员中有共产党员72人，国民党员不下50人；陕甘宁边区参议会出席议员216人，其中有共产党员123人，国民党及其他党派和无党派人士87人；鄂豫皖第一届临时参议会的153名参议员中，有共产党员42人，国民党及其他党派和无党派人士111人；晋察冀边区于1943年初召开参议会时，聘请百余名非共产党人士为参议员，使到会288名参议员中有国民党员32人，无党派人士78人，参议会选举产生的驻会参议员办事处7名委员中，共产党员只有2名，国民党员和无党派人士占三分之二以上，边区行政委员会9名委员中，共产党员只有3人，国民党员和无党派人士占三分之二。”[②]

作为新民主主义的主要标志，人员分配比例制度体现了“三三制”政权的民主性质。但更具有实质意义的是，“三三制”政权体现了中国共产党与非共产党人士的民主协商的合作关系。首先，中国共产党规定了“三三制”的人员比例关系。尽管在根据地，军队和政权在中国共产党手中，但是，“三三制”的人员分配“是党的真实的政策，不能敷衍塞责”[③]。其次，由于参加“三三制”政权的各党各派在民主的法律上、政治上完全平等，不能给任何阶级以任何特权，共产党也不例

① 参见《陕甘宁边区抗日民主根据地》文献卷（下），76页，北京：中共党史资料出版社，1990年。

② 转引自袁峰：《中国形态协商民主的成长》，47页，复旦大学2006年博士学位论文。

③ 《毛泽东选集》第2卷，742页，北京：人民出版社，1991年。比如，第二届边区参议会选出的边区政府委员十八人中，中共党员人数有七人，超过了“三三制”的规定，德高望重的老共产党员徐特立马上申请退出，按得票多少的次序，改由一名非党人士递补。参见金冲及：《毛泽东传》，25页，北京：中央文献出版社，2004年。

外。严格按照“三三制”原则组建的根据地政权中，共产党员在政权组成人数上并不占优势。因此，中国共产党必须要大力解释与阐明党的主张，努力倾听非党人士的意见，在充分的交流和沟通中达成意见整合，让非党人士乐于接受、赞成和执行党的主张。

毛泽东就此指出：“必须将关心和倾听党外人员的意见和要求及向党外人员学习，作为每个共产党员的严重责任。一切党员，都有责任经常地将党外人员的意见和要求（不论是正确的或不正确的）反映到党内及各工作部门内，而一切党组织与一切工作部门的领导人员都有责任考虑这些意见和要求，并须适时地列入议事日程，加以讨论及解决。”①

毛泽东又指出：“只要社会上还有党存在，加入党的人总是少数，党外的人总是多数，所以党员总是要和党外的人合作，现在就应在参议会中好好实行起来。我想，我们共产党的参议员，在我们这样的政策下面，可以在参议会中受到很好的锻炼，克服自己的关门主义和宗派主义。我们不是一个自以为是的小宗派，我们一定要学会打开大门和党外人士实行民主合作的方法，我们一定要学会善于同别人商量问题。”②

这些都反映了中国共产党励志于通过平等协商实现新民主主义的真理对决策的引导，而不是通过权力对决策的强制、情绪对决策的破坏来实现自己的意志。毛泽东对此作了画龙点睛的说明：“所谓领导权，不是要一天到晚当作口号去高喊，也不是盛气凌人地要人家服从我们，而是以党的正确政策和自己的模范工作，说服和教育党外人士，使他们愿意接受我们的建议。”③

“三三制”的实行，使边区新民主主义的政权建设发展到一个新阶段，成为全国最进步的地方。“这里一没有贪官污吏，二没有土豪劣绅，三没有赌博，四没有娼妓，五没有小老婆，六没有叫花子，七没有结党营私之徒，八没有萎靡不振之气，九没有人吃摩擦饭，十没有人发国难财。”④毛泽东自豪地说：“现在全国要办新民主主义，有没有

① 《毛泽东文集》第2卷，395页，北京：人民出版社，1993年。
② 《毛泽东选集》第3卷，809—810页，北京：人民出版社，1991年。
③ 《毛泽东选集》第2卷，742页，北京：人民出版社，1991年。
④ 《毛泽东选集》第2卷，718页，北京：人民出版社，1991年。

一个样子呢？我讲已经有了，陕甘宁边区就是模范。这也是新中国面向世界的形象。一位外国朋友说：到中国不到延安看不到新中国。”[①]

（2）人民政协：协商民主制度化的主要探索。

抗战胜利后，中共第一代领导集体为实现基于统一战线基石上的国家政体继续努力奋斗。1945年8月，毛泽东亲赴重庆参加国共两党会谈。这次会谈迫使国民党当局接受如是建议：“召开政治协商会议[②]，邀请各党派及社会贤达，协商国事。”1946年1月，政治协商会议（旧政协）在重庆召开并达成和平建国纲领。中国共产党依靠统一战线和协商民主制度化组建政权的方针取得了又一次重大胜利。尽管其后国民政府背信弃义[③]，但这些努力已经在人民心中留下了不可磨灭的印象。

1948年5月1日，随着解放战争的迅猛发展，中共中央颁布了具有历史意义的《纪念“五一”劳动节口号》。在这份文件中，中共中央提出：“各民主党派、各人民团体及社会贤达迅速召开政治协商会议，讨论并实现召集人民代表大会，成立民主联合政府。”这个号召事实上为新政协的成立拉开了帷幕[④]。各民主党派进一步抛弃腐败的国民党的政府，拥护共产党的领导。民盟中央主席张澜就此指出：“用政治协商的方式，建立人民自己的政权，组织人民自己的政府，这不止是中国历史上的一件光荣的大事，这也是世界人类史上值得永久纪念的一个光荣的日期。”张澜要求“全体盟员一致团结起来，拥护将来的新政府，

① 谢觉哉：《谢觉哉日记》（下），564页，北京：人民出版社，1984年。

② 关于“政治协商会议”名称的由来，毛泽东在1949年8月的中央政治局会议上作了说明。1945年在重庆，毛泽东主张开政治会议；但陈果夫、陈立夫说政治会议权太大，应该加协商两个字。“政治协商会议有很高的威信，决定了不少好东西，后来蒋介石破坏了政协，反而提高了它的威信。协商组织过去就有，孙中山就用过，但是受时代限制很大，这次最完善。”参见《中国人民政协全书》上卷，7页，北京：中国文史出版社1999年。有鉴于此，中国共产党继续沿用被国民党破坏了的“政治协商会议”名称，以求旧政协的积极成果在新政协得到发扬和升华。

③ 有学者指出：旧政协“本身就是武力对比所产生的政治现象，然而和谈的本质却又在于制止武力、取消武力，这样便产生了一个头足倒置的关系以武力的派生物——和谈，反过来剥夺这个派生物赖以存在的依据——武力。在历史局限的条件下所产生的问题，一般说，只能以历史局限的方式而解决。旧政协的失败是这个逻辑本身的历史局限直接或间接的体现。”参见邓野：《联合政府与一党训政——1944年至1946年间国共政争》，471页，北京：社会科学文献出版社，2003年。

④ 周恩来在总结国共会谈的经验教训时曾发自肺腑地说：“要互相承认，不要互相敌视。”“要互相商量，不要独断。”“要互相让步，不要独霸。”“要互相竞赛，不要互相抵消。”这些要求成为新政协成立与召开的基本原则。参见《周恩来统一战线文选》，111、113页，北京：人民出版社，1984年。

以完成革命建国的任务”[①]。

1949年，革命全部胜利已经在望，成立民主联合政府的任务迫在眉睫。然而，依靠普选产生人民政权的条件在当时尚不具备。这种情况下，人民政协寓协商民主与表决民主[②]于一身，光荣地起到了协商建国的任务。1949年9月20日至31日，人民政协第一次全体会议在北平举行。它确立了新中国的国家制度和政权组织形式，通过了具有临时宪法地位的《共同纲领》[③]。

毛泽东在大会开幕式中指出：“现在中国人民政治协商会议是在完全新的基础之上召开的，它具有代表全国人民的性质，它获得全国人民的信任和拥护。因此，中国人民政治协商会议宣布自己执行全国人民代表大会的职权。中国人民政治协商会议在自己的议程中将要制定中国人民政治协商会议的组织法，制定中华人民共和国中央人民政府的组织法，制定中国人民政治协商会议的共同纲领，选举中国人民政治协商会议的全国委员会，选举中华人民共和国人民政府委员会，制定中华人民共和国的国旗和国徽，决定中华人民共和国国都的所在地以及采取和世界大多数国家一样的年号。”[④]刘少奇也指出：《共同纲领》是“一部人民革命建国纲领”、“目前时期全国人民的大宪章”和“中国历史上一个极端重要的文献”[⑤]。

中共第一代领导集体为推进人民政协的产生和发展做了巨大工作。

一方面，他们对新政协作了准确定位。“人民政治协商会议及其选出的全国委员会，是团结全国各民族、各民主阶级、各民主党派、各

---

① 参见《人民日报》，1951·6·11（3）。

② 《中国人民政治协商会议组织法》规定政协全体会议有以下职权：“在普选的全国人民代表大会召开以前，中国人民政协全体会议执行全国人民代表大会的职权：甲、制定或修改中华人民共和国中央人民政府组织法；乙、选举中华人民共和国中央人民政府委员会，并付之以行使国家权力的职权；丙、就有关全国人民民主革命事业或国家建设事业的根本大计或重要措施，向中华人民共和国中央人民政府委员会提出决议案。”参见《中华人民共和国开国文选》，271页，北京：中央文献出版社，1999年。通过这种职权规定，我们发现政协全体会议事实上履行了人民代表大会发挥“表决民主”的功能。

③ 共同纲领草案初稿写出后，经过七次的反复讨论和修改，再由先后到达北平的政协代表五六百人分组讨论两次，新政协筹备会第三组本身讨论了三次，筹备会常务委员会讨论了两次，广泛地吸收了各方面的意见，然后将草案提交筹备会第二次全体会议作了基本通过，最后提交政协全体会议讨论通过。参见《周恩来统一战线文选》，144页，北京：人民出版社，1984年。

④ 《毛泽东文集》第5卷，343页，北京：人民出版社，1996年。

⑤ 《刘少奇选集》上卷，434页，北京：人民出版社，1981年。

人民团体及各界民主人士的伟大的统一战线的政治组织，在全国人民中有很高的威信。我们必须巩固这种团结，巩固我们的统一战线，领导全国人民稳步地达到自己的目的。”①

另一方面，对党内各种“关门主义”错误提出严厉批评：“我党同党外民主人士长期合作的政策，必须在全党思想上和工作上确定下来。……我们党内由土地革命战争时期的关门主义作风所养成的对待党外民主人士的不正确态度，在抗日时期并没有完全克服，在一九四七年各根据地土地改革高潮时期又曾出现过。这种态度只会使我党陷于孤立，使人民民主专政不能巩固，使敌人获得同盟者。现在中国第一次在我党领导之下的政治协商会议即将召开，民主联合政府即将成立，革命即将在全国胜利，全党对于这个问题必须有认真的检讨和正确的认识，必须反对右的迁就主义和‘左’的关门主义或敷衍主义两种倾向，而采取完全正确的态度。”②

周恩来也指出：“在中国具体历史条件下，民族资产阶级必须走今天这样的路，民主党派也必定是今天这样的类型（指民主党派不是单一的资产阶级或小资产阶级政党，而是具有统一战线和阶级联盟或政治联盟性质的政党），这是历史的必然。”③“他们参加全国和地方的政治协商会议，参加各级人民代表会议，成为我们的朋友。这是由历史发展而来的。”④

人民政协作为人民民主统一战线制度化的载体，它在形式和内容方面都体现了协商民主的基本原则。就形式而言，人民政协充分实践协商民主崇尚的“共和”精神，反对一党一派垄断国家事务。这一点，我们从新政协的人员组成可观端倪。一方面，在新政协的代表中，共产党员约占44%，非共产党员约占56%，其中民主党派成员共约占30%，工人、农民代表和无党派人士共约占26%。⑤另一方面，政协委员、常委中的民主党派人士大多担任了政府关键职务。例如宋庆龄、李济深、张澜当选为中央人民政府委员会副主席；郭沫若、黄炎培为

① 《毛泽东文集》第6卷，78页，北京：人民出版社，1999年。

② 《毛泽东选集》第4卷，1437—1438页，北京：人民出版社，1991年。

③ 《周恩来统一战线文选》，179页，北京：人民出版社，1984年。

④ 《周恩来统一战线文选》，225页，北京：人民出版社，1984年。

⑤ 参见彭友今：《当代中国的人民政协》，44页，北京：当代中国出版社，1993年。

政务院副总理，沈钧儒为中央人民政府最高人民法院院长等。这种人员组成深刻体现了新政协是爱国民主力量的大团结。

就内容来看，人民政协始终以政治协商为己任。这一点，我们完全可以从《中国人民政治协商会议组织法》对政协第一届全国委员会职权的规定中发现："一、保证实行人民政协全体会议及全国委员会的决议；二、协商并提出对中华人民共和国中央人民政府的建议案；三、协助政府动员人民参加人民民主革命及国家建设的工作；四、协商并提出参加中国人民政协的各单位在全国人民代表大会选举中的联合候选人名单；五、协商并决定下届人民政协全体会议的参加单位、名额及代表人选，并召集之；六、指导地方民主统一战线的工作；七、协商并处理其他有关人民政协内部合作的事宜。"①

周恩来也曾就政协的地位做过这样的分析：新中国"议事精神不在于最后的表决，主要是在于事前的协商和反复的讨论"②。

1954年全国人民代表大会召开后，中共第一代领导集体又及时地调整了人民政协的发展方向。

首先，针对有人认为人民政协和统一战线已经完成了历史使命，应该解散的观点，周恩来指出：作为人民民主统一战线组织，人民政协"就不应该开一次会议就结束，而应该长期存在。中国人民政治协商会议是个长期性的组织"③。又指出："共产党同民主党派不是同年同月同日生，但可以同年同月同日死。"④"我们党的寿命有多长，民主党派的寿命就有多长，一直要共存到将来社会的发展不需要政党的时候为止。"⑤针对有人担心政协是否会变成说闲话的机关，毛泽东认为："只要不是恶意，讲闲话也可以，这样可以使我们知道社会上存在着这样的意见。"⑥"真理不在乎清一色"⑦。

其次，中共第一代领导集体推动人民政协回归作为协商民主制度平台的既定轨道。1954年12月19日，毛泽东专门指出："政协的性质

① 参见《中国人民政协全书》上卷，188页，北京：中国文史出版社，1999年。
② 参见《中国人民政协全书》上卷，328页，北京：中国文史出版社，1999年。
③ 《周恩来统一战线文选》，136页，北京：人民出版社，1984年。
④ 李维汉：《回忆与研究》（下），823页，北京：中共党史资料出版社，1986年。
⑤ 《周恩来统一战线文选》，350页，北京：人民出版社，1984年。
⑥ 逄先知、今冲及：《毛泽东传》上卷，315页，北京：中央文献出版社，2003年。
⑦ 逄先知、金冲及：《毛泽东传》上卷，315页，北京：中央文献出版社，2003年。

有别于国家权力机关——全国人民代表大会，它也不是国家的行政机关。有人说，政协全国委员会的职权要相等或大体相等于国家机关，才说明它是被重视的。如果这样说，那末共产党没有制宪之权，不能制定法律，不能下命令，只能提建议，是否也就不重要了呢？不能这样看。如果把政协全国委员会也搞成国家机关，那就会一国二公，是不行的。要区别，各有各的职权。”“政协是全国各民族、各民主阶级、各民主党派、各人民团体、国外华侨和其他爱国民主人士的统一战线组织，是党派性的，它的成员主要是党派、团体推出的代表。”[①]鉴于政协职能发生改变，周恩来在1954年底召开的政协二届一次会议上指出，根据《中国人民政治协商会议章程》总纲，今后政协的任务主要是五大方面：第一，协商国际问题；第二，对全国人大代表和地方各级人大代表候选人名单以及中国人民政治协商会议各级组织组成人员的人选进行协商；第三，协助国家机关，推动社会力量，解决社会生活中各阶级间相互关系问题，并联系人民群众，向国家有关机关反映群众的意见和提出建议；第四，协商和处理政协内部和党派团体之间的合作问题；第五，在自愿的基础上，学习马克思列宁主义和努力进行思想改造。

最后，中共第一代领导集体为推动政协民主的有序化作出了贡献。政协的任务决定了协商民主的有序性。为了规范协商民主，毛泽东提出了政协发表批评意见的六条标准：有利于团结全国各族人民，有利于社会主义改造和社会主义建设，有利于巩固人民民主专政，有利于巩固民主集中制，有利于巩固共产党的领导，有利于社会主义的国际团结和全世界爱好和平人民的国际团结。[②]

在中共第一代领导集体的推动下，1954年12月召开的全国政协二届一次会议通过的《中国人民政治协商会议章程》，对人民政协的性质做了如是规定：人民政协是“团结全国各民族、各民主阶级、各民主党派、各人民团体、国外华侨和其他爱国民主人士的人民民主统一战线的组织”。自此以后，人民政协作为人民民主统一战线的制度载体和协商民主发挥作用的制度平台，与全国人民代表大会同时存在，成为

① 《毛泽东文集》第6卷，384—385页，北京：人民出版社，1999年。

② 《毛泽东文集》第7卷，234页，北京：人民出版社，1999年。

我国人民民主制度的一大特色[①]。

（3）关于协商民主制度化的其他探索。

1954年第一届全国人民代表大会召开以后，中国共产党除了将人民政协作为专门的协商平台外，还做了其他一些协商民主制度化的探索。

李维汉就此指出：中国共产党和各民主党派的合作和政治协商制度中包含着“三套协商”：“人大有协商，政协有协商，国务院的国务会议有协商”[②]。人大有协商：人大代表在施行表决民主之前，先需通过广泛协商以求大同存小异，它保证了表决民主的质量和真正权威。最高国务会议有协商：1954年宪法规定：“中华人民共和国主席在必要的时候召开最高国务会议，并担任最高国务会议主席。”国家副主席、全国人大委员长、国务院总理和其他有关人员参加。从1954年10月10日到1964年12月，共举行会议20次，围绕国内外形势、重大国务和政策进行座谈讨论。最高国务会议是共产党与各民主党派民主协商和合作共事的重要场所。

事实上，除此以外，中国共产党还采取了“双周座谈会”“协商座谈会”等政治协商的重要形式，推动协商民主朝着制度化的方向发展。关于双周座谈会，政协第一届全国委员会工作会议第一次会议决定：“举行各民主党派座谈会，每两周一次”，故命名为“双周座谈会”。活动内容有：听取政府部门的形势报告和工作报告，座谈时事政策问题，协商有关单位提出的问题和由政协全国委员会工作会议提出的问题。协商座谈会是中国共产党就党的重大决策和国家大事、国内外形势和党派关系等问题同民主党派和党外人士进行协商和沟通思想的不定期会议。这种形式虽没有法律规定，但它在我国政治民主生活中已经形成惯例。从1950年至1966年，共召开协商座谈会31次。这一形式一直延续至今，成为共产党与各民主党派之间进行政治协商和合作的另一

① 周恩来在《关于人民政协的几个问题》中指出：“现在凡是通过普选方式产生出来的会，我们叫做大会，例如人民代表大会。凡是通过协商方式产生的会，我们就叫做会议，例如人民政治协商会议。”参见《周恩来统一战线文选》，140页，北京：人民出版社，1984年。目前，人们往往把每年同时各召开一次的全国人大、全国政协会议统称为“两会”，这成为我国国家政治生活领域的一大惯例。这个惯例始于1959年4月底同时召开的全国政协三届一次会议和全国人大二届一次会议。参见吴美华：《当代中国的多党合作制度》，134页，北京：中共党史出版社，2005年。

② 《李维汉选集》，453页，北京：人民出版社，1987年。

条重要渠道。[①]

当然，以毛泽东为代表的中共第一代领导集体的民主思想也存在一些片面和不足，致使新中国的民主建设，包括协商民主建设在探索中走过一些弯路。尤其是“文化大革命”的严重错误更是使得中国的民主政治建设经历了严重挫折，留下了沉重的历史教训。但是，这同他们在民主政治建设中的伟大功绩相比，只是支流。从历史发展的角度看，以毛泽东为首的中国第一代领导集体开创中国协商民主的成功经验和失误教训，都是我们党的宝贵财富。正是在吸取了这些宝贵经验教训的基础上，中共第二代领导集体才进一步推进了中国特色协商民主的发展。

二、中共第二代领导集体对中国特色协商民主的推进

中共十一届三中全会以后，我国进入了改革开放和现代化建设的新时期。中国共产党领导的协商民主事业也进入了快速发展的新阶段。以邓小平为代表的中共第二代领导集体创造性地继承和发展了中共第一代领导集体关于协商民主的理论与实践，提出了适应中国现代化建设客观需要、符合历史规律和时代特点的新时期协商民主的理论、方针和政策。

（一）协商民主的恢复传承

以邓小平为代表的中共第二代领导集体认真总结了“文化大革命”的教训，认为民主是社会主义的重要特征。没有民主就没有社会主义。要大力发展协商民主，这样才有利于弘扬党的民主传统和促进社会主义事业和谐发展，才有利于共产党克服可能产生的种种失误以实现科学决策。

1. 发展协商民主有利于弘扬党的民主传统

由于受反右斗争扩大化和“文化大革命”的影响，包括协商民主在内的社会主义民主政治受到极大破坏。1957年反右斗争扩大化使不少政协委员被错划为右派分子，打击了政协委员参政议政的积极

① 参见刘诚：《中国现代民主政治的新创造——毛泽东邓小平多党合作理论研究》，240、246页，西宁：青海人民出版社，1997年。

性[①]。1966年8月起，全国政协机关被迫停止办公。1966年7月至1975年1月，全国人大及其常委会也停止了全部活动。国家政治体制发生严重畸变，党的民主传统遭到践踏。邓小平认为造成这种后果的直接原因是“在过去一个相当长的时间内，民主集中制没有真正实行，离开民主讲集中，民主太少”[②]。“我们过去对民主宣传得不够，实行得不够，制度上有许多不完善”[③]。因此，恢复党的民主传统是当务之急。

邓小平深知，中国官本位思想根深蒂固，领导者最容易犯高高在上的官僚主义毛病，脱离群众路线，不尊重群众的实践智慧和首创精神。因此，他提倡毛泽东所说的，“想造成一个又有集中又有民主，又有纪律又有自由，又有统一意志、又有个人心情舒畅、生动活泼，那样一种政治局面”，必须把“继续努力发扬民主”作为“我们全党今后一个长时期的坚定不移的目标”；邓小平认为“没有民主就没有社会主义，就没有社会主义的现代化”[④]，必须在平等协商基础上弘扬党的民主传统。

首先，邓小平告诫党的各级领导者：“要能容人，要能听得进反面意见，要能用平等态度待人，要能更谦虚谨慎，等等。”[⑤]显然这种告诫蕴含了协商民主具有反官僚主义的意义。事实上，协商民主强调协商双方身份对等，理性交流，即使是领导者的“金玉良言”也只能平等接受所有协商主体的理性审视后，方能生效。

其次，邓小平强调发展协商民主能够促进宽松、自由和民主的政治空气出现。“我们还是提倡‘知无不言，言无不尽’，说老实话，说错了纠正”[⑥]，“我们要创造民主的条件，要重申‘三不主义’：不抓辫子，不扣帽子，不打棍子”[⑦]，政治空气宽容和谐了，“各种意见表达

---

① 政治协商会议作为各党派的协商机关对国家大事的商议和讨论明显减少，全国政协常委会会议，1956年为21次，1957年为17次，1958年仅召开2次。政协重点转向自我学习改造和政治运动，各民主党派在参政议政方面发挥作用受到了极大的限制。

② 《邓小平文选》第2卷，144页，北京：人民出版社，1994年。

③ 《邓小平文选》第2卷，176页，北京：人民出版社，1994年。

④ 《邓小平文选》第2卷，168页，北京：人民出版社，1994年。

⑤ 《邓小平文选》第1卷，309页，北京：人民出版社，1994年。

⑥ 《邓小平文选》第1卷，333页，北京：人民出版社，1994年。

⑦ 《邓小平文选》第2卷，144页，北京：人民出版社，1994年。

出来，进行辩论，才能真正发展马克思主义，发展辩证唯物主义”[①]。总之，在邓小平看来，“我们需要实行党的内部的监督，也需要来自人民群众和党外人士对我们党的组织和党员的监督。无论党内的监督和党外的监督，其关键都在于发展党和国家的民主生活，发扬我们党的传统作用。”[②]

最后，邓小平从历史的高度对协商民主彰显出的人民主权原则予以积极评价。他指出：“一个革命政党，就怕听不到人民的声音，最可怕的是鸦雀无声。”[③]对那种破坏协商民主中的自由、平等原则的行为，他曾予以了严厉批评：“有一部分人甚至对于批评者采取可耻的打击报复的办法。这个事实，也是官僚主义病菌正在侵袭我们党的严重信号之一。每一个忠诚的共产主义者，必须为消灭这种恶劣的现象而斗争。”[④]

2. 发展协商民主对科学决策有保障作用

基于有限理性的认知往往带有某种程度的偏见，这是人类在认识论上的局限性。协商民主可以通过社会主体互动式的对话、讨论、商谈、辩论、谈判、沟通和商议等协商方式在统筹兼顾的基础上形成公共政策，从而把决策带有偏见的可能性降到最小，提升决策的科学性和民主性。以邓小平为代表的中共第二代领导集体对这个问题的认识是极为深刻的。

邓小平指出，只有充分发展协商民主，使人民敢在平等协商中讲真话，科学决策才有根本保证。中国共产党的领导优势正是在于它拥有群众路线，“党的领导就是要集中人民群众的正确意见”[⑤]，在于它的决策具有广泛性群众基础，“我们需要集中统一的领导，但是必须有充分的民主，才能做到正确的集中”[⑥]，在于尊重群众的实践精神能够克服共产党的思想僵化毛病，“民主是解放思想的重要条件”[⑦]。

之所以如此，在于科学决策才能够在理性阳光下健康发展。

---

① 《邓小平文选》第1卷，272页，北京：人民出版社，1994年。
② 《邓小平文选》第1卷，215页，北京：人民出版社，1994年。
③ 《邓小平文选》第2卷，144—145页，北京：人民出版社，1994年。
④ 《邓小平文选》第2卷，241页，北京：人民出版社，1994年。
⑤ 《邓小平文选》第2卷，145页，北京：人民出版社，1994年。
⑥ 《邓小平文选》第2卷，144页，北京：人民出版社，1994年。
⑦ 《邓小平文选》第2卷，145页，北京：人民出版社，1994年。

一是，发展协商民主加快了人民群众日益扩大的政治参与。既然人民要参政，那就必须事先让人民群众了解参政内容的来龙去脉和当前的形势政策。否则，在信息不对称的条件下，所谓“协商”和“参政”，都不过是一场闹剧罢了。邓小平坚决反对某些领导人所搞的那种形式上的“协商”，“他们既没有使会议的参加者对于所要决定的问题，在会议以前具有思想上的准备，在会议上，又没有造成便于展开讨论的气氛，实际上形成强迫通过”[①]。因此，政府行为必须要透明，必须要打造阳光政府。“我们要在整风的基础上把党公开，……无论城市、乡村、工厂、机关，党都要公开。”[②]西方社会有这样的政治格言：“蝙蝠从来不在阳光下翩翩起舞。”显然，这种公开化的政治压力必然使得政府行为高度审慎，各种决策草案也力求完善，唯恐“逾矩”而遭到群众不信任。

二是，掌握了充分的公共信息后，各协商主体尤其是人民群众才能有的放矢地参政议政，胸有成竹地各抒己见。在这种公开性的商谈中，每个协商主体都会就相关议题表达自己的看法，甚至毫不掩饰地道出自己利益上或者情感上的偏好，说明自己执著的原因，并提供支持或批评他人建议的理由。这种理性碰撞和偏好交换，在一个走向成熟的多元社会中具有十分重要的意义。只有这样，基于多元特殊利益的普遍利益才能慢慢聚合。

就此，邓小平批评党的一些领导者不能坦诚地将自己的想法展现出来。“现在还是东怕西怕，还是怕讲心里话，我们党的老传统就恢复不起来。”[③]殊不知，这种做法对科学决策极为有害。建立在充分协商基础上的决策因为最大程度上规避了有限理性的制约，从而最具有科学性，也最具有人民性。因此，邓小平从人民利益出发，十分珍视这种协商民主的商谈价值。他指出：“每一个党员必须养成为人民服务、向群众负责、遇事同群众商量和同群众共甘苦的作风”[④]，“一切提到会议上的问题，都必须经过讨论，允许提出异议”[⑤]。

---

① 《邓小平文选》第1卷，231页，北京：人民出版社，1994年。

② 《邓小平文选》第1卷，160页，北京：人民出版社，1994年。

③ 《邓小平文选》第1卷，308页，北京：人民出版社，1994年。

④ 《邓小平文选》第1卷，217页，北京：人民出版社，1994年。

⑤ 《邓小平文选》第1卷，231页，北京：人民出版社，1994年。

三是，协商民主反对简单的多数决定原则，力主把民主的权威性和充分性、把尊重多数与保护少数、把民主的效率原则与公正原则结合起来。具体来说，协商民主希望通过广泛协商形成的决策能够最终获得各协商主体的认同和遵循。邓小平对此也有明确的看法："对少数人要尊重，少数人的意见不一定就是错误的，即使是错误的，他们的意见也不会是孤立的，只有重视这些意见，才能很好地去加以纠正，帮助同志们改正错误。"[①]邓小平的这个论述，有利于协商民主在"分歧中求和谐，在多样中获统一"的价值实现，从而最终有利于协商民主自身的发展。

（二）协商民主的制度推进

以邓小平为代表的中共第二代领导集体对协商民主制度化的推进从根本上是对第一代领导集体关于协商民主发展问题的"拨乱反正"。"拨乱"体现在第二代领导集体对第一代领导集体关于协商民主发展失误方面的纠正，"反正"体现在第二代领导集体对第一代领导集体关于协商民主发展成功方面的回归、坚持、发展。

1. 坚持制度文明理论，夯实协商民主制度化理论基础

"文革"悲剧发生后，无数中国人在反思：为什么斯大林式的个人崇拜悲剧会在中国重演？为什么林彪、江青一伙反革命集团能够窃取党和国家的很大权力又长期发号施令？许多人认为答案在于封建主义影响和毛泽东同志个人思想作风方面存在缺点。以邓小平为代表的中共第二代领导集体则认为，"文革"的发生，有着更深层次的根源，这就是我们的领导制度、组织制度和工作制度上存在着一系列根本缺陷。

邓小平在指导《关于建国以来党的若干历史问题的决议》的起草时指出，"过去有些问题的责任要由集体承担一些，当然，毛泽东同志要负主要责任。我们说，制度是决定因素，那个时候的制度就是那样。那时大家把什么都归功于一个人。有些问题我们确实也没有反对过，因此也应当承担一些责任。"[②]"不是说个人没有责任，而是说领导制度、组织制度问题更带有根本性、全局性、稳定性和长期性。这种制度问题，关系到党和国家是否改变颜色，必须引起全党的高度重

① 《邓小平文选》第1卷，309页，北京：人民出版社，1994年。

② 《邓小平文选》第2卷，308—309页，北京：人民出版社，1994年。

视。”[①]这一系列深刻思想指出了“文革”的实质，同时为中国共产党找到了一条不搞政治运动而是靠制度建设谋取政治发展的新路子。这条新路子也可以概括为：坚持制度文明理论，推进民主政治发展。具体说来，它包括如下几个方面的内容：

（1）坚持和完善民主集中制，反对个人专断。

中华人民共和国宪法规定：中国是民主国家，国家一切权力属于人民。邓小平也指出：“民主集中制是党和国家的最根本的制度，也是我们传统的制度。”[②]然而，政治目标的合理性并不代表政治过程的合理性。从我国实际政治生活来看，几千年的封建统治，在人们的头脑中积淀了许多等级观念和官本位思想；长期的计划经济体制，也在人们的头脑中刻下许多“服从”意识；再加上传统政治文化中蕴含的“圣人”“君子”观念更使人们关注人品修养而忽略制度好坏的追问。

邓小平就此指出：“旧中国留给我们的封建专制传统较多，民主法制传统很少。解放以后，我们也没有自觉地、系统地建立保障人民民主权利的各项制度，法制很不完备，也很不受重视，特权现象有时受到限制、批评和打击，有时又重新滋长。”[③]在建国以后很长一段时间里，我们在对资本主义保持高度警惕、高压批判的同时，对“肃清思想政治方面的封建主义残余影响这个任务，因为我们对它的重要性估计不足，以后很快转入社会主义革命，所以没有能够完成。”[④]这就使人治主义传统渗透到很多中国人的观念之中。结果在人民这里，造成依附人格、义务本位、清官意识和权力崇拜等现象成为政治常态；在管理者队伍中，“官大一级压死人”成为政治信条，“家长制”“一言堂”现象在党内长久存在。[⑤]

从中国共产党的历史来看，从遵义会议到社会主义改造时期，民主集中制一直能够得到较好遵守，这也在政治上保证了新民主主义革命和社会主义改造的胜利。但在毛泽东晚年，民主集中制遭到了破坏，致使社会主义事业在“大跃进”和“文化大革命”中受到了严重挫折。

① 《邓小平文选》第2卷，333页，北京：人民出版社，1994年。
② 《邓小平文选》第1卷，312页，北京：人民出版社，1994年。
③ 《邓小平文选》第2卷，332页，北京：人民出版社，1994年。
④ 《邓小平文选》第2卷，335页，北京：人民出版社，1994年。
⑤ 《邓小平论党的建设》，143—145页，北京：人民出版社，1990年。

邓小平总结这段历史灾难根源时说："在过去一个相当长的时间内，民主集中制没有真正实行。"[①]1980年在回答意大利记者法拉奇提问时，邓小平也明确无讳地指出："毛主席后期有些不健康的思想，就是说，有家长制这些封建主义性质的东西。"[②]

因此，只有完善民主集中制才能真正坚持人民民主，才能赢得人民的支持，才能建设坚实的政治合法性。就此，邓小平强调："如果不坚决改革现行制度中的弊端，过去出现过的一些严重问题今后就有可能重新出现。只有对这些弊端进行有计划、有步骤而又坚决彻底的改革，人民才会信任我们的领导，才会信任党和社会主义，我们的事业才有无限的希望。"[③]相反，"如果搞得不好，特别是民主集中制执行得不好，党是可以变质的，国家也是可以变质的，社会主义也是可以变质的。干部可以变质，个人也可以变质。"[④]

（2）用制度保障人民民主，而不是用"大民主"摧毁制度。

民主必须建立在科学、严谨的法律制度即法治基础之上。"文革"的一个悲剧正在于毛泽东晚年格外推崇不受制度制约的"大民主"。事实上，在极"左"思潮严重泛滥的情况下，"大民主"实际上又变成了毛泽东个人至高无上的绝对权威与整个社会极端的无政府状态的奇异结合。当毛泽东个人的"最高权威"大到可以完全左右群众的时候，"大民主"也就失去了它本来含义而成了毫无制约的"无民主"。[⑤]显

① 《邓小平文选》第2卷，144页，北京：人民出版社，1994年。

② 《邓小平文选》第2卷，347—348页，北京：人民出版社，1994年。

③ 《邓小平文选》第2卷，333页，北京：人民出版社，1994年。

④ 《邓小平文选》第1卷，303页，北京：人民出版社，1994年。邓小平始终强调民主集中制的根本原则是少数服从多数原则。个人必须服从组织、下级必须服从上级、全党必须服从中央都有赖于这个原则。首先，个人之所以必须服从组织，因为这个组织代表多数，这个要求在本质上体现"少数服从多数"的原则，如果这个组织不代表多数，而只代表几个人，那么"个人服从组织"就不再成为民主集中制的原则。其次，下级之所以必须服从上级，这是因为上级代表更大的多数，这个原则直接或间接地体现着"少数服从多数"的原则。如果上级不代表更大的多数，即不是被更大多数直接或间接选举产生的，而是由更少的甚至某个独裁者组织任命的，那么，这种下级服从上级就与"少数服从多数"的民主集中制根本对立。最后，全党之所以必须服从中央，因为中央的代表性比任何地方或部门的组织以及每个组织成员都大得多，这个原则直接或间接地体现着"少数服从多数"的原则。这里"全党服从中央"的基础和前提是中央是由全国代表大会选举产生的，而代表大会的代表是由地方各级组织和全体党员直接或间接选举产生的，因为它代表最大的多数，如果没有这个前提和基础，没有被"少数服从多数"的原则所规定，那么这种"服从"也就与民主集中制相距甚远，走向其反面了。参见尉松明：《民主集中制的由来、实质及其完善》，《甘肃社会科学》，2005（1）。

⑤ 张君良：《毛泽东民主思想及其现实思考》，《马克思主义与现实》，2007（1）。

然，当制度不能保障和规范民主的时候，“民主”就会损害甚至摧毁制度。就此，邓小平曾明确指出：“斯大林严重破坏社会主义法制，毛泽东同志就说过，这样的事件在英、法、美这样的西方国家不可能发生。”①

因此，只有在借鉴西方民主政治优秀成果的基础上，建立社会主义法治，用制度约束个人权力，才能确保国家长治久安。“我们过去发生的各种错误，固然与某些领导人的思想、作风有关，但是组织制度、工作制度方面的问题更重要。这些方面的制度好可以使坏人无法任意横行，制度不好可以使好人无法充分做好事，甚至会走向反面。即使像毛泽东这样伟大的人物，也受到一些不好制度的严重影响，以至对党对国家对他个人都造成很大的不幸。”②

基于这个认识，邓小平提出，必须建立民主法制。他认为，此事主要应从两个方面着手：一是用法律保障公民真正拥有民主权利。“要使我们的宪法更加完备、周密、准确，能够切实保证人民真正享有管理国家各级组织和各项企业事业的权力，享有充分的公民权利。”③二是用法律确保领导者的权力受到制约，使制度大于权力。邓小平指出：“必须使民主制度化、法律化，使这种制度和法律不因领导人的改变而改变，不因领导人的看法和注意力的改变而改变。”④此外，对于我国当时的领导职务终身制，邓小平认为这会造成权力对制度的遮盖和侵蚀，因此“是我们制度上的缺陷”，“这不是一个人的问题，是整个制度的问题”⑤。如果制度上不能解决这个问题，在相当长的时间，让一个国家的命运建立在一两个的人声望上面，是很不健康的，很危险的，难以为继的。“不出事没问题，一出事就不可收拾。”⑥

2. 发展统一战线和多党合作事业，拓宽协商民主制度平台

1956年召开的中共八大对民主党派的性质作了正确分析：“中国各民主党派的社会基础是民族资产阶级、上层小资产阶级和它们的知识分子。在社会主义改造完成以后，民族资产阶级和上层小资产阶级的

① 《邓小平文选》第2卷，333页，北京：人民出版社，1994年。

② 《邓小平文选》第2卷，333页，北京：人民出版社，1994年。

③ 《邓小平文选》第2卷，339页，北京：人民出版社，1994年。

④ 《邓小平文选》第2卷，146页，北京：人民出版社，1994年。

⑤ 《邓小平文选》第2卷，350页，北京：人民出版社，1994年。

⑥ 《邓小平文选》第3卷，311页，北京：人民出版社，1993年。

成员将变成社会主义的劳动者的一部分。各民主党派就将变成这部分劳动者的政党。”[①]理论的深刻必然推动实践的发展。在20世纪50年代前期，中国共产党与各民主党派以统一战线和多党合作为联系纽带，以人民政协为制度平台，以协商民主为合作形式，建立了互相监督、长期共存的良性党际关系。

但是，随着“左”倾错误的升级，中共中央在对民主党派性质的认识和定位上出现了严重偏差。各民主党派重新被定性为“在总的方面还是资产阶级性的政党，还没有成为真正为社会主义服务的政治力量”[②]。这种错误的政治判断自然要付出沉重的政治代价。大约二十年的时间，中国的统一战线组织、多党合作事业和协商民主政治都处在寒冷的冬天中。

1978年中共十一届三中全会以后，政治上的拨乱反正使统一战线和多党合作迎来了春天。随着民主党派的性质、地位和作用进一步明确，基于人民政协的制度化的协商民主也进入了新的发展阶段。

（1）以邓小平为代表的中共第二代领导集体充分肯定了各民主党派在中国革命和建设事业中的历史地位和作用。

在争取新民主主义革命胜利和建立中华人民共和国的斗争中，各民主党派发挥了重要作用。新中国成立后，他们推动和帮助各自的成员以及所联系的人们，接受社会主义改造，参加社会主义建设，参加反对国内外敌人的斗争，都作出了宝贵的贡献。当前，随着我国社会阶级状况的根本变化，我国的民主党派已经成为各自所联系的一部分社会主义劳动者和一部分拥护社会主义的爱国者的政治联盟，都是在中国共产党领导下为社会主义服务的政治力量。各民主党派在社会主义改革和建设过程中具有重要的地位和不可忽视的作用，他们是现代化建设中不可缺少的重要力量，能够在巩固和发展安定团结的政治局面，促进社会主义现代化建设，发扬社会主义民主，加强法制，进行自我教育和促进祖国统一等方面，作出新的更大的贡献。

邓小平指出：“我国各民主党派在民主革命中有过光荣的历史，在社会主义改造中也作了重要的贡献。这些都是中国人民所不会忘记的。

① 《刘少奇选集》下卷，246页，北京：人民出版社，1985年。

② 萧超然：《中国多党合作与政治协商制度专题资料汇编》，294页，北京：华文出版社，1997年。

现在它们都已经成为各自所联系的一部分社会主义劳动者和一部分拥护社会主义的爱国者的政治联盟，都是在中国共产党领导下为社会主义服务的政治力量。”[①]实事求是地肯定这些变化，极大地调动了民主党派为现代化建设服务的积极性，也使中国共产党与民主党派之间进一步形成了新型的合作关系，为新时期加强多党合作和发展协商民主奠定了坚实的基础。

（2）以邓小平为代表的中共第二代领导集体将人民政协和协商民主进一步规范化和制度化。

人民政协是实施协商民主最主要的制度平台。在人民政协中，人们依据公开的民主程序，围绕政策和建议展开充分的交流、沟通、协商和妥协，从而使决策更具有科学性、合理性和合法性。1979年10月，邓小平指出：“在中国共产党的领导下，实行多党派的合作，这是我国具体历史条件和现实条件所决定的，也是我国政治制度中的一个特点和优点。”[②]西方社会“那种多党制是资产阶级互相倾轧的竞争状态所决定的，它们谁也不代表广大劳动人民的利益……这种状况是它们的弱点而不是强点，这使它们每个国家的力量不可能完全集中起来，很大一部分力量互相牵制和抵消。”[③]

在此，邓小平揭示了中国共产党领导的多党合作和政治协商制度与我国政治制度之间的内在联系，第一次肯定它是我国政治制度的一个组成部分。1982年党的十二大将“长期共存、互相监督”八字方针，发展为“长期共存、互相监督、肝胆相照、荣辱与共”十六字方针。十六字方针是八字方针在新的历史条件下的深化和发展，这标志着共产党与民主党派在根本利益一致基础上结成了亲密友党关系，也标志着共产党领导的多党合作制度已成为整个社会的共识。1982年12月，第五届全国人大制定新的宪法，明确肯定中国共产党领导的包括各民主党派在内的爱国统一战线“将继续巩固和发展”。1982年政协五届五次会议制定的人民政协章程（第三部章程）进一步明确了人民政协的性质是“中国人民在中国共产党领导下的统一战线组织”。

在此基础上，邓小平指出：“人民政协是发扬人民民主、联系各方

① 《邓小平文选》第1卷，221页，北京：人民出版社，1994年。

② 《新时期统一战线文献选编》，84页，北京：中共中央党校出版社，1985年。

③ 《邓小平文选》第2卷，267页，北京：人民出版社，1994年。

面人民群众的一个重要组织。中国的社会主义现代化建设事业，继续需要政协就有关国家的大政方针、政治生活和四个现代化建设中的各项社会经济问题，进行协商、讨论，实行互相监督，发挥对宪法和法律实施的监督作用。我们要广开言路……让各方面的意见、要求、批评和建议充分反映出来，以利于政府集中正确的意见，及时发现和纠正工作中的缺点、错误，把我们的各项事业推向前进。”[①]

1987年，中国共产党召开十三大，经邓小平提议，“中国共产党领导的多党合作和政治协商制度”这一重要概念被正式写入执政党文件。报告指出：“人民代表大会制度，共产党领导的多党合作和政治协商制度，按照民主集中制的原则办事，是我们的特点和优势，决不能丢掉这些特点和优势，照搬西方的‘三权分立’和多党轮流执政。”[②]报告第一次把多党合作和政治协商作为一种制度同我国的根本政治制度人民代表大会制度并列提出，这就进一步从政治体制的高度规范了表决民主与协商民主之间的关系。这种规范非常符合中国国情，因为政治协商有利于最大程度地包容和表达各种利益诉求，有利于促进党和国家决策的民主化、科学化。

诚如有学者指出的那样：“多党合作和政治协商制度的建立和发展逐渐形成了体现协商性的政治文化，并内化在民众对政治体制的认知和评价之中，同时又经由政治社会化的途径强化了政治参与者及民众对协商性和合作性政治架构的认可和遵循。”[③]正因为这个原因，邓小平说：“在新的历史时期，人民政协作为统一战线组织，任务是十分光荣的，工作是大有可为的。”[④]良好的政治选择再加上健全的制度保障，中国特色的协商民主终于迎来了复兴和繁荣的大好时期。自此以后，中国大地上形成了长盛不衰的海纳百川的协商风气和奔腾不息的协商潮流。

（3）以邓小平为代表的中共第二代领导集体强调中国共产党的领导是协商民主健康发展的政治保障。

针对改革开放后一些人在多党制、议会制上的模糊认识，以邓小

① 《邓小平文选》第2卷，187页，北京：人民出版社，1994年。

② 赵紫阳：《中国共产党第十三次全国代表大会报告》。

③ 杨炳超：《协商民主之内涵》，《中共天津市委党校学报》，2007（4）。

④ 《邓小平文选》第2卷，188页，北京：人民出版社，1994年。

平为代表的中共第二代领导集体指出："在中国共产党的领导下，实行多党派的合作，是我国具体历史条件和现实条件所决定的，也是我国政治制度的一个特点和优点。"[①]"从根本上说，没有党的领导，就没有现代中国的一切。"[②]动摇了共产党领导这个原则，"中国就要倒退到分裂和混乱，就不可能实现现代化"[③]。从历史的层面上说，党的领导是中国人民在长期的革命和社会主义建设实践中逐步形成的共识，是人民民主统一战线的逻辑必然。从现实层面上说，坚持党的领导是改革开放和社会主义现代化建设的需要，也是协商民主健康发展的政治保障。协商民主作为民主的一种形式，必须与党的领导和依法治国相结合，才能在中国社会结成硕果。换言之，只有坚持中国共产党的领导，才能"在政治上创造比资本主义国家的民主更切实的民主"[④]。相反，"在中国这样一个大国，没有共产党的领导，必然四分五裂，一事无成。对于党内外任何企图削弱、摆脱、取消、反对党的领导的倾向，必须进行批评、教育以致必要的斗争。"[⑤]

（三）协商民主的基础培植

民主政治作为上层建筑，其发展动力不仅来源于相应的政治观念的文化推动和政治体系的制度塑造，更来源于一定经济基础的根本决定作用。一方面，一定经济基础为民主政治的发展提供了可能性，在"以人的依赖关系为基础的社会"里，很难想象会有民主政治的产生；另一方面，一定经济基础为民主政治的发展提供了必要性，它需要民主政治为它保驾护航。具体来说，以邓小平为代表的中共第二代领导集体通过发展社会主义市场经济为协商民主提供了新的发生基础。

1. 社会主义市场经济与协商民主的辩证关系

协商民主是政治学意义上"民主"与社会学意义上"协商"的结合。首先，作为政治学意义上的"民主"，协商民主只能建立在商品经济基础之上。马克思在1857—1858年所写的经济学手稿中指出："人的

① 《邓小平文选》第2卷，205页，北京：人民出版社，1994年。
② 《邓小平文选》第2卷，266页，北京：人民出版社，1994年。
③ 《邓小平文选》第2卷，267页，北京：人民出版社，1994年。
④ 《邓小平文选》第2卷，322页，北京：人民出版社，1994年。
⑤ 《邓小平文选》第2卷，358页，北京：人民出版社，1994年。

依赖关系（起初完全是自然发生的），是最初的社会形态，在这种形态下，人的生产能力只是在狭窄的范围内和孤立的地点上发展着。以物的依赖性为基础的人的独立性，是第二大形态，在这种形态下，才形成普遍的社会物质变换，全面的关系，多方面的需求以及全面的能力体系。”①

马克思这段话深刻阐明了商品经济是民主政治得以真正萌生的社会经济基础。之所以如此，因为在自然经济盛行的社会形态中，先是人与人之间自然血族关系的脐带尚未割断，接着是各种政治权力的层层压制，因而人的主体性形成的各种社会自由都无从产生。这种情况下，人类社会尚未发展到“政治解放”阶段，它的基本政治生态是依附人格、身份治理和义务本位。

然而，随着商品经济的发展，“人的依赖纽带、血统差别、教育差别等等事实上都被打破了，被粉碎了”②。之所以如此，一方面，在商品经济社会中，“产品的普遍交换已成为每一单个人的生存条件，这种普遍交换……表现为一种物。在交换价值上，人的社会关系转化为物的社会关系。”③另一方面，“平等和自由不仅在以交换价值为基础的交换中受到尊重，而且交换价值的交换是一切平等和自由的生产的、现实的基础。作为纯粹观念，平等和自由仅仅是交换价值的交换的一种理想化的表现；作为在法律的、政治的、社会的关系上发展了的东西，平等和自由不过是另一次方的这种基础而已。”④人类社会终于在市场“庸俗的”买和卖中迎来了政治解放。显然，只有在商品经济社会中，独立人格、契约治理和权利本位等三大要素所构成的政治生态才会形成，而基于这种政治生态的民主政治也才会产生。

作为社会学意义上的“协商”，协商民主也只能发生在商品经济基础上。关于“协商”的特征，人们一般有这样的共识：自由、平等和理性。自由意味着协商与强迫无涉，那种城下之盟的协商和以“枪杆子”为背景的“礼贤下士”的协商不是真正的协商。协商只认可当事

① 《马克思恩格斯全集》第46卷（上册），104页，北京：人民出版社，1979年。
② 《马克思恩格斯全集》第46卷（上册），110页，北京；人民出版社，1979年。
③ 《马克思恩格斯全集》第46卷（上册），103页，北京：人民出版社，1979年。
④ 《马克思恩格斯全集》第46卷（上册），197页，北京：人民出版社，1979年。

各方自由合意的契约，反对任何外力的强制性干预。平等是人类理解或建构协商的重要理念。协商需要的平等包括协商机会平等（机会面前，不存在任何偏见和歧视）、协商资源平等（在协商过程中，每个人都有平等的机会获得各种信息；同时他们在平等的协商程序中协商）。理性是协商过程的实质性特征。协商过程彰显的最大原则可谓“有理走遍天下，无理寸步难行”。也就是说，协商主体应该在最具说服力信息的基础上修改自己的建议，并接受其他主体严苛的理性审视。如果不是理性主导协商，而是强力的控制或是情绪的感染，协商也就变成了“臣服”或“随波逐流”了。显然，自由、平等和理性也只有在商品经济社会才能获得坚实的发生基础。

不发展社会主义市场经济[①]，长期在自然经济和计划经济浸润下的中国社会异常缺乏民主政治和理性文化发生的根源。前文阐述了当毛泽东期望通过以“大民主”的方式来摧毁官僚主义在中国的影响，为民主政治正常发展扫平障碍。结果这种“大民主”最后却走向了民主的对立面。根子在于：没有市场经济这个基础，民主政治必然是不健全甚至是扭曲的。

另外，社会主义市场经济也呼唤协商民主为其服务。伴随着社会主义市场经济从无到有的发展，经济和社会结构发生了深刻变化。首先，社会生活多样、多元、多变的特征日益凸显，各种思想观念相互交织、相互影响、相互激荡。其次，社会各阶层的流动、分化和组合日益加快，新的经济成分、利益群体和社会组织不断产生，利益关系和社会矛盾日益复杂，社会多元分化程度日渐加深。

在这种情况下，传统的表决民主已经不能完全胜任调整社会利益冲突的角色。美国著名社会学家阿尔文·托夫勒在《第三次浪潮》一书中深刻指出：“在现代的政治框架结构中，即使是圣人、英雄加天才来统治，也仍然面临代议制最终的危机。必须通过广泛的协商，心平气和的共同参与，重新确立政治的框架结构。”[②]显然，只有建立在对话、尊重、理解、妥协基础上的公共协商才能完成社会普遍利益的塑造，化解日益严重的社会排斥和社会断裂现象。

---

① 市场经济是商品经济的高级发展阶段，其本质特征与商品经济完全一致。

② ［美］阿尔文·托夫勒：《第三次浪潮》，黄明坚译，511页，北京：生活·读书·新知三联书店，1984年。

2. 中共第二代领导集体对社会主义市场经济的发展[①]

以邓小平为代表的中共第二代领导集体早在改革开放之初就明确提出要发展社会主义市场经济，但这个认识又是随着改革开放的逐步推进而不断深化的。

1979年11月26日，邓小平会见美国和加拿大客人时曾明确指出："说市场经济只存在于资本主义社会，只有资本主义的市场经济，这肯定是不正确的，社会主义为什么不可以搞市场经济，这个不能说是资本主义"，"社会主义也可以搞市场经济"。"方法上基本上和资本主义社会的相似，但也有不同，这是全民所有制之间的关系，当然也有同集体所有制之间的关系，也有同外国资本主义的关系"。"这是社会主义利用这种方法来发展社会生产力"[②]。社会主义市场经济概念的提出无论在马克思主义发展史上，还是在人类文明史上，都划出了一个新时代。它让处于计划经济一统天下的中国打开了希望之窗，为中国的改革开放指明了前进方向。

1985年，邓小平更是明确地提出"社会主义和市场经济之间不存在根本矛盾"[③]。"多年的经验表明，要发展生产力，靠过去的经济体制不能解决问题，所以我们吸收资本主义中一些有用的方法来发展生产力。现在看得很清楚，实行对外开放政策，搞计划经济和市场经济相结合，进行一系列的体制改革，这个路子是对的。"[④]

1987年，邓小平进一步认识到："计划和市场都是方法嘛，只要对发展生产力有好处，就可以利用。它为社会主义服务，就是社会主义的；为资本主义服务，就是资本主义的。"[⑤]这一论述是发展社会主义

---

① 以毛泽东为代表中共第一代领导集体对发展商品经济也做过许多有益的探索。但是"左"倾思想使得这种正确的探索未能成为时代主流。邓小平作为中共第二代领导集体核心，同时也是第一代领导集体重要成员，改革开放后发展社会主义市场经济一定程度上也是对第一代领导集体探索过程的继续。正如邓小平指出的那样："三中全会以后，我们就是恢复毛泽东同志的那些正确的东西嘛，就是准确地、完整地学习和运用毛泽东思想嘛。基本点还是那些。从许多方面来说，现在我们还是把毛泽东同志已经提出、但是没有做的事情做起来，把他反对错了的改正过来，把他没有做好的事情做好。今后相当长的时期，还是做这件事。当然，我们也有发展，而且还要继续发展。"参见《邓小平文选》第2卷，300页，北京：人民出版社，1994年。

② 《邓小平文选》第2卷，236页，北京：人民出版社，1994年。

③ 《邓小平文选》第3卷，148页，北京：人民出版社，1993年。

④ 《邓小平文选》第3卷，149页，北京：人民出版社，1993年。

⑤ 《邓小平文选》第3卷，203页，北京：人民出版社，1993年。

市场经济的理论先声。

1990年底，邓小平针对当时计划和市场问题上的认识混乱，指出："我们必须从理论上搞懂，资本主义与社会主义的区分不在于是计划还是市场这样的问题。社会主义也有市场经济，资本主义也有计划控制。""不要以为搞点市场经济就是资本主义道路，没有那么回事。计划和市场都得要。不搞市场，连世界上的信息都不知道，是自甘落后。"①1991年，邓小平再次指出，"不要以为，一说计划经济就是社会主义，一说市场经济就是资本主义，不是那么回事，两者都是手段，市场也可以为社会主义服务。"②

1992年，邓小平南方谈话总结了改革开放以来的正反经验，对计划经济和市场经济等重大理论问题展开了深入思考和探讨，从理论上作了深刻透彻的概括。邓小平在南方谈话中指出："计划多一点还是市场多一点，不是社会主义与资本主义的本质区别，计划经济不等于社会主义，资本主义也有计划；市场经济不等于资本主义，社会主义也有市场。计划和市场都是经济手段。"③这就对社会主义可不可以搞市场经济这个长期争论不休、但又事关重大的问题，作出了一个精辟的回答，从根本上解除了发展市场经济的束缚。邓小平的南方谈话为实现中共十四大将建立社会主义市场经济体制作为我国经济体制改革的目标模式这一历史性的突破奠定了理论基础。

总之，社会主义市场经济的健康发展，带来了民间组织的产生与繁荣，带来了市民社会的出现与成熟，从而为发展协商民主提供了必要的社会基础。

三、中共第三代领导集体对中国特色协商民主的提升

进入20世纪90年代以后，国际国内形势发生了重大而深刻的变化，出现了一些新的时代特征和发展趋势，对我国的经济、政治、文化和社会生活产生了极为重要的影响。以江泽民为代表的中共第三代领导集体，着眼时代要求和我国社会发展，在深刻总结历史经验的基

① 《邓小平文选》第3卷，364页，北京：人民出版社，1993年。

② 《邓小平文选》第3卷，367页，北京：人民出版社，1993年。

③ 《邓小平文选》第3卷，373页，北京：人民出版社，1993年。

础上，坚持与时俱进、开拓创新，进一步提升了中国特色协商民主。

（一）协商民主发展的动力提升

协商民主并不是一个独立封闭的自循环系统，它的产生与发展离不开许多支持性要素的作用。以江泽民为代表的中共第三代领导集体从经济、政治和制度三个方面赋予了发展协商民主的新动力。

1. 发展社会主义市场经济，为提升协商民主供给经济动力

邓小平是社会主义市场经济理论的奠基人，江泽民是社会主义市场经济的拓展者[①]。根据邓小平的社会主义市场经济理论，江泽民于1992年6月在中央党校省部级干部进修班上的讲话中第一次提出了使用“社会主义市场经济体制”作为建立新经济体制的建议，得到了邓小平的赞同[②]。在这个基础上，江泽民又提出了社会主义市场经济的改革目标，并在党的十四大上得到确立。从此，社会主义市场经济理论具有了更丰富的内涵。

（1）这个理论强调市场和计划都是手段。

传统观点认为计划经济和市场经济是代表社会主义和资本主义两种经济制度的本质属性，而社会主义市场经济理论认为它们都是经济手段。“我国经济体制改革确定什么样的目标模式，是关系整个社会主义现代化建设全局的一个重大问题。这个问题的核心，是正确认识和处理计划与市场的关系。传统的观念认为，市场经济是资本主义特有的东西，计划经济才是社会主义经济的基本特征……特别是邓小平同志今年初重要谈话进一步指出，计划经济不等于社会主义，资本主义也有计划；市场经济不等于资本主义，社会主义也有市场。计划和市场都是经济手段。计划多一点还是市场多一点，不是社会主义与资本

① 改革开放以后，以邓小平为代表的第二代领导集体、以江泽民为代表的第三代领导集体和以胡锦涛为代表的新一代领导集体犹如接力赛跑的三个队员，对市场经济的认识薪火相传。第二代领导集体在十二大上提出计划经济为主，市场调节为辅；在十二届三中全会上指出商品经济是社会经济发展不可逾越的阶段，我国社会主义经济是公有制基础上的有计划商品经济；在十三大上提出社会主义有计划商品经济的体制应该是计划与市场内在统一的体制。第三代领导集体从十三届四中全会后，先是提出建立适应有计划商品经济发展的计划经济与市场调节相结合的经济体制和运行机制，继而在十四大上提出建立社会主义市场经济体制，又在十四届三中全会上进一步明确“建立”社会主义市场经济体制的基本框架。新一代领导集体则在十六届三中全会上对“完善”社会主义市场经济体制提出了目标和任务。

② 参见《江泽民文选》第2卷，289—290页，北京：人民出版社，2006年。

主义的本质区别。这个精辟论断，从根本上解除了把计划经济和市场经济看作属于社会基本制度范畴的思想束缚，使我们在计划与市场关系问题上的认识有了新的重大突破。”[①]

（2）这个理论强调了市场作为经济手段的优位性。

计划与市场作为调节经济的两种手段，它们对经济活动的调节各有自己的优势和长处。但是，在社会化大生产和存在复杂经济关系的条件下，市场经济对促进经济发展具有更强的适应性、更显著的优势和较高的效率。“我们要建立的社会主义市场经济体制，就是要使市场在社会主义国家宏观调控下对资源配置起基础性作用，使经济活动遵循价值规律的要求。”“实践表明，市场作用发挥比较充分的地方，经济活力就比较强，发展态势也比较好。我国经济要优化结构，提高效益，加快发展，参与国际竞争，就必须继续强化市场机制的作用。”[②]

（3）这个理论强调了社会主义市场经济共性与个性相结合的特征。

市场经济作为资源配置的一种方式本身并不具有制度属性，这是它的共性。但是，它与社会主义相结合而形成的经济体制则必须体现社会主义基本制度的特征，这是它的个性。江泽民指出：“我们搞的是社会主义市场经济，‘社会主义’这几个字是不能没有的，这并非多余，并非‘画蛇添足’，而恰恰相反，这是‘画龙点睛’。所谓‘点睛’就是点明我们市场经济的性质。”[③]

伴随着社会主义市场经济体制的建立，束缚中国社会的体制性羁绊被彻底消除。在经济获得空前繁荣与发展的背后，人们的主体性精神和理性精神以超过财富增长的速度生成。主体性精神架起了人们的民主理念，理性精神则架起了人们的协商精神。同时，在以往社会财富贫乏、为维持生存而不得不实行相对平均分配的背景下，人民对民主（无论是表决民主还是协商民主）往往都没有多大热情。但是在社会财富急剧膨胀、贫富差距拉大的时代，如何调整彼此利益冲突，包括如何使用和分配公共收益，如何实现公共投入，已经变成极为迫切的问题。因此，争取公平的利益享受也就成为人们争取民主，包括协商民主的最根本动力。

---

① 江泽民：《在中国共产党第十四次全国代表大会上的报告》。

② 江泽民：《在中国共产党第十四次全国代表大会上的报告》。

③ 《江泽民论有中国特色社会主义》，69页，北京：中央文献出版社，2002年。

2. 提出和实践“三个代表”重要思想，为提升协商民主供给政治动力

1989年，邓小平对江泽民和新的中央其他领导提出了“要聚精会神地抓党的建设”[①]的重要意见。面对改革开放和市场经济的大背景，以江泽民为代表的中共第三代领导集体对“建设什么样的党、怎样建设党”这个重大问题进行了艰苦探索。经过长期思考，2000年2月，江泽民在广东考察工作时，第一次提出“三个代表”的要求[②]。2000年5月，他又指出：始终代表中国先进生产力的发展要求，代表中国先进文化的前进方向，代表中国最广大人民的根本利益，是中国共产党的“立党之本、执政之基、力量之源”[③]。2001年7月，江泽民在纪念建党80周年大会上的讲话中，明确指出，“三个代表”回答了在新的历史条件下“建设什么样的党、怎样建设党”这一重大现实问题。他提出要按照“三个代表”的要求加强和改进党的建设，始终保持党的先进性和纯洁性。2002年11月，党的十六大把“三个代表”重要思想写进党章。2004年3月，十届人大二次会议又把它写进宪法。

“三个代表”重要思想，尤其是“代表中国最广大人民的根本利益”思想能够激发广大党员干部推动协商民主的政治责任感。如前所述，随着改革开放的深入和市场经济的发展，利益格局多元化、组织形态多样化、阶层结构复杂化等特征越来越明显。中国共产党在计划经济时代擅长的利益代表方式已经不能适应新时代的要求。这种情况下，只有在不断坚持和完善人民代表大会制度的同时，通过协商民主这种新型民主形式，扩大社会各界的有序政治参与，拓宽利益表达渠道，才能使社会上个别分散的意见与要求得到有组织、有秩序的表达，从而在利益平衡的基础上实现科学决策。然而，任何一个新生事物的发展都不是一帆风顺的，都会面临诸多困难。毛泽东曾深刻指出：“政治路线确定之后，干部就是决定的因素。”[④]显然，如果党员干部发展协商民主的能动性大，这些困难就容易克服，协商民主发展就会加快；反之亦然。然而，思维方式的惯性或惰性使得不少党员干部在面对困

① 《邓小平文选》第3卷，314页，北京：人民出版社，1993年。

② 《江泽民文选》第3卷，2页，北京：人民出版社，2006年。

③ 《江泽民文选》第3卷，15页，北京：人民出版社，2006年。

④ 《毛泽东选集》第2卷，526页，北京：人民出版社，1991年。

难时，迷恋曾经较为简单化的工作方式。还有一些党员干部则迷失于市场经济下特殊利益的诱惑，忘记了“执政为民”的宗旨。显然，“三个代表”重要思想，尤其是“代表中国最广大人民的根本利益”这一思想能够从根本上激发广大党员干部为人民服务的政治责任感，从而为协商民主发展找到持久的政治动力。

另外，“代表中国最广大人民的根本利益”也标志着中国共产党已经实现了从革命党向执政党的转换。如第一章分析，革命党更多是考虑建设革命—动员型民主，较为忽略法理—程序型民主。而协商民主和表决民主本质上属于法理—程序型民主的两种实现手段；没有真正意义上的法理—程序型民主，协商民主是很难得到长足、健康、持久的发展。相反，执政党更多考虑是建设法理—程序型民主，考虑“立党为公、执政为民”，考虑具体的公共政策能否服务最多数的民众，考虑具体的公共决策能否赢得最多数民众的支持。显然，政府的决策只有和民众发生充分的交流、沟通，才能够赢得民众的欢迎。在这样一种语境中，表决民主，特别是协商民主得到了大建设、大发展的广阔空间。

3. 建设社会主义法治国家，为提升协商民主供给制度动力

十一届三中全会以后，邓小平针对“文革”时期我国法制建设遭受严重破坏的情况指出：“要继续发展社会主义民主，健全社会主义法制。这是三中全会以来中央坚定不移的基本方针，今后也决不允许有任何动摇。我们的民主制度还有不完善的地方，要制定一系列的法律、法令和条例，使民主制度化、法律化。”[①]

党的十三届四中全会以后，以江泽民为代表的中共第三代领导集体继承和发展了邓小平关于加强社会主义法制建设的思想，并在1996年2月提出了“依法治国”思想。1997年党的十五大报告提出了“依法治国，建设社会主义法治国家”的历史目标，把“依法治国”确定为党领导人民治理国家的基本方略。“依法治国，就是广大人民群众在党的领导下，依照宪法和法律规定，通过各种途径和形式管理国家事务，管理经济文化事业，管理社会事务，保证国家各项工作都依法进行，逐步实现社会主义民主的制度化、法律化，使这种制度和法律不

① 《邓小平文选》第2卷，359页，北京：人民出版社，1994年。

因领导人的改变而改变，不因领导人看法和注意力的改变而改变。”[①] 1999年3月，九届人大二次会议通过的宪法修正案明确写上“中华人民共和国实行依法治国，建设社会主义法治国家”，正式把这一治国方略以国家根本大法的形式予以确立。

建设社会主义法治国家可以从两个方面为发展协商民主提供制度动力。

一是从实体法层面而言，建设社会主义法治国家有助于社会成员形成宪政共识，尤其是形式主义宪政共识，从而为协商民主供给底线保障。有了这种底线保障，社会成员才具备基本的自我权利意识和尊重他人权利的平等意识。事实上，权利意识和平等意识是协商民主赖以发生的前提。商品交换需要两个必备条件：财产拥有和交换双方主体平等。如果双方不拥有可以自由支配的财产，双方就没有可以交换的内容；如果双方没有平等地位，双方就没有交换的必要（一方可以剥夺另一方的财产）。同样，如果双方没有个人权利，协商民主也就缺乏沟通、尊重、理解、妥协的内容，协商民主作为权利的相互让渡和交换便失去了现实意义。如果双方没有平等意识和现实的平等制度，协商民主也就缺失了自由合意的可能。

二是从程序法层面而言，建设社会主义法治国家有助于社会成员形成程序正义[②]观念并尊重程序制度，从而为协商民主健康发展供给制度伦理。中国社会传统历来重实体轻程序，与实体正义观念深入人心相较，程序正义观念被很多人忽略。然而，犹如英国法律格言所揭示的那样：“正义不仅应得到实现，而且要以人们看得见的方式加以实现”。法律的公正从来都是实体公正与程序公正的统一。事实上，没有程序公正，实体公正往往很难实现；即使一定程度上实现了，也常常

① 江泽民：《在中国共产党第十五次全国代表大会上的报告》。

② 1971年，美国学者约翰·罗尔斯出版了著名的《正义论》一书，在该书中提出并分析了程序正义的三种形态：纯粹的程序正义、完善的程序正义以及不完善的程序正义，并着重对纯粹的程序正义进行了论述。在罗尔斯看来，这种纯粹的程序正义的特征是：“不存在任何有关结果正当性的独立标准，但是存在着有关形成结果的过程或者程序正当性和合理性的独立标准，因此只要这种正当的程序得到人们恰当的遵守和实际的执行，由它所产生的结果就应被视为是正确和正当的，无论它们可能会是什么样的结果。例如，公平机会原则的作用就是从纯粹的程序正义的角度保障分配的正义得到实现，因为纯粹的程序正义具有巨大实践优点是：在满足正义的要求时，它不再需要追溯无数的特殊环境和个人不断变化着的相对地位，从而避免了由这类细节引起的复杂原则问题。”参见［美］罗尔斯：《正义论》，何怀宏、何包钢、廖申白译，80、83页，北京：中国社会科学出版社，1988年。

受到人们的质疑。当然，重视程序公正，有时会对实体公正造成一定伤害，但这种伤害予以接受是“两害相权取其轻”的结果。犹如政治学者罗尔斯指出的那样：“允许我们默认一种有错误的理论的惟一前提是尚无一种较好的理论，同样，使我们忍受一种不正义只能是在需要用它来避免另一种更大的不正义情况下才有可能。”①协商民主如果缺乏程序公正的指引，一方面人们会对一些基于随意协商、不公开性协商、不公正协商而产生的结果表示怀疑。另一方面，没有程序理性的制约，人们在协商过程中很难用理性克制情绪，用客观克制偏激。程序理性使得人们的情绪冲动具备了一道防护栏。最后，缺乏程序公正的协商还容易使人们陷入“追求终极公正”的思维误区，冤冤相报何时了。事实上，人的有限理性使得人类只能用“足够满意”取代“最满意”，而程序的及时终结性正是人类有限理性和效率原则的体现。如果协商主体对效率原则和有限理性予以认可，他们就会对实体公正的“误差部分”忽略不计，从而促进宽容、包容、妥协精神的产生。

（二）协商民主建设的制度优化

协商民主在当代中国最重要的制度载体是多党合作和政治协商制度。以江泽民为代表的中共第三代领导集体从多方面推进中国共产党领导的多党合作和政治协商制度，从而实现了协商民主制度化的新提升。

1. 进一步明确多党合作和政治协商在我国政治生活中的重要地位，为协商民主制度化提供政治保障

中共第一代领导集体奠定了我国的多党合作和协商民主的理论，确定我国政党制度的方针为“长期共存，相互监督”。中共第二代领导集体确定我国政党制度的方针为“长期共存、互相监督、肝胆相照、荣辱与共”，指出中国共产党领导的多党合作和政治协商制度是我国政治制度的一个特点和优点，表明协商民主是我国民主政治的重要组成部分。

1989年中共第三代领导人明确提出：“中国共产党领导的多党合作和政治协商制度是我国的一项基本政治制度……坚持和完善这项制度

① ［美］罗尔斯：《正义论》，何怀宏、何包钢、廖申白译，3—4页，北京：中国社会科学出版社，1988年。

是我国政治体制改革的一项重要内容，对巩固和扩大爱国统一战线，发展社会主义民主，促进全国各族人民大团结，实现党和国家的总任务具有重要的意义。”[①]从基本政治制度的高度来定位我国的多党合作和政治协商，为推进协商民主制度化提供了政治保障。

随后，十四大报告和十五大报告又深化了这种认识。十四大报告指出：“我国的政治体制改革的目标，是以完善人民代表大会制度、中国共产党领导的多党合作和政治协商制度为主要内容，发展社会主义民主政治。”十五大报告指出：把多党合作制度与人民代表大会制度、民族区域自治制度一起纳入党的社会主义初级阶段的基本纲领，将中国共产党领导的多党合作和政治协商制度与我党在社会主义初级阶段的基本理论，与我国政治体制改革，与建设有中国特色的政治文明结合起来，揭示了我国政党制度与政治发展之间的联系。

2. 进一步确认民主党派的性质，为协商民主制度化提供多元主体保障

正确认识和把握民主党派的性质和特点，是加强统一战线和政治协商的基础。以江泽民为代表的中共第三代领导集体指出：民主党派是具有政治联盟性质的政党，一直具有进步性与广泛性的特点，并第一次明确提出了民主党派进步性与广泛性的具体内涵，即“现阶段，这种进步性集中体现在各民主党派同中国共产党通力合作，共同致力于建设有中国特色社会主义事业。民主党派的广泛性，是同其社会基础及自身特点联系在一起的。各民主党派的成员来自不同的社会阶层和群体，负有更多地反映和代表它们所联系的各部分群众的具体利益与要求的责任。”这种进步性和广泛性的统一，是各民主党派长期存在的理由，也是实行共产党领导的多党合作的基础。

在揭示民主党派性质的基础上，中共第三代领导集体首次提出“参政党”概念。1991年7月，在庆祝中国共产党成立七十周年大会的讲话中，江泽民指出：“在几十年的革命和建设中，我们党和各民主党派建立了‘长期共存、互相监督、肝胆相照、荣辱与共’的亲密关系。各民主党派是参政党，不是在野党，更不是反对党。”[②]

① 《关于坚持和完善中国共产党领导的多党合作和政治协商制度的意见》，《人民日报》，1990·2·8。

② 《江泽民论有中国特色社会主义》，309页，北京：中央文献出版社，2002年。

2000年12月，在全国统一战线工作会议上江泽民进一步强调："我国政党制度的显著特点在于：共产党领导，多党派合作，共产党执政，多党派参政，各民主党派不是在野党和反对党，而是同共产党亲密合作的友党和参政党；共产党和各民主党派在国家重大问题上进行民主协商、科学决策，集中精力办大事；共产党和各民主党派互相监督，促进共产党领导的改善和参政党建设的加强。"[①]这一科学论断进一步明确了共产党和各民主党派在政治上的领导与被领导关系，在政权建设上的执政与参政关系，在建设有中国特色社会主义事业中的团结合作关系，从而划清了与国外一党制和多党制的根本区别，显示了我国多党合作制度的巨大优势和旺盛活力。

明确各政党之间的关系，是协商民主制度化的一个重大理论和实践问题。早在新中国刚刚成立时，中国共产党和民主党派就是领导核心与参政议政的关系。但是我国的政党理论一直没有对民主党派的这种地位做出明确的表述。这导致各民主党派和无党派人士的地位模糊化，协商民主的实质效果大打折扣。中共第三代领导集体对民主党派"参政党"的定位，使协商民主中共产党和各民主党派的地位平等化。这符合协商民主对参与主体平等性的要求，使得协商过程更具实效性。

各政党之间的友党关系和执政、参政关系为多党合作，进而为协商民主创造了和谐的政治环境。以江泽民为代表的中共第三代领导集体进一步把这种和谐的政治环境原则化："保持宽松稳定、团结和谐的政治环境，是我们在多党合作中的一项重要原则。"[②]从这一原则出发，在实际工作中，不因民主党派成员中存在不同意见，就怀疑甚至改变中共与各民主党派团结合作的方针；也不因民主党派中存在错误的政治观点就放任其发展。具体要求为求同存异、体谅宽容，做好教育、引导和帮助的工作，维持稳定和谐的政治局面。显然，这一协商原则规定能够保障协商在和谐的环境中健康发展。协商民主要求参与其中的各方主体围绕公共利益，在保持理性的基础上展开讨论，说服他人，转换偏好，最终达成共识。保持宽松稳定、团结和谐的政治环境，是协商民主的开展对环境的要求，是避免冲突激化，提高协商效率的重

① 《江泽民论有中国特色社会主义》，311页，北京：中央文献出版社，2002年。

② 《江泽民论有中国特色社会主义》，353页，北京：中央文献出版社，2002年。

要保证。

3. 进一步提出要支持各民主党派充分发挥参政议政、民主监督作用，为协商民主制度化提供内容保障

协商民主存在的最重要的理由是协商内容，没有协商内容的协商民主不过是一场闹剧。以江泽民为代表的中共第三代领导集体明确了政治协商的主要内容，赋予协商民主发展的现实空间。

首先，《关于坚持和完善中国共产党领导的多党合作和政治协商制度的意见》（下称《意见》）提出民主党派参政议政的基本点是："参加国家政权，参与国家大政方针和国家领导人选的协商，参与国家事务的管理，参与国家方针、政策、法律、法规的制度执行"，即"一参加三参与"。《意见》明确了政治协商的形式：其一是中共中央主要领导人邀请各民主党派的主要领导人和无党派人士的代表举行民主协商会议，就中国共产党将要提出的重大方针问题进行协商，这种会议一般每年举行一次；其二是中共中央主要领导人根据形势需要，不定期邀请民主党派领导人和无党派人士举行谈心会，互相交换意见；其三是由中共召开民主党派和无党派人士座谈会、通报会，交流情况，传递重要文件，听取民主党派和无党派人士提出的政策性建议或讨论某些专题，一般两月举行一次，有重大事件则随时通报。有的会议也可委托全国政协中央党组来组织；其四是除会议协商外，各民主党派和无党派人士可就国家大政方针和社会主义建设中的重大问题向中共中央提出书面建议或约请中共中央负责人交谈。①

1990年3月江泽民在参加全国人大政协两会的党员负责同志会议上指出："在人民政协里各民主党派以政党为参加单位，并可以党派名义提出提案发表意见。"1990年6月，江泽民指出：不断发展、考察、培养各方面的代表人物是全党的一件大事，"要积极举荐符合干部'四化'条件、德才兼备的党外干部在各级政府和司法机关担任适当的领导职务，支持他们的工作，发挥他们的专长，保证有职有权有责。在各级人大、政协中，必须保证党外代表人士有一定比例。"②1992年4月江泽民在十四大报告中指出："支持民主党派和无党派人

① 参见李庆刚：《十三年来中国共产领导的多党合作和政治协商制度的新发展》，《上海党史与党建》，2002（11）。

② 《十三大以来重要文献选编》（中），826页，北京：人民出版社，1991年。

士在国家机关担任领导职务，进一步巩固我们党同党外人士的联盟。”[①]1994年3月，八届政协二次会议通过了《中国人民政治协商会议章程（修正案）》，李瑞环指出：“政协章程修正案把参政议政列入政协的主要职能，这是政协工作的经验总结，是本次会议的重要成果。”[②]1995年1月，中央专门发出通知，要求各地区各部门结合实际，认真贯彻执行《政协全国委员会关于政治协商、民主监督、参政议政的规定》，要求各级党委要加强领导进一步推进政治协商、民主监督、参政议政的规范化、制度化，做好民主党派和无党派人士的政治安排和职位安排是体现民主党派“参加国家政权”这一基本点的重要举措。应采取切实措施，选配民主党派成员、无党派人士担任国务院及其有关部门的领导职务。民主监督的总原则是在四项基本原则的基础上，发扬民主，广开言路，鼓励和支持民主党派和无党派人士对党和国家的方针政策、各项工作提出意见、批评、建议，做到知无不言，言无不尽，并且敢于坚持正确意见。1995年4月中央组织部、统战部联合召开了建国以来的第一次全国培养、选拔党外干部工作座谈会，进一步明确了培养、选拔党外干部的指导思想、工作方针和具体目标，并规定到1998年全国各省、自治区、直辖市基本配齐党外副省长、副市长。越来越多的民主党派和无党派人士进入行政和司法机关的领导岗位。[③]

其次，除了参政议政，民主监督也是统一战线和协商民主的主要内容。江泽民多次强调：“我们党作为执政党，需要接受多方面的监督。要鼓励民主党派和无党派人士敢于坚持正确的意见，做我们党的亲密诤友。”[④]他在第十九次全国统战工作会议上指出：“坚持‘长期共存、互相监督、肝胆相照、荣辱与共’的方针，主要是民主党派监督共产党。”“要完善民主监督机制，畅通下情上达的渠道，加大民主监督力度，”“听得进逆耳之言，容得下尖锐批评。”[⑤]《意见》指出，民主监督的总原则是：“在四项基本原则的基础上，发扬民主，广开言

① 《江泽民论有中国特色社会主义》，347页，北京：中央文献出版社，2002年。

② 《十四大以来重要文献选编》（上），749页，北京：人民出版社，1996年。

③ 参见李庆刚：《十三年来中国共产党领导的多党合作和政治协商制度的新发展》，《上海党史和党建》，2002（11）。

④ 《十三大以来重要文献选编》（中），1132页，北京：人民出版社，1991年。

⑤ 《江泽民文选》第3卷，146页，北京：人民出版社，2006年。

路，鼓励和支持民主党派和无党派人士对国家的方针政策、各项工作提出意见、批评、建议，做到知无不言，言无不尽，并且勇于坚持正确的意见。”①

民主监督的内容有：一是监督国家宪法法律法规的执行情况；二是监督执政党和国家的重要方针政策的制定执行情况；三是监督中共党员、党的领导干部、国家机关及其公务人员履行职责、遵守法律、为政清廉的情况。其中，监督的形式有：一是民主党派通过各种会议的形式，向共产党和国家机关提出意见、批评和建议；二是民主党派对国家政治、经济和社会生活的重大问题进行调研，并提出建议案；三是民主党派成员的人大代表和政协委员以议案提案、检查等方式履行监督职能；四是民主党派的特约监察员、检察员、审计员和教育督导员发挥监督作用。②

最后，以江泽民为代表的中共第三代领导集体还提出了衡量我国政党制度的标准，一定程度上为协商民主有序化提供了制度框架。③2002年12月，江泽民在全国统战工作会议上提出了衡量中国政治制度和政党制度的具体标准，指出：“衡量中国政治制度和政党制度，最根本的是要从中国的国情出发，从中国革命、建设和改革实践的效果着眼，一是看能否促进社会生产力的持续发展和社会全面进步；二是看能否实现和发展人民民主，增强党和国家的活力，保持和发挥社会主义制度的特点和优势；三是看能否保持国家的政体的稳定和社会安定团结；四是看能否实现和维护最广大人民群众的根本利益。”④

4. 将多党合作和政治协商写进党规国法，为协商民主制度化提供法律保障

1989年，中共第三代领导人与各民主党派协商研究，制定了《中共中央关于坚持和完善中国共产党领导的多党合作和政治协商制度的意见》，作为建设有中国特色政党制度的纲领性文件，明确了民主党派的参政党地位以及参政议政的基本点，使中国共产党领导的多党合作

① 《十三大以来重要文献选编》(中)，823页，北京：人民出版社，1991年。

② 参见袁本文：《论我国多党合作与政治协商制度的创新与发展》，《理论导刊》，2004（8）。

③ 建国以来有两种错误的政治主张成为发展多党合作制度的障碍。一种是主张“取消”或“收缩”民主党派，这种观点在建国初期影响显著。另一种是“西化论”，主张我国实现西方的多党竞争制度，各党派轮流执政，这种观点自改革开放以后有较大影响。

④ 《江泽民论有中国特色社会主义》，312页，北京：中央文献出版社，2002年。

逐步走上规范化、制度化的轨道。

1992年中共十四大将“坚持共产党领导的多党合作和政治协商制度”写入中国共产党章程，把完善中国共产党领导下的多党合作和政治协商制度作为建设有中国特色社会主义理论的重要内容。

1993年，中共中央采纳了民主党派的意见，向第八届全国人民代表大会提出了宪法修正案，而后大会确定了在宪法序言的第十自然段增加：“中国共产党领导的多党合作和政治协商制度将长期存在和发展”，以宪法的形式将党的意志上升为国家的意志。有关协商民主的内容正式入宪。

1995年颁布了《政协全国委员会关于政治协商、民主监督、参政议政的规定》。

1996年颁布了《中国人民政治协商会议全国委员会常务委员会工作规则（修正案）》。

1997年，党的十五大又将坚持和完善共产党领导的多党合作和政治协商制度，纳入中国共产党在社会主义初级阶段的基本纲领，并将其明确为我国的基本政治制度。江泽民同志强调指出：“没有中国共产党领导的统一战线和多党合作，就不可能最大限度地把全民族一切爱国的进步的力量团结和调动起来，去实现我们共同奋斗的目标，这是中国新民主主义革命以来直到现在几十年历史进步的一条基本结论。”

2000年颁布了《中共中央关于加强统一战线工作的决定》。江泽民在全国统战会议上强调：“要建立健全配套措施，使多党合作进一步规范化、制度化。”

至此，第三代领导集体构建了以一部宪法和众多政治文件为依据的一个有关协商民主制度的完整体系，形成了以宪法为核心，多部文件为支撑的中国特色的政党制度体制。协商民主有了宪法和制度的保障，更加法制化和规范化。

四、中共新一代领导集体对中国特色协商民主的发展

在中国三代领导集体取得巨大成就的基础上，以胡锦涛为代表的中共新一代领导集体认真总结协商民主的发展经验，在理论、制度和

实践层面上进行了进一步的创造和拓展。特别是《中共中央关于进一步加强中国共产党领导的多党合作和政治协商制度建设的意见》（下称《意见一》）和《中共中央关于加强人民政协工作的意见》（下称《意见二》）的颁布，最终明确了中国发展协商民主的基本战略：协商民主既是一种合理的民主制度设计，也是一种新型的民主形态，同时还是一种有效的民主治理形式。

（一）作为合理民主制度的协商民主的发展

十六大以来，中共新一代领导集体以坚持党的领导为原则，以发扬社会主义民主为主线，以建设社会主义政治文明为核心，大力推进多党合作和政治协商制度建设。协商民主作为一种合理的民主制度设计越来越从理论走向实践，从不完善走向完善。

1. 将协商民主纳入政治文明建设的范畴之中

政治文明是人们改造社会所获得的政治成果的总和。一般表现为人们在一定的社会形态中关于民主、自由、平等、解放的实现程度。在人类历史上，代表生产力发展方向的先进阶级，通过社会革命改造旧的社会关系和社会制度，建立新的社会形态。在新的社会形态里，统治阶级为了实现自己的政治统治，需要建立与生产力、生产关系状况相适应的社会政治制度、法律制度、民主制度。在这些制度中，人们的民主、自由、平等实现的程度相应获得新的提高，这就是政治文明的进步。中国共产党不仅历来以实现和发展政治文明为己任，而且社会主义中国的政治文明不论在实质和形式上都更具进步性。它不仅追求形式主义宪政以实现人的政治解放，还追求实质主义宪政以实现人类解放。

《意见一》指出："坚持和完善共产党领导的多党合作和政治协商制度是社会主义政治文明建设的重要内容。"由此，协商民主建设和政治文明建设融为一个整体。前者是后者的重要组成部分，后者则是前者的发展方向和政治保证。一般来说，人们关注政治文明建设的时候，眼光总是投向以代议制为制度载体的表决民主；人们也常常以表决民主形式完善与否判断一个国家政治文明的进步程度。然而如前所述，社会主义政治文明最重要的特征便是形式主义民主与实质主义民主的结合。

中国共产党之所以将“坚持和完善人民代表大会制度，坚持和完善中国共产党领导的多党合作和政治协商制度”作为政治文明建设的重要内容，恰恰体现了上述要求。实践和理论反复告诉人们，仅有表决民主的发展，并不能在异常复杂的当代社会引领人们追求真正的普遍利益，社会排斥和社会断裂也不能得到有效遏制和修复。只有大力发展协商民主，人们才能在交流、沟通、博弈、包容、妥协的基础上，从而实现最大化普遍利益。可见，以协商民主拓宽政治文明，是社会主义本质属性的要求，也是政治文明发展超越资产阶级政治解放狭隘性的要求。

另外，社会主义政治文明又为协商民主提供了发展方向和政治保证。社会主义政治文明的两大基本特征是民主和法治。党的十六大报告指出：“发展社会主义民主政治，建设社会主义政治文明，是全面建设小康社会的重要目标。必须在坚持四项基本原则的前提下，继续积极稳妥地推进政治体制改革，扩大社会主义民主，健全社会主义法制，建设社会主义法治国家，巩固和发展民主团结、生动活泼、安定和谐的政治局面。”[①]党的十七大报告指出：“深化政治体制改革，必须坚持正确政治方向，以保证人民当家作主为根本，以增强党和国家活力、调动人民积极性为目标，扩大社会主义民主，建设社会主义法治国家，发展社会主义政治文明。”[②]

因此，民主化和法治化必然是协商民主健康发展不能缺失的两个灯塔。没有民主化的方向，协商民主有可能演化为强者对弱者“咨询”式的协商；没有法治化方向，协商民主有可能演化为政治无序参与的代言词。还应指出的是，把协商民主纳入政治文明，能够进一步凸显协商民主的政治作用与政治地位。它不仅是社会主义中国基本的政治制度，而且是社会主义中国政治文明进步与否的重要标志。这样，协商民主在获得真理（事实判断）层面认可的同时，也获得了价值（价值判断）层面的认可。

2. 进一步拓宽协商民主制度化参与主体范围

《意见一》完善了我国民主党派的性质表述，指出：“民主党派是各自所联系的一部分社会主义劳动者、社会主义事业的建设者和

① 江泽民：《在中国共产党第十六次全国代表大会上的报告》。

② 胡锦涛：《在中国共产党第十七次全国代表大会上的报告》。

拥护共产党领导的社会主义爱国者的政治联盟，是接受中国共产党领导、同中国共产党通力合作的亲密友党，是进步性和广泛性相统一、致力于中国特色社会主义事业的参政党。”[①]同时《意见一》进一步明确了无党派人士在多党合作中的性质和职能。无党派人士为“没有参加任何党派，对社会有积极贡献和一定影响力的人士，其主体是知识分子”[②]。《意见一》提出“应充分发挥无党派人士的自身优势，鼓励和支持无党派人士在参政议政、民主监督中发挥积极作用”，“积极稳妥地培养、选拔和安排新一代无党派人士，推进新老交替”。

《意见一》不仅完善了民主党派和无党派人士的性质表述，而且强调民主党派和无党派人士在政治协商和协商政治中发挥的不可替代的作用。一是，它们反映和代表了各自所联系群众的具体利益和要求；二是，它们同香港特别行政区同胞、澳门特别行政区同胞、台湾同胞、海外侨胞有广泛联系；三是，它们是发展先进生产力、社会主义民主政治、社会主义先进文化和构建社会主义和谐社会的一支重要力量；四是，它们是实现祖国统一，民族振兴的重要力量。

这种对协商民主参与主体性质和作用的分析具有两个方面的意义。一是，将社会主义事业建设者视为民主党派成员之一，加上确认无党派人士参政地位，最大限度地增强了多党合作制度的包容性和代表性。协商民主是适应利益主体多元化社会应运而生，参与主体的普遍性是协商民主题中之义，也是协商民主生命力的来源。将社会主义事业的建设者和无党派人士请上协商民主的制度平台，无疑拓展了协商民主制度化参与主体范围。二是，《意见一》明确了民主党派在新时期的政治任务，它们与共产党共同致力于中国特色社会主义事业的建设。在这个基础上，《意见二》第一次鲜明地提出了人民政协事业是中国特色社会主义事业的重要组成部分，强调在全面建设小康社会、加快推进社会主义现代化的新的发展阶段，要从提高党的执政能力、发展社会主义民主政治、构建社会主义和谐社会、推进中国特色社会主义伟大事业的战略高度，大力加强人民政协工作，充分发挥人民政协的作用。建设中国特色社会主义事业在

① 参见《中共中央关于进一步加强中国共产党领导的多党合作和政治协商制度建设的意见》。

② 参见《中共中央关于进一步加强中国共产党领导的多党合作和政治协商制度建设的意见》。

当前的最大体现便是构建社会主义和谐社会，于是《意见二》进一步论述了人民政协与构建社会主义和谐社会的内在本质联系。《意见二》指出：人民政协的基本属性、主要职能、组织构成、工作原则和活动方式，与构建社会主义和谐社会的要求是完全一致的，同构建社会主义和谐社会的各项工作是紧密相连的；因此，当下构建社会主义和谐社会，必须充分发挥人民政协的作用。显然，这一系列表述让共产党与民主党派之间“执政和参政、领导和被领导、通力合作”的亲密友党关系增加了实质内容。协商民主将在建设中国特色社会主义事业的进程中获得快速发展。

3. 进一步推动协商民主的规范化、制度化、程序化

2005年2月4日，胡锦涛在党外人士迎春座谈会上，就进一步加强多党合作制度建设提出了五点要求。其中，要坚持推进多党合作和政治协商的制度化、规范化、程序化最为引人瞩目。协商民主只有制度化、规范化、程序化才能摆脱“被顾问”的角色，才能体现出主动性和积极性的“民主”品格。同时，协商民主只有制度化、规范化、程序化才能防范民主自身的权力冲动性，才能让民主以正义的方式有序进行。

为了贯彻这一要求，2005年3月，中共中央制定下发了《关于进一步加强中国共产党领导的多党合作和政治协商制度建设的意见》。这份新时期发展协商民主的纲领性文件对协商民主的制度化、规范化、程序化有三个方面的贡献：一是提出要把政治协商纳入决策程序，就重大问题在决策前和决策执行中进行协商，是政治协商的重要原则。二是总结长期以来的做法，提出了政治协商的两种基本方式，即“中国共产党同各民主党派的政治协商”和“中国共产党在人民政协同各民主党派和各界代表人士的协商”。三是规范了中国共产党同各民主党派协商的内容和程序，使政治协商进一步制度化。对于人民政协政治协商的内容和程序，《意见一》提出要按照《中国人民政治协商会议章程》的要求，推进人民政协政治协商的制度化、规范化和程序化。

（1）它不仅事实上提出了将表决民主与协商民主相结合的观点（就重大问题在决策前进行协商），而且认为协商民主某种程度上具有超越表决民主的优势（就重大问题在决策执行中进行协商）。协商民主的实质意义上的理性精神和亲和精神是消除表决民主形式主义和机械主义的弊病的解毒剂。协商民主可以通过一定的规则和程序，在国家作出重大决策之前和决策执行之间，将要解决的问题进行广泛的酝酿、磋商、讨论，开展充分、反复的民主协商，进行不同意见的比较研究，从而实现民主与集中的辩证统一，民主协商与科学决策的结合，提高了决策的民主化和科学化程度。

正因为这个原因，新一届中央领导集体始终在重大决策之前与民主党派和无党派人士真诚协商，并形成了制度化和规范化。具体言之，新一届中央领导集体2002年以来分别就“两会”换届、防治非典，完善社会主义市场经济体制，修改宪法和政协章程，贯彻十六大和十六届三中、四中全会精神，搞好宏观经济调控等经济社会发展中的重大问题，召开和委托有关部门召开民主协商会、座谈会及情况通报会。仅2004年胡锦涛亲自主持的协商会就有7场。[①]

（2）它通过明确政治协商的两种基本方式，使得政治协商的形式明朗化。形式和内容是辩证统一的，完善的形式可以确保内容得到有效实现。两种政治协商基本方式的确立，将有效避免政治协商中的主观主义和无序主义现象，从而保证党和国家决策及执行的民主化、科学化。同时，《意见一》明确指出要按照《中国人民政治协商会议章程》的要求，推进人民政协政治协商的制度化、规范化和程序化。这就使得协商民主的制度化从原来的倡导意义阶段进步到实质意义的建设阶段。有了明确的“文本”支撑和规范，协商民主的制度化建设和程序化建设必然能够做到“有法可依、有法必依、执法必严、违法必究”。这种法治主义的要求将有力地推动协商民主的深入发展，从而发挥我国政治制度的优势。

（二）作为新型民主形态的协商民主的完善

以胡锦涛为代表的中共新一代领导集体不仅务实地推动协商民主制度化建设，而且充满理论勇气地指出协商民主是与表决民主并列和统一的一种新型的民主形式。

① 庄聪生等：《〈中共中央关于进一步加强中国共产党领导的多党合作和政治协商制度建设的意见〉学习问答》，112页，北京：华文出版社，2008年。

1. 协商民主是与表决民主并列和统一的一种重要民主形式

如前文所述，协商民主概念虽然是在20世纪末由一些西方学者提出来的①，但在此以前的40年代我国人民在筹划和进行新中国民主政治建设实践中，已经对协商民主进行了基本制度的初步安排。以此为发端，中国人民对协商民主的理性自觉日益提高，并最终从民主政治建设规律的高度对协商民主给予了概况和肯定。2006年2月，以胡锦涛为代表的中共新一代领导集体正式颁布的《关于加强人民政协工作的意见》中明确指出："人民通过选举、投票行使权利和人民内部各方面在重大决策之前进行充分协商，尽可能就共同性问题取得一致意见，是我国社会主义民主的两种重要形式。"

显然，这一重要论断强调协商民主是与表决民主并列和统一的一种重要的民主形式。这在中国政治思想史乃至世界政治思想史上都可算是第一次，意义十分深远。这意义不仅在于，它是对中国特色社会主义民主政治建设长期实践经验的一种概括和总结，并从而对促进中国民主政治建设发挥指导作用，而且它也体现人类政治文明发展的方向，是中国人民对世界政治文明发展的一大贡献。

（1）它第一次以执政党文件的形式指出表决民主存在缺陷与不足，从而打破了长期附着在表决民主身上的政治神话；同时，确认了协商民主的社会正当性和合法地位。

表决民主作为民主发展的产物，无疑是人类的一个伟大创造，是民主政治发展所必须坚持的。然而表决民主也存在诸多缺陷和不足，因而必须由协商民主来补救。在这种情况下，大力发展协商民主便显得十分重要。质言之，凡是有表决民主的地方，协商民主都应该茂盛地生长起来。在当代中国，它体现为协商主体应该由社会精英向社会公众的转变，体现为协商场域应该由政治协商向协商政治的转变，如此，协商民主必然能够成为表决民主的"黄金搭档"，发挥它巨大的政

① 20世纪末，随着人们对代议民主理论的批判性反思，加之世界各地竞选实践中暴露出来的问题日益增多，单纯强调表决民主的价值取向日渐为诸多现代政治学家所质疑。一些西方学者开始把研究的焦点逐渐转向"协商民主"，期望在现代社会建立起以公共协商为核心价值理念的民主政治。约瑟夫·毕塞特较早从学术角度提出这一概念。罗尔斯认为多数裁决原则作为一种程序手段只具有从属地位，在立法阶段应依赖实际讨论过程而进行决策。哈贝马斯提出建立在"交往行动理论"和"商谈理论"基础之上的"商议性政治"，主张通过建制化的方式和程序促使民主的意见、意志、法律及公共决策的形成和实现。

治价值。

（2）它第一次以执政党文件的形式指出表决民主与协商民主并列发展并且相互补充。

协商民主可以弥补表决民主的缺陷。然而，协商民主也不是完美无缺的。如果没有表决民主的支持，那么协商民主就会成为永无结果的各抒己见，成为不能汇聚的放任自流。因此，协商民主在充分体现公正性和民主性的时候，也暴露了效率性和集中性不足的缺陷。表决民主和协商民主结合在一起，就可以共同构成具有中国特色的类似于DNA“双股螺旋”式的民主模式，从而实现效率与公正的统一、尊重多数与保护少数的统一，民主权威性与民主充分性的统一。

2. 发展新型民主形态的基本原则

以胡锦涛为代表的中共新一代领导集体不仅指出了协商民主是一种新型的民主形态，而且总结了这种新型民主形态在当代中国健康发展所必须坚持的几个基本原则，即中国共产党为领导核心的原则、人民当家作主的原则、依法治国的原则。坚持这些原则是中国特色协商民主发展的基本经验，也是推进中国特色协商民主继续发展的必然要求。

毛泽东邓小平开创推进中国特色协商民主的历史功绩*

协商民主，近十多年来，我国理论界在引进、介绍和评论西方学者的相关理论成果方面做了大量工作。然而，对中国特色协商民主的理论与实践，特别是对毛泽东和邓小平关于中国特色协商民主的开创和推进，尚缺乏集中、系统的研究。中国社会主义民主的一大特点和优点就是选举民主与协商民主相结合。“人民通过选举、投票行使权利和人民内部各方面在重大决策之前进行充分协商，尽可能就共同性问题取得一致意见，是我国社会主义民主的两种重要形式。”①这就拓展了民主的深度与广度，保障最大限度地实现人民民主，促进了社会主义社会的和谐发展。毛泽东是中国选举民主与协商民主相结合的奠基人，是中国协商民主的开创者。他在领导中国人民争取民主以及从事社会主义民主政治建设的伟大实践中，第一次提出了发展协商民主的思想，实施了中国特色协商民主的制度安排。邓小平则在新的历史时期进一步深化了发展协商民主的思想，推进了发展协商民主的制度安排，培育发展了协商民主的社会动力机制，是中国特色协商民主的重要推进者。

一、毛泽东邓小平对中国协商民主的理论贡献

“协商民主”这一概念是20世纪末一些西方学者针对西方选举民主的缺陷提出来的。然而，早在西方学者提出“协商民主”概念半个世纪以前，即在20世纪40年代，毛泽东在筹划和建设新中国民主政治的实践中，已经开创性地提出了关于发展协商民主的政治思想。

---

* 原刊于《安徽师范大学学报》（哲学社会科学版），2010（3）。原文题目是《中国特色协商民主的开创与推进》。与王芳共同撰写。

① 《中共中央关于加强人民政协工作的意见》，《人民日报》，2006·3·2（1）。

在1941年11月21日召开的陕甘宁边区参议会开幕会议的演讲中，毛泽东就指出："国事是国家的公事，不是一党一派的私事。因此，共产党员只有对党外人士实行民主合作的义务，而无排斥别人、垄断一切的权利。"①毛泽东这里所说的"民主合作"也就是"民主协商"或曰协商民主。这在毛泽东的如下论述中获得了更直接的、明白无误的说明。他说：共产党人"一定要学会善于同别人商量问题"。"我们党同党外民主人士长期合作的政策，必须在全党思想上和工作上确定下来。我们必须把党外大多数民主人士看成和自己的干部一样，同他们诚恳地坦白地商量和解决那些必须商量和解决的问题。"②毛泽东还强调指出，与党外人士合作，这是由共产党的宗旨所决定的，是永远不会改变的。他说："共产党是为民族，为人民谋利益的政党，它本身决无私利可图。它应该受人民的监督，而决不应该违背人民的意旨。它的党员应该站在民众之中，而不应该站在民众之外。"③因此，"共产党的这个同党外人士实行民主合作的原则是固定不移的，是永远不变的。"④

毛泽东关于发展协商民主的上述思想，在社会主义建设新时期为邓小平所继承和发扬。

邓小平系统论述了发展协商民主对弘扬党的民主传统的极端重要性。一则，邓小平告诫党的各级领导者："要能容忍人，要能听得进反面意见，要能用平等的态度待人，要能更谦虚谨慎，等等。"⑤这种告诫体现了协商民主所具有的反官僚主义的内涵。事实上，协商民主强调协商双方身份对等，理性交流，即使是领导者的"金玉良言"也只能在平等接受所有协商主体的理性审视后，方能生效。二则，邓小平强调发展协商民主能够促进宽松、自由和民主的政治空气出现。他说："我们还是提倡'知无不言，言无不尽'，说老实话，说错了纠正"⑥，"我们要创造民主的条件，要重申'三不主义'：不抓辫子，不扣帽子，不打棍子"⑦，政治空气宽容和谐了，"各种意见表达出来，进行辩论，

① 《毛泽东选集》第3卷，809页，北京：人民出版社，1991年。
② 《毛泽东选集》第4卷，1437页，北京：人民出版社，1995年。
③ 《毛泽东选集》第3卷，809页，北京：人民出版社，1991年。
④ 《毛泽东著作选读》下册，483页，北京：人民出版社，1986年。
⑤ 《邓小平文选》第1卷，309页，北京：人民出版社，1994年。
⑥ 《邓小平文选》第1卷，333页，北京：人民出版社，1994年。
⑦ 《邓小平文选》第2卷，144页，北京：人民出版社，1994年。

才能真正发展马克思主义，发展辩证唯物主义”[①]。在邓小平看来，“我们需要实行党的内部监督，也需要来自人民群众和党外人士对我们党的组织和党员的监督。无论是党内的监督和党外的监督，其关键都在于发展党和国家民主生活，发扬我们党的传统作用。”[②]三则，邓小平从历史的高度对协商民主彰显出的人民主权原则予以积极评价。他指出：“一个革命政党，就怕听不到人民的声音，最可怕的是鸦雀无声。”[③]对于破坏协商民主中的自由、平等原则，他予以严厉批评：“有一部分人甚至对于批评者采取可耻的打击报复的办法。这个事实，也是官僚主义病菌正在侵袭我们党的严重信号之一。每一个忠诚的共产主义者，必须为消灭这种恶劣的现象而斗争。”[④]

邓小平深刻指明了发展协商民主对促进社会主义民主、人民参政议政和实现科学决策的重大意义。

一是，邓小平指出，只有充分发展协商民主，使人民敢讲真话，科学决策才有保证。人们基于有限理性的认知往往带有某种程度的偏见。协商民主可以通过社会主体互动式的对话、讨论和商议等方式在统筹兼顾的基础上形成公共政策，从而把决策带有偏见的可能性降到最小，提升决策的科学性和民主性。邓小平指出要广开言路，要鼓励人民参政，就必须事先让人民群众了解参政内容和当前的形势政策。否则，所谓“协商”和“参政”，都不过是一场闹剧罢了。邓小平坚决反对那种形式上的“协商”。他批评某些领导者，“他们既没有使会议的参加者对于所要决定的问题，在会议以前具有思想上的准备，在会议上，又没有造成便于展开讨论的气氛，实际上形成了强迫通过。”[⑤]因此，政府行为必须要透明，必须要打造阳光政府。他说“我们要在整风的基础上把党公开，无论是城市、乡村、工厂、机关，党都要公开。”[⑥]“要加强党的组织、党员同群众的联系，要把国家的形势和困难、党的工作和政策经常真实地告诉群众。”[⑦]

---

① 《邓小平文选》第1卷，272页，北京：人民出版社，1994年。
② 《邓小平文选》第1卷，215页，北京：人民出版社，1994年。
③ 《邓小平文选》第2卷，145页，北京：人民出版社，1994年。
④ 《邓小平文选》第1卷，241页，北京：人民出版社，1994年。
⑤ 《邓小平文选》第1卷，231页，北京：人民出版社，1994年。
⑥ 《邓小平文选》第2卷，160页，北京：人民出版社，1994年。
⑦ 《邓小平文选》第2卷，368页，北京：人民出版社，1994年。

二是，在掌握了充分的公共信息后，各协商主体尤其是人民群众才能有的放矢地参政议政，胸有成竹地各抒己见。这样一来，基于多元特殊利益的普遍利益才能够慢慢聚合。就此，邓小平批评党的一些领导者不能坦诚地将自己的想法展现出来。“现在还是东怕西怕，还是怕讲心里话，我们党的老传统就恢复不起来。”[①]邓小平要求：“每个党员必须养成为人民服务、向群众负责、遇事同群众商量和同群众共甘苦的作风”[②]，“一切提到会议上的问题，都必须经过讨论，允许提出异议”[③]。

三是，协商民主反对简单的多数决定原则，力主把民主的权威性和充分性、把尊重多数与保护少数、把民主的效率原则与公正原则结合起来。具体来说，协商民主希望通过广泛协商形成的决策能够最终获得各协商主体的认同和遵循。邓小平对此也有明确的看法：“对少数人要尊重，少数人的意见不一定就是错误的，即使是错误的，他们的意见也不会孤立的，只有重视这些意见，才能很好地去加以纠正，帮助同志们改正错误。”[④]

二、毛泽东邓小平对中国协商民主制度的创新

如何把协商民主的理念变为行动，使之在实践生活中得到切实落实，关键是要实施协商民主的制度安排。因为制度安排具有权威性、可靠性和相对稳定性。毛泽东也是中国协商民主制度安排的最早拓荒者。

协商民主在中国早期制度化的主要载体是革命的统一战线，它是革命的政治联盟，是我们党和毛泽东的一个发明创造，是中国革命克敌制胜的一个重要法宝。随着中国革命的胜利推进和革命根据地的建立发展，统一战线这种革命的政治联盟在根据地政权建设中也就发展成为民主的政治联盟。或如毛泽东所说的，这是统一战线政权。中国共产党在抗日根据地建立的民主政权就是这样的统一战线政权，“就是

① 《邓小平文选》第1卷，308页，北京：人民出版社，1994年。
② 《邓小平文选》第1卷，217页，北京：人民出版社，1994年。
③ 《邓小平文选》第1卷，231页，北京：人民出版社，1994年。
④ 《邓小平文选》第1卷，309页，北京：人民出版社，1994年。

几个革命阶级联合起来对于汉奸反动派的民主专政”[①]。这个统一战线政权的原则是“三三制”，即共产党员（代表工人阶级和贫农）、进步分子（代表小资产阶级）和中间分子（代表中等资产阶级和开明绅士）各组成人员三分之一的制度。毛泽东告诫全党，在统一战线政权中，共产党员要发扬“民主作风，遇事先和党外人士商量，取得多数同意，然后去做”[②]。不难看出，抗日根据地的统一战线政权是中国协商民主制度化的最初创设。

1949年9月新中国成立前夕召开的中国人民政治协商会议第一届全体会议是在中国共产党直接组织和领导下进行的。这次会议是中国共产党和各民主党派、人民团体、无党派民主人士共商建国大计的一次重要会议。会议确立了新中国的国家制度和政权组织形式，通过了具有临时宪法地位的《共同纲领》。从此，人民政协成为中国实施协商民主的最主要的制度载体。

然而，随着“左”倾错误的升级，中共中央在对人民政协的认识和定位上出现了严重偏差。其中，参与政协的各民主党派重新被定性为“在总的方面还是资产阶级性的政党，还没有成为真正为社会主义服务的政治力量”[③]。这种错误的判断自然要付出沉重的政治代价。大约20年的时间，中国的统一战线组织、政协事业和协商民主政治都处在寒冷的冬天中。在这种情况下，邓小平对协商民主的制度化推进实施了“拨乱反正”。“拨乱”体现在邓小平对前人发展协商民主失误方面的纠正，“反正”体现在邓小平对前人发展协商民主成功方面的回归、坚持、发展。

第一，邓小平坚持制度文明理论，为协商民主制度化夯实了政治基础。“文革”以后，无数中国人反思悲剧产生的原因。其中，有些人认为，根本原因在于毛泽东个人思想作风存在缺点。与之有别，邓小平则从制度方面寻求“文革”发生的真正根源。他说：“单单讲毛泽东同志本人的错误不能解决问题，最重要的是一个制度问题。毛泽东同

① 《毛泽东选集》第2卷，733页，北京：人民出版社，1991年。

② 《毛泽东选集》第2卷，742页，北京：人民出版社，1991年。

③ 萧超然：《中国多党合作与政治协商制度专题资料汇编》，294页，北京：华文出版社，1998年。

志说了许多好话，但因为过去一些制度不好，把他推向了反面。”[①]“不是说个人没有责任，而是说领导制度、组织制度问题更带有根本性、全局性、稳定性和长期性。这种制度问题，关系到党和国家是否改变颜色，必须引起全党高度的重视。”[②]这一论述深刻指出了“文革”悲剧的实质，同时为中国共产党找到了一条不搞政治运动而靠制度建设谋取政治发展的新路子。这条新路子可以概括为：坚持制度文明理论，推进民主政治发展。

具体说来，它包括两个方面的内容：

一是，坚持和完善民主集中制，反对个人专断。邓小平指出：“民主集中制是党和国家的最根本制度，也是我们传统的制度。”[③]然而，“旧中国留给我们的封建专制传统较多，民主法制传统很少。解放以后，我们也没有自觉地、系统地建立保障人民民主权利的各项制度，法制很不完备，也很不受重视，特权现象有时受到限制、批评和打击，有时又重新滋长。”[④]就此，邓小平强调：“如果搞不好，特别是民主集中制执行得不好，党是可以变质的，国家也是可以变质的，社会主义也是可以变质的。干部可以变质，个人也可以变质。”[⑤]

二是，用制度保障民主，而不是用“大民主”摧毁制度。民主必须建立在科学、严谨的法律制度即法治基础之上。“文革”悲剧的一个根源正在于当时领导人格外推崇不受制度制约的“大民主”。事实上，在极“左”思潮泛滥的情况下，“大民主”实际变成了个人至高无上的绝对权威与整个社会极端的无政府状态的奇异结合。当个人的“最高权威”大到可以完全左右群众的时候，“大民主”也就失去了它本来含义而成了“无民主”。[⑥]基于这个认识，邓小平提倡建立民主法制。他主要从两个方面着手：

一方面，用法律保障公民真正拥有民主权利。“要使我们的宪法更加完备、周密、准确，能够切实保证人民真正享有管理国家各级组织

---

① 《邓小平文选》第2卷，298页，北京：人民出版社，1994年。
② 《邓小平文选》第2卷，289页，北京：人民出版社，1994年。
③ 《邓小平文选》第1卷，312页，北京：人民出版社，1994年。
④ 《邓小平文选》第2卷，332页，北京：人民出版社，1994年。
⑤ 《邓小平文选》第1卷，303页，北京：人民出版社，1994年。
⑥ 张君良：《毛泽东民主思想及其现实思考》，《马克思主义与现实》，2007（1）。

和各项企业事业的权利，享有充分的公民权利。”①另一方面，用法律确保领导者的权力受到制约，使制度大于权力。邓小平指出：“必须使民主制度化、法律化，使这种制度和法律不因领导人的改变而改变，不因领导人的看法和注意力的改变而改变。”②

另一方面，邓小平进一步发展统一战线和多党合作事业，为协商民主制度化拓宽了制度平台。邓小平充分肯定了各民主党派在中国革命和建设事业中的历史地位和重要作用。他指出：“我国各民主党派在民主革命中有过光荣的历史，在社会主义改造中也作了重要的贡献。这些都是中国人民所不会忘记的。现在它们都已经成为各自所联系的一部分社会主义劳动者和一部分拥护社会主义的爱国者的政治联盟，都是在中国共产党领导下为社会主义服务的政治力量。”③邓小平将人民政协和协商民主进一步规范化和制度化。他指出：“在中国共产党领导下，实行多党派合作，这是我国具体历史条件和现实条件所决定的，也是我国政治制度中的一个特点和优点。”④“西方社会那种多党制是资产阶级互相倾轧的竞争状态所决定的，它们谁也不代表广大劳动人民的利益，这种状态是它们的弱点而不是强点，这使它们每个国家的力量不可能完全集中起来，很大一部分力量互相牵制和抵消。”⑤在此，邓小平揭示了中国共产党领导的多党合作和政治协商制度与我国政治制度之间的内在联系，第一次肯定它是我国政治制度的一个组成部分。及至1987年，中国共产党召开十三大，经邓小平提议，中国共产党领导的多党合作和政治协商制度这一重要概念正式被写入执政党文件。

三、毛泽东邓小平对中国协商民主的运作安排

协商民主的制度安排，还有待于通过相应的政治运作去获得体现和保障。在这方面毛泽东和邓小平做出了各具特点的贡献。

自人民政协成立以来，毛泽东先后担任5年主席和22年名誉主席。

① 《邓小平文选》第2卷，339页，北京：人民出版社，1994年。
② 《邓小平文选》第2卷，146页，北京：人民出版社，1994年。
③ 《邓小平文选》第2卷，186页，北京：人民出版社，1994年。
④ 《新时期统一战线文献选编》，84页，北京：中共中央党校出版社，1985年。
⑤ 《邓小平文选》第2卷，267页，北京：人民出版社，1994年。

他通过深刻阐述人民政协的性质、职能、任务与秩序，卓有成效地推动了中国协商民主的政治运作。关于人民政协的性质。首先，毛泽东将人民政协视为统一战线的发展和延续。1948年9月，毛泽东将中央城市工作部改名为中央统一战线工作部，亲自领导该部为人民政协的成立做了大量工作。人民政协成立时，虽代行全国人大的职权，但仍是人民民主统一战线的组织。毛泽东主持制定的《政协组织法》和《共同纲领》都有这样明确的规定。[①]其次，毛泽东区分了全国人大和人民政协的职能。1954年12月19日，毛泽东指出：人民政协不同于国家机关，也不同于一般的人民团体，是党派性的人民民主统一战线的组织。[②]此后，人民政协与全国人民代表大会同时存在，成为我国人民民主制度的一大特色。

关于人民政协的职能。毛泽东认为，人民政协的主要职能是民主协商和民主监督。首先，民主协商能够为各民主党派的政治参与开辟制度化渠道，把各种社会力量纳入政治体制，巩固和扩大人民民主专政国家政权的基础；调动各方面积极性，广集民智，广求良策，推动执政党和政府决策的科学化、民主化；在保持社会稳定的前提下，推进社会主义民主积极稳步发展。其次，政协的民主监督，其实质是提意见，提建议，作批评。它有利于党和政府集中正确的意见。有人担心政协是否会变成说闲话的机关，毛泽东认为："只要不是恶意，讲闲话也可以，这样可以使我们知道社会上存在着这样的意见。""真理不在乎清一色。"[③]关于人民政协的任务和协商民主的有序性。毛泽东指出，人民政协应当团结各方面人士、为党和国家在各个历史时期的总任务而奋斗。围绕党和国家的中心工作，人民政协在不同历史时期又有不同的具体任务。政协的任务决定了协商民主的有序性。为了规范协商民主，毛泽东提出了政协发表批评意见的六条标准：有利于团结全国各族人民，有利于社会主义改造和社会主义建设，有利于巩固人民民主专政，有利于巩固民主集中制，有利于巩固共产党的领导，有

① 李正华：《毛泽东与人民政协事业》，《当代中国史研究》，2006（6）。

② 《毛泽东文集》第6卷，385页，北京：人民出版社，1999年。

③ 逄先知、金冲及：《毛泽东传（1949—1976）》上卷，315页，北京：中央文献出版社，2003年。

利于社会主义的国际团结和全世界爱好和平人民的国际团结。[①]协商民主的有序性体现了党依法办事的原则。

民主政治作为上层建筑，其发展动力不仅来源于政治文化的观念推动和政治体系的制度塑造，更来源于经济基础的根本决定作用。马克思指出："以物的依赖性为基础的人的独立性，是第二大形式，在这种形式下，才形成普遍的社会物质变换、全面的关系、多方面的需要以及全面的能力的体系。"[②]这句话深刻地阐明了商品经济是民主政治得以真正萌生的社会经济基础。邓小平作为党的第二代领导集体核心，通过大力发展社会主义市场经济为协商民主培育了新的社会动力机制。

邓小平早在改革开放之初就明确提出要发展社会主义市场经济，随着改革开放的推进，这个认识又不断深化。1979年，邓小平指出："社会主义也可以搞市场经济"。"方法上基本上和资本主义社会的相似，但也有不同，这些国家所有制，都是全民所有制之间的关系，当然也有同集体所有制之间的关系，也有同外国资本主义的关系"。"这是社会主义利用这种方法来发展社会生产力"[③]。社会主义市场经济概念的提出无论在马克思主义发展史上，还是在人类文明史上，都划出了一个新时代，为中国的改革开放指明了方向。1985年，邓小平更加明确提出"多年的经验表明，要发展生产力，靠过去的经济体制不能解决问题，所以我们吸收资本主义中一些有用的方法来发展生产力。现在看来得很清楚，实行对外开放政策，搞计划经济和市场经济相结合，进行一系列的体制改革，这个路子是对的。"[④]1987年，邓小平进一步认识到："计划和市场都是方法嘛，只要对发展生产力有好处，就可以利用。他是为社会主义服务，就是社会主义的；为资本主义服务，就是资本主义的。"[⑤]这一论述是发展社会主义市场经济的理论先声。1990年底，邓小平针对当时计划和市场问题上的思想混乱，指出："我们必须从理论上搞懂，资本主义与社会主义的区分不在于是计划还是市场这样的问题。社会主义也有市场经济，资本主义也有计划控制。"

① 《毛泽东文集》第7卷，234页，北京：人民出版社，1999年。

② 《马克思恩格斯文集》第8卷，52页，北京：人民出版社，2009年。

③ 《邓小平文选》第2卷，236页，北京：人民出版社，1994年。

④ 《邓小平文选》第3卷，149页，北京：人民出版社，1993年。

⑤ 《邓小平文选》第3卷，203页，北京：人民出版社，1993年。

“不要以为搞点市场经济就是资本主义道路，没有那么回事。计划和市场都得要。不搞市场，连世界上的信息都不知道，是自甘落后。”[①] 1992年，邓小平“南方谈话”对发展市场经济作了系统总结：“计划多一点还是市场多一点，不是资本主义与社会主义的本质区别，计划经济不等于社会主义，资本主义也有计划；市场经济不等于资本主义，社会主义也有市场。计划和市场都是经济手段。”[②]这一讲话为中共十四大将建立社会主义市场经济体制这一历史性的突破奠定了理论基础。

诚然，邓小平关于发展社会主义市场经济的论述，其主要着眼点是通过对经济体制的社会主义市场化改革，促进生产力的发展。但在客观上，这一改革又带来了民间组织的产生与繁荣，带来了市民社会的出现与成熟，带来了群体利益的多样性发展，以及相应的主体性自觉，为发展协商民主提供了必要的社会基础和动力源泉。总之，毛泽东和邓小平关于中国特色协商民主的理论与实践是中国共产党和中国人民继续推进中国特色协商民主事业的极为宝贵的财富，它将在新的条件下，不断发扬光大。

① 《邓小平文选》第3卷，364页，北京：人民出版社，1993年。

② 《邓小平文选》第3卷，373页，北京：人民出版社，1993年。

中国特色协商民主的发展经验*

中国特色协商民主是中国共产党带领中国人民以马克思主义关于民主的基本理论为指导，在吸取世界各国民主政治发展的肯定性成果的基础上，立足于中国历史传统与现实国情所实现的关于民主实现形式的一个伟大创造。在这一过程中，中国特色协商民主逐步积累了具有规律性的发展经验。对这些重要经验进行总结，不仅对丰富和充实中国特色协商民主的理论成果，而且对增进关于发展中国特色协商民主的理性自觉，都有着极为重要的意义。中国特色协商民主的发展经验基本上有四个方面：走中国自己的协商民主发展道路，发挥先进文化的引领作用，维护协商民主的经济利益基础，坚持党的领导、人民当家作主与依法治国的统一。

一、走中国特色协商民主之路

中国特色协商民主是中国共产党领导中国人民坚持走自己民主发展道路的必然产物和伟大创造。

（一）中国协商民主走的是自己的路

1. “走自己的路”这一指导思想的提出

“走自己的路”，这是中国共产党人对近代以来中国革命、建设和改革事业长期实践经验的总结所得出的基本结论。这一结论对中国特色协商民主的开辟和建设来说也是完全适用的。

关于“走自己的路”这一根本指导思想的形成可追溯到1930年5月毛泽东写的《反对本本主义》一文。在这篇文章中，毛泽东在我党

* 原刊于陶富源、王平：《中国特色协商民主论》，芜湖：安徽师范大学出版社，2011年。

历史上第一次提出了两条思想路线的问题，一是要坚持理论与实践相统一，“从斗争中创造新局面”的思想路线。二是要批判“本本主义”的思想路线。

毛泽东指出：“马克思的‘本本’是要学习的，但是必须同我国的实际情况相结合。我们需要‘本本’，但是一定要纠正脱离实际情况的本本主义。”他鲜明地指出“没有调查，没有发言权”，“共产党的正确而不动摇的斗争策略，绝不是少数人坐在房子里能够产生的，它要在群众的斗争过程中才能产生”。他特别强调“中国革命斗争的胜利要靠中国同志了解中国情况”①。这些论述说明，构成“走自己的路”这一命题的主要内容，即实事求是、群众路线、独立自主等根本原则，在这里已基本确立。

“走自己的路”作为一个社会主义建设命题的提出，是邓小平在党的十二次代表大会上的讲话。他说：“把马克思主义的普遍真理同我国的具体实际相结合，走自己的道路，建设有中国特色的社会主义，这就是总结长期历史经验得出的基本结论。”②

邓小平得出的这个基本结论，从实践上看，它关系着中国的前途和命运，关系着整个社会主义事业的前途和命运；从理论上说，它在怎样建设社会主义这个重大原则问题上，提供了根本的认识导向，即强调中国走自己的路，不把书本作教条，不照搬别国模式，以马克思主义为指导，以实践作为检验真理的唯一标准，解放思想，实事求是，尊重群众的首创精神，建设中国特色社会主义。

2. “走自己的路”要解决的三个基本问题

走自己的路，这里涉及三个基本问题：一是为什么要走自己的路，二是怎样才能走自己的路，三是怎样才算走出了自己的一条好路、新路。这里第一个问题所要说明的是原因，第二个问题所要寻求的是手段或途径，第三个问题所要解答的是成果或结果。

关于第一个问题，为什么要走自己的路，而不能走别人走过的路。这是因为每个国家都有自己的国情，而每个国家的国情又必须由每个国家的人民自己去认识。中国的国情必须由中国人民自己来认识。“中

① 《毛泽东著作选读》上册，48—55页，北京：人民出版社，1986年。

② 《邓小平文选》第3卷，3页，北京：人民出版社，1994年。

国的事情要按中国的情况来办，要依靠中国人自己的力量来办”。[①]因此，中国的革命、建设和改革，就必须走自己的路。

关于第二个问题，怎样才能走自己的路，这是十分重要的。要走自己的路，就必须发扬勇于实践、勇于探索的精神，要向实践学习、向群众学习。关于这一点，列宁在十月革命后谈到如何建立社会主义制度下的国家资本主义时曾经指出“没有一本书写到过共产主义制度下的国家资本主义。连马克思也没有想到就这个问题写下片语只言，他没有留下任何明确的可供引用的文字和无可反驳的指示就去世了”。[②]他说，在这种情况下，我们必须寻找出路，这出路就是从实际生活中求得指导。列宁说，工农群众常常派代表到政府里来，请示一些事情怎么办，当看到他们拿不定主意的时候，自己也常常感到困难。列宁说，逢到这种时候，总是鼓励群众大胆实践，“从经验中，从自己的错误中”进行学习，“只有集体的经验，只有千百万人的经验，才能在这方面给我们决定性的指示”[③]。邓小平也有类似的论述。他说：“我们现在所干的事业是一项新事业，马克思没有讲过，我们的前人没有做过，其他社会主义国家也没有干过，所以，没有现成的经验可学。我们只能在干中学，在实践中摸索。”[④]不然，就走不出一条好路、新路。

关于第三个问题，怎样才算走上了一条自己的好路、新路。所谓走上了一条好路、新路，一是从中国的实际出发，形成了一整套关于解决中国当代主要矛盾的理论和策略。这个理论和策略集中地表现为革命或建设的基本路线或曰总路线。这条路线就是指导中国人民进行实践的行动纲领。二是这个行动纲领在实施中不断完善，在实践中不断取得成功，人民得到了利益，从而得到了人民的拥护。

3. 中国协商民主成功走出了一条自己的路

走自己的路，是中国革命、建设和改革事业取得成功的认识导向，也是中国人民在中国共产党领导下，成功建设以协商民主为特征的中国社会主义民主政治的认识导向。经过长期的实践和反复的探索，我

---

① 《邓小平文选》第2卷，375页，北京：人民出版社，1994年。

② 《列宁选集》第4卷，670页，北京：人民出版社，2012年。

③ 《列宁选集》第3卷，545页，北京：人民出版社，2012年。

④ 《邓小平文选》第3卷，258—259页，北京：人民出版社，1994年。

国终于建立起了一整套符合中国国情和社会发展要求的包括协商民主在内的社会主义民主政治制度，初步掌握了在中国当代条件下民主政治建设的基本规律，已经走上了一条发展社会主义民主政治的新路，从而有力地推动和促进了我国经济、社会、文化等各项事业的发展。实践证明，中国特色协商民主是中国人民在世界民主发展史上的一种自我拓展，也是在社会主义民主发展史上的一个伟大创造。

（二）中国协商民主是世界民主史上的自主拓展

走自己的路，说起来容易，做起来难。就中国社会主义民主政治的开辟来说，它是在总结了以往无数次失败的教训，付出了沉重代价的基础上，才获得成功的。

1840年的鸦片战争是中国近代史的开始。英帝国主义用大炮轰开了古老中国的门户，中国人开始痛切地感到，自己的国家落后了，而落后是要挨打的。为了救亡图存，为了振兴中华，在中国逐渐形成了一个向西方学习的潮流。在政治制度上，资产阶级改良派主张学习英国的君主立宪制。早期的改良主义者郑观应、马建忠等人提出“君民共治”的观点；后来康有为、梁启超等资产阶级改良派也提出“君民共主”的主张；维新派则是通过清王朝光绪帝自上而下地发动了戊戌变法运动。结果这一努力失败了，从而宣告了君主立宪主张的破产。

以孙中山为代表的资产阶级革命派从中吸取了教训，他们发动了1911年的辛亥革命，终结了统治中国2000多年的封建专制。辛亥革命后，中华民国临时政府颁布《临时约法》，试图模仿西方民主制度建立资产阶级共和国，包括议会制、多党制等。一时间，各类政治团体蜂拥而起，政党就多达300多个。围绕国会选举，各党各派展开激烈竞争，国民党最终赢得胜利。然而这为中外反动势力所不容。随着袁世凯刺杀宋教仁，解散国民党，取消国会，恢复帝制，民族资产阶级及其政党所热切向往的议会制和多党制从此化为乌有。中国仍然是半殖民地半封建社会，依然处于贫困落后的状态。孙中山曾沉痛地说：“政治上、社会上种种黑暗腐败比前清更甚，人们困苦日甚一日。”[①]痛定思痛，孙中山终于认识到，在中国，照搬西方资本主义政治制度是一

① 张奇才等：《中国的马克思主义——毛泽东思想》，57页，北京：人民出版社，2004年。

条走不通的路。孙中山指出："中国几千年以来社会上的民情风土习惯，和欧美的大不相同，中国的社会既然是和欧美的不同，所以管理社会的政治自然也是和欧美不同，不能完全仿效欧美。"[①]

孙中山的这一见解是深刻和宝贵的。第一，他肯定中国应该实行民主制度，因为民主是世界潮流。第二，中国应该实行不同于欧美的民主制度。第三，其原因在于中国有自己特殊的国情。但这一见解，也只是涉及中国应该走自己的民主政治道路这一问题。至于中国的国情是什么，如何从中国国情出发，选择一条中国自己的民主政治道路，这个民主道路的具体性质和形式又如何，孙中山都没有涉及。当然这是不可苛求于前人的。

后来的国民党蒋介石集团打着孙中山三民主义的旗号，非但没有把孙中山所开创的民主事业推向前进，反而从根本上加以背叛。这个代表大地主大资产阶级利益的国家政权，推行"一个党、一个主义、一个领袖"，实行一党专制。抗战爆发后，迫于国内外压力，国民党政府表面上允许中国共产党和其他党派合法存在，但始终不忘"溶共""防共""限共""反共"，不断制造摩擦，总共掀起了三次大的反共高潮。另外，对民主进步势力也是残酷打击和迫害，其反动本质日益暴露。抗战胜利后，国民党拒绝中国共产党提出的建立民主联合政府的政治主张，公然撕毁停战协定和政协协议，悍然发动全面内战，最终陷于政治孤立、经济崩溃和军事溃败。毛泽东曾经指出："不论是对于历史上说，对于当前任务上说，对于中国社会性质上说，所谓一党主义都是没有根据的，都是做不到的，行不通的……有百害而无一利的。"[②]说到底，这是因为"现在的世界潮流，民主是主流，反民主的反动只是一股逆流"[③]。逆潮流而动的反动自然是不会有好结果的。

基于对中国社会性质和阶级状况的科学分析，和对中国社会发展历史经验的深刻总结，在反对国民党独裁统治的斗争中，中国共产党把孙中山的旧民主主义民主发展为具有协商民主性质的新民主主义民主，并进一步发展为社会主义民主。

① 刘延东：《论中国共产党领导的多党合作和政治协商制度》，《求是》，2006（13）。
② 刘延东：《论中国共产党领导的多党合作和政治协商制度》，《求是》，2006（13）。
③ 《毛泽东选集》第3卷，1103页，北京：人民出版社，1991年。

旧民主主义民主是资产阶级一个阶级的民主，是资产阶级专政的资产阶级共和国。到目前为止，西方国家的民主都是资产阶级一个阶级的民主。这种民主是残缺不全的民主。从协商民主的角度来说，它也是一种协商残缺性民主。

与旧民主主义民主不同，我国的新民主主义民主是一个以全国绝大多数人为基础、在工人阶级领导下的、统一战线的民主联盟的国家制度。在这个国家中，无产阶级、农民、知识分子和其他小资产阶级，乃是决定国家命运的基本力量，必然成为国家构成和政权构成的基本部分。这个国家政体采用的是民主集中制，这个民主集中制在纵向上的基本制度是各级人民代表大会制度，在横向上的基本制度是共产党领导下的多党合作和政治协商制度。民主集中的过程，就是各革命阶级联合的过程。

总之，“国体——各革命阶级联合专政。政体——民主集中制。这就是新民主主义的政治，这就是新民主主义的共和国”[①]。可见，新民主主义无论是新民主主义国体，还是新民主主义政体，都是以协商民主和表决民主为根本原则的，或者说，是协商民主与表决民主有机统一的政治。尤其是以协商民主为自己的特点和优势的。在这个意义上可以说，没有协商民主，就没有各革命阶级的联合，就谈不上真正的民主集中制，也就没有新民主主义民主。

新民主主义民主向社会主义民主的转变，是1956年社会主义改造完成以后开始的。这时候资产阶级作为一个阶级已经被消灭，个体农民和手工业者改造成为社会主义集体或国有经济的劳动者，我国的国家性质已由工人、农民、小资产阶级和民族资产阶级等几个革命阶级的联合专政发展成以工人阶级为领导的、以工农联盟为基础的人民民主专政的社会主义民主国家。人民民主的范围扩大了，协商民主的作用也突出了。

由此可见，中国协商民主在世界民主史上是中国人民的一种自主拓展，不仅如此，它还是社会主义民主史上的一个伟大创造。

① 《毛泽东选集》第2卷，677页，北京：人民出版社，1991年。

（三）中国协商民主是社会主义民主史上的伟大创造

1848年，马克思恩格斯在《共产党宣言》中，谈到无产阶级的任务时指出："工人革命的第一步就是使无产阶级上升为统治阶级，争得民主。"[①]恩格斯在《共产主义原理》中也说："无产阶级革命将建立民主的国家制度，从而直接或间接地建立无产阶级的政治统治。"[②]在这里马克思恩格斯把争得民主，建立民主制度视为无产阶级革命的一个根本目的。

不仅如此，马克思主义还深刻揭示了民主与社会主义的本质关系。1845年恩格斯在伦敦举行的各族人民庆祝大会上指出，"民主在今天就是共产主义"。后来列宁也提出了"没有民主就不可能有社会主义"的重要论断。马克思主义经典作家的这些精辟阐述，说明民主是社会主义的生命。但是如何建立社会主义民主，各国的情况是不同的。

正如列宁所说：由于各国的具体情况不同，"从资本主义过渡到共产主义，当然不能不产生非常丰富和繁杂的政治形式，但本质必然是一个，就是无产阶级专政。"[③]马克思恩格斯没有看到一个国家无产阶级革命的胜利和社会主义的建立。但他们对未来社会主义的民主曾有所设想。这个设想主要包括三个方面的内容：

第一，社会主义民主的主体是无产阶级，在农民占人口很大比重的国家，无产阶级要同农民结成巩固的同盟，工农联盟是无产阶级民主国家的阶级基础，至多再吸收城乡小资产阶级参加政权。第二，作为这些阶级代表的政党可以在政治上进行合作。马克思恩格斯当年是在深刻分析和批判资产阶级两党制和多党制虚伪性和欺骗性的基础上，提出政党合作的理论构想的。第三，实行人民自己管理自己的直接的民主制。

列宁在领导俄国革命的斗争中对马克思恩格斯关于社会主义民主的上述设想，努力进行了实践。但面临十月革命后的严酷斗争现实，列宁不得不从实际出发，对上述设想进行修正和改变。比如，实行人

---

① 《马克思恩格斯文集》第2卷，52页，北京：人民出版社，2009年。

② 《马克思恩格斯文集》第1卷，685页，北京：人民出版社，2009年。

③ ［俄］列宁：《国家与革命》，中共中央马克思恩格斯列宁斯大林著作编译局译，32页，北京：人民出版社，1970年。

民自己管理自己的直接民主制显然是不现实的。另外，资产阶级及其政党敌视苏维埃政权，拒绝与布尔什维克党合作，因而苏维埃政权只能由布尔什维克构成（后来虽然吸收过“左派”社会革命党人参加政权，但是人数太少，时间太短，不超过半年）。原苏联实行的始终是社会主义一党制。

在东欧各国，反法西斯战争胜利以后，一度建立过以共产党为领导核心，包括一些资产阶级政党在内的人民民主政权。例如，捷克斯洛伐克民族阵线联合政府，曾吸收国家社会党、天主教人民党和斯洛伐克民族党等资产阶级政党参加；在波兰人民民主政权中，前资产阶级流亡政府成员占据四分之一席位。但由于多方面的原因，特别是由于这些国家的资产阶级及其政党在帝国主义支持下抗拒社会主义革命，共产党人不得不同它们彻底决裂。因此，一些东欧社会主义国家最终实行的也是一党制。

在苏联，列宁逝世以后，斯大林领导苏联人民进行了所有制的社会主义改革和富有成效地开展了社会主义建设，并在二战中取得了战胜法西斯的伟大胜利。苏联模式的社会主义在政治方面坚持了无产阶级专政，但与此同时，并没有正确处理好专政与民主、民主与集中、民主与法制的关系，忽视民主建设和法制建设，以至在实践中出现了许多重大失误。这个教训是深刻的。可见，苏俄社会主义民主基本上还是纲领性规范的民主，而没有变成制度化、法律化、程序化规范的民主。从协商民主的角度说，它是一种协商失缺性民主。

中国共产党在领导人民进行革命、建设和改革的实践中，虽然也有失误，也遭受过失败，但在总体上，我们是成功地走出了一条不同于苏联政治模式的且具有协商民主特点的中国社会主义民主政治道路。

1. 中国共产党对无产阶级专政作出了人民民主专政的解读与实践

马克思主义关于无产阶级专政的理论，就其本意来说，已经包含了对人民实行民主和对敌人实行专政两方面的结合。在继承马克思主义这一思想的基础上，列宁在《国家与革命》中明确指出，无产阶级专政“是新型民主的（对无产者和一般穷人是民主的）和新型专政的（对资产阶级是专政的）国家。”[①]但是，“无产阶级专政”这个概念，

① 《列宁选集》第3卷，140页，北京：人民出版社，2012年。

从字面上看，只见“无产阶级”而不见“人民”，只见“专政”而不见“民主”，因而人们不能一目了然地认清它的全部内容，容易产生误解。

毛泽东创立的“人民民主专政”这个概念，恰当地解决了无产阶级专政内容与概念的统一问题。从内容上看，它具有人民民主和人民专政的双重含义。从字面上看这个概念全面准确而又鲜明贴切，更直接、更清楚地表述了我国社会各阶级的阶级地位和民主性质。容易为广大人民群众所理解和接受。“人民民主专政”这一概念准确、科学地概括了我国政权的性质、内容和职能，既有利于我们在实际工作中防止误解和片面性，也比无产阶级专政这一提法更符合中国革命和建设的实际。

2. 中国共产党对人民民主中的“人民”作出了具有中国特色的说明和政治安排

毛泽东指出“人民”是一个历史的范畴，“人民这个概念在不同的国家和各个国家的不同的历史时期，有着不同的内容”[①]。在新民主主义革命时期，为了壮大力量推翻“三座大山”的统治，中国共产党不仅把工人阶级作为革命的领导阶级，把农民阶级和城市小资产阶级作为革命的依靠对象，而且在马克思主义发展史和国际共运史上，第一次把民族资产阶级作为团结对象，吸收他们进来，组成广泛的统一战线，建立了无产阶级领导下的几个革命阶级的联合专政。

新民主主义革命胜利以后，国内的主要矛盾变成工人阶级同资产阶级、社会主义道路同资本主义道路的矛盾，人民民主专政开始担负由新民主主义向社会主义过渡的任务。中国共产党在具体分析我国历史和现状的基础上，把工人阶级和资产阶级这一本来是对抗性的矛盾作为人民内部矛盾来处理。继续坚持同民族资产阶级及各民主党派的统一战线，包括政权建设中的统一战线。就是说，让他们享受着人民民主和参与管理国家事务的权利。

随着社会主义制度的确立，资产阶级作为阶级已经消灭，原先的资产者也就转化为自食其力的社会主义劳动者。随之，各民主党派也就“成为各自所联系的一部分社会主义劳动者和一部分拥护社会主义

① 《毛泽东文集》第7卷，205页，北京：人民出版社，1977年。

的爱国者的政治联盟，都是在中国共产党领导下为社会主义服务的政治力量”[①]。在革命时期，与作为非劳动者的民族资产阶级进行合作，并在社会主义改造中把作为剥削者的他们改造成为社会主义劳动者，这是中国共产党领导中国人民所实现的一个伟大创造。

3. 中国共产党对人民民主中的“民主”作出了包含协商民主的制度创新

社会主义民主，概括地说，就是人民当家作主。这也就是我国宪法所规定的：“中华人民共和国的一切权力属于人民”，即人民行使国家权力，对政治、经济、文化及社会事务进行管理。

然而由于种种条件的限制，我国尚不能实行马克思恩格斯所设想的直接民主，而只能实行间接民主。即人民通过选举、投票行使权利和人民内部各方面在重大决策之前进行充分协商，尽可能就共同性问题取得一致意见，是我国社会主义民主的两种重要形式。人民代表大会制度作为我国的根本政治制度，是中国人民当家作主的重要途径和最高实行形式。中国共产党领导的多党合作和政治协商制度作为我国的一项基本政治制度，与人民代表大会制度相适应、相结合，是实现人民当家作主的又一重要形式，即中国共产党就事关国计民生的重大问题在决策前和决策执行中，同各民主党派、无党派人士直接协商，在人民政协同社会各界广泛协商。这充分表明我国社会主义民主是表决民主与协商民主的结合。

改革开放以来，中国共产党领导人民随着整个改革开放的发展，积极稳定地推进政治体制的改革，不断完善人民代表大会制度、中国共产党领导的多党合作和政治协商制度，不断扩大公共参与民主和完善社会协商对话制度，丰富民主形式，拓展民主渠道；推进决策科学化、民主化，完善决策信息和智力支持系统；发展基层民主，保证人民依法直接行使民主权利；全面落实依法治国基本方略，维护社会公平正义；加强了行政管理体制改革，强化政府社会管理和公共服务职能。

总之，中国民主建设，走的是中国自己的路，中国的协商民主是坚持走这条路的一个具体表现和伟大成果。因此坚持走中国自己的路，

---

① 《邓小平文选》第2卷，186页，北京：人民出版社，1994年。

也就成为中国协商民主发展的一条基本经验。在这个问题上，我们没有理由妄自菲薄，更没有理由轻信有关西方民主的种种理论假说，只有走我们自己的路，才能真正在中国发展具有协商民主特征的民主，才能保障和发展亿万中国人民的权利、平等和自由。

二、发挥先进文化的引领作用

走出一条具有协商民主特色的中国社会主义民主发展道路，离不开文化自觉意识，离不开先进文化的引领。20世纪80年代中期，在谈到中国革命时，邓小平曾经指出："没有对马克思主义的充分信仰，或者不是把马克思主义同中国自己的实际相结合，走自己的道路，中国革命就搞不成功。"他说："对马克思主义的信仰，是中国革命胜利的一种精神动力。"[①]在中共十四届六中全会上，在谈到主流意识形态的作用时，邓小平又指出："没有党的指导思想这种历史性的飞跃，没有全民族精神状态的这种深刻变化，没有敢闯敢试的劲头和及时总结经验的智慧，就走不出一条好路，就干不出新的事业。"[②]

这两段论述所涉及的对象不同，但精神实质是一致的。即强调，无论是走出一条属于自己的成功革命道路，还是走出一条属于自己的好的建设道路，都离不开先进文化所涵盖的先进的主义、科学的思想以及健康向上的民族精神的引领。这一规律性的认识对中国协商民主的发展来说也是十分正确的，也是对它的一个基本经验的总结。

（一）中国共产党代表了中国先进文化的前进方向

1. 关于文化的理解

文化有广义和狭义两种指谓。从广义上说，在文化的表现论意义上，"文化"就是"人化"，它是相对于自然而言的人的主体性或本质力量的对象化，它的最主要的功能是"化人"，即教化人、塑造人、熏陶人。人是文化的创造者，也是文化的创造物。人通过文化的继承、传播和创造，推动外部世界的进步和美化，在这一过程中，也促进人

① 《邓小平文选》第3卷，63页，北京：人民出版社，1993年。

② 《中共中央关于加强社会主义精神文明建设若干重要问题的决议》，3页，北京：人民出版社，1996年。

本身的社会化、文明化和个性化。

人类的历史是人与自然的关系发展史。这个关系有两个方面：一是人作为自然物要顺应自然，即要顺应自然的环境、条件，要顺应自然的规律；二是要逐渐超越自然，对自然进行愈来愈广大和深入的改造，从而将这一关系变成文化史。因此，文化问题首先表现为人对自然的改造问题。

例如，作为人的居所的天然洞穴是一种自在自然，对人而言说不上文化。当人对自然物进行改造，建造成了安全、舒适且风格各异的房子。那么这种房子作为人的价值观、人生观、审美观和人的本质力量的体现、呈现，也就成了文化。

因此，文化的本质是人对自然的人性化改造。在创造文化的过程中，自然的东西越来越变成属人的东西，人也越来越获得了从动物的提升。奥格本认为："现在，人类的本质一词大多不是指人的先天本质，而是人类先天本质的文化表现形式，正是文化才使人的本质取代了动物的本质。"①

如果把上述作广义理解的文化从结构层次上加以分类的话，不少学者将它们划分为三个层次，即物质技术层、制度行为层、心理观念层。与此相联系，也就有三种类型的文化，即物质技术文化、制度行为文化、心理观念文化。

从有文化以来，上述三种文化或是以混沌统一的状态或是以相对分化独立的状态同时存在着。但愈向古代追溯，物质技术层次的文化愈占主导。比如，石器文化、青铜文化、铁器文化等的标志就是证明。愈往今来心理观念文化则愈加突显。这与人类物质生活提高到一定程度以后，精神生活的日渐丰富并被提到首位相关。

从狭义来说，"文化"是指相对于物质技术、制度行为而言的心理观念文化，或简称观念文化。也就是毛泽东在《新民主主义论》中所论述的"观念形态的文化"。

观念形态的文化是指包括哲学、宗教、道德、艺术、科学等文化形态所构成的文化系统而言的。文化系统的主要内容是指文化系统的深层结构，即思维方式和价值观念，以及由此折射出来的道德情操、

① ［美］奥格本：《社会变迁——关于文化和先天的本质》，王晓毅等译，75页，杭州：浙江人民出版社，1989年。

审美趣味、民族性格、风俗习惯等。

价值观念和思维方式是文化的内核。不同的文明模式，其本质就是文化内核的区别，亦即价值观念和思维方式的区别。文化的先进与否也主要在价值观念和思维方式方面表现出来。

2. 关于文化的先进性

关于文化的先进性，首先要回答的一个前提性问题，即文化是否有先进与落后之分。

从辩证观点看，对这个问题予以肯定性的回答，应该是不成问题的。这是因为辩证法承认事物的运动、变化、发展，承认发展的本质是新事物代替旧事物。从文化演变、发展的角度来说，也就是承认新文化代替旧文化。新文化之所以能代替旧文化，就在于新文化相对于旧文化具有更多的合理性、先进性。

对此，马克思主义经典作家也早有表达。恩格斯在《反杜林论》中曾经指出："文化上的每一个进步，都是迈向自由的一步。"[①]这里既肯定了文化是一个动态进步的过程，又简洁地阐明了文化先进性的标志，即自由的扩展。后来，毛泽东在讨论文化问题时，也认为文化有"好""坏"之分、"新""旧"之别，有"精华"与"糟粕"之对立。并曾赞誉鲁迅代表了"中华民族新文化的方向"[②]。不难看出，毛泽东在这里也肯定了文化有先进性的问题。

那么，什么是文化的先进性呢?

按照上述所引的恩格斯论述，可知文化的先进性，是指文化能否具有促进人迈向自由的品格。具有这种品格的文化，就体现了文化的先进性。

那么，什么是人的真正自由呢?在马克思看来，自由是人的活动的自由，它不等同于无所事事的安逸；自由也不是消遣性的娱乐，而是意味着紧张的劳动，意味着要克服一定的障碍。而"克服这种障碍本身"就是自由的实现。进一步说，"外在目的失掉了单纯外在必然性的外观，被看作个人自己自我提出的目的，因而被看作自我实现，主体的物化，也就是实在的自由，——而这种自由见之于活动恰恰就是

① 《马克思恩格斯文集》第9卷，120页，北京：人民出版社，2009年。

② 《毛泽东著作选读》上册，388页，北京：人民出版社，1986年。

劳动”[①]。

马克思这里所说的劳动指的是人的实践活动。作为实践活动的自由或自由的实践活动，是指人的合规律性与合目的性的活动。所谓合规律性，是指人在实践中掌握了外在事物的规律性，以及人本身的活动和人的成长的规律性，使之成为了人的知识、技能、技巧，成为人进行自由的实践活动的手段。所谓合目的性，是指符合作为目的本身的人类能力的全面发展，即在上述引文中马克思所说的“自我实现”。合规律性与合目的性的统一，说到底是合规律性服务于合目的性，或者说，是借助于合规律性，实现合目的性。

在这个意义上可以说，文化的先进性是意味着促进人在实践中的合规律性与合目的性的统一。然而这一说明仍属学理层面，仍然比较抽象。因此，为了能对文化的先进性有一个较为具体的理解，还必须诉诸于社会历史的说明。

在社会历史发展中，合规律性与合目的性的统一，最基本的表现是生产力的发展，人类是以生产力的发展为基础而获得愈来愈大的自由的。因此，文化的先进性，在社会历史层面上首先表现为促进生产力的发展和进步。这是文化的先进性或者说是先进文化的第一个判断标准。

然而任何先进生产力都不是孤立存在的，它总是处于一定的新经济关系中，并在此新经济关系上形成新的政治关系。正是在这个意义上，毛泽东指出“一定的文化是一定社会的政治和经济在观念形态上的反映”，而“新文化则是在观念形态上反映新政治和新经济的东西，是替新政治新经济服务的”。

因此，毛泽东进一步指出：“在观念形态上作为这种新的经济力量和新的政治力量之反映并为它们服务的东西，就是新文化。”毛泽东在谈到中国近代新文化时就曾指出：“没有资本主义经济，没有资产阶级、小资产阶级和无产阶级，没有这些阶级的政治力量，所谓新的观念形态，所谓新文化，是无从发生的。”[②]不难看出，所谓新文化或先进文化也就是以促进生产力发展的新经济为基础、新政治为主导并为之服务的文化。

① 《马克思恩格斯全集》第46卷（下册），112页，北京：人民出版社，1979年。

② 《毛泽东著作选读》上册，384—385页，北京：人民出版社，1986年。

由于在历史发展中，经济与政治的“新”与“旧”都是相对而言、相互转化的。因此，与之相联系的先进文化也是一个历史的范畴。也就是说，古代有古代的先进文化，现代有现代的先进文化。尽管它们之间有着历史的继承性，但其时代性更为鲜明。

在世界近代以来的历史上，先进文化往往是通过先进阶级的政党来代表的。在中国，从五四运动到现在，中国的先进文化即“共产主义文化思想”是由中国工人阶级先锋队中国共产党来代表的。

3. 中国共产党是现代中国先进文化的生力军

现代中国的先进文化是历史上中国传统文化的延续，但不是简单的继承，而是在与国外文化特别是西方文化的碰撞中，在马克思主义与中国具体实践相结合的过程中形成的。

我们中华民族是一个具有悠久历史和灿烂文化的伟大民族。中国古代文化在世界文明史上曾经长期处于领先地位，并给世界各地，包括西方经济和文化的发展以很大影响。英国著名学者贝尔纳曾指出：中国“许多世纪以来，一直是人类文明和科学的巨大中心之一”。对西方近代科学的发展，中国古代的四大发明等“曾起了作用，而且也许是有决定意义的作用”[①]。英国著名科学史家李约瑟在他的名著《中国的科学和文化》中，更是详细地阐述了中国古代学者和劳动人民在诸多领域所取得的伟大成就。当然他们所论的主要是科技文化，特别是技术文化，而不是人文文化。

就人文文化来说，以儒家文化为首的人文文化包含了许多积极健康的因素，成为中华民族生生不息的精神动力。比如，中国传统文化有强烈的人文主义精神，它重视人和直面人生；它强调“天人合一”“知行合一”；它提倡居安思危，充分显示了对国家对民族的使命感和责任感；它主张“自强不息”，努力向上；它还提倡“民为邦本”“兼容并包”。这些思想至今仍具有生命力。

然而，中国古代文化的主体部分毕竟是中国封建经济和政治的反映，并为之服务的。因此，随着封建经济和政治走向没落，中国古代文化作为一个整体在近代是落后了。

进入19世纪以后，西方在工业革命的带动下加速地发展起来，并

① ［英］贝尔纳：《历史上的科学》，伍况甫译，中文译本序言，北京：科学出版社，1959年。

进一步推动了资本主义走向世界。1840年，中英鸦片战争爆发。尽管中国文化早在18世纪就盛行于西方，而中国在鸦片战争时还“震于英吉利之名，而实不知其来历”[①]。李鸿章就此指出，中国正面临“数千年来未有之变局”和“数千年来未有之强敌”[②]。因此，渴望了解西方世界，向西方社会学习，逐渐在中国成为一种潮流。

先是学表层的东西，即船坚炮利之术。1842年12月，魏源在林则徐《四洲志》的基础上编成《海国图志》50卷，广泛介绍世界各国——特别是英国的历史地理，倡言效仿西方科学技术，鲜明地指出：“善师四夷者，能制四夷；不善师四夷者，外夷制之。”[③]《海国图志》印行后，风行全国，不到60年间便刊刻9次，对后来思想文化转型造成深刻影响。康有为就说过，他因读了《海国图志》才开始了解西方世界。梁启超后来谈及《海国图志》时也说：“其论实支配百年来之人心，直到今日犹未脱离净尽。”[④]

随着人们对西方了解的深入，先进的中国人发现学习西方的先进器物固然重要，但典章制度更为根本。晚清大员郭嵩焘就说过，“西洋立国，有本有末，其本在朝廷政教，其末在商贾、造船、制器相辅以益其强”[⑤]，于是后来有了维新变法、辛亥革命之举。然而，离开了文化的变革，要想解决制度问题是不可能真正奏效的。于是，提倡学习西方先进文化，批判封建主义文化的新文化运动便应时发轫。

由陈独秀任主编的《青年杂志》于1915年在上海的创刊（1916年自二卷起改名为《新青年》），标志着中国新文化运动的开始。新文化运动引发了中国思想界的震动，特别是对青年产生了巨大影响。这份杂志的印数由最初的1000来份增加到后来的16000份。在科学民主的启蒙思想影响下，成千上万的青年人砸碎封建桎梏，解放了思想，走上了变革中国社会的道路。

新文化运动所实现的思想解放，包含着两次飞跃：一是“五四”以前，从中国传统文化飞跃到西方先进文化，二是在“五四”以后，

---

① 林则徐：《林则徐集》中册，649页，北京：中华书局，1965年。

② 许苏民：《比较文化研究》，487页，昆明：云南人民出版社，1992年。

③ 魏源：《海国图志》卷37。

④ 梁启超：《中国近三百年学术史》，323页，北京：中国书店，1985年。

⑤ 《中国近代史资料丛刊·洋务运动》第一册，142页，北京：中华书局，2005年。

从一般的西方文化飞跃到马克思主义。

为什么会引发这第二次飞跃呢？其直接原因是“先生”总是欺负“学生”。关于这一点，毛泽东在《论人民民主专政》中指出：“自从一八四〇年鸦片战争失败那时起，先进的中国人，经过千辛万苦，向西方国家寻找真理”。但“帝国主义的侵略打破了中国人学西方的迷梦。很奇怪，为什么先生老是侵略学生呢？中国人向西方学得很不少，但是行不通，理想总是不能实现……就是这样，西方资产阶级的文明，资产阶级的民主主义，资产阶级共和国的方案，在中国人民的心目中，一齐破了产”[①]。

其间接原因是，资本主义所固有的内在矛盾逐渐暴露，特别是第一次世界大战的爆发，给欧洲所造成的巨大灾难和混乱，使醉心于学习西方的中国人感到震惊。李大钊于1918年2月著文说：欧战以来，“弹烟血雨”，“战祸横流”，酿成“举世滔滔之祸，全欧陆沉之状”。“此次战争，使欧洲文明之权威大生疑念，欧人自己亦对其文明之真价不得不加以反省。”[②]

梁启超在大战结束后去欧洲游历，目睹各国凄惨景象，也一反往昔对欧美倍加赞扬的态度。他在游记中写道：“各国内部的情形，真乃惊心动魄”，“谁又敢说我们素来认为天经地义尽善尽美的代议政治，今日竟会从墙脚下筑动摇起来，他的寿命，竟没有人敢替他保险。”[③]总之，西方的制度文化在中国人的心目中已经失去了那种耀眼的光彩。

那么出路何在呢？正当中国人民陷入苦闷和彷徨的时候，1917年十月革命爆发了，在黑暗中进行探索的中国人蓦然回首，一下子看到了光明，看到了希望。李大钊曾说，十月革命的胜利对于黑暗中的中国，“仿佛是曙光的一线”，或如照路的“小小的明星”。瞿秋白也写道：“在中国这样黑暗悲惨的社会里，人人都想在生活的现状里开辟一条新的道路，听到俄国旧社会崩裂的声浪，真是空谷足音，不得不动心。因此大家都要讨论研究俄国。”[④]讨论研究的结果如何呢？那就是以马克思主义的科学社会主义为指导，走社会主义道路。

---

① 《毛泽东著作选读》下册，675—677页，北京：人民出版社，1986年。

② 《李大钊文集》上卷，565页，北京：人民出版社，1984年。

③ 《梁启超全集》第五册，2980页，北京：北京出版社，1999年。

④ 《瞿秋白作品精编》，23页，桂林：漓江出版社，2004年。

关于五四选择的根本文化性质，毛泽东曾明确指出："在'五四'以后，中国产生了完全崭新的文化生力军，这就是中国共产党人所代表的共产主义的文化思想，即共产主义的宇宙观和社会革命论。"①在共产主义文化思想的指引下，毛泽东在文化理论上的一大建树是提出了新民主主义文化纲领，并促进了含有协商民主含义的文化统一战线的形成。

（二）新民主主义文化纲领与文化统一战线

1. 中国共产党具有代表先进文化的自觉意识

毛泽东曾运用历史唯物主义观点总结了历史的教训。他指出："在一个很长的时期内，即从一八四〇年的鸦片战争到一九一九年的五四运动的前夜，共计七十多年中，中国人没有什么思想武器可以抗御帝国主义。旧的顽固的封建主义的思想武器打了败仗了，抵不住，宣告破产了。不得已，中国人被迫从帝国主义的老家即西方资产阶级革命时代的武器库中学来了进化论、天赋人权论和资产阶级共和国等项思想武器和政治方案，组织过政党，举行过革命，以为可以外御列强，内建民国。但是这些东西也和封建主义的思想武器一样，软弱得很，又是抵不住，败下阵来，宣告破产了。"②他说"自从中国人学会了马克思列宁主义以后，中国人在精神上就由被动转入主动。从这时起，近代世界历史上那种看不起中国人，看不起中国文化的时代应当完结了。伟大的胜利的中国人民解放战争和人民大革命，已经复兴了并正在复兴着伟大的中国人民的文化。这种中国人民的文化，就其精神方面来说，已经越过了整个资本主义的世界"③。毛泽东在这里充分肯定了马克思列宁主义对于中国历史的巨大引导作用，从而表现出了我们党强烈的文化自觉意识。

毛泽东认为：我们不但要把一个政治上受压迫、经济上受剥削的中国，变为一个政治上自由和经济上繁荣的中国，而且"要把一个被旧文化统治因而愚昧落后的中国，变为一个被新文化统治因而文明先

① 《毛泽东选集》第2卷，690页，北京：人民出版社，1991年。

② 《毛泽东选集》第4卷，1513—1514页，北京：人民出版社，1991年。

③ 《毛泽东选集》第4卷，1517页，北京：人民出版社，1991年。

进的中国”[①]。毛泽东还曾提出了文武两个战线和两种军队的思想。在毛泽东看来，要取得革命的胜利，必须同时开展军事战线和文化战线的斗争。首先“要依靠手里拿枪的军队”，同时“还要有文化的军队。这是团结自己，战胜敌人必不可少的军队。”[②]

为了用马克思主义武装全党，中国共产党十分重视马克思主义的传播，甚至在1927年大革命失败以后，也没有停止这一工作。据不完全统计，仅从1928年到1930年的3年间，就新翻译出版了马列主义著作50余种，其中包括《资本论》《政治经济学批判》《反杜林论》《家庭、私有制和国家的起源》《路德维希·费尔巴哈和德国古典哲学的终结》《国家与革命》等。而在延安时期，中国共产党成立了专门负责翻译、编辑、出版马列著作的机构。在当时恶劣的物质条件下，出版了32种马列主义著作。这样，马列主义也就成为中国先进知识分子必不可少的精神食粮。

然而文化自觉对于中国共产党来说，不仅在于要学习马列主义，要用马列主义武装头脑，还在于要把马克思主义的普遍真理和中国的具体实际相结合，创造出具有中华民族新形式的新文化。即毛泽东所说的：“中国的共产主义者对于马克思主义在中国的应用……必须将马克思主义的普遍真理和中国革命的具体实践完全地恰当地统一起来。就是说，和民族的特点相结合，经过一定的民族形式，才有用处，决不能主观地公式地应用它。……中国文化应有自己的形式，这就是民族形式。民族的形式，新民主主义的内容——这就是我们今天的新文化。”[③]

2. 新民主主义的文化纲领

毛泽东在《新民主主义论》中曾对新民主主义文化的性质和内涵进行了准确而系统的阐述。他指出，现阶段中国的国民文化，既不是资产阶级的文化专政主义，也不是单纯的无产阶级的社会主义，而是新民主主义文化，即“无产阶级领导的人民大众的反帝反封建的文化”，是“民族的科学的大众的文化”。

第一，新民主主义文化是以无产阶级思想即共产主义思想为指导

① 《毛泽东选集》第2卷，663页，北京：人民出版社，1991年。
② 《毛泽东选集》第3卷，847页，北京：人民出版社，1991年。
③ 《毛泽东选集》第2卷，707页，北京：人民出版社，1991年。

的文化。也就是说，新民主主义文化居于指导地位的是共产主义思想。这是新民主主义文化区别于旧民主主义文化的根本标志。

五四运动前的新文化运动，其基本内容是宣传西方资产阶级的民主、科学等，是要以西方资产阶级的新文化代替封建的旧文化，参加这一运动的也主要是一些资产阶级和小资产阶级知识分子。因此，就其性质而言，仍然属于旧民主主义范畴，是资产阶级民主主义的文化运动。五四运动后，新文化运动发生了质的变化，宣传马克思主义成为主流，一些先进知识分子努力地有步骤地用社会主义对工人、农民和其他群众进行宣传和教育。因此，五四后的新文化运动是新民主主义性质的文化运动，属于世界无产阶级社会主义文化的范畴。

新民主主义文化是以共产主义思想为指导的文化，是以马克思主义世界观、历史观来观察中国国情和关注中国命运的文化，是最终以实现社会主义和共产主义为奋斗目标的文化。离开了马克思主义的立场、观点和方法，离开了社会主义和共产主义的最终奋斗目标，也就没有新民主主义文化。

第二，新民主主义文化是民族的。这里不能仅仅理解为是对文化的民族形式的强调。民族的形式是重要的，即毛泽东提倡的“新鲜活泼的、为中国老百姓所喜闻乐见的中国作风和中国气派”①。更为重要的是民族内容的方面，即新民主主义文化建设一定要克服五四时期的形而上学——对洋八股洋教条的迷信，也要克服五四以后，特别在我们党内形成的关于马克思主义的新八股或“党八股”、新教条的迷信，要从中国的实际出发，这个实际包括文化的民族背景、民族传统。在将外来先进文化移植过来时，不但不能脱离本土文化，而且要完成本土化即民族化的过程，否则就会使先进文化的先进性转化为消极性的东西。

当然，强调文化的民族性并不是否认它的世界性。关于这一点，毛泽东曾深刻指出：“它是我们这个民族的，带有我们民族的特性。它同一切别的民族的社会主义文化和新民主主义文化相联合，建立互相吸收和互相发展的关系，共同形成世界的新文化。”②

第三，新民主主义文化是大众的。这里是说，新民主主义文化是

① 《毛泽东选集》第3卷，844页，北京：人民出版社，1991年。

② 《毛泽东选集》第2卷，706页，北京：人民出版社，1991年。

人民大众的文化。为此，毛泽东提出了“普及与提高”的方针，要通过普及文化教育，如通过办学校，扫盲，出版报纸杂志，创作文艺作品和开展各种文化活动，切实可行地满足工农劳苦民众的文化需求。他认为，对“不识字，无文化”的劳动大众，当务之急不是“锦上添花”，而是“雪中送炭”，必须来一个普遍的启蒙运动，在普及的基础上才能提高。应该说，根据地和解放区开展的广大劳动群众参加的新文化的普及运动，是中国几千年来的任何一个文化运动所无法比拟的。

毛泽东认为新民主主义文化是大众的，也就是民主的。因此，提倡文化的大众化，也就是坚持文化的民主化。用毛泽东的话说“这种新民主主义的文化是大众的，因而即是民主的。他应为全民族中百分之九十以上的工农劳苦民众服务，并逐渐成为他们的文化”①。也就是说，提倡文化的大众化，这是五四的民主精神在文化上的现实体现和具体落实，是对五四民主精神的一种继承和发扬。

第四，新民主主义文化是科学的。这是强调文化的科学内涵。所谓“科学”的文化是指它反对一切封建思想和迷信思想，也反对脱离中国实际的西方资产阶级思想，主张一切从实际出发，实事求是，理论联系实际，在实践中发现真理、检验真理和发展真理。

用科学的态度对待外来文化，坚持洋为中用的方针；用科学的态度对待中国传统文化，坚持古为今用，推陈出新的方针。

毛泽东总结说：“民族的科学的大众的文化，就是人民大众反帝反封建的文化，就是新民主主义的文化，就是中华民族的新文化。”②新民主主义文化为革命战争时期我国各革命阶级结成文化的统一战线提供了精神支撑。

3. 新民主主义的文化统一战线

新民主主义文化能够把革命阶级在文化上联合起来，构成反帝反封的文化统一战线。这是因为新民主主义文化有如下几个方面的特点。

（1）彻底的革命性。

新民主主义革命具有彻底的反帝反封建的革命精神。新民主主义文化主张消灭封建土地所有制，消灭地主阶级，实行耕者有其田，在文化上，反对封建文化。新民主主义文化反对帝国主义及其走狗，实

① 《毛泽东选集》第2卷，708页，北京：人民出版社，1991年。

② 《毛泽东选集》第2卷，708—709页，北京：人民出版社，1991年。

现民族独立和解放。在文化上，反对帝国主义文化。这样，新民主主义文化就以革命的彻底性和鲜明性，吸引和凝聚了中国近代历史上一切革命的阶级和广大民众。

（2）历史的正当性。

新民主主义文化不是毛泽东等杰出人物所做的孤立的思考，而是社会生活和政治生活的产物，是社会生活和政治生活的一个组成部分。新民主主义文化是从五四时期开始形成的，是对五四新文化的继承和发展。五四新文化运动用科学反对迷信、用民主反对专制，用科学和民主作为手段，说到底是为了人的解放，但对五四时期的知识分子来说，他们关注的是自我的个性解放。关注自我的个性解放，这没有什么不妥。但问题在于如何实现个性解放。有人固守自由主义。这种主张客观上导致剥削阶级的巧取豪夺依然如故。有人主张无政府主义，这实际是小资产阶级的梦想。离开民族和阶级的解放，哪有个人问题的根本解决。现实生活的启示，使人们选择了马克思主义，从而为谋求人的自我解放找到了一条现实的道路，即新民主主义道路。新民主主义的文化就是主张通过无产阶级领导的革命斗争，推翻帝国主义、封建主义和官僚资本主义统治的文化。由此，新民主主义文化吸引和凝聚了把个性解放与阶级解放相统一的广大知识分子。

（3）广大的包容性。

新民主主义文化，不是单纯的无产阶级社会主义文化，而是新民主主义的民族的科学的大众的文化。新民主主义文化的主体，不仅包括处于被压迫被剥削地位的广大工农群众，包括小资产阶级，还包括受到帝国主义和封建主义打压的民族资产阶级。这样，在建立一个独立、自由、民主、统一和富强的新中国这样一个目标上，中国无产阶级的科学思想和具有进步性的民族资产阶级思想也就建立起了文化上的统一战线。

以新民主主义为内容的文化统一战线为在革命战争年代中国共产党与各界群众和各民主党派进行政治协商提供了文化基础。

（三）中国社会主义文化是协商民主发展的精神基础

建国以来，中国共产党遵循马克思主义的基本原理，确认经过政治革命解除了旧的生产关系对生产力的束缚之后，国家的主要任务是进行经济现代化和文化现代化的建设。毛泽东预言“随着经济建设的高潮的到来，不可避免地将要出现一个文化建设的高潮。中国人被人认为不文明的时代已经过去了，我们将以一个具有高度文化的民族出现于世界”。[①]然而由于国际国内各种复杂情况的存在，特别是由于我们党缺乏社会主义建设的经验，因此，无论社会主义经济建设，还是社会主义文化建设，都曾走过艰难探索的道路。

1. 社会主义文化建设道路的探索

如何建设社会主义文化，不断满足人民日益增长的文化需要，增强社会主义意识形态的吸引力和凝聚力，建设中华民族共有的精神家园，既避免苏联模式暴露出来的文化方面的问题，如教条主义、思想僵化、文化单一等弊端，又防止西方国家对我国的和平演变，成为作为执政党的中国共产党的领导人所面临的一个重大问题。毛泽东等坚持以马克思主义为指导，结合中国文化建设的具体实际，在总结新民主主义时期党的文化工作经验的基础上，提出了许多适合中国国情的社会主义文化建设的思想和方针政策。这包括：

（1）坚持以马克思主义为指导思想。

其一，建国后，在探索中国文化建设规律的实践中，毛泽东一再强调，坚持马克思主义的指导，是社会主义文化建设的一个重要原则。在社会主义文化领域，占主导和统治地位的，必须是马克思主义。这是由无产阶级及其政党——共产党在国家生活中的领导地位决定的。中国共产党人以马克思主义为指导，对中国社会主义建设的一切领域实行领导，这自然也就要求我国社会主义文化建设必须坚持以马克思主义为指导。

其二，这是由文化的自身属性和功能决定的。马克思主义唯物史观认为，社会存在决定社会意识，社会意识是对社会存在的反映，并对社会存在具有反作用。在阶级社会中，“代表先进阶级的正确思想，一旦被群众掌握，就会变成改造社会，改造世界的物质力量。”[②]基于这一认识，毛泽东指出：在社会主义社会，必须用马克思主义教育群众，武装党员干部，提高广大党员干部认识世界、改造世界的能力，更好地建设社会主义。

① 《毛泽东著作选读》下册，692页，北京：人民出版社，1986年。

② 《毛泽东文集》第8卷，320页，北京：人民出版社，1999年。

其三，这是由思想文化领域的斗争所决定的。在毛泽东看来，对于思想文化阵地，马克思主义不去占领，各种旧社会腐朽没落的思想和资产阶级意识形态必然去占领。这是不以人的意志为转移的客观规律。20世纪50年代后期，以美国为首的帝国主义对社会主义阵营推行“和平演变”的战略，其重要途径就是试图通过思想文化和价值观念的渗透，使社会主义国家自行消解马克思主义的指导，从而达到颠覆社会主义制度的目的。这更引起了毛泽东对思想文化领域的重视。所以，要巩固社会主义制度，建设一个伟大的社会主义国家，必须在思想文化领域坚持以马克思主义为指导，清除旧思想、旧观念，同资产阶级思想文化做长期的斗争。

（2）坚持“百花齐放，百家争鸣”的方针。

1951年毛泽东在为中国戏曲研究院的题词中，提出了“百花齐放”、推陈出新的要求和希望。1953年前后，毛泽东对历史研究中不同观点的争论，提出要采取“百家争鸣”的办法来解决。1956年4月28日，毛泽东在中央政治局扩大会议上，把“百花齐放”“百家争鸣”连接起来，他说：“‘百花齐放，百家争鸣’，我看这应该成为我们的方针。艺术上的问题百花齐放，学术问题上百家争鸣。”[①]1957年毛泽东正式系统地阐述了这一方针。他说：“百花齐放，百家争鸣的方针，是促进艺术发展和科学进步的方针，是促进我国的社会主义文化繁荣的方针。艺术上不同的形式和风格可以自由发展，科学上不同的学派可以自由争论。利用行政力量，强行推广一种风格，一种学派，禁止另一种风格，另一种学派，我们认为会有害于艺术和科学的发展。”[②]

应该说，这一方针不仅延续了春秋战国诸子百家争鸣的传统，继承了五四以科学和民主为内涵的启蒙精神，而且是对社会主义文化发展带规律性的科学总结，这是社会主义文化理念的一个新的发展。

但是在处理“双百”方针与马克思主义为指导这二者的关系上，我们党曾犯了严重的错误。“双百”方针，就字面看，并不包含坚持主流思想文化的立场。正如毛泽东所指出的：“这两个口号，就字面看，是没有阶级性的，无产阶级可以利用它们，资产阶级也可以利用它们，

① 宋贵仑：《毛泽东与中国文艺》，192—193页，北京：人民出版社，1993年。

② 《毛泽东著作选读》下册，784—785页，北京：人民出版社，1986年。

其他的人也可以利用它们。”[①]那么，对无产阶级执政党来说，要坚持马克思主义的指导地位，也就不可能对各种观念一视同仁，不能允许用这个口号来弱化和取消主流思想文化。于是又增加了香花毒草之说。即开放的百花和争鸣的百家只能是香花，不能是毒草。“有错误就得批判，有毒草就得进行斗争。”[②]从原则上说，这些论述无可指责，是正确的。但如何把上述两个原则有机结合起来，却费了不少年的周折。

1957年以后党内发生了“左”的错误，以“文化大革命”为极端。“双百”方针实际被抛弃了，在“以阶级斗争为纲”的思想指导下，出现了用非文化的手段去解决文化问题的做法，这一做法主要是将文化与意识形态等同起来，又把意识形态看作是阶级意识的完全自觉表达。于是大批判运动一次接着一次，搞无限上纲上线，文化问题、学术问题被说成阶级斗争的问题；阶级斗争问题又被归结为政治斗争，即夺权与反夺权的斗争。在无产阶级专政下继续革命的名义下，知识分子被贬为臭老九，一些学术权威、文化名人、艺术明星遭到错误批判，严重挫伤了人们的文化生产积极性，在文化史上留下了无尽的遗憾。以知识分子为基本成员的一些民主党派受到冲击，活动陷于停顿，中国共产党与民主党派的政治协商受到严重破坏。

改革开放以来，中国共产党回到了马克思主义路线，纠正了以往“左”的错误，克服了“两个凡是”为旗帜的教条主义迷信，在文化上则意味着五四新文化运动的科学民主精神及党在50年代确立的“百花齐放、百家争鸣”方针的回归，使中国先进文化的建设进入了一个新的时期。可以说，正是党的先进文化理念的恢复，激发了我国新时期文化发展的活力。

然而新时期文化的发展也并非一帆风顺。这除了上述提到的“两个坚持”如何统一的问题需要进一步解决以外，还在于改革开放和市场经济条件下的文化建设，遇到了新的挑战。归纳起来，主要有四个方面。

其一，在对“左”的错误进行批判时，对马克思主义抱反对态度的人会认为有机可乘，借此来清算马克思主义，来反对社会主义，鼓吹资产阶级自由化。

---

① 《毛泽东著作选读》下册，788页，北京：人民出版社，1986年。

② 《毛泽东著作选读》下册，787页，北京：人民出版社，1986年。

其二，对外开放使中国打开了窗户，在流入新鲜空气的同时，也难免会飞进来一些苍蝇、蚊子。西方资产阶级的腐朽生活方式、世界观、人生观、价值观会以前所未有的规模迅速影响我国社会，影响正在进行新的构建的中国文化。西方发达国家的资产阶级也会利用中国改革开放之机，而加快对我国的思想影响和文化渗透。

其三，中国的经济改革使得市场经济机制得以确立，作为配置资源的基本手段，它在促进我国生产力加速发展的同时，也会产生消极作用，也会使一部分人滋长极端个人主义、拜金主义和享乐主义。

其四，在由“以阶级斗争为纲”转变为“以经济建设”为中心时，有些人会从一个极端跳到另一个极端，把思想政治工作从“政治挂帅”的首位降到“精神无用”的末端，对现代化只作经济指标的理解，只讲经济发展，而不讲思想文化建设，放弃党对文化建设的领导。把“双百”方针完全理解为自由主义的方针。

面对这种状况，邓小平旗帜鲜明地提出要坚持四项基本原则，要反对资产阶级自由化。他说：“为了实现四个现代化，我们必须坚持社会主义道路，坚持无产阶级专政，坚持共产党的领导，坚持马列主义、毛泽东思想。……绝不允许在这个根本立场上有丝毫动摇。如果动摇了这四项基本原则中的任何一项，那就动摇了整个社会主义事业，整个现代化建设事业。”①他说：“搞资产阶级自由化的人提出的理想与我们的不同。我们讲的是社会主义、共产主义理想。”②“所谓资产阶级自由化，就是要中国全盘西化，走资本主义道路。”③因此，我们必须“旗帜鲜明地坚持四项基本原则”，“旗帜鲜明地反对资产阶级自由化”④。

在这样一个前提下，邓小平深刻揭示了社会主义现代化的文化内涵。早在1979年，邓小平就指出：“我们要在建设高度物质文明的同时，提高全民族的科学文化水平，发展高尚的丰富多彩的文化生活，建设高度的社会主义精神文明。”⑤他说：“我们要建设社会主义国家，

① 《邓小平文选》第2卷，173页，北京：人民出版社，1994年。
② 《邓小平文选》第3卷，205页，北京：人民出版社，1993年。
③ 《邓小平文选》第3卷，207页，北京：人民出版社，1993年。
④ 《邓小平文选》第3卷，194页，北京：人民出版社，1993年。
⑤ 《邓小平文选》第2卷，208页，北京：人民出版社，1994年。

不但要有高度的物质文明，而且要有高度的精神文明。”“没有这种精神文明，没有共产主义理想，没有共产主义道德，怎么能建设社会主义？”[①]特别是1992年他在南方谈话中明确指出：“广东二十年赶上亚洲‘四小龙’，不仅经济要上去，社会秩序、社会风气也要搞好，两个文明建设都要超过他们，这才是中国特色的社会主义。”[②]邓小平的这些论述，不仅肯定了精神文明对物质文明的巨大反作用，而且进一步确立了精神文明建设在我国社会主义建设中的战略地位。

邓小平非常辩证地处理了经济建设与思想文化建设的关系，他提出“两手抓，两手硬”的著名论断，抵制来自党的“软弱涣散”、“一手硬，一手软”的倾向。为了克服用经济取代、排斥文化的倾向，邓小平还提出了另一个重要思想，即现代化的健康模式问题。他认为：“经济建设这一手我们搞得相当有成绩，形势喜人，这是我们国家的成功。但风气如果坏下去，经济搞成功又有什么意义？会在另一方面变质，反过来影响整个经济变质，发展下去会形成贪污、盗窃、贿赂横行的世界。”[③]这也就是说，先进的文化理念与现代化的健康模式，与中国现代化的社会主义性质是密切相关的。

那么在反对精神污染、反对资产阶级自由化、批判错误思想和错误作品的过程中，如何与贯彻“双百”方针相统一呢？在吸收以往经验教训的基础上，中国共产党提出了社会主义文化重在建设的战略思想。

2. 社会主义文化重在建设

什么是社会主义文化？社会主义文化是立足于社会主义经济基础上的文化认同系统，它涉及经济、政治、文化、思想等社会生活的方方面面，集中体现了社会主义意识形态的本质属性，是社会主义思想道德建设的指导方针。马克思主义的指导思想，中国特色社会主义的共同理想，以爱国主义为核心的民族精神和以改革创新为核心的时代精神，社会主义荣辱观，构成社会主义文化的基本内容。

在社会主义文化中，马克思主义指导思想居于最高层面，是指对作为认识世界、改造世界强大思想武器的马克思主义的文化认同；从

① 《邓小平文选》第2卷，367页，北京：人民出版社，1994年。
② 《邓小平文选》第3卷，378页，北京：人民出版社，1993年。
③ 《邓小平文选》第3卷，154页，北京：人民出版社，1993年。

根本上说，是指对人类社会发展规律和人类认识发展规律的文化认同。从社会发展规律来说，马克思主义指导思想要求人们在错综复杂的社会现象中看清本质、明确方向，坚持社会主义初级阶段理论。从人类认识发展规律来说，马克思主义指导思想要求人们把认识的相对性和绝对性结合起来。

中国特色社会主义共同理想，是社会主义文化的主题。这一共同理想，就是在中国共产党的领导下，走中国特色社会主义道路，实现中华民族的伟大复兴。回顾近代以来一百多年的沧桑历史，实现民族复兴是中华儿女世世代代的追求和梦想。新中国成立后，我们党在领导人民建设社会主义的过程中，找到了建设中国特色社会主义的正确道路。这条道路既坚持了科学社会主义的基本原则，又根据我国实际赋予其鲜明的中国特色，赋予民族复兴强大的生机。改革开放30多年来，社会主义制度又在除弊创新中自我完善和发展，经济社会发展取得了举世瞩目的伟大成就，更加坚定了全国各族人民实现共同理想的信念。从本质上分析，中国特色社会主义共同理想建立在社会主义经济基础之上，它反映了中国人民有着共同愿望、普遍追求和一致的根本利益。

以爱国主义为核心的民族精神和以改革创新为核心的时代精神，是指对实现共同理想的动力之源的文化认同。民族精神和时代精神相辅相成、相得益彰，共同服务于中国特色社会主义共同理想的实现。

社会主义荣辱观指的是对公民思想行为选择标准的文化认同。社会主义荣辱观贯穿着爱国主义、集体主义、社会主义思想，集中体现了正确的世界观、人生观、价值观，反映了民族精神和时代精神的根本要求。它标志着人们对社会主义思想道德规范的认识达到了新的高度。

社会主义文化重在建设，这是针对以往的“大批判开路”所提出的重要理论观点。邓小平指出：“不能认为只要破字当头，立就在其中了。”[①]精神文明建设，要按照为社会主义服务、为人民服务的方向和百花齐放、百家争鸣的方针，用民主政治的原则来处理文化问题，以科学的理论武装人，以正确的舆论引导人，以高尚的精神塑造人，以

① 《邓小平文选》第2卷，336页，北京：人民出版社，1994年。

优秀的作品鼓舞人，弘扬主旋律，发展多样性，建设中华民族的精神家园，为协商民主和社会和谐提供精神基础。

社会主义文化重在建设，并不是不要对错误的思想和作品进行批判和必要的斗争。进行这种批判和斗争与坚持“双百”方针并不是绝对对立的。邓小平认为，这里的关键在于“要接受过去的教训，不能搞运动。对于这些犯错误的人，每个人错误的性质如何，程度如何，如何认识，如何处理，都要有所区别，恰如其分。批评的方法要讲究，分寸要适当，不要搞围攻、搞运动。”[①]另外批评在于教育和引导。邓小平说：“一部分青年人对社会的某些现状不满，这不奇怪也不可怕，但是一定要注意引导，不好好引导就会害了他们。”[②]批判的目的在于团结。“从团结的愿望出发，经过批评和自我批评，达到新的团结，这就是正确处理人民内部矛盾的主要方法。坚持‘双百’方针也离不开批评和自我批评。批评要采取民主的说理的态度，这是必要的。”[③]

社会主义文化重在建设，这意味着我国文化工作的重点，主要力量的投入不在于主流文化的保卫，而在于主流文化的重构、重建，目的在于提高人的素质。用科学的理论武装人，就是通过学习，掌握马列主义、毛泽东思想、邓小平理论、“三个代表”重要思想和科学发展观，用以武装全党，教育干部和人民，正确认识社会发展规律，正确认识国家的命运和前途，坚持建设中国特色社会主义的信念。以正确的舆论引导人，就是新闻宣传必须坚持党性原则，坚持实事求是，坚持团结、稳定、鼓劲，正面宣传为主的方针，加强热点问题的引导和舆论监督，帮助党和政府改进工作，密切党和政府同人民群众的关系，增强人民群众建设社会主义现代化的信心和热情。以高尚的精神塑造人，就是要以集体主义、爱国主义、社会主义教育人民，提倡为人民服务的思想道德，引导人们树立正确的世界观、人生观、价值观，加强社会主义公德、职业道德和家庭美德建设，在全社会形成团结互助、平等友爱、共同进步的人际关系，要加强法制教育，增强人们的民主法制和权利义务观念，形成扶正祛邪、扬善惩恶的社会风气。以优秀的作品鼓舞人，就是我们的作家、艺术家、新闻工作者等等，要多写

① 《邓小平文选》第2卷，390页，北京：人民出版社，1994年。
② 《邓小平文选》第2卷，391页，北京：人民出版社，1994年。
③ 《邓小平文选》第2卷，392页，北京：人民出版社，1994年。

多出好作品，不出坏作品，要用反映人民权益，满足人民需要的内容健康、格调高尚的文化成果引导人民、教育人民去创造新的生活，去提高人民的审美情趣，陶冶人民的道德情操，塑造人民的美好心灵。

社会主义文化重在建设，这就要求不断地进行文化创新，即在主流文化的建构上，要将重点放在适应新情况、创造新成就上，不断增强中国特色社会主义文化的吸引力和感召力。要把中国社会主义文化建设同世界大势和时代主流结合起来，始终立足于时代文化大潮的前列。任何一种优秀文化传统，只有与时俱进，不断扬弃和更新，才能永葆青春活力。一定要紧跟时代步伐，以我们正在做的事情为中心，以历史的眼光，开放的意识，平和的心态，宽容的精神，借鉴吸收人类创造的一切文明成果，丰富和发展自己，创造既富有民族优秀传统又有鲜明的时代精神，既立足于中国大地又面向世界，既正视国情又放眼未来的新文化。

社会主义文化重在建设，要落实到正确处理唱响主旋律与文化多样性相统一问题上。唱响主旋律，这里的主旋律就是要坚持和强化马克思主义对文化的指导作用。所谓唱响主旋律，并不是用行政手段来取代文化规律而是按文化规律来创造主导性文化。因此，“反映主旋律的精神产品不仅思想内容要健康向上，艺术表现也应多样、生动活泼，精益求精，具有强烈的吸引力和感染力，在文化市场竞争中赢得优势。”[①]也就是说主流文化本身，有一个唱响社会主义主旋律与表现形式多样性的问题。另外，就主流文化与非主流的其他文化来说，也存在一个主流文化与文化多样性的问题。这是因为“社会生活是丰富多彩的，人民群众的精神文化需求也是多方面的、多层次的。只要是能够使人民群众得到教育和启发、得到娱乐和美的享受的精神产品，都应受到欢迎和鼓励”[②]。也就是说，多样化的文化在内容上与主流文化可能有不一致之处，在不危及社会稳定和社会发展的前提下，只要让人们得到教育和启发、得到娱乐和美的享受，也应该支持和鼓励，而不以社会主义意识形态为依据去加以排斥。这些文化形态在内容上虽

① 中共中央文献研究室编：《十四大以来重要文件选编》上册，656页，北京：人民出版社，1996年。

② 中共中央文献研究室编：《十四大以来重要文件选编》上册，656页，北京：人民出版社，1996年。

然与主流文化不同，但其功能也可以与社会主义社会相适应的。比如社会主义社会的宗教文化就可以做到与社会主义社会相适应。弘扬主旋律的同时与提倡多样化相统一，这样也就把坚持马克思主义为指导与坚持“双百”方针有机地结合起来。这些都表明，中国共产党经过五十多年的经验教训的积累，在社会主义文化建设的理念和方针上已经走向了成熟。

3. 中国特色社会主义文化为中国协商民主的发展提供了精神支撑

（1）中国特色社会主义文化以其先进性为中国政治协商主体构筑了共有的精神家园。

中国特色社会主义文化是先进的文化。这种先进性表现在：

第一，它是以马克思主义基本原理与中国革命、建设和改革的具体实践相结合而形成的当代中国马克思主义，即毛泽东思想、邓小平理论、“三个代表”重要思想和科学发展观为旗帜的文化。

第二，它是吸取了世界各国文化发展的肯定性成果，包括西方资本主义和民主社会主义的文化、苏俄社会主义文化的积极成果，以及中华传统文化的优秀成果的基础上，在中国特色社会主义实践中综合创新所形成的文化。

第三，它是立足时代前列，反映时代特征和时代发展潮流的文化，它是与世界各国和平共处、合作发展、互利共赢的文化，是反对霸权主义、单边主义、强权政治、狭隘民族主义的文化，是以自己的发展为国际社会做出贡献的文化。

第四，中国特色社会主义文化是指导中国人民摆脱贫穷落后，建设繁荣富强文明和谐的社会主义现代化强国的文化，因此，它反映了当代中国各阶级、各政党、各人民团体和其他界别等的协商主体的共同利益、共同理想、共同道德诉求，共同心理期望。从而也就使社会主义文化成为各协商主体的共同精神家园。也就是说，它构筑了中国协商民主得以健康发展的共同心理基础、道德基础、文化基础。即心往一处想，劲往一处使。这与一些国家和地区的议员被特殊利益集团所收买、所左右，而不能自拔，在议事会上闹得沸沸扬扬，不可开交，甚至大打出手的情况形成了鲜明对照。中国每年的人大会议和协商会议，即通常简称的“两会”成为了全中国的盛大节目，庄严、隆重，泱泱非凡，为全中国人民所关注，甚至为世界各国所瞩目。参加两会的代表也不仅视之为一种崇高的荣誉，而且也是一种无与伦比的使命、责任，肩上所担负的是全中国十几亿人的殷殷托付。反差如此之大，从精神角度来说，是因为中国政治协商主体具有自己的共同精神家园，即中国特色社会主义文化。

前一些年，有人鼓吹在中国推行新自由主义；有人主张民主社会主义可以救中国；还有人认为，儒家社会主义是中国的唯一出路。这些理论观点不能说毫无根据，也不能说一点道理没有，但是从总体上说，这些观点不适合时代潮流，也不适合中国国情，不能反映中国人民的利益，因而它们都不可能像中国特色社会主义文化那样具有如此巨大的感召力和凝聚力。且不说，新自由主义在世界上已造成种种历史悲剧，也不说民主社会主义在西方也正处于严重的危机之中，就拿它们在中国的命运来说，其被中国人民所冷落不仅已成为现实，而且也是历史的必然。相比之下，儒家社会主义的命运也决不会比它们好多少。历史的选择，人民的选择，是不可抗拒的。

中国特色社会主义文化不仅以其先进性为中国政治协商主体构筑了共有的精神家园，而且以其包容性为中国协商民主的健康发展营造了宽松的文化环境。

（2）中国特色社会主义文化以其包容性为中国协商民主的健康发展营造了宽松的文化环境。

中国特色社会主义文化的包容性主要表现在：

第一，中国特色社会主义文化以马克思主义为指导，但它不是单纯的马克思主义文化，而是马克思主义中国化、民族化、大众化的文化，是具有中华民族特点的，具有中国作风和中国气派的，为中国老百姓所喜闻乐见的文化。因此，中国特色社会主义文化不是或不仅是书本文化、课堂文化，而是在中国经济、政治、军事等各个方面发生作用的，为亿万人民群众所拥有并成为他们认识和改造世界的锐利武器的文化。

第二，中国特色社会主义文化从内容上来说，是贯穿着爱国主义、集体主义、社会主义思想的文化。集体主义倡导热爱、关心自己所生活的集体。作为集体的一员要爱岗敬业做好本职工作，与集体中的其他成员互动合作，共同进步，并促进集体的健康发展。爱国主义强调要热爱祖国，热爱中华人民共和国，维护它的主权、安全，实现祖国的统一、富强，捍卫中华民族的尊严。社会主义主张把爱国与爱广大人民统一起来，把爱国与爱社会主义统一起来。因此，社会主义文化把集体主义、爱国主义和社会主义等不同层次的文化包容于一身。诚然，有人作为一个集体主义者，可能还没有上升到爱国主义的高度，也有人作为一个爱国主义者，可能还没有上升到社会主义的高度，但他们都可以在社会主义文化园地上找到自己的精神归宿，他们可能不赞成社会主义，但可以成为社会主义的朋友。事实上，他们爱集体、爱祖国的行为客观上也是有利于社会主义事业发展的。

第三，中国特色社会主义文化，从其发展方针来说，是坚持“双百方针”，双百方针是发展文化的富于文化自由和文化民主的方针，是提倡弘扬主旋律与发展多样化相统一的方针。这个发展文化的自由和民主的方针，克服了权力的干预，排除了权威的干扰，也使多数决定原则在这里失去作用。每一种艺术形式、艺术流派，每一种学术观点、学术思潮都得依靠自己的生命力、合理性而在竞争中或存在，或灭亡，或发展，或萎缩，或竞长争高，或融合创新。这从而使社会主义文化生态，丰富多样，繁荣茂盛，充满活力。社会主义文化的包容性也就为中国协商民主的健康发展营造了一个宽松的文化环境。

协商民主以协商主体的独立思考为前提。独立思考是一种非奴隶状态、非依从状态的思维，是思维破除种种束缚的一种自我展开和自我成全。能否进行独立思考，主要取决于思考者的内在素质，但也与思考者的环境有关。如果环境不鼓励人们独立思考，甚至给独立思考者扣上种种不好的称谓，那么人们就没有想到要独立思考，或根本不敢去独立思考。如果是那样，也就只能唯书唯上，人云亦云。这也就谈不上协商，而只能有一定场合下的千篇一律的赞同性表态。如果说，独立思想，即“敢于想”主要取决于思考者的个人素质的话，那么“敢于说”或能否敢于说就主要取决于环境了。这里的环境既包括政治环境，也包括文化环境。从文化环境来说，如果有人不让人讲话，或讲错了话就揪住不放，或根本没有错，只是过了某个领导所设置的所谓“格”，就会受到打击伤害。如果是这样，也就无协商而言。因此，独立思考和自由地发表见解、坦诚地交换意见，是协商民主得以存在的前提，而这一切都有赖于形成宽松的文化环境，都需要社会主义文化的包容精神的支撑。

（3）中国特色社会主义文化还以其人本性为中国协商民主的发展提供了强大的精神动力。

中国特色社会主义文化的人本性是指中国特色社会主义文化是为人民服务的；是为了提高公民的思想道德、科学文化素质，是为了塑造有理想、有道德、有文化、有纪律的社会主义“四有”新人服务的；是为了提高广大人民群众的精神文化生活质量和促进人的全面而自由的发展服务的。人的素质提高了，也就具有了参政议政的积极性和自觉性，具有了进行民主协商的能力和水平，从而也就提高了协商民主的质量和效率。如果说，专制总是与愚昧落后结伴而行，那么民主则必然是与文明科学相生相伴。表决民主的发展要求有一定素质的表决主体，而协商民主的发展则要求更高素质的协商主体。因为协商民主更多的是一种理性的活动。因此，发展中国特色社会主义文化，提高中国公民的思想文化素质是发展中国协商民主的一项重要的基础工程。

三、维护协商民主的经济利益基础

中国协商民主作为一种上层建筑，它总是建立在一定的经济基础之上，并为其服务的。正如列宁所指出的：“在实际生活中民主永远不会是‘单独存在’，而总是‘共同存在’的，它也会影响经济，推动经济的改造，受经济发展的影响等等。这就是活生生的历史辩证法。”[①]

经济关系主要是物质利益关系。协商民主主体间的经济利益的协商、兼顾是协商民主的根本目的，也是协商民主的根本保障。因此，维护协商民主的经济利益基础是中国协商民主发展的一个重要经验。

（一）经济利益原则是协商民主的根本原则

在马克思主义历史唯物主义看来，协商民主说到底是为了经济利益而进行。经济利益原则是马克思主义历史唯物主义的一个基本原则。

① 《列宁选集》第3卷，181页，北京：人民出版社，2012年。

1. **历史唯物主义的一个基本原则**

利益，从词义上解释是“好处”，从深层次上说，是指人的需要的满足。实现和维护这种满足都是利益所在。

人的需要是多方面的。从纵向来说，人的需要可以分为七个层次，一是生理需要，二是安全需要，三是精神需要，四是交往需要，五是角色需要，六是享受需要，七是发展需要。[①]在这七个层面的需要中，最基本的是生理需要。

所谓生理需要是指生活在社会中的人为维持生命，过正常社会生活所必需的基本物质需要。用马克思的话说：“一切人类生存的第一个前提，也就是一切历史的第一个前提，这个前提是：人们为了能够‘创造历史’，必须能够生活。但是为了生活，首先就需要吃喝住穿以及其他一切东西。因此第一个历史活动就是生产满足这些需要的资料，即生产物质生活本身。”[②]也就是说，人们是为了直接的物质利益而从事物质生产的。

然而物质生产只是为物质利益的满足提供了前提，还不是物质利益的实现。这是因为利益不仅是一个反映需要主体与需要对象的关系范畴，而且还是一个反映不同需要主体的关系范畴。说到底是因为人是社会的人，人的需要的满足是通过社会来实现的。利益是人们实现社会结合的根据，也就是说人们是为追求各自的或共同的利益而走到一起，进行活动，并在实践活动中结成一定的社会关系的，其中最基本的是经济关系。社会关系，特别是经济关系是人们满足自身需要，即实现利益的组织形式。因而它是现实的利益关系。

一方面，人们在发挥主体能动性，通过实践创造对象时，他们是在一定的社会生产关系中进行的。他们的组织形式是满足自身需要的社会方式。另一方面，人们在创造需要对象到满足自身需要之前，还需要经过一个按一定分配方式分配产品的过程。而分配方式从来都是与生产资料的占有方式相一致的。它从根本上决定了分配方式。所以恩格斯说：“每一既定社会的经济关系首先表现为利益。”[③]每一社会的经济关系首先作为利益表现出来，在经济基础上建立起来的政治关系，

① 陶富源：《青年马克思与费尔巴哈》，259—260页，合肥：合肥工业大学出版社，2006年。

② 《马克思恩格斯文集》第1卷，531页，北京：人民出版社，2009年。

③ 《马克思恩格斯文集》第3卷，320页，北京：人民出版社，2009年。

包括国家政权也是为一定的经济利益服务的。对此，马克思指出："国家是统治阶级的各个人借以实现其共同利益的形式。"[①]因此，人们进行生产活动、经济活动和政治活动及文化活动都是为了实现利益，特别是经济利益。正是这种利益追求构成了人类活动的内在动力。

人是能进行能动活动的存在物，这是以往许多思想家和哲学家的共识。但在如何说明人的活动的内在动力问题上，他们的观点是各不相同的。总体说，有历史唯心主义与历史唯物主义两种回答。

历史唯心主义者曾分别用"情欲""快乐""理念""生命冲动"或"潜意识"等来说明人的活动的内在动力。这些说明不能说一点道理没有，但比较片面，且没有抓住根本。

在历史唯物主义看来，精神动力只是人们行为的动力之一，而不是人们行为的最终动因。唯心主义历史观的一个根本缺陷就在于，它"不去研究隐藏在这些动力后面的是什么，这些动力的动力是什么。"[②]恩格斯说："人们已经习惯于用他们的思维而不是用他们的需要来解释他们的行为（当然，这些需要是反映在头脑中，是进入意识的）。这样，随着时间的推移，便产生了唯心主义的世界观。"[③]因此，是否以需要的满足即利益来解释人们的行为，是区别唯心史观与唯物史观的一个重要标志。

这里需要指出的是，在马克思主义产生以前，有些唯物主义思想家虽然也在一个程度上认识到利益在社会发展中的作用，但由于历史和阶级的局限使他们离开了人的社会性和历史发展，主要是从生物学意义上对利益进行考察，从"人的感性需要"和"生理本能"等的意义上来理解利益的本质，这种解释必然是直观的、抽象的，因而也就不能科学说明利益的历史作用，最后只能陷入历史唯心主义。

马克思恩格斯摒弃了上述唯心主义观点。坚持用利益原则，用人民生活条件的观点来说明人的活动，来说明历史和人的观念。正如恩格斯所指出的："唯物史观是以一定历史时期的物质经济生活条件来说明一切历史事件和观念、一切政治、哲学和宗教的。"[④]

① 《马克思恩格斯文集》第1卷，584页，北京：人民出版社，2009年。

② 《马克思恩格斯文集》第4卷，303页，北京：人民出版社，2009年。

③ 《马克思恩格斯文集》第9卷，557—558页，北京：人民出版社，2009年。

④ 《马克思恩格斯文集》第3卷，320页，北京：人民出版社，2009年。

2. 物质利益追求是人的政治活动的根本目的

人们为追求利益，特别是物质利益而从事各种活动。人们进行生产劳动，直接就是为了物质利益，进行政治斗争和革命也是为了物质利益。恩格斯说：“迄今为止的一切革命，都是为了保护一种所有制以反对另一种所有制的革命。”“一切所谓政治革命，从头一个起到末一个止，都是为了保护一种财产而实行的，都是通过没收……另一种财产而进行的。”①

恩格斯在谈到梭伦的政治改革时曾指出，这是“损害债权人的财产以保护债务人的财产。债务简单地被宣布无效了”②。他又说：“土地占有制和资产阶级之间的斗争，正如资产阶级和无产阶级之间的斗争一样，首先是为了经济利益而进行的，政治权力不过是用来实现经济利益的手段。”③政治作为经济的集中表现，政治权力作为实现经济利益的一种手段，因此，一切政治斗争都是围绕着巩固政权和夺取政权而进行的。对于无产阶级革命来说，其目的也是为了夺取政权，建立无产阶级专政。说到底也是因为无产阶级如果不建立自己的政治统治，就不能实现它的基本经济利益。正如列宁所说：“无产阶级的基本经济利益只有通过无产阶级专政代替资产阶级专政的政治革命来满足。”④

在历史上，政治斗争和思想斗争往往给人以超功利的外观，或者把其真实的目的掩盖起来，故意打出某种冠冕堂皇的旗号，然而在这一切的背后都是实实在在的利益。

例如16世纪的德国农民战争，虽然披着宗教的外衣。但“根本是为着十分明确的物质的阶级利益而进行的”⑤。那些打着动人的旗号掩盖真实利益的做法，也只是为了更多地、更隐蔽地获得这种利益。

二战中，日本帝国主义出兵侵略中国，所鼓吹的“大东亚共荣”的论调，以及某些西方势力不愿看到中国稳步前进、日益强大，所打出的“关心中国的民主和人权”的旗号等，都是这类骗人的把戏。人

① 《马克思恩格斯文集》第4卷，132页，北京：人民出版社，2009年。
② 《马克思恩格斯文集》第4卷，132页，北京：人民出版社，2009年。
③ 《马克思恩格斯文集》第4卷，305页，北京：人民出版社，2009年。
④ 《列宁选集》第1卷，333页，北京：人民出版社，1985年。
⑤ 《马克思恩格斯全集》第7卷，400页，北京：人民出版社，1959年。

们为利益而活动，为利益而从事政治斗争。从来没有不基于经济利益而发生的政治冲突，也没有不和经济利益相联系的政治统治和政治治理。

3. 协商民主是把不同利益纳入政治过程的治理

协商民主是以共同利益为基础，以具体利益多样性为前提的各种利益在政治协商过程中所实现的彼此制约、平衡。

说到共同利益，它总是有界限的。比如，有某一群体的共同利益；有某一阶级的共同利益，有某一民族的共同利益；还有某一社会的共同利益等。这里的社会共同利益在当今来说，主要是指国家社会的共同利益。因为今天的人们尚未真正建成全球社会。当然，全球社会的因素在增长着、发展着，与此相联系，全球社会的共同利益也在生成着、发展着。

国家社会的共同利益或简单地说社会共同利益是相对于个人利益和以团体形式表现的个人利益而言的。那么，二者的关系如何呢？

马克思主义承认个人利益的现实合理性，肯定个人在追求和实现个人利益的过程中推动了社会的发展。当然，这是有条件的。马克思在《政治经济学批判（1857—1858年手稿）》中指出，如果认为“当每个人追求自己私人利益的时候，也就达到私人利益的总体即普遍利益”或共同利益，那么，从这种抽象的说法也可以得出相反的结论，即“每个人都妨碍别人利益的实现，这种一切人反对一切人的战争所造成的结果，不是普遍的肯定，而是普遍的否定。”①

那么问题的关键在哪里呢？在于不能把共同利益和个人利益抽象地对立起来，共同利益不是脱离个人利益而孤立存在的。在马克思看来，“私人利益本身已经是社会所决定的利益，而且只有在社会所创造的条件下并使用社会所提供的手段，才能达到；也就是说，私人利益是与这些条件和手段的再生产相联系的。这是私人利益；但它的内容以及实现的形式和手段则是由不以任何人为转移的社会条件决定的。”②

个人利益的实现需要借助于社会提供的条件和手段，这意味着私人利益需要在与他人的社会联系中来实现，需要在与他人的私人利益

① 《马克思恩格斯全集》第46卷（上册），102页，北京：人民出版社，1979年。
② 《马克思恩格斯全集》第46卷（上册），102—103页，北京：人民出版社，1979年。

的交换中来实现。也就是说，通过实现他人的私人利益，才能实现自己的私人利益，反之亦然。为了使这种相互实现由可能转化为现实，就需要规范、制度，这些规范、制度也就标示了共同利益。在这个意义上，马克思说："共同利益恰恰只存在于双方，多方以及存在于各方的独立之中，共同利益就是自私利益的交换。一般利益就是各种自私利益的一般性。"[①]从这个角度说，公共利益的产生是私人利益相互实现的结果，人民的社会性存在为公共利益的产生创造了现实可能性。正因为"'共同利益'在历史上任何时候都是由作为'私人'的个人造成的"。[②]

因此，个人利益和共同利益之间的"这种对立只是表面的，因为这种对立的一面即所谓'普遍的'一面总是不断地由另一面即私人利益的一面产生的，它决不是作为一种具有独立历史的独立力量而与私人利益相对抗"[③]。也就是说，二者不是绝对对立的。

但是私人利益在相互实现中并不会自发地产生和维护公共利益，也不会自发地实现对每个人私人利益的保障。这是因为被生产力发展水平所决定的社会自发分工以及与此相联系的私有制和阶级的产生，使经济上处于强势地位的剥削阶级及其个人，总是剥夺劳动阶级及其个人的私人利益以扩张自己的私人利益，并总是利用掌握在自己手中的国家权力，用自己阶级的权利冒充为社会共同利益，从而企图让劳动阶级心甘情愿做出牺牲。

因此，对于无产阶级和广大人民群众来说，其共同利益首先就在于，从剥削和压迫中解放出来，即消灭剥削制度和剥削阶级，走社会主义道路，建立以公有制和按劳分配为主体的社会经济制度和人民当家作主的民主政治制度。这样也就从根本上体现了和保障了社会广大成员根本利益的一致性。

但是社会成员的共同利益，在我们国家不仅表现为根本利益的一致性，而且表现在促进和保障广大社会成员具体利益的实现和协调。

生产力发展，社会经济的发展，以及与此相联的社会分工的发展，必然会导致利益分化，从而出现具有各种不同利益的团体。但各种不

① 《马克思恩格斯全集》第46卷（上册），197页，北京：人民出版社，1979年。
② 《马克思恩格斯全集》第3卷，276页，北京：人民出版社，1960年。
③ 《马克思恩格斯全集》第3卷，276页，北京：人民出版社，1960年。

同利益团体的出现并不必然发展出民主政治。民主政治要求把各种不同利益纳入民主过程。如果新利益不断出现，但被排除在政治之外，那么社会要么压制新利益，甚至趋向于使之消失，使社会恢复到原来的状态；要么陷于混乱，因为新利益会向现存体制挑战，以获得其合理的权利。如果新利益允许进入政治过程，那么政治会向民主化方向发展。这一方面是因为政治民主化会促使各种利益彼此制约、平衡，避免单一利益占绝对优势。另一方面政治民主化也会促使更多的人进入政治过程。

在现代社会，单个人参与政治过程的可能性不大，也没有多大效力，团体愈来愈成为参与政治过程的单元。然而把各种利益纳入政治的过程，使民主政治成为可能，但并不能保证民主政治的稳定。各种利益之间竞争和摩擦固然是民主政治的动力，但过度的、不受抑制的竞争和摩擦又会引起政治的不稳定。这个问题的解决之道是协商民主。

在我国市场经济条件下，人们追求自身利益的行为取向不断强化，人与人之间的利益关系不断变化和重组，利益多元格局逐渐形成。不同的社会群体无论在利益实现程度，还是利益表达与追求能力方面都存在差异。在一个利益分化和一个利益多元的社会中，利益矛盾和冲突是正常的，但面对利益矛盾无所作为、任其发展却是危险的，必须通过建立利益协调机制，促进社会的整合、凝聚和稳定，推动社会良性运动和发展。利益协调，就是通过“协商民主”的对话方式帮助公民理性地表达利益诉求。协商就是代表不同利益的观点不受限制地交流。协商对话、沟通妥协可以成为利益协调的有效社会交往形式。特别是当社会各方出现严重的分歧和利益冲突时，协商对话有助于揭示私人信息，减少和克服有限理性，在充分沟通基础上达成妥协，赋予利益要求正当化并推进合理化的社会选择。总之，协商民主将为利益协调提供广泛的正式和非正式渠道，促进利益表达向制度化方向发展。

然而，通过协商民主实现利益协调，是以承认和尊重各方的利益为前提的，这是协商民主的根本。中国共产党在领导中国人民通过民主协商建立民主联盟的国家制度的过程中，十分注重同盟者的利益，从而为政治协商提供了根本前提。

（二）尊重同盟者利益是政治协商的前提

通过与同盟者的长期合作、共同斗争所建立的人民民主专政，是中国共产党领导的人民民主统一战线的胜利及其在国家政权上的表现。建国后作为我国临时根本大法的《共同纲领》规定，“中国人民民主专政是中国工人阶级、农民阶级、小资产阶级、民族资产阶级及其他爱国民主分子的人民民主统一战线的政权，而以工农联盟为基础，以工人阶级为领导。”

中国工人阶级何以能通过政治协商与其他民主阶级和民主党派结成人民民主统一战线，并能最终建立人民民主统一战线的政权，这其中尊重同盟者的利益是一个根本原因或一条根本经验。关于这一点，毛泽东在1848年1月18日发表的《关于目前党的政策中的几个问题》中，曾经做过一个总体的说明。他说：“领导的阶级和政党，要实现自己对被领导的阶级、阶层、政党和人民团体的领导，必须具备两个条件：（甲）率领被领导者（同盟者）向着共同敌人作坚决的斗争，并取得胜利；（乙）对于被领导者给以物质福利，至少不损害其利益，同时对被领导者给以政治教育。没有这两个条件或两个条件缺一，就不能实现领导。”①也就不能实现政治的协商和联合。

尊重同盟者的利益，这是毛泽东和中国共产党的一贯主张。早在井冈山时期，毛泽东就提出，要“关心群众生活”，要当“群众的领导者、组织者”，要“真心实意地为群众谋利益”②。在抗日战争时期，关于抗日根据地的政权建设，毛泽东也指出：要“保护抗日的人民，调节各抗日阶层的利益，改良工农生活”③。并特别指出：“争取中间势力是我们在抗日统一战线时期的极严重的任务”。完成这个任务的条件之一是“尊重他们的利益”④。解放战争时期，关于“建立巩固的东北根据地”的指示中，毛泽东又一次强调：“我党必须给东北人民以看得见的物质利益，群众才会拥护我们。”⑤

---

① 《毛泽东选集》第4卷，1273页，北京：人民出版社，1991年。

② 《毛泽东选集》第1卷，138页，北京：人民出版社，1991年。

③ 《毛泽东选集》第2卷，745页，北京：人民出版社，1991年。

④ 《毛泽东选集》第2卷，747页，北京：人民出版社，1991年。

⑤ 《毛泽东选集》第4卷，1180页，北京：人民出版社，1991年。

在新民主主义革命时期，尊重同盟者的利益，首先要尊重和保障广大农民的物质利益。这是因为农民问题是中国革命的基本问题，农民是中国工人阶级最可靠的同盟军。而农民问题首先是土地问题。在半殖民地半封建的中国，地主阶级利用其占有的土地残酷剥削农民的封建土地制度，严重阻碍了农村生产力的发展，它是中国贫困落后的一个重要根源。因此，贫苦农民进行土地改革，消灭封建剥削的土地制度，实行“耕者有其田”是新民主主义革命的一项重要任务，也是巩固工农联盟，实现无产阶级领导权的中心问题。为解决这一问题，中国共产党进行了长期探索，逐渐形成了一整套适合中国农村实际的解决土地问题的路线、方针和政策。

这个土地改革的总路线和总政策，即“依靠贫农，团结中农，有步骤地、有分别地消灭封建剥削制度，发展农业生产”[①]。在土地改革中，地主作为一个阶级要消灭，但对地主阶级中的不同层次要区别对待。毛泽东指出：对于地主阶级中的开明绅士，“应采取团结的政策”[②]。“对待汉奸、富豪、恶霸要放严些，对于富农、中小地主要放宽些。在一切土地问题已经解决的地方，除了少数反动分子外，应对整个地主阶级采取缓和态度，对一切生活困难的地主给以帮助，对逃亡地主招引其回来，给以生活出路”[③]。“分一份土地、财产给他，让他参加生产劳动”[④]。

总之，要把地主阶级作为一个阶级消灭，与给地主分子以出路要结合起来。这一路线、方针、政策，最大限度地团结和争取了农村中一切可以团结的力量，代表着中国农村最广大群众的利益，保障了土地改革的顺利进行，解放和发展了农村生产力，巩固了工农联盟，为新民主主义协商民主的建设和向社会主义协商民主的过渡奠定了坚实的基础。

在中国，工人阶级的同盟者除了农民阶级以外，还包括小资产阶级和民族资产阶级，他们所从事的是民族工商业。

中国共产党从中国的特殊国情出发，将中国资本主义分为官僚资

---

① 《毛泽东选集》第4卷，1314页，北京：人民出版社，1991年。

② 《毛泽东选集》第4卷，1288页，北京：人民出版社，1991年。

③ 《毛泽东选集》第4卷，1188页，北京：人民出版社，1991年。

④ 《毛泽东文集》第5卷，24页，北京：人民出版社，1996年。

本主义和民族资本主义两部分，并采取截然不同的政策。对官僚资本采取没收政策，这是消灭旧民主主义国家经济基础的根本；对民族资本实行保护政策，即在新民主主义条件下，要保护民族工商业者，允许不操纵国计民生的资本主义经济有一个发展。

为什么要维护民族工商业，并允许不操纵国计民生的资本主义经济有一个发展呢？这是因为：

首先，“拿资本主义的某种发展去代替外国帝国主义和本国封建主义的压迫，不但是一个进步，而且是一个不可避免的过程”。其次，有条件地发展资本主义，“不但有利于资产阶级，同时也有利于无产阶级，或者说更有利于无产阶级。现在的中国是多了一个外国的帝国主义和一个本国的封建主义，而不是多了一个本国的资本主义，相反地，我们的资本主义是太少了。”①

总之，资本主义的发展在新民主主义政权下是有益无害的。“我们提倡的是新民主主义的资本主义，这种资本主义有它的生命力，还有革命性”。“它的性质是帮助社会主义的，它是革命的、有用的，有利于社会主义的发展的。”②

保护工商业者，“这里所说的工商业者，就是指一切独立的小工商业者和一切小的和中等的资本主义成分。”③

在新民主主义经济中，主要有五种经济成分。一是国营经济。它是新民主主义国家所经营，主要通过没收官僚资本建立起来的，以全面所有制为基础的社会主义性质的经济，是整个社会经济的领导力量。二是合作社经济。它是以私有制为基础的劳动群众的集体经济，是属半社会主义性质的经济。三是私人资本主义经济。它是以资本家生产资料个人所有为基础的私营经济。它具有两重性，既有利于国计民生的积极的一面，又有不利于社会主义，剥削工人阶级的一面。中国共产党对它的政策是利用和限制，1953年以后又加以改造。四是个体经济。它是指分散的个体农业和个体手工业经济，占国民经济的80%以上。五是国家资本主义经济。它是一种国家经济同私人资本合作的具有社会主义性质的经济。

---

① 《毛泽东选集》第3卷，1060页，北京：人民出版社，1991年。

② 《毛泽东文集》第3卷，384—385页，北京：人民出版社，1996年。

③ 《毛泽东选集》第4卷，1255页，北京：人民出版社，1991年。

由于我们党实施了“发展生产、繁荣经济、公私兼顾、劳资两利”[①]的经济发展总方针，使各种经济成分在国营经济的领导下，分工合作，各得其所，极大地促进了社会经济的发展，也极大地调动了民族资产阶级、小资产阶级、各民主党派和其他爱国分子的积极性，巩固和发展了它们与中国工人阶级及中国共产党的政治合作与协商。

在新民主主义到社会主义的转变中，我们党成功地运用了马克思关于赎买和列宁关于国家资本主义的理论，开辟了经过统一战线，对资本主义工商业进行和平改造，把资本主义所有制改造成为社会主义公有制的道路。在改造资本主义的同时，我们把企业和人员看作是资本主义工商业留给我们的两项财富。对企业技术改造，对企业管理人员，包括资本家本人“量才使用，适当照顾”，妥善安排他们的工作，发挥他们在生产技术和经营管理方面的专长，并对其代表人物进行政治安排，组织他们参观、学习，使他们感到有出路，有前途，推动他们逐渐改造成为社会主义劳动者。

由于我们实现了这一套具有中国特色的社会主义改造的政策和方法，关心同盟者的利益，保证了我国社会主义改造的顺利实现，不仅生产没有遭受破坏，反而促进了生产的发展。对民主党派、知识分子、少数民族人士、宗教界人士、港澳同胞和海外侨胞以及其他爱国人士都产生了良好的影响，对巩固和发展中国共产党领导的多党合作和政治协商制度发挥了重大促进作用。

同党在其他领域的工作一样，在基本完成生产资料私有制的社会主义改造以后，我国的中国共产党领导的多党合作和政治协商制度也经历了一个曲折的过程，遭到严重的挫折。特别是“文革”中，国民经济到了崩溃的边缘，广大人民群众的生活十分困难。“四人帮”及其“理论家”把物质利益划为禁区，似乎要物质利益就是不要无产阶级的革命性和崇高理想，就是修正主义。这是极其荒谬的。这种情况，一直到十一届三中全会后才得到根本的改正。

（三）共同富裕是中国协商民主发展的主旨

马克思主义不仅坚持物质利益原则，坚持工人阶级及其政党联合

① 《毛泽东选集》第4卷，1256页，北京：人民出版社，1991年。

同盟者为争取共同利益而奋斗，而且从根本上坚持广大人民群众的共同富裕，并且认为共同富裕是社会主义的本质要求。由此推论，共同富裕也是中国协商民主发展的主旨。

1. 共同富裕是社会主义的本质要求

共同富裕的思想源远流长，但在古代社会，只是表现为一种粗陋的平均主义；在近代空想社会主义那里，也只是一种良好的主观愿望。

空想社会主义者关于共同富裕的理想是美好的。他们曾设想土地和财产都归全体人民所有，归他们共同享用，“社会的目的是公众得到福利”，使一切人的“生活需要都可以得到满足”，“让每个人都可享受丰衣足食的乐趣”①。

然而空想社会主义并没有能揭示资本主义社会贫富两极分化的原因，因而也就没有能科学说明克服两极分化和实现共同富裕的客观根据、具体途径和依靠力量。因而这种共同富裕的理想只是作为思想资源具有一定的意义，并无多大现实价值。

马克思恩格斯的巨大理论贡献是基于唯物史观和剩余价值学说两大发现，把社会主义从空想变成科学，从而把关于无产阶级和广大人民群众共同富裕的理想建立在科学基础之上。认为广大无产阶级和广大人民群众只有在现代生产力发展的基础之上，推翻一切剥削制度和剥削阶级，走社会主义道路，实现生产资料的社会占有，才能使“积累起来的社会劳动”成为“扩大、丰富和提高工人的生活的一种手段”②。“通过社会生产，不仅可以保证一切社会成员有富足的和一天比一天充裕的物质生活，而且还可能保证他们的体力和智力获得充分的自由的发展和运用。”③

然而率先走上社会主义道路的国家并不是现代生产力比较发达的西方先进国家，而是生产力比较落后的苏俄、中国和其他一些国家。虽然，列宁、斯大林和毛泽东都是把共同富裕看作社会主义社会的目标，然而由于种种原因，特别是生产力不发达，使这一目标还远未实现。但他们对全民致富的执著追求和终生奋斗，为世界社会主义运动和中国社会主义现代化建设的发展积累了宝贵的经验。

① 《巴贝夫文选》，梅溪译，61—89页，北京：商务印书馆，1962年。
② 《马克思恩格斯文集》第2卷，46页，北京：人民出版社，2009年。
③ 《马克思恩格斯文集》第3卷，653—654页，北京：人民出版社，2009年。

在继承和发展马克思主义共同富裕思想和社会主义国家争取共同富裕实践的基础上，邓小平提出了自己的共同富裕理论。

邓小平明确提出共同富裕是社会主义的重要特征。他说："社会主义特征是搞集体富裕。"[①]"社会主义与资本主义不同的特点就是共同富裕，不搞两极分化。"[②]共同富裕是社会主义优越性的集中体现。邓小平认为，穷不是社会主义，少数人富也不是社会主义，共同富裕才是社会主义。邓小平说："没有贫穷的社会主义。社会主义不是穷，而是富，但这种富是人民共同富裕。"[③]共同富裕是社会主义的最终目标。邓小平从我国现阶段的实际出发，提出允许和鼓励一部分地区和一部分人通过诚实劳动和合法经营先富起来，先富带动和帮助后富，最终实现共同富裕的构想，从而把先富、后富、共富有机结合起来。

邓小平关于允许一部分先富裕起来，带动和帮助后富，最终实现全社会共同富裕的思想是邓小平共同富裕理论中最具创造性的部分，是其共富理论的精髓。

然而在现实生活中，先富和后富的关系出现了一些新情况、新矛盾，需要认真地加以解决。

2. 我国现阶段利益分化所引起的利益矛盾

30多年来，通过体制改革、产业调整、分配方式多样化、市场化分工的发展，使人们的从业方式、收益渠道、价值观、社会地位发生了相应的变化。从社会宏观角度来说，引起了社会结构的调整，产生了新的社会分层，这些新的社会分层的产生，一方面表明我国居民的差异性、多样性的发展，它既是经济社会发展的产物，同时又孕育着经济社会发展的动力。另一方面也表明，原有的平衡被打破，不同利益群体和利益层次之间会因差异性和多样性的存在而产生矛盾冲突。如何把差异性和多样性发展所孕育的可能动力变成推动经济社会发展的现实动力，这就要求遵循共同富裕的根本原则，通过协商来协调不同阶层之间的利益，来保证我国社会的稳定发展。

改革开放前，中国的经济发展水平不高，计划经济占主导地位，当时的经济体制是单一的公有制，同时国家还实行城乡分割的体制。

① 《邓小平文选》第2卷，236页，北京：人民出版社，1994年。

② 《邓小平文选》第3卷，123页，北京：人民出版社，1993年。

③ 《邓小平文选》第3卷，265页，北京：人民出版社，1993年。

在这一历史阶段，中国社会的阶层结构是由工人、农民、干部和知识分子等四个阶层构成，并且各阶层之间的界限非常清晰。

1979年以后，中国的政治、经济和其他多方面的政策有了重大调整。在经济政策上，从单一的计划经济转变为市场经济，从农村人民公社体制转变为农民的承包制等等，伴随着这种种重大政策的调整，中国社会分层结构也发生了重大的变化。这种变化主要体现在中国现今已有十个阶层，而不是改革前的四个阶层。这十个阶层是：国家和社会管理者阶层、经理人员阶层、私营企业主阶层、专业技术人员、办事人员阶层（指协助党政机关和事业单位的领导处理日常行政事务的专职办公人员）、个体工商户阶层、商务服务人员阶层、产业工人阶层、农业劳动者阶层、城乡无业或失业或半失业阶层等。

改革作为中国的第二次革命，实质上是一次全面、深刻的利益关系大调整。在这个调整中，社会各阶层、各群体围绕物质利益问题所引发的矛盾和冲突凸现出来，并且已经成为我国现阶段人民内部的主要矛盾问题。这些矛盾有：先富阶层与贫困阶层之间的矛盾；私营企业主与劳动者阶层之间的矛盾；领导干部阶层和其他社会阶层之间的矛盾等。

先富阶层与贫困阶层的矛盾是我国社会利益矛盾的一个重要表现。

先富阶层与贫困阶层之间的矛盾主要源于贫富差距的扩大。这种差距的扩大是不断形成的。我国贫富差距扩大的总体状况在理论上可以用基尼系数来表示。基尼系数是一个0—1之间的数值，国际上一般认为，基尼系数小于0.2表示收入分配过于平均，介于0.2—0.3之间表示收入分配比较平均，介于0.3—0.4之间表示合理，介于0.4—0.5之间表示差距偏大，而在0.5以上则意味着出现了两极分化。2004年，中共中央宣传部理论局出版的《理论热点18题》一书中指出："据统计，2000年以后，我国城乡居民的基尼系数就已经超过了0.4，而且呈继续上升趋势，近几年的增速甚至超过了一些西方发达国家。"[①]而清华大学的社会学系课题组在《中国：经济与社会的协调发展》研究报告中也指出："到2003年，本课题根据多项调查的数据，按照保守的估计，认为中国城乡居民家庭收入的基尼系数不低于0.5的水平，这应该不为

① 中共中央宣传部理论局：《理论热点18题》，94页，北京：学习出版社，2004年。

过的。”

根据这些数据可以肯定地说，经过30余年的实践，我国已经从一个平均主义盛行的国家，转变成了超过国际上中等不平等程度的国家。除基尼系数总体上表明我国的贫富差距呈不断扩大趋势外，我国的贫富差距还表现在城乡居民收入差距额的扩大，区域之间居民收入差距的扩大，不同阶层之间收入差距的不断扩大，不同行业、不同所有制从业人员之间收入差距的扩大。

收入差距的扩大必然会出现先富阶层和贫困阶层。社会最高收入层和社会最低收入层之间已经形成了两个矛盾尖锐的利益群体，中国社会事实上已隐含着严重的贫富矛盾，某种特定情况下，可能会导致某些较为激烈的冲突。

私营企业主阶层与劳动者阶层的矛盾是我国社会利益矛盾又一重要表现。资本的本性是最大限度地追求剩余价值，尽可能少地支付成本。这就决定了私营企业主阶层与劳动者阶层的关系是一种剥削与被剥削关系。这种剥削主要表现为：

第一，压低和拖欠雇佣劳动者的工资。据广东省劳动部门调查，最近十年中，珠三角地区GDP都以两位数速度增长，而外来民工的月工资仅仅增长了8元。考虑到物价上涨因素，实际工资是下降的。即使不变的工资，工人往往还不能及时拿到，拖欠工资的现象相当普遍，尤其是拖欠农民工的工资尤为突出。全国总工会的资料显示，目前进城务工的农民工被拖欠的工资估计可能在1000亿元左右。

第二，劳动时间长、强度大、条件差、安全系数低。国务院颁布的是每周40小时工作日制，可以说私营企业基本没有贯彻执行，且劳动时间在12小时以上的企业比较普遍，不少私营企业忽视安全生产，缺乏起码的劳动保护条件，让工人长期在空气严重污染，甚至有毒、有害和极不安全的环境下劳动，却没有任何劳动保护和安全措施。一些采矿场、烟花厂、煤矿厂，工人生命往往没有保障，以至重大矿难事故时有发生。

第三，劳动合同签约率低，劳动保障覆盖率低。私营企业主不与员工签订劳动合同的现象现在还相当普遍。即使在所签订的合同中，还有很多内容是不规范的，或者签约的质量不高。从劳动保障角度来说，很多私营企业没有按照《劳动法》《劳动合同法》的规定给员工办理社会保险和雇员伤残、疾病、失业保障，以及养老保险。

领导干部阶层和其他社会阶层之间的矛盾也是我国社会利益矛盾中的一个突出矛盾。从总体上说，领导干部队伍还是好的，但干群矛盾突出，也是不能否认的一个事实。从利益角度来审视，干群矛盾主要表现在以下几个方面。

第一，改革作为一种利益关系调整，不可能符合和满足各阶层各行业各群体方方面面的利益要求，甚至会使一些阶层、行业、群体的利益暂时受到损害。这在客观上造成受损阶层、行业、群体对改革的不满，造成干群矛盾。

第二，改革开放中一些涉及广大人民群众切身利益的制度设计不合理或不完善，导致在改革中相对失利的群体产生了强烈的不公平感，进而转化为对政策制定者即广大干部的不满，从而强化了因政策原因而引发的干群矛盾。

第三，权力腐败、寻租现象严重。大量社会财富从广大劳动者手里转移到少数垄断生产者手里，或将大量的财政收入、国有资产、公共资源转移给了少数腐败分子、特殊利益集团及其他利益相关者身上。这种由权力进入市场造成的贫富差距，严重败坏了党纪和社会风气，侵犯了党和国家以及全体人民的利益，破坏了党群、干群关系。导致群众对政府的不满，甚至出现信任危机。

第四，有的领导干部执政为民的理念或能力不强，官僚主义和家长制作风严重，损害了群众利益，从而使干群关系恶化。

以上这些矛盾占主导地位的都是经济利益矛盾。先富阶层和贫困阶层之间的矛盾其实就是经济收入差距拉大导致的经济利益的矛盾；劳资矛盾也是如此，私营企业主为了获得更多的经济利益，加重了对工人的剥削，而劳动者阶层为了维护自己的经济利益则不断地争取着自己的合法权利。干群之间直接表现出来的是政治领域的矛盾，可起源还是经济利益的矛盾。

我国的社会利益矛盾在总体上属人民内部矛盾，具有非对抗性。即它是人民内部各阶层、各群体在根本利益一致基础上具体利益方面的差别和矛盾。根本利益一致是指，不同利益主体之间没有根本对立的利益矛盾，却有着共同的根本利益。从根本上讲这是由我们社会主义基本制度所决定的。

这里涉及一个在根本利益上有分歧的劳资矛盾问题。在我国虽然不能说存在一个完整的资产阶级，但在民营企业和外资企业内部仍然存在根本利益互相对立的阶级关系，这是不能否认的。不过，对这个问题的认识，不能脱离具体的历史环境。马克思曾经指出："极为相似的事情，但在不同的历史环境中出现就引起了完全不同的结果。"[①]在我们这样一个社会主义国家中，人民当家作主，国家和政府代表人民可以采取多种措施，使这种对立通过调整、协调、协商，互相让步来缓解，进而达到两利。因此，在我国，现阶段的劳资矛盾既有对抗性的一面，又有非对抗性的一面，它仍然属于人民内部矛盾的范畴。

3. 通过协商民主化解利益矛盾

利益矛盾必须化解，否则就会造成矛盾积累，矛盾扩散，就会引起广大人民群众的不满，就会引起种种突发事件，甚至会被别有用心的人所利用。利益矛盾是客观存在的，是不能回避的。只有化解利益矛盾才能为我国的社会稳定和社会和谐提供基石，才能为我国经济社会持续发展提供保障，才能为提高我国人民的生活提供条件。

利益矛盾化解的主旨或根本原则是共同富裕。化解利益矛盾不是搞平均主义，平均主义不利于提高生产，不利于调动人民的生产积极性。没有效率，最后只能导致共同贫困。过去我们在这方面犯过错误，这个教训要吸取。

坚持共同富裕首先要满足最大多数人的利益诉求。因为这关系到中国共产党执政的全局，关系国家经济、政治、文化发展的全局，关系全国各族人民的团结和社会安定的全局。最大多数人的利益是最紧要和最具决定性的因素。

坚持共同富裕要特别关注困难群体。困难群体是生计发生问题的群体，即在基本就业、基本营养、基本住房、基本教育、基本保健等五个方面存在困难的群体。困难群体主要集中在中西部农村地区，农业劳动者贫困阶层约占总贫困人口的70%，城市贫困人口占总贫困人口的30%。关注贫困群众既是坚持共同富裕的切入点，也是构筑人的全面发展的初步基础。在这个意义上，提高与个人能力相关的基本物品的均等分配，保障教育的普及，提供基本的医疗、就业、养老等社

① 《马克思恩格斯全集》第19卷，131页，北京：人民出版社，1963年。

会保障，这是为共同富裕提供最起码的前提。

化解利益矛盾，要在坚持共同富裕的原则前提下，加强社会主义协商民主建设。利益矛盾可能引发对抗，导致非理性冲突，造成一些暴力性极端事件的发生。为了防止出现这种情况，就必须把利益矛盾的解决引入民主过程，特别是协商民主过程。

社会主义协商民主是一种以和平方式进行矛盾化解和社会整合的有效方式和手段。

首先，协商民主以利益表达为前提。建立顺畅的利益表达机制是利益协商的基础。很多情况下，利益矛盾和冲突根源于弱势阶层无法正常表达其正当利益。群体性上访事件和突发群体性事件在相当程度上是由于利益矛盾积累到无法通过正常渠道加以解决时，用极端的方式进行的利益表达。这种表达方式成本高、代价大。往往具有一定的社会破坏性，处理不好会损害党和政府的形象，影响党和政府在群众中的威信。建立畅通的利益表达机制，就是让老百姓能够说话。使不同利益群体有可能通过正常的程序、途径去表达和反映自身的愿望和要求，这为社会不同利益群体的交流、沟通以及相互了解提供机会和渠道，有利于达成共识和形成妥协。这也有助于政府从中增强对民情的了解和把握，这为政府最大限度地把不同利益群体纳入自己的政策视野和调控范围，从而为扩大政策整合幅度和影响效力提供了方便和可能。另外，群众的呼声表达出来，形成社会舆论，对政府和国家机关也会产生巨大的压力和动力，促进政府不断地审视、改进和完善自己的工作。

其次，协商民主以利益公平为追求。协商承认利益主体的多元，协商是以利益主体的多元为基础的。所以，协商的普遍运行也就意味着政治体系承认社会多元，并尊重多元社会主体的基本权利。协商也就是承认多元主体基本权利的平等。协商的运行过程，实际是平等的利益主体通过协商创造公共利益、实现私人利益的生产过程。协商之所以能够成为可接受的民主政治形式，在于它能够最大程度地包容和吸纳各种利益诉求，能够按照公认的程序和规则，使各参与主体平等地、真诚地、充分地开展讨论，协调各方利益，达成公共利益。所谓公共利益不过是不同利益团体之间谈判妥协、讨价还价的博弈结果。协商民主以公共利益为依归，但公共利益只有在公民充分表达和协商的过程中才能逐步清晰和明确并最终成型。

最后，协商民主以形成合理的利益协商规则为核心。社会是由人组成的，是以各种社会规则为纽带的互相联系的人的集合体。规则的合理性，大体反映着一个社会公平和正义的情况。当社会逐渐分为不同阶级、阶层和集团时，当国家还作为强力存在时，这些规则就主要地表现为执政者和国家所制定的社会政策与所建立的制度机制。如何制定这些社会政策和建立制度机制，这是一个决策过程。在协商民主的意义上说，决策的过程不是领导拍板的过程，而是公众参与、民主协商的过程，是各利益集团就某些公共事务充分表达各自利益和意见，通过讨论协商，最终形成共同决策，产生公共政策及制度机制的过程。经过协商民主产生的这些制度机制，才能较好地体现社会的公平正义，才比较具有合理性。从我国目前实际来看，首先，要完善就业政策和制度，形成合理的分配机制。其次，要建立和完善促进教育平等的政策和保障机制，把实现教育公平作为实现社会公平的突破口。最后，要加快建立和完善与经济发展水平相适应的社会保障体系，促进社会整体公平。

四、坚持党的领导、人民当家作主与依法治国的统一

中国共产党十六大报告指出：发展社会主义民主政治要把坚持党的领导、人民当家作主和依法治国有机统一起来。党的领导是我国社会主义现代化建设事业取得胜利的根本保证，也是人民当家作主和依法治国的根本保证。人民当家作主是社会主义民主政治的本质要求，是社会主义优越性的重要体现。依法治国，是政治文明的重要体现，是我们党领导人民治理国家的基本方略，是使党的领导与人民当家作主有机统一的实现途径。当代中国正是在坚持三者有机统一过程中，推动了中国特色协商民主的快速、健康发展。也就是说，坚持党的领导、人民当家作主与依法治国的统一是中国特色协商民主发展的又一条重要经验。下面从三个方面就此展开具体说明。

（一）党的领导与中国协商民主

中国共产党是中国最有威信、最有力量的政党。在长期复杂、激

烈的斗争中，中国共产党积累了极其丰富的经验。中国共产党成立以来汇集了中华民族的大批优秀人物，培养了许多治党、治军、治政，安邦定国的人才。中国共产党全心全意为人民服务，不怕困难和牺牲，为拯救祖国和振兴中华贡献了自己的全部忠诚。中国共产党是坚持为人民执政、靠人民执政、保障人民当家作主的政党。没有中国共产党的领导和执政，就没有社会主义民主，人民就不可能通过协商和表决来就重大问题表达自己的意志，维护自己的权利。作为执政党，中国共产党是国家政治生活的核心，也是社会主义民主的核心，包括中国特色社会主义协商民主的核心。正是由这种核心作用所产生的对社会的强大组织力、动员力和整合力，成为中国协商民主得以发展的重要政治基础和根本推动力。

中国共产党对中国协商民主的推动，主要表现在国家政治生活和社会生活两个层面。

1. 中国共产党在国家政治生活层面对中国协商民主的推动

在国家政治生活层面，中国共产党通过党的职能组织及所团结的各民主党派，建立了协商民主运作的组织与机制。其最高体现便是中国共产党领导的多党合作和政治协商制度，其载体是中国人民政治协商会议。

如前所说，体现和保障社会主义民主的新型政党制度①，是我国政治生活中发扬协商社会主义民主的重要形式。通过这种制度安排，各民主党派在中国共产党领导下参加国家政权和国家事务的管理，国家大政方针的协商，同共产党亲密合作，又互相监督。它们和共产党一道都是参政党。因此，在我国，中国共产党领导的多党合作和政治协商制度，既不同于一些国家的一党制，也根本不同于欧美日本等资本主义国家的那种互相倾轧、彼此斗争的两党制或多党制。对此，邓小平指出：西方社会“那种多党制是资产阶级互相倾轧的竞争状态所决定的，它们谁也不代表广大劳动人民的利益……这种状况是它们的弱点而不是强点，这使它们每个国家的力量不可能完全集中起来，很大

① 除中国共产党和中国国民党两大政党以外，抗战前后我国政坛先后出现了11个民主党派。新中国成立时，三民主义同志联合会、中国国民党民主促进会、中国人民救国会自行宣布不再单独存在或光荣结束，遂形成现有的8个民主党派的格局：中国国民党革命委员会、中国民主同盟、中国民主建国会、中国民主促进会、中国农工民主党、中国致公党、九三学社、台湾民主自治同盟。

一部分力量互相牵制和抵消”[①]。

关于中国共产党与各民主党派的关系，原民建中央主席孙起孟有一个比喻：多党合作“好比是交响乐团，在作曲的时候，大家都可以提意见，各民主党派都应该积极参与，最后公认由共产党博采众议来定谱。此外，乐团还要有一个指挥，按照乐曲的总谱来指挥整个乐团的演奏。乐团里有大提琴手、小提琴手等几十上百个演奏家，他们都各有专长，甚至自成一家，但如果各行其是，乐团就无法奏出和谐、动听的乐曲，关键要有一个统一的指挥。演奏多党合作这个‘交响曲’的指挥者就是中国共产党”[②]。这个比喻形象地告诉人们：中共和各民主党派不是在朝党与在野党的关系，更不是执政党与反对党的关系，而是在共产党领导下，为实现中国特色社会主义现代化这一共同目标“长期共存、互相监督、肝胆相照、荣辱与共”的亲密友党关系。因此，一些西方媒体把共产党领导说成共产党“一党专政”，这是完全违背事实的。持有这种论调的人，不是别有用心，就是惊人的无知。

由于中国共产党的大力推动，也由于协商民主在中国社会发展中起到了不可替代的作用[③]，共产党领导的多党合作和政治协商制度几十年来获得了长足发展。概括起来说，这种发展主要表现在：①民主党派原先作为人民民主统一战线的成员[④]到作为我国政权中的参政党，其地位获得了明确的宪法依据[⑤]。②中国共产党领导的多党合作和政治协商制度作为我国的一项基本政治制度逐渐获得了确认[⑥]。③中国共产党

① 《邓小平文选》第2卷，267页，北京：人民出版社，1994年。

② 《孙起孟文稿选编》第2卷，275—276页，北京：民主与建设出版社，2007年。

③ 台湾学者江炳伦指出：“我们经常认为国会政治的最大法宝就是多数决定。其实，这仅是表面现象。在大多数民主国家，任何重大政策付诸表决之前，不同政党领袖早已在幕后进行一连串的磋商和协调。民主政治能否成功的关键性因素，不在于哪一党派掌握多少选票，而是在多数派与少数派对政治基本结构是否具有共识，彼此之间是否互相信任和互相尊重。这些特质必须靠经常不断的沟通和磋商才能慢慢培养起来”，“民主政治就是协议的政治”。因此，中国较早的选择协商民主对中国社会发展有着重大的正面价值。参见江炳伦：《民主与发展》，217页，台北：时报文化出版有限公司，1986年。

④ 1954年宪法序言中说：“我国人民在建立中华人民共和国的伟大斗争中已经结成了以中国共产党为领导的各民主阶级、各民主党派、各人民团体的广泛的人民民主统一战线。”

⑤ 1993年，八届人大一次会议在宪法序言第十自然段末尾增加“中国共产党领导的多党合作和政治协商制度将长期存在和发展”，从而为多党合作和政治协商制度的存在和发展提供了更加明确的宪法依据。”

⑥ 1989年12月中国共产党发表的《中共中央关于坚持和完善中国共产党领导的多党合作和政治协商制度的意见》指出：“中国共产党领导的多党合作和政治协商制度是我国一项基本政治制度。”

领导的多党合作和政治协商制度在总结经验的基础上，进一步获得了制度化、规范化、程序化的发展。④将协商民主提升为与表决民主并列和互补的我国社会主义民主的一种重要形式。

2. 中国共产党在社会生活层面对中国协商民主的推动

在社会生活层面，中国共产党通过其基层组织、工青妇外围组织以及党所联络的各种社会组织，在社会领域为协商民主运作建立了覆盖面广、协调面大的组织与机制。

20世纪80年代以来，随着我国基层民主的实施与深化，在中国共产党的领导下，基层政府、自治组织与广大群众以协商民主的方式制定地方性政策的决策形式在一些城市和乡村中开花结果。众多的形式包括公众听证会①、民主恳谈会②、社区议事会③、公民评议会④、居民或村民代表会等。其中引起较大反响的是浙江省温岭市的民主恳谈会。下面从民主恳谈会的两个方面管窥党的领导对基层协商民主发展的推动作用。

首先，温岭市党委根据“把政治协商纳入决策程序，就重大问题在决策前和决策执行过程中进行协商”这一原则，致力拓宽政治协商领域，积极支持政协与党委开展全面政治协商。每年，市政协围绕全市中心工作，抓住群众普遍关心、党委政府亟待解决的问题选准议题，向党委提出重要协商议题的安排建议。近年来，党委与政协先后就领导干部辞职制、《党内监督条例》落实情况、村级党组织领导和服务能

① 听证制度是我国近年来政治实践的创造性发展。听证是指立法及具有立法权的行政机构在制定涉及公民利益的法案和政策时，通过鼓励公众参与立法过程，收集立法信息，制定符合公众利益的法案的形式。听证为公民参与政治过程营造了一个公共空间，它鼓励受立法影响的利益相关者参与立法过程，表达自身的利益偏好。听证制度已经成为我国公民表达利益的规范性渠道，是社会主义协商民主的一种重要形式。

② 民主恳谈是浙江省温岭市干部群众在探索基层民主政治建设的实践中产生的具有原创性的基层民主形式，被赞誉为“中国21世纪基层民主政治建设的一道新曙光”，2004年荣获“第二届中国地方政府创新奖”。

③ 在我国的自治实践中存在很多类似社区议事会或民主议事会现象，如杭州德加社区的“居民议事制度”、深圳盐田的“社区议事会”等。议事会是社区公民自主决策涉及社区发展的重要事情时，社区居民共同参与讨论、决策的治理形式。它是社会主义协商民主的一种重要形式。

④ 公民评议会在许多地方，包括在乡村和城市都出现过年。这种会议的目的就是给普通的百姓一个评价地方干部业绩的机会。在上海某区的城市社区里，市民评价会每年举行两次。2003年在雅安的一个乡村，49个村民代表和村干部参加了一次民主评价会，在会上，每个村干部都会被评为优秀、称职或不称职。在一些乡村，由于距离原因举行评价会有困难，村民可在家中填好评价表并寄给村委会。

力建设、农村文化建设、加强基层综治工作、实施“低收入农户奔小康工程”等课题展开协商恳谈。市委不仅支持协商，而且认真对待协商的意见结果。比如，市委采纳农村文化建设的协商意见，将农村文化建设作为文化大市建设的重要内容，并在《文化大市发展纲要》修订过程中得到落实。

其次，“泽国实验”是温岭市民主恳谈会的成功典型。通过学者何包钢、郎友兴在当地的观察，“泽国实验”之所以能够获得成功，有几个原因，如恪守民主与法治原则、重视程序等。但最重要的原因还是在于地方党委重视。没有地方党委实践“权为民所用，情为民所系，利为民所谋”的执政理念，也就没有推行民主恳谈会的热情和奉献精神；没有地方党委卓有成效的领导，也就不会有“不与民主潮流背道而驰、不与现行法律和法规相冲突”前提下进行基层民主政治实验的理性和审慎态度。①

共产党之所以能成为中国协商民主的设计者、组织者、推动者，其原因有二。

一是它的公正。也就是说中国共产党是中国各族人民利益的忠实代表。它除了工人阶级和最广大人民群众的利益，没有自己特殊的利益。它的宗旨是全心全意为人民服务。要实现这一宗旨，它就必须代表好、协调好、发展好人民内部各方面、各部分的利益。在这个过程中，共产党的作用只是领导和组织人民群众当家作主，而不是代替人民群众当家作主，不是凌驾于人民之上发号施令，而是领导和组织人民通过民主的方式，包括协商的方式来解决人民内部各种各样的利益矛盾，来协调各式各样的利益关系。在这种民主协调中，只有公正者才能有威信、有资格充当协调或民主协商的组织者、领导者，才能获得各协商主体的支持和拥护。在过去革命战争年代和筹建新中国成立过程中，各民主党派之所以能和共产党走到一起，之所以能接受共产党的领导，与中国共产党结成统一战线，并在其后参加组建共产党领导的民主联合政府，一个根本原因是共产党为国为民，大公无私，心胸坦荡。

二是它的力量。与第一点相联系，因为中国共产党没有私利，所

① 参见何包钢、郎友兴：《协商民主在中国基层的深化——泽国镇的2008年财政预算民主恳谈会》，《学习时报》，2008·3·10。

以这就从根本上赋予了它的力量。具体来说，这力量来自科学的无产阶级世界观，即马克思主义的指导，从而使它对历史规律、人类解放的规律，中国革命、改革及现代化建设的规律的把握具有理性的自觉。这是其一。其二，这力量来自用科学理论武装起来的中国广大人民。共产党来自人民，共产党又领导人民；共产党向人民学习，共产党又教育、组织人民。在人民实践中，共产党提高和壮大了自己的力量，广大人民群众也在共产党的领导下，认识到了自己的利益、自己的使命，从而在共产党的动员和组织下，形成了打倒敌人，克服困难，迎来一个个巨大胜利的无坚不摧、无往不胜的力量。共产党不断壮大的力量，共产党不断取得的胜利，使共产党具有了领导人民当家作主的手段，即领导人民发展社会主义民主，发展中国协商民主的手段。这表现在中国共产党不仅能组织人民对各种利益关系进行有效协商，而且能在协商基础上，达成共识，形成决策，有效地加以落实贯彻、实现。中国协商民主的高质量、高效率在世界上是仅见的。

总之，坚持党的领导是中国特色协商民主发展的一条根本经验。

（二）人民当家作主与中国协商民主

共产党领导人民当家作主。人民当家作主是民主的最基本含义。人民当家作主是中国社会主义民主的本质。即人民行使国家权力，对政治、经济、文化及社会事务进行管理。在中国，公有制经济是社会主义的主要经济基础。在社会主义初级阶段，国家坚持公有制为主体、多种所有制经济共同发展的经济制度，坚持按劳分配为主体、多种分配形式并存的分配制度。这就从经济基础上决定了中国的民主不受资本的操纵，不是少数人的民主，而是最广大人民的民主。在中国，享受民主权利的人民范围包括一切不被法律剥夺政治权利的人。中国的民主性质决定了协商民主和表决民主的主体是人民。因此，贯彻人民当家作主的原则是协商民主和表决民主发展的必然要求和本质体现。就人民当家作主与协商民主的关系实质来说，只有坚持人民当家作主，才能保障中国协商民主的社会主义性质，才能使中国协商民主的发展获得来自广大人民群众的源源不断的动力。

1. 人民当家作主保障了中国协商民主的社会主义性质

人民当家作主强调人民群众的协商主体地位。也就是说，在协商主体问题上，中国协商民主着眼点是人民群众，它始终坚持一切从人民的利益出发，而不是从个人或小集团的利益出发来对待协商民主问题。协商民主本身作为民主的形式是为民主的内容服务的。就形式而言，协商民主可以为少数人协调其利益服务，如果这个少数指的是资产阶级，那么这种协商民主就是资本主义协商民主。协商民主为多数人，即广大人民群众协调其利益服务，那么这种协商民主就是社会主义协商民主。中国协商民主是人民内部各方面的协商，是人民内部各部分就重大决策，自由公开地表达或倾听各种不同意见，理性地、认真地思考各种意见和建议的理由，或者改变自己的意见，或者说服别人改变意见，进而通过表决形成合理的公共政策的过程。

既然人民当家作主的国家强调广大人民群众是民主协商的主体，那么在社会主义国家才可能使协商民主不仅在街道社区、农村乡镇在解决一些局部的具体的问题上发挥手段的作用，而且会上升到国家政治生活层面上，以国家基本制度作为体现，在国家重大战略问题上发挥作用，成为人民当家作主的一种基本民主形式。如前所说，中国共产党领导的多党合作和政治协商制度就是这样的民主形式和基本制度载体。

与此形成鲜明对照的是：在以阶级对立为基础、少数人享有民主的西方社会中，关于协商民主的种种理想设计在国家政治层面上往往只是一种良好的意愿，而没有落实为基本政治制度的安排，从而也就不可能对国家重大事务发生影响。因此到目前为止，其多种实践形式也只是在乡镇、社区公共事务中或某些具体事项的决策上发挥一些作用。至于那种把西方议会中表决前的辩论说成协商民主的观点则是张冠李戴，弄错了对象。西方的议会辩论，只是自我观点的表达，不同观点的争锋，以至互相攻击，这与协商民主强调的倾听、理解、尊重、互让，继而达成共识，不可同日而语。

另外，人民当家作主的国家强调人民群众是民主协商的主体，那么在协商主体的意义上，协商民主必然是广泛普遍的。这种广泛普遍性不仅指协商主体是广泛普遍的，而且指涉及的内容是广泛普遍的。即它涉及社会成员的经济生活、政治生活、文化生活和社会生活等多个方面。

2. 人民当家作主为中国协商民主的发展提供了根本动力

贯彻人民当家作主原则的社会主义协商民主，它既然体现了协商民主的人民主体性、政治高层性和社会广泛性，那么这种协商民主必然会得到人民的支持和拥护，得到国家制度的保障和有力推动，得到人民群众的广泛参与。广大人民群众在行使民主协商权利的过程中所形成的公共决策，自然也就从心底里自愿接受并在行动中自觉履行。这些公共政策的实施也就必然给广大人民群众带来了实实在在的利益。这样，人民群众和协商民主之间也就形成了一种良性互动。中国协商民主的发展也就获得了深厚的动力源泉。

总之，贯彻人民当家作主的原则是我国社会主义协商民主得以发展的又一条重要经验。

（三）依法治国与中国协商民主

人民当家作主，要通过一系列的法律制度来规范和保障。法制是保证政治机制良性运转的规范形式。因此，发展中国特色协商民主，必须贯彻依法治国的原则。

1. 依法治国规范中国协商民主

只有坚持依法治国，中国特色协商民主才会在有序参与的制度框架中约束自我，健康发展。

1997年，党的十五大报告中高度概括了依法治国的基本内涵："依法治国，就是广大人民群众在党的领导下，依照宪法和法律规定，通过各种途径和形式管理国家事务，管理经济文化事业，管理社会事务，保证国家各项工作都依法进行，逐步实现社会主义民主的制度化、法律化，使这种制度和法律不因领导人的改变而改变，不因领导人看法和注意力的改变而改变。"[①]2007年，党的十七大报告指出："坚持国家一切权力属于人民，从各个层次、各个领域扩大公民有序政治参与，最广泛地动员和组织人民依法管理国家事务和社会事务、管理经济和文化事业。"[②]

两次党的全国代表大会报告，合成了公民有序政治参与的美好蓝图。所谓公民有序政治参与，是指公民以合法的形式，通过制度化的

① 江泽民：《在中国共产党第十五次全国代表大会上的报告》。
② 胡锦涛：《在中国共产党第十七次全国代表大会上的报告》。

渠道，自主、理性地参与政治生活和影响政治决策的行为过程。对于像中国这样一个处于社会转型时期的大国，如果公民以非理性和无序的方法参与政治，必然会引起政局动荡、社会失控。这一点美国学者塞缪尔·亨廷顿有着深刻的见解："在处于现代化之中的社会里，扩大政治参与的一个关键就是将乡村群众引入国家政治。……因此，这些国家政治稳定的核心就是能否动员农村民众在承认现存政治体系而非反对它的条件下参与政治。"①亨廷顿虽然讲的是乡村农民，但对于处于转型期的中国，事实上具有普遍意义。

中国特色协商民主是公民有序政治参与的重要途径之一。在依法治国的视野中，有序的协商民主首先要服从各种宪政共识。对于那些经过实践和理性反复检验的宪法原则与普遍规范②，协商民主应该高度尊重，是无权"协商"的。否则，协商民主就容易沦为极"左"思潮严重泛滥情况下的"大民主"，成为无政府主义的一面旗帜。其次，有序的协商民主要服从各种法律规定，尤其是程序法规定。学者季卫东指出："程序的实质是管理和决定的非人情化，其一切布置都是为了限制权力的恣意、专断和裁量。"③可见，只有高度重视程序法，让正义以"看得见的方式"实现，才能够防范民主权力的任意妄为。由于诸多原因，重实体，轻程序一直是中国传统政治法律文化的特点之一④。然而，实体公正与程序公正同等重要，协商民主如果违背了程序法，即使获得了公正，这种公正也是有瑕疵的。

2. 依法治国保障中国协商民主

只有坚持依法治国，中国特色协商民主才会在制度化、法律化、

---

① ［美］塞缪尔·亨廷顿：《变化社会中的政治秩序》，王冠华等译，68页，北京：生活·读书·新知三联书店，1989年。

② 学者夏勇认为：宪法之为根本法，乃是因为它体现一种能够作为最高权威来源的根本法则。根本法则之有最高权威，乃是因为它体现基本价值。这种基本价值的核心，不仅是人本的，即一切为了人，为了一切人，而且是自由的，即维护人的尊严和福祉。这一基本价值也是普遍道德。根本法则是普遍道德的抽象形式，并因此成为普遍规范。正是由于在如此深邃而宽泛的意义上体现人本和自由这一基本的道德价值，根本法则才获得广泛认同，普遍适用，且历久弥新。参见夏勇：《中国宪法改革的几个基本理论问题》，《中国社会科学》，2003（3）。

③ 季卫东：《法律程序的意义》，《中国社会科学》，1993（1）。

④ 有学者归纳了六点原因：与整个社会对法律和诉讼的偏见有关；与官吏的法律素养欠缺有关；与官府和民众的关系以及对人的认知能力和人性的乐观判断有关；与中国人重直觉的思维方式有关；与熟人社会亲情意识和害怕因果报应思想有关；与中国古代的实体法内容有关。参见侯欣一：《中国传统社会轻视程序法原因再探》，《华东政法大学学报》，2005（5）。

程序化的规范下获得保障，少受干扰。

邓小平指出："为了保障人民民主，必须加强法制。必须使民主制度化、法律化，使这种制度和法律不因领导人的改变而改变，不因领导人的看法和注意力的改变而改变。"①邓小平这段话既是对毛泽东晚年历史教训的深刻反思，也是对民主和民主建设的一种规律性把握。民主不仅是一种国家制度，更是一种以法律为支撑的制度体系。民主不制度化、法律化，人民当家作主的权利就无法保证，国家政治生活的有序运作就是一句空话。

显然，只有坚持依法治国，运用社会主义法治保障人民的各项民主权利，依法打击各种妨碍人民行使民主权利的违法犯罪行为，中国特色协商民主才会获得有效保障。事实上，社会主义民主的建设之路和依法治国的贯彻本质上是相通的。二者结合的最高层面就是不断实现民主的制度化、法律化。要通过民主的制度化、法律化，广开言路，畅通议政渠道，让人民群众通过规范的程序，充分表达自己的意见，通过某种平台沟通和协调各种意见，通过适当的机制集中正确的意见，形成决议并加以实施。这里的程序、平台、机制，只有用法律和制度形式固定下来，才能具有权威性、可靠性和相对稳定性。有这种法律和制度的规范和保证的协商民主，才不是某种权宜之计，才能防止偶然因素的干扰，才能成为社会主义民主发展的重要形式，从而成为化解各种社会矛盾，调适各种利益关系，凝聚人心，统一行动，实现各项社会任务目标的重要手段。

总之，坚持党的领导、人民当家作主和依法治国的有机统一是中国社会主义民主包括社会主义协商民主发展的重要经验之一。

① 《邓小平文选》第2卷，146页，北京：人民出版社，1994年。

协商民主对当代中国政治的影响*

政治合法性直接关系政权的兴衰更替。当代中国政治合法性的提升离不开协商民主的持续发力。协商民主有助于增进政府权力来源的正当性；有助于构建服务型政府，提升政府权力有效运作的政治合法性；有助于通过政治社会化促进公民精神复兴，提升基于意识形态的政治合法性。因此，当代中国应大力发展协商民主。

一

在现代社会，不断提升政治制度所蕴含的民主性是加强政治合法性的关键。现代民主政治坚决反对专制独断，而提倡“人民主权”。于是人民的同意便成为现代政治合法性最坚实的基础。中国共产党人始终把实现人民民主当成自己的历史使命和最高追求，坚持立党为公、执政为民，从而极大地保障了党和政府的政治合法性。

政治民主就其实现形式而言，分为两类：表决民主和协商民主。表决民主意指人民通过选举、投票行使民主权利；协商民主意指人民内部各方面在重大决策之前进行充分协商，尽可能就共同性问题取得一致意见。表决民主和协商民主对政治合法性的提升都有重要意义。

表决民主的有无是区分某种政治制度是否拥有现代政治合法性的一个分水岭。由竞选与投票构成的现代表决民主，是有序政治参与的制度化，是多元利益按效率原则整合的制度化，从而会使来自社会的政治参与转化为对现代政治制度的肯定，这也就是使政权获得合法性与稳定性。

然而，表决民主对政治合法性建设的促进作用，也有赖于协商民

* 2011年向国家社科基金项目管委会呈报的关于国家社科基金项目“中国特色协商民主发展历程与基本规律研究”（08BZZ014）的“成果要报”。

主的补充和支撑。这是因为：第一，表决民主在肯定多数人利益和意志的同时，容易漠视和否定少数人的利益和意志，包括那些具有正当性、理性的利益和意志，从而使少数人感受不到民主的阳光，进而难以认同建立在表决民主基础上的政治合法性。第二，表决民主往往关注谁适合当“领导者”，而不是如何“实施领导”。也就是说，它仅是民主的“准入”程序，而非民主的决策过程。这种情况导致表决民主成为一种“形式上大多数人参与，实际上少数人控制”的民主。这也削弱了现代政治的合法性。第三，在一些尚未完全实行直接选举的国家，人民选举基层代表，继而基层代表选举上级代表，结果有可能会造成基层人民对上级代表控制力弱的不和谐情景，这从而也会增加人民对政府权力来源正当性的质疑。

救治表决民主弊病的唯一方法是引进协商民主。

第一，协商民主是对多元利益碰撞进行回应和调和的民主模式，它不仅尊重多数人的利益诉求，也尊重少数人的利益诉求。事实上，正是这种同等的尊重奠定了协商民主的价值基石。协商民主的本质是通过协商，“求同化异”，最终在各种具体利益有条件满足和适当割舍的基础上，达成共识。这样也就在最大程度上防范了“民主”的2/3对自由的1/3的消解。总之，协商民主意味着人民意愿的充分表达和反映，意味着对各种意见的肯定和总体的权衡与协调，这就为表决民主提供了公正性基础。

第二，与表决民主保障广大民众的个人选择权不同，协商民主保障的是广大民众的平等参与权和话语权。一方面，在这种平等参与和对话中，所有民众最初并不成熟的意见经过交流、辨析、整合，去伪存真，去粗存精，最终形成富含合理性与代表性的公共意见。公共意见形成的过程也是民众参与“决策”的过程。另一方面，经过公共理性引导的公共意见，自然会在表决民主中获得绝对多数。这样，表决民主与协商民主良性互动，于是民众会从中发现表决民主这台机器少了许多霸气和机械性，而多了许多理性和灵活性，从而更感到民主的真实性，进而增强对政治共同体政治合法性的认同。

第三，协商民主以直接参与为基本原则，它超越了以间接民主为主要特征的表决民主，从而丰富了人民主权原则的内涵。直接参与不仅让民众产生自己是公共决策主人的感觉，使民众不再被政治共同体边缘化，而且这种深度融入，对民众的民主养成也会产生任何意识形态教育所起不到的作用。

二

除了通过民主获得权力来源的正当性以外，权力的有效运作与成绩斐然也是提升政治合法性的重要保证。所谓权力的有效运作与成绩斐然，在现代民主政治中，其集中的表现为构建服务型政府，以获得人民的高度拥护；反之，人民就会充满抱怨。

我们用P表示抱怨的强度，S表示政府服务公共事务的程度，W表示民众对政府的期望值，其间的关系，可以用这样一个公式来表示：P=W/S。从这公式中可以看出，抱怨强度与服务型政府建设程度成反比。也就是说，服务型政府建设程度越高，则抱怨强度越低；反之，与民众的期望成正比。即民众期望值越高，则抱怨强度越高。

当代中国出现了一些信访事件，造成这种状况，不是因为当代中国执政党和政府在政治宗旨、执政理念、大政方针、战略布局等方面存在问题，而是在具体工作层面，或操作层面上存在体制和机制问题，导致民众预期与政府服务的错位现象。也就是说，一方面伴随着民众权利意识的觉醒，民众对政府的期望值也一路高涨；另一方面，执政党和政府虽然努力为人民服务，但政府的“高服务”未能与民众的“高预期”实现成功对接。换言之，政府向民众提供的服务型政府“菜单”，有时人们并不能心甘情愿地“买单”。其原因是：

在目前制度体系下，表决民主是进行公共决策的主要政治平台。然而，表决民主属于间接代议制民主，在拓展公民参与的深度和广度方面有着局限，结果导致一些公共决策不能体现全体人民的意志，在经济增长和社会公平的关系上处理不完善，从而引起人民抱怨。

当代中国要实现服务型政府与民众合理预期的成功对接。也就是说，要“根据公民的需求，而不是政府自己的需求来提供公共服务”。在这个过程中，协商民主大有作为。具体说来：

第一，协商民主所蕴含的宽容、尊重、沟通、求同化异等价值，是基于协商民主的决策内容和服务“菜单”能够尽可能满足最广大人民的根本利益，从而能有效超越“多元冲突与权力专断”，进而有效化解社会排斥与社会抱怨。

第二，在当代中国，协商民主能促进所构建的服务型政府真正体现最大多数人的意志。协商民主认为，服务型政府的构建涉及到最广大人民的发展利益，因此它只能由最广大人民通过具体民主的方式实行多数人决策，而不能由少数人代为决策。协商民主作为具体民主的重要组成部分，主张通过制度化的民主实现民意和政府的沟通，确保最真实的民意能够源源不断地进入服务型政府的“服务菜单”，进而民众的“高预期”和政府的“高服务”能够实现契合。在这种情况下，政府的政治合法性必然深入民心。

第三，这种政治合法性的提升能够进一步化解社会抱怨。一方面，高水平的政治合法性促使民众内在守法，这有利于高度认同服务型政府的服务，从而使民众能够自觉掐断自己对政府的种种非理性、不切实际的预期。另一方面，这种政治合法性还能够有效减弱人民对政府失灵的抱怨程度。在民众看来，政府失灵自己也有“份内责任”，因为政府决策是建立在多数人(包括自己)参与协商的基础上的，人们对自己的抱怨总是弱于对他人的抱怨。

三

通过政治社会化，实现基于意识形态的政治合法性，会给政治国家带来诸多好处。首先,它可以推动大规模的社会政治动员，从而通过塑造政治体系成员的政治人格来维持政治体系的运转与持续。其次,它可以解释与现政权相矛盾的事物，从而为政权的合理性进行辩护。最后，它可以保护团体内部的团结和稳定性，从而论证团体集体行动的合理性，同时约束团体成员的行为。阿尔蒙德就此指出，所有的政府，甚至是最野蛮、最专制的政府，都试图通过某种政治文化来说服人们相信政治统治的合法性。

新中国成立以来，我国公民政治的社会化程度获得了重大提高，新公民与新政体，相互促进，相得益彰。但是，受历史传统与现实因素的双重制约，当前我国民众的政治社会化还存在种种不足。它集中表现为一些民众在政治参与中存在被动服从心理，不愿承担公民责任；一些公民在政治参与时不是根据理性思维做决定，而是受制于以人情、亲情、功利等为主要内容的非理性思维。

造成民众政治参与热情不高的原因，一是中国长期形成的封建传统，至今还在发生影响。即所谓“听上级”的、“领导说了算”等所表现的依附人格，还在阻碍着自立人格的形成。二是，人们感到参与或不参与与自己的切身利益无关。为了消除这样两个方面的原因，促进公民权利意识的提高，除了引导他们参与民主实践，特别是协商民主实践以外，别无他途。因为协商民主通过公民直接的政治参与，重现了“公民”和“民主”最初的意义，及“广场上的公民”和“大树底下的民主”，从而刺破了现代民主制度的繁文缛节及其神秘面纱，进而给公民带来任何政治说教都不能企及的教育功能。公民们发现，公民社会就是“公民”作为社会主体的社会，与其他社会形态相区别的内在规定性就在社会主体的“公民身份”上。此外，通过协商民主，公民们还发现各种倾向于自己偏好的政策能够得到采纳，如果选择臣民社会的不参与，则可能得不偿失。因而这种利益的正向肯定会进一步推动公民权利意识的勃发。

另外，也有一些公民主体性畸形扩张，他们在具体的民主参与中往往过分突出“自我”利益，缺乏公民责任意识。协商民主对公民公共意识的培育也具有不可替代的作用。事实上，协商民主是一所形成公民美德的“公共精神学校”。其一，协商民主能够形成集体责任感，因为在个人偏好的表达和碰撞中，人们会清楚地看到，每个人都是更大社会的一部分，其福利的保障都还有赖于各自承担一份集体责任。这种责任感能够有效促成“集体行动的逻辑”。其二，公民在协商民主中达成的相互理解、相互尊重、相互赋权与相互妥协，对于公民节制自身的需求大有裨益；这种节制显然能够引导公民远离无序政治参与这条不认同政治合法性的路途。

基于上述分析，大力发展协商民主具有紧迫性和必要性。

协商民主及其在中国的发展健全*

党的十八大以来，党和国家大力推进中国特色社会主义协商民主事业的发展，这是有重大而深远意义的。原因在于协商民主的兴起并与投票民主的良性互动，已成为当今民主发展的一个强劲趋势。在当代条件下，是依靠单纯投票民主，还是通过协商在达成共识的基础上去解决问题，事关政治稳定、民族团结、国家前途。协商民主的实现，不仅需要合作共赢的精神支持，而且有赖制度创新。就此而言，在中国，这种尝试不仅进行得最早，而且发展层次最高，其运行效果也最为显著。诚然，中国的协商民主还存在诸多不足和缺陷，需要加以发展和健全。这里，就此谈以下五个方面的问题。

一、协商民主是一种新型民主形式

要说明什么是协商民主，先得从民主讲起。在国家形态上，民主是一种国家政治制度，指的是“人民的政权”和“按人民的意愿进行统治”。17、18世纪以来，民主风潮从西欧兴起，后来不断向全球扩展。这意味着人民觉醒了，人民站起来了。即不再幻想老天爷为自己作主，来维护自己的利益，所谓“苍天有眼”，“神灵保佑”；也不再相信皇上为自己作主，所谓“皇上神明”，“皇恩浩荡”；而懂得自己要当自己的家，作自己的主。民主就是人民当家作主，人民成为国家和社会的主人。

人民当家作主，说起来容易，做起来难。因为人民千万之众，居四方，操百业。这么众多且分散的人民，怎样才能实现当家作主呢？在长期的民主实践中，人们先是找到了投票民主，后来又找到了与其

* 原刊于《马克思主义研究》，2015（7）。与胡梅叶共同撰写。因发表时删节较多，在此恢复原貌。

互补的协商民主，从而作为手段把公民个人意志和力量集中起来，去实施人民治理，以实现公共目标。

所谓投票民主，就是社会公民一人一票，少数服从多数，按多数人的意见形成决议，作出决定。所谓协商民主，即人民内部各部分，在投票之前，经过充分协商，尽可能就共同性问题取得一致意见。

简单地说，民主是花，花开两朵。投票民主这朵花，反映了多数人的意愿，确保了多数人的利益。这是民主的底线和基本要求。协商民主是另一朵花，反映和确保了少数人的合理诉求和利益。协商民主，就是要通过协商，兼顾多数和少数，实现二者的统一和平衡。这是民主的升华和发展。也就是说，既要通过投票民主确保多数人的利益，又要通过协商民主，保障少数人的利益。因此，当代民主要获得健康发展，就必须坚持投票民主与协商民主的统一。或者说，民主的这两朵花都要开得鲜艳。这样，才能把民主的公正性与效率性、充分性与权威性、尊重多数与保护少数结合起来，才能最大限度地获得民主红利。具体说来：

首先，投票民主有优长，从而弥补了协商民主的不足。协商民主提倡各抒己见，畅所欲言，充分发表意见，但也可能是讨论来讨论去，众说纷纭，没完没了，议而不决。这样也就可能误事，甚至坏事。因为很多事情等不得，拖不得。怎么办呢？只有通过表决，看多数人持什么意见，最后以少数服从多数为原则。这样也就提高了办事效率，一旦形成决议，也就具有了实施权威。因此，只有协商民主，没有投票民主不行。

其次，协商民主有优长，从而弥补了投票民主的不足。投票民主除体现了民主的效率性、权威性和对多数的尊重等优长以外，还有其不可避免的缺陷。这表现在以下四个方面：

一是投票民主使少数人享受不到民主的阳光。投票民主在肯定了多数人利益和要求的同时，忽视和否定了少数人的利益和要求，使少数人吃了亏，使他们处于民主的阴影之中，这样也就削弱了民主的公正性和充分性。

二是投票民主可能伤害全体人民的整体利益。这是因为多数人的利益也只是一种局部利益，而非人民的整体利益。比如，在一个农民占多数的国家，其投票的多数可能只是农民利益，而非全国人民利益的表达。再比如，中国有56个民族，其中汉族占全国总人口的91.5%，少数民族占8.5%。如果就涉及民族利益的问题进行简单表决，那么党的民族政策就不能得到落实，就会破坏和谐的民族关系。

三是投票民主易遭非理性冲动的绑架。在脱离了对重大问题进行理性平和的交流和讨论的环境下，某个突发事件的放大，某种偏执观点的炒作，某种情感的渲染，都可能左右视听，造成一时的多数，从而成为某些人猎取私利的手段。这里举一个极端的例子：德国法西斯头子希特勒，当年就是靠煽动德国人的民族主义情绪，获得了90%的选票而上台执政的。

四是投票民主可能由极少数人决定结果输赢。因为投票形成的"这个多数相对于少数只是极其微弱的多数。比如51%相对49%的多数，甚至更小"[①]。也就是说，这个占全国参选人数1%—2%的极少数人决定了全国所有公民的命运。很显然，这是极不合理的。

投票民主上述四个方面的缺陷，归结到一点：就是造成团结危机。因此，只有投票民主，没有协商民主也不行。

20世纪80年代以来，随着单纯投票民主在竞选实践中暴露出来的问题日益增多，一些西方学者和政治家对单纯投票民主的价值提出质疑，为了弥补投票民主的不足，他们把关注的焦点逐渐转向"协商民主"，期望在现代社会建立起以公共协商为核心价值理念的民主政治。约瑟夫·毕塞特较早从学术角度提出这一概念。罗尔斯认为多数裁决原则作为一种程序手段只具有从属地位，在立法阶段应依赖实际讨论而进行决策。哈贝马斯也提出，要建立以"交往行动理论"和"商谈理论"为指导的"商议性政治"。总之，在他们看来，必须通过发展协商民主来拯救投票民主，不然，单纯的投票民主难以为继。

坚持投票民主与协商民主的统一，不仅关系民主的当代发展，而且关系安邦定国的根本大计。

二、协商民主系安邦定国根本大计

在当今世界，是依靠单纯投票民主，还是坚持投票民主与协商民

① 陶富源、王平：《中国特色协商民主论》，1页，芜湖：安徽师范大学出版社，2011年。

主的统一，在达成共识的基础上去解决问题，这对一个国家来说，命运攸关。

当今时代有两个显著特点：一是社会利益多元化，二是电子媒体普及化。在这样的时代条件下，人们的维权意识普遍提高，其维权手段普遍增强。过去被愚弄而容易上当的弱势群体，现在可以通过电子媒体在短时间内组织起来，发出自己共同的声音，显示自己不容忽视的力量。

因此，在当今世界，投票民主对少数人利益的忽视和否定，再也不可能使这个少数忍气吞声，逆来顺受。他们会把不满情绪从投票箱带到街头，甚至还会以暴力相拼。这是当今世界上许多国家和地区动荡不安的一个制度性原因。

现在世界上，民主选举是通行规则，绝大部分国家和地区的政府首脑，都是通过选举上台执政的。虽然通过政变上台执政的也有，但其总趋势是愈来愈少。那些通过选举上台执政的民选政府，其中有不少因不懂得用协商民主去化解多数与少数的矛盾，甚至还用政权的力量去激化这个矛盾，因而也就引发对抗。诚然，这种矛盾已由选举时多数与少数的较量，演化为代表多数执政的政府与少数之间的冲突。实行投票民主制度的非洲国家卢旺达，生活着胡图族和图西族两大民族。它们之间长期存在矛盾，且互不相让。1994年4—7月发生了掌握国家权力的胡图族对图西族的种族屠杀，其死亡人数高达80万—100万，占卢旺达总人口的20%以上。中东地区的阿拉伯国家，不少国家都有两派：一是什叶派穆斯林，二是逊尼派穆斯林。其中在一些国家，这一派通过投票选举上台执政，就压另一派。反之亦然。在泰国，前总理他信政府和英拉政府，都是民选政府，但其大体代表了泰国草根阶层的利益，这样一来，泰国的精英阶层不高兴了。于是作为他信政府和英拉政府反对者的黄衫军和作为其支持者的红衫军，前前后后进行了长达8年多的断断续续的政治对抗，以至发展为反对派的“曼谷封城”运动，以快干水泥封堵总理府，使政府难以正常运作，结果以军队接管政府而告一段落。

如今，选举中作为输家的少数，愈来愈具备必要的手段和诀窍，来阻挠政府的工作，并制造瘫痪和持久对抗的局面。与泰国相邻的民主国家柬埔寨，作为反对派的柬埔寨救国党，其势力不断扩大，但还不足以推翻洪森首相和他所属的柬埔寨人民党。作为对策，反对党不时拒绝出席议会会议，从而以此来销蚀洪森政府的政治合法性。在马来西亚，作为反对派联盟的各政党也屡屡在街头和网络空间上集结，给执政的马来西亚国民阵线党，施加压力，制造威胁。

协商民主的缺失，作为一个原因，已造成投票民主的低迷。在西方，有人把投票民主诟病为“多数人的暴政”。于是，不少人对投票选举加以抵制，这已成为不少国家大选投票率趋于低下的一个重要原因[①]。不过，在西方发达国家，这还只属个人行为。而在一些发展中民主国家，对投票民主进行有组织的抵制和破坏，已屡见不鲜。有的用街头暴力阻止人们去参加投票；有的提出各种借口，否定投票结果；有的用武装占领政府机关的方式，推翻民选政府，并且还美其名曰所谓“革命”。

面对如此乱象，有人哀叹：“更多的国家实现了民主，但民主也变得更加混乱。”还有人惊呼“民主危机”“民主瘫痪”。其实，这不是民主的危机，而是资本主义民主的危机，是资本主义投票民主的片面性和虚伪性所造成的危机。这种片面性已被一些论者所认识。泰国学者提迪南·蓬素提拉于2014年1月14日在泰国《曼谷邮报》网站上的文章认为：“要想让发展中民主国家正常运转，必须允许选举中的赢家负责任地执政，制定制度和倡导价值观，同时允许输家充分表达他们关注的问题并保护他们的少数派权益。如若不然，这些民主国家就会一直动荡下去，陷入无休止的抗议活动中。”[②]英国《金融时报》网站2013年1月4日的署名文章引用了投资家尼古拉斯·伯格伦的话说：“如果不进行改革，一人一票的民主选举制度最终也将在政治上衰落。”[③]

应该说，这两位论者的所论，是有一些见地的。即他们已经认识到，对西方一人一票的民主选举制要加以改革，要在输赢两极格局下对输家进行某种补偿。不然，就无以为继。不过，从总体上说，其所

---

① 一项针对49个国家的研究显示，选民数量从1980—1984年至2007—2013年间下降了10个百分点。2012年针对7个欧洲国家的调查显示，逾半数选民“根本不信任政府”。《西方民主的病在哪儿?》《西方民主反思录（一）》，《参考消息》，2014·5·5。

② ［泰］提迪南·蓬素提拉：《全球民主低迷的根源》，《参考消息》，2014·1·16。

③ ［英］吉莲·泰特：《美应打破禁忌学中国治国之道》，《参考消息》，2014·1·16。

论并没有抓住西方民主的根本，没有击中其要害。

这个要害就是，西方的民主并不是广大人民当家作主的制度，而是少数人，即资产者，特别是上层大资产者当家作主的制度。在这个制度下，所谓一人一票的多数决定制，这里的多数并不是代表了多数人利益的多数，而是名义的多数，是被忽悠的多数。即胜出的候选人是借助垄断财团赞助的海量宣传、公关活动，煽动和建构的所谓多数。可以断言，只要西方资产阶级当家作主的制度不改变，那么这种金钱控制的民主选举，其弊端就会依然如故。尽管协商民主在现代西方已被一些人认知和肯定，并想借以弥补投票民主之不足，但落实无望，根本在于利益上的对抗。因此，协商民主只有在消除了根本利益对抗的社会主义国家才能实现。

由此可见，实施协商民主，确实意味着对传统观念和社会基本制度的一场革命。千百年来，在剥削制度下，人类政治形成了一种“成王败寇”的传统。为了击败对手，不管是凭借武力，以强凌弱；还是借助选票，以多欺少，其本质有相同之处。即所玩的，都是一种零和游戏。社会主义国家真正实现了人民当家作主，为终结这种零和游戏提供了可能和开辟了前景。但是要把这种可能和前景变成现实，还必须大力加强协商民主精神和制度的建设。这里先谈谈协商民主的精神。

三、协商民主的本质精神是合作共赢

协商民主的本质精神是什么，目前学术界有不同概括。在我看来，从协商民主的境界、情怀、机理和风范等四个方面来说，维护大局、互尊互信、平等理性、互让互利等所体现的合作共赢精神是协商民主的文化精髓。

1. 维护大局是协商民主的境界

协商民主是一种为实现人民当家作主而进行的协商，因而并非任何协商都是协商民主。那种置公众利益于不顾的协商，只能是当事方的利益交易或利益勾结，很显然，这与协商民主无关。因此，对公众利益负责，就是协商民主各方所应维护的大局，所应树立的大局观点。在社会主义国家，公众利益是通过作为公众意志体现的国家法律来保障的。因此，不同类型和层次的民主协商的各方，都要遵守国家法律，以法律为依据，依法行事。如是，就是对公众利益负责。在国家层面上，民主协商的各方，不管是多数一方，还是少数一方，如果没有对公众利益负责的大局观念，没有这样的境界和担当，那么也就不可能有协商民主或成功的协商民主。相比较而言，拥有多数的一方更应该有这样一种境界和担当。

中国之所以有作为国家基本制度的协商民主，是因为中国是人民当家作主的社会主义国家。作为执政党的中国共产党，代表了中国广大人民的利益，代表了国家的整体利益，因而它作为“国家型政党”，有这样的大局观念，也有这样的力量来引领和组织各界别，开展政治协商，发展协商民主。美国的共和党和民主党在关于国计民生的许多重大问题上为什么谈不拢，其中一个根本原因，是因为他们都是“派别型政党”。如约翰斯·霍普金斯大学教授皮特·鲍泰利所言：在美国，政党利益高于一切，因而美国“两党的目的只是击败对手，而不是领导整个国家”[①]。比如2013年的美国两党恶斗，不仅使奥巴马的控枪法案被否，综合移民政策改革受挫，医保方案实施遇阻，而且导致政府主要部门停摆。相对于美国的两党恶斗，南非人民有幸，出了一个曼德拉。他在领导黑人推翻白人统治的旧南非、建立新南非的过程中，既反对“白人专政”，也反对“黑人专政”。即作为南非黑人和白人的共同领袖，他超越黑白，追求南非所有人民的协商共事、合作建国，从而写就了南非历史上，也是人类历史上一段辉煌的篇章。当然，这里所依靠的，不是协商民主的制度安排，当时南非没有这样的制度，而是曼德拉作为领袖的个人魅力，是依靠这种魅力所实施的运用协商民主的一种具体处置。

2. 互尊互信是协商民主的情怀

互尊就是互相尊重，互信就是真诚相待。互相尊重，这里解答了三个问题：一是尊重谁，即既要尊重己方，也要尊重他方；二是尊重谁的什么，即在尊重共同利益的前提下，尊重己方和他方的基本权利和合理要求；三是如何实现互相尊重，即通过尊重他方，去赢得他方对己方的尊重。借用孔子的话说：“己欲立而立人，己欲达而达人。”[②]

① 赵忆宁：《多党制并不是民主的精髓》，《参考消息》，2013·12·26。

② 杨伯峻译注：《论语译注》，65页，北京：中华书局，1980年。

协商各方，尤其是拥有多数的一方，更要带头尊重少数一方。因为少数相对于多数有渴望尊重、防止伤害的更多需要。在这里，来不得半点马虎。只有相互尊重，才能从根本上走出历史上那种攻守易位，而“冤冤相报”的恶性循环；只有相互尊重，才能进而真诚相待，从而进行民主协商。诚然，相互尊重只是前提，如果就此止步，而不深化为真诚相待，那么也可能是敬而远之。

所谓真诚相待，即在协商中，真心实意地为消除分歧、达成共识、解决问题而努力。协商各方，特别是拥有多数的一方，更应该对他方，以心换心，以诚得诚。在处理共产党与党外人士的关系问题上，中国共产党的领导人曾强调提出，为了广大人民的利益，共产党要真心实意与党外人士交朋友，真心实意向党外人士学习，真心实意听取他们的批评建议。只有真心实意，才能知无不言，言无不尽，才能真言无忌，力辩是非，从而也才有真正的协商民主。真诚的反面是虚假。在中国近现代政治史上，曾经上演过两次政治协商的闹剧：一是清朝末年的“资政院”，二是1945年底到1946年初国民党召开的政治协商会议。这两次都是当权者打着协商的幌子，干着谋取私利的勾当。这样的协商自然是短命的。

3. 平等理性是协商民主的机理

这里的“理性”是指科学理性和价值理性的统一。“机理”是指关键原则。平等理性作为协商民主的关键原则，也就要求协商各方，不能因资格或地位的优势而享有特权，大家在真理和道义面前人人平等。这里包含有三层意思：一是要讲理。君子动口不动手，也不能以金钱或权势压人，或搞幕后操纵。当然，动口也不能是情绪发泄，或恶语相加，甚至恶意煽动，而是摆事实，讲道理。二是以理服人。这里的要求进了一步，即不仅要讲理，而且要讲得入理入情。也就是说，要把道理讲透，讲到人心坎里，使人心悦诚服。三是惟理是从。或者说，谁说得有理，就听谁的。使无道理的向有道理的看齐，使片面的道理向全面的道理看齐，使小道理向大道理看齐。要坚持惟理是从，就必须避免惟我中心，极端思维。因为惟我中心，必然囿于一己之利，惑于一孔之见，以至思想片面，情绪偏激，而这是要不得的。只有惟理是从，才能取长补短，纠正认识的局限和价值的偏好，从而达成共识。可以说，如果没有平等理性，那么协商民主必然落空。

有人把协商民主的平等理性原则与共产党领导对立起来。以为坚持共产党领导会妨碍甚至阻碍平等理性原则的实现，其实这是一个误解。在民主协商中，共产党的领导，首先是指共产党在协商活动的召集、组织和协商结果的落实方面，负主要责任，起领导作用。其次是指在协商过程中，共产党人要以自己对平等理性原则的模范遵守，去赢得人们的信任而发挥领导作用。在这里，如果以领导自居，盛气凌人，要人家服从自己，那么恰恰是削弱，甚至败坏了共产党对协商民主的领导。

4. 互让互利是协商民主的风范

当今社会，社会成员在价值观念和利益诉求方面都日益多元化。协商民主回应了这种多元化的社会现实，它强调社会成员应该通过广泛协商，设身处地、将心比心、换位思考，从而扩大利益的汇合点，实现互利共赢。为此，就必须在坚持社会主义共同利益的前提下，尊重对方的合理关切，并放弃己方的某些特殊的、甚至过分的利益要求。互让是手段，是风格；互利是目的，是原则。没有互让就没有互利；同样，没有互利也就谈不上互让，当然也就没有协商的必要。这里有两条对立的原则，一是你输我赢的零和原则，二是你我都赢的共赢原则。市场交易中的“一口价”“霸王条款”之类，就是不讲互让互利，不讲合作共赢。

在一些国家和地区的政治生活中，由于根本利益的矛盾，多数与少数、执政与在野之间，不仅不讲互让互利、妥协协商，而且还会视若寇仇、互相倾轧，甚至一朝权柄在手，便欲置对方于死地而后快。比如，在乌克兰，在其独立20多年来，国内的亲俄派和亲西（方）派之间，争斗不已。2010年亲俄派首领亚努科维奇上台执政，以所谓“滥用职权罪”，把亲西派首领、前总理季莫申科送入监狱。在2013年至2014年2月的骚动中，亚努科维奇被赶下台，亲西派的临时政府又以所谓骚动中的“屠杀平民罪”①，把亚努科维奇列为通缉犯。如此以暴易暴，无所不用其极，加之外力干预，导致国家分裂。

我国安徽桐城流传着一个关于相邻两家互让和解的“六尺巷”的

① 据英国《每日邮报》网站3月5日透露，从当地医生处得知，“在基辅开枪射杀反政府示威者、引发乌克兰革命的那些狙击手其实听命于反政府派别”。

故事[①]，这个故事生动体现了互让互利、达于共赢的精神。协商民主所坚持和弘扬的就是社会生活，特别是政治生活中的合作共赢精神。坚持合作共赢，这是协商各方唯一可行的共处之道，也是唯一可行的自存之道。

总之，以维护大局为境界、以互尊互信为情怀、以平等理性为机理、以互让互利为风范，这样才能促进以合作共赢为本质精神的协商民主的实现。诚然，协商民主的实现除了要有合作共赢的精神引领以外，更需要有制度创新。因为合作共赢精神可以有分散的个别形态的呈现，因而在中外历史上都不乏这方面的一些嘉言懿行。但要成为社会的普遍精神，从而对社会生活，特别是社会政治生活发挥持久、稳定和广泛的促进作用，就必须使合作共赢精神通过协商民主的制度创新，而获得制度的体现和保障。不然就没有力量，就不能持久。下面重点来谈谈协商民主的中国制度创新。

四、协商民主的中国制度创新

社会生活中的协商民主，大体有两类：

一是日常生活中的协商民主。比如，请你把车子往前挪一挪，让我过去。这种协商是随时随地都在进行的。这类协商民主没有制度安排，也不需要制度安排。它是靠传统和习惯来实施的。

二是政治生活中的协商民主。它表现为基层协商民主、政党协商民主，以及相对于基层而言的上层，主要是全国性协商民主等三种形式。

所谓基层协商民主，即城镇社区和企事业单位内部的公共性事务协商。如公众听证会、民主恳谈会、社区议事会、公民评议会、居民或村民代表会等。现代西方的协商民主，因社会成员在根本利益上的矛盾，特别是无产阶级和资产阶级的矛盾和对立，没有能形成关于协商民主的基本制度安排，但在基层协商民主这个层次上，还是进行了

① 据《桐城县志》记，清代（康熙年间）文华殿大学士兼礼部尚书张英的老家，与邻居吴家在宅基地的问题上发生争执，互不相让。张家人飞书京城，让张英拿主意。张英接信后赋诗一首：“千里家书只为墙，让他三尺又何妨。长城万里今犹在，不见当年秦始皇。”张家见诗，先退三尺，吴家也随之退后三尺，由此也就空出了一条宽六尺的巷子。

广泛的实践，积累了不少经验。比如，美国华盛顿地区曾举行公民“高峰”会议，讨论地区事务。澳大利亚珀斯市也曾就如何使该市成为世界最适宜的人类居住地这个问题，组织了1100人参加的协商。

所谓政党协商民主，即由于利益分化，文化多元凸现，从而形成了多个政党。在执政党与反对党力量相对均衡的情势下，执政党在进行重大决策前，往往通过与反对党对话交流，以求达成一个双方都能接受的方案。

所谓全国性协商民主，是指全国性代表所进行的关于国家大政方针和涉及人民群众普遍利益问题的协商。比如在中国，全国人民代表大会和全国政协会议的协商民主，就属此类。

政治生活中的协商民主，有的可能有制度安排，有的可能没有制度安排。也就是说，有事可能协商，也可能不协商，这并不是非做不可的。没有制度安排的协商，或是临时动议，或是权宜之计，或是无奈之举。很显然，这样的协商，即使能成功举行，其效果也要大打折扣。比如，泰国黄衫军“曼谷封城”，英拉政府在无计可施的情况下，曾邀反对派首领素贴到总理府进行对话协商，但遭拒绝，结果不了了之。在前文提到的乌克兰政治骚乱中，总统亚努科维奇也曾邀反对派代表到总统府进行对话协商，并形成了一个协议，但墨迹未干，便遭撕毁。

相对于没有制度安排的协商民主，有制度安排的协商民主要优越得多。一是它获得了制度保障，因而能稳定和持续向前发展；二是获得制度保障的协商民主能带来累积和放大效应。协商民主获得制度安排的过程，也就是对协商民主进行制度创新的过程。在协商民主的制度创新方面，在中国，这种尝试不仅进行得最早，而且发展层次最高，其运作效果也最为显著。

所谓尝试进行得最早，是指早在西方学者提出“协商民主”概念50多年前，我们党所领导的抗日根据地，已经创造了以“三三制”为载体的协商民主的政治制度。[①]毛泽东于1941年11月21日在陕甘宁边

① “三三制”，即抗日根据地的政权构成上，共产党人、非党左派进步人士、不左不右的中间派人士，其中包括国民党人士、民主党人士和开明绅士等各占1/3。比如在陕甘宁边区参议会216名议员中，国民党及其他党派和无党派人士就有87人。这三方面人士通过民主合作，建言献策，讨论协商，执政施政。

区参议会开幕式的讲演中，把“三三制”政权实施的“民主合作”，直接解释为民主“商量”。毛泽东当时说：我们要“克服自己的关门主义和宗派主义……一定要学会打开大门和党外人士实行民主合作的方法，我们一定要学会同别人商量问题”①。可见，毛泽东虽然没有用“协商民主”这一表述，但“民主合作”从根本上体现了“协商民主”的精神。前全国政协主席贾庆林也认为，“三三制民主政权建设中有效进行了协商民主实践，这可以说是协商民主的萌芽和雏形。”②也就是说，我国是协商民主的真正发源地，是协商民主的第一故乡。

陕甘宁边区和各抗日根据地，通过实施协商民主有什么好处呢？归纳起来有三：一是团结了一切爱国人士，壮大了抗日民族统一战线。即通过协商民主，不仅团结了工人、农民、知识分子，而且团结了工商业者、开明绅士。二是集思广益，形成了一系列正确政策。比如精兵简政、减租减息、团结和信任知识分子、发展边区工商业等政策，就是在听取了党外人士意见的基础上，加以系统整合，使之条例化、制度化，而提出来的。三是通过发展协商民主，把抗日的民族解放的利益与个人追求解放发展的利益有机结合了起来。在这过程中，调动了广大群众的积极性，开展了生产运动、识字运动、妇女放脚运动、青年运动、儿童团运动。

陕北那地方，在蒋介石眼中，是“苦寒之地”，因而在他看来，共产党不可能在此长久立足。然而完全出乎其预料之外，共产党不仅在陕北立住了，而且开创了风清气正、上下一心的大好局面，以至成了广大青年的向往之地，全国人民的希望之地。③在这里，作为协商民主载体的“三三制”功不可没。

所谓协商民主在中国发展层次最高，是指协商民主得到国家基本制度的确认和保障。即在新中国成立过程中，我国创造了既重视表决

---

① 《毛泽东选集》第3卷，810页，北京：人民出版社，1991年。

② 贾庆林：《健全社会主义协商民主制度为全面建成小康社会广泛凝聚智慧和力量》，《求是》，2012（23）。

③ 1940年，民主人士李公朴带领“抗战建国教学团”参观晋察冀抗日根据地时兴奋地说，这里“象征着中华民族解放的胜利，象征着新中国光明灿烂的前景”，“形成为一个新中国的雏形”。南洋爱国华侨陈嘉庚曾经是坚定的“拥蒋派”，但延安之行彻底改变了他。他说：“所见所闻，不论政治与军事，大出我之意外。余观感之下，衷心无限兴奋，喜慰无可言喻，认为别有天地，如拨云雾而见青天。”曲爱国：《为何说共产党是全民抗战的旗帜》，《参考消息》，2015·6·2。

民主又重视协商民主的人民民主政治制度，特别是作为其最高表现的全国人民代表大会制度与共产党领导的多党合作和政治协商制度的确立，这对中国民主政治，特别是中国协商民主的发展来说，无疑是一项有着重大而深远意义的基本制度安排。这不仅在中国政治史上是第一次，而且在世界民主史上也是第一次。这是我国对世界协商民主事业的发展，所做出的一个重大的历史性贡献。这也是中国社会主义民主制度的一大特色。正如董必武所说："中国的民主制度，采用协商方式，是很大的特点。"[①]周恩来也说，新中国的"议事精神不在于最后的表决，主要是在于事先协商和反复讨论"[②]。

有人会问，美国的国会制度与中国全国人大制度是否属同一级别，即都是最高级别的协商民主制度安排。其实，二者不能相提并论。

其一，美国国会不是最高国家权力机关。美国是三权分立，相互制衡。它有最高的行政机关、最高的立法机关即议会和最高的司法机关，而没有最高的国家权力机关。在中国，全国人民代表大会是国家最高权力机关，它不仅主管立法，而且统管行政和司法。

其二，美国国会制度是各种利益集团政治较量的平台。不可否认，美国国会有协商，在某些方面也有不俗的表现，但主要不是协商，而是其议员代表分属的党团及其幕后的利益集团在议会上发声。其中，有不少议员本人就是百万富翁[③]。在议员、议会党团与利益集团之间起桥梁作用的是游说集团。在美国，仅华盛顿地区，登记在册的游说集团就有3700多家，直接间接从事这个行当的人加在一起，也有四五万之众。[④]因此，美国国会的辩论，大体说来，是议员为其代表的利益集团表达意见。其中，代表各自利益集团的不同观点的争锋，以至相互攻击，这些不仅与协商民主扯不上边，而且是格格不入的。

所谓协商民主制度在中国运行效果最为显著，这里可以从以下三个方面来加以说明。

第一，团结了全国人民。我国是一个有13亿多人口，拥有56个民

---

① 《董必武选集》，306页，北京：人民出版社，1985年。

② 参见《中国人民政协全书》上卷，1026页，北京：中国文史出版社，1999年。

③ 美国国会就是百万富翁俱乐部。2012年在联邦参众两院534名议员中，至少有268人的净资产达到100万美元或超过这一数字。也就是说，半数国会议员系百万富翁。（参见《参考消息》，2014·1·12。）

④ 刘爱成：《美国会院外集团是什么机构》，《环球时报》，2004·12·15。

族的发展中国家；又处于从计划经济向市场经济、从封闭到开放、从传统向现代、从单一向多元的社会转型的巨大变革中；加之，我国用60多年走过了西方发达国家二三百年才走完的工业化道路，因而所遇到的矛盾之多、困难之大、处境之复杂，是世界上任何一个转型中的国家都不可比拟的。在这过程中，协商民主作为我国一项基本制度的实施，不仅避免了单纯投票民主所造成的团结危机，而且通过政治协商最大限度地实现了人民民主，促进了全国人民的大团结，调动了全国人民投身社会主义建设的积极性。建国头30年，中国人民经过艰苦卓绝的努力，建立了独立自主的工业体系，为后来的经济腾飞打下了基础。改革开放后，中国不仅创造了持续30多年接近两位数的高速增长奇迹，成为世界第二大经济体，而且没有重演西方崛起的血腥历史，用自己的方式走近了世界文明的制高点，不仅给中国人民而且给世界人民带来了实实在在的利益。这在人类现代发展史上是前所未有的精彩一幕。与世界上那些呈乱象、处乱局的国家和地区相比，我国政治稳定、经济发展、社会和谐、民族团结。在这方面，我国的协商民主制度居功至大。

第二，增进了纠错能力。世界上的制度，那个好，那个不好，可以从不同角度去加以衡量。其中有一个重要角度：这个制度本身的纠错能力如何。世界上没有十全十美的制度，任何制度都会出错，问题在于能不能纠错，纠错的能力是大是小。

封建社会，皇权至上，一人独裁，且终身用权。因此一个君主的重大失误，靠君主本人或封建制度自身一般很难纠正，大体说来，要等他终老死亡，或借宫廷政变，或农民起义去加以推翻，从而获得纠错的可能。

在这一方面，资本主义制度比封建制度优越。它虽然也经常出错，但其又可以用投票民主来纠正错误。比如，在美国，如果共和党政府出错，可以通过四年一度的大选让它下台，另选民主党政府出来纠错。反之亦然。

西方的主流观点，在对多党制和选举民主制的纠错功能予以过度肯定的同时，又把共产党执政解读为一党独裁，从而质疑中国党和政府的纠错能力。于是在西方，关于“中国崩溃论”的预言不绝于耳。之所以如此，一是偏见使然，二是误解所致，即对中国实际缺乏了解。

实际情况是，中国共产党执政，不是国家权力归共产党所有，一党用权，任意作为，而是共产党领导和组织人民当家作主。权力来自人民，人民赋予中国共产党以执政权，但权力必须在作为人民意志体现的宪法和法律的范围内运作；共产党的主张只有经全国人民代表大会确认和通过，才能上升为国家意志；共产党必须接受人民的监督，以自己的模范工作，赢得人民的信任。

总之，在中国，共产党执政是以法律为基础，而不是以权力为依据，是全国人民代表大会表决通过，赋予了其执政的合法性、民主性。中国共产党执政也不是西方主流观点所抨击的一党制，更不是一党专制，而是中国共产党中央集体领导决策制，是共产党一党执政多党合作参政的民主制。

中国共产党和政府的纠错功能，不仅通过五年一度的党政换届选举来体现，而且更为重要的是通过党的每次中央全会、每年召开的全国人大和政协会议，通过广大人民群众的批评监督来体现。以“两会”为例，每年的“两会”都要总结工作，找出不足，从中吸取经验教训。可以说，每年“两会”上的热点话题，都是全国老百姓最为关心的问题，也是党和政府工作中存在不足和失误，因而是亟待加以解决的问题。由此可见，中国的投票民主与协商民主相统一的制度，在错误的发现和纠正方面，相对于西方单纯的投票民主制度不仅毫不逊色，而且还更及时、更敏锐，也更有成效。

当然，毋庸讳言，在过去“左”的思想路线统治的年代，由于上述尚待健全的制度又遭到冲击和破坏，因而极大地削弱了我国党和政府的纠错能力，这也是导致“文革”动乱的一个制度性原因。正是吸取了这一教训，改革开放30多年来，通过协商民主制度和其他方面制度的恢复、改革和创新，提高了中国党和政府的纠错能力，才使我国化解了前进道路上的种种风险，从而使西方关于“中国崩溃论”的预言一次次遭到破产。

第三，提高了科学民主的决策水准。西方的投票民主只关注“谁来当领导”，而不是“如何实施领导”。也就是说，投票民主只是谁来当领导的“准入程序”民主，而非实施领导的“决策过程”民主。在西方，决策过程是由少数人操持的。不过，这少数人也不能独立和迅速行使决策权力，而是被控制的。一是受握有金钱的资本财团的操控，二是受握有选票的民众的近期利益诉求的挟持，三是受党派政治恶斗的掣肘。因此，西方民主国家在决策方面的科学民主水准总体是不高的。不然就很难解释美国为什么会挑起使自己大伤元气的入侵阿富汗、伊拉克的战争，为什么不能阻止金融危机的爆发，不能阻止最高法院取消已经实行了100多年的对财团政治捐款的顶额限制。诚然，这其中有些失误虽然可以通过几年一度的大选来纠正，但失误毕竟已经造成。这种纠错，说到底，只是事后的亡羊补牢，而非事前的防患未然。在西方，金融危机爆发后，即使进行修正，也无法消除其后果，更无法回到危机前的状态。

另外，西方关注“谁来当领导”的投票民主，也并非选得其人。因为能否当选，主要不取决于经验和能力，而取决于能否进行有足够金钱支持的政治包装，以及候选人是否擅长甜言蜜语，从而能作讨好选民的煽情演讲。加之与新旧领导人同进退的还有所有政务官员。西方的多党制造成了人才分割和人才浪费。即所谓“一党执政，任人惟党”。也就是说，一党获胜，哪怕原来的政务官再有能力，也不能继续留任，统统要卷铺盖走人。这种“大换血”，也就必然造成政策的非连续性，同时也会使新执政团队因没有决策经验而易犯“新手的错误”。

在这方面，我国的协商民主有其优势。

一是道义优势。我国的协商民主是社会主义的协商民主，是为了增进全体人民利益的协商民主。因而它坚持“五湖四海”，冷暖一体，使人心通达，人气汇聚，增进理解，达成共识，心往一处想，劲往一处使。这样，在共识基础上形成的决策也就比较能顺民意，合民心。

二是智力优势。因为社会主义协商民主有其道义优势，因而在协商中就比较能够做到理性平和，从而能互相取长补短、包容互鉴、集思广益，能把社会各方面分散的意见、愿望和要求进行系统、综合的反映，听到各种真知灼见、各种真招实招，这样也就使党和政府的决策更加符合实际，更加科学。

比如我国的五年规划，就是在成千上万次上上下下各种各样的座谈、协商的基础上制定出来的。所有的人都关心，股民关心、投资者关心、企业也关心，因为这是全国广大人民的利益所在。俗话说，“三个臭皮匠，赛过诸葛亮”。何况亿万群众通过协商民主，投身参政、议政、理政的事业中去，其力量和智慧，必是蔚为壮观。通过协商民主，才能纠正认识的局限和价值的偏好，从而才能从实际出发，从人民群众的需要出发，按照规律，为增进人民的福祉，进行科学民主的规划和决策。

改革开放30多年来，虽然我国各级政府由于自身缺乏经验，也缺乏可资借鉴的成功经验，加之地方政府受“政绩政治”“形象政治”等干扰，因而在决策过程中造成了种种失误，这是必须正视的，但就总体而言，由于我国的大政方针坚持协商于决策之前和实施之中，因而不仅没有发生颠覆性的失误，而且决策的战略性、前瞻性、针对性和实效性大为提高。共产党领导的中国政府作为一个“作为政府”和“高效政府”，其高度的决策应变能力和实施能力已被世界上越来越多的人所肯定。

如香港《紫荆》月刊7月号文章《国际社会重新认识中国共产党》中所引述的，美国前国务卿基辛格坦承，中国的发展归功于富有远见卓识的中国领导人和乐于奉献的中国人民。欧洲左翼党主席比斯基认为，“中国和中共都发生了巨大改变。如今的中共已成为一个开放学习型的政党，能直面发展中的新问题并加以解决”。波兰农民党最高执委会副主席萨维茨基说，“中共作为中国的执政党在世界上发挥着越来越大的影响力，展示了治国理政方面的高效”。南非非洲研究所可持续发展研究中心主任拉埃尔也说，“中共领导的多党合作制非常成功，目前来看它很好地促进了中国政治经济发展”①。

由于中国协商民主制度不断获得创新，且发挥的作用越来越显著，所以，作为中国协商民主制度最高平台的每年的“两会”，不仅是两会代表的盛会，而且也是全国人民的盛会，是全世界关注的盛会。每年申请到会的外方记者人数之众，来自的国家和地区之多，其盛况可圈可点。这是中国人民的骄傲，也是中国协商民主制度的骄傲。

当然，在肯定中国协商民主事业取得巨大成就的同时，也不能忘记，中国的协商民主事业是在曲折中走过来的，其发展到现在，也还存在许多缺陷和不足，还有许多不尽如人意的地方，因而有待进一步加以发展和健全。

---

① 参见香港《紫荆》月刊7月号文章：《国际社会重新认识中国共产党》，《参考消息》，2011·8·7。

五、中国协商民主的发展健全

中国协商民主的现状如何，这里可以用如下三点来加以概括：一是内容逊于形式。即在协商民主的实现方面，我国创新了一些好的形式、好的平台，如政党之间的协商、人大协商、政协协商、政府与公民之间的协商、公民之间的协商等等，但在协商的内容方面还有待充实、有待扩展。二是低层弱于高层。即中国的高层协商民主，如前所说，进行得有声有色，成绩斐然；基层协商民主也有所发展，有其亮点，但就总体而言，从高层到低层，其重视程度下降，协商活动趋少，协商规范趋弱。三是被动多于主动。即不少党政干部对协商民主不是积极推动，想方设法进行创造性的工作，而是迫于上级要求和群众压力，被动应付，甚至敷衍了事。这种状况的存在，表现为认识和实践两个方面的不足和缺陷。

在认识上，人们对协商民主的理解存在如下三个方面的偏差。

一是把民主与投票民主相等同。一谈民主，以为就是投票民主，而不知民主有投票民主与协商民主两种形式，不知道中国协商民主有其特色和优势，并对世界协商民主事业的发展做出了重大贡献。由于存在这方面的认识偏差，致使一些人在西方的民主攻势面前，似乎不那么理直气壮，似乎矮人一头。其实，这是不必要，也是没有根据的。我们应树立中国协商民主的道路、理论和制度自信，提高理性自觉，坚定不移地把中国协商民主事业不断推向前进。

二是把协商民主等同于人民政协的协商民主。一谈协商民主，以为就是人民政协的协商民主，而不知道协商民主可以有多种形式、多种平台，人民政协只是协商民主的一个重要平台、重要渠道。协商民主不仅是政协委员的事，也是每个公民的事。每个公民都是协商民主的参与者，都应成为协商民主的积极推动者。

三是把协商民主与工作效率绝对对立起来。认为搞协商民主，七嘴八舌，人多嘴杂，麻烦添乱，费时耗力，不如领导说了算，来得快、来得爽。于是习惯于一言堂，甚至命令式，瞎指挥，结果欲速则不达，干了许多费力不讨好的事。有时自以为是为民解忧，可人民并不领情。有些干部因害怕协商民主带来的小麻烦，结果惹出了大麻烦，因处事不当，造成民怨，引发了种种群体性维权事件。①

之所以产生上述认识偏差，这里有三个方面的原因：一是协商民主概念传入中国，到引起关注的时间还不长。②因而到目前为止，协商民主对广大干部和群众来说，确实还是一个比较新鲜的话题。二是协商民主的宣传取得了一些成绩，但仍然十分薄弱。三是协商民主特别是基层协商民主，虽然有了一些好的典型，③但还不多，其示范作用还不大。对广大干部，特别是一些基层干部来说，协商民主的训练和实践还比较缺乏。

在实践上，中国协商民主的缺陷主要有以下几个方面：

一是协商主体主要偏重于上层精英，尚有待扩大到普通公民。

二是协商平台尚少，还有待创造更多新的平台。

三是协商过程易走形式，尚有待提高协商质量。协商民主意味着：第一，面临一个共同性议题。第二，相关各方对如何处理该议题有争议。第三，也是最重要的，他们就议题之解决展开公开讨论。第四，达成共识并加以落实。然而在现实政治生活中，有时把通报和表态当作协商；有时把单向的听取意见，当成协商；有时虽有协商，但议而不决，不了了之；有时达成了共识，如何把这种共识加以落实，没有下文，等等。

四是协商活动缺少制度规范。特别是缺少对决策者履行协商民主的法律责任规范，尚未形成"必须协商""法定协商"的工作格局，因而协商民主的"三在前""三在先"尚未作为刚性要求切实得到落实。所谓"三在前"，即重大问题协商在党委决策之前、人大通过之前、政府实施之前。所谓"三在先"，即制定经济和社会发展的规划先协商后决策，对重要人事安排和关系人民群众切身利益的重要问题先协商后

① 据中国社会科学院2013年社会蓝皮书透露，近年来每年发生的群体性事件，竟高达10余万起，其中80%是群体性维权事件。之所以如此，对协商民主缺乏应有的认识是一个原因；其中，主要的是地方政府侵害了群众权益。

② 美国学者毕塞特于1980年最早提出协商民主概念，2002年传入中国。2006年2月出台的《中共中央关于加强人民政协工作的意见》中，第一次以中央文件的形式肯定了协商民主概念，并用它来概括和总结我国协商民主实践的经验。

③ 中国基层协商民主，比较有影响的典型有安徽的阜阳模式（参见《英国规则遭遇中国农民：农村如何开会》，《南方周末》，2009·4·1）和浙江的温岭模式（参见何包钢：《中国协商民主制度》，《中国选举与治理网》，2005·7·19）。拿温岭模式来说，在温岭市，从1996年到2000年，在乡村进行的协商会有1190次，镇级190次，政府部门、学校和企业部门150次。

决定，在制定重要的地方决策性规范文件时先协商后提请审议等。这些规定和要求，还有待成为对各级党政领导的制度约束。在一些地方的实际工作中，协商民主能否实施，往往不是取决于制度必须，而是取决于党政领导的个人民主意识，因而存在较大的不确定性。

正是针对上述不足和缺陷，党的十八大和十八届三中四中全会强调，要促进协商民主的广泛、多层、制度化发展。

所谓广泛，可以从协商主体和协商客体两个角度来说明。从协商主体角度说，就是要努力把协商主体不断从社会精英扩大到普通公民，实现协商主体的广泛化。这里可以从两个方面来着手：一是“请进来”。把一些群众代表，比如农民工代表，请进党和政府的会场，请进各级人大、政协的会场，共商经济和社会发展中的重大问题和涉及群众切身利益的实际问题。二是“走出去”。即鼓励党政干部、人大代表、政协委员走到人民群众中去，和人民群众协商，把人民的诉求、建议，带到党政、人大、政协会议上。从协商客体角度说，要把民主协商不断扩大到立法协商、行政协商、专题协商、民事协商等。

所谓多层，可以从外延和内涵两个角度来分别加以说明。从外延角度说，要努力把协商民主不断从上层扩大到基层。这里的基层可以作广义的理解，即不仅指乡镇、街道，而且指村民小组、居民小区，乃至居住的单元楼层、左邻右舍等。从内涵角度说，要不断创新协商民主的工作层次，即更加活跃和有序开展专题协商、对口协商、界别协商、提案办理协商以及基层群众自治中的协商，比如，居住小区中的安全保卫协商、环境卫生协商、邻里互助协商等。总之，要使协商民主既体现为国家形态的民主，也体现为社会形态的民主。要使协商民主成为和谐人际关系、构建和谐社会的行为准则，成为社会既充满活力又安定有序向前发展的动力支撑。

所谓制度化，即协商民主的进行必须以更加健全、更加成熟和完整的制度来保障。这里包括的内容很多。比如，协商活动的主持人如何确定，协商活动的成员如何产生，哪些人员需要回避，协商议题如何选择，协商信息如何共享，协商程序如何确定，协商共识如何纳入决策过程，对协商民主的履行如何实施公众监督和责任追究等等，都有待加强规范化和制度化建设。就拿协商成员的产生来说，就需要按照一定的制度规范来操作。凡涉及广大人群的共同性问题，其协商成员，总不能过多地集中于一个领域，或一个局部，总不能由领导随意指定，总不能按某种偏好加以选择，总不能没有一定的信息搜集能力、语言表达能力和论证说理能力，等等。所有这些都需要总结正反两个方面的经验，逐步加以规范化和制度化。

总之，在我国社会趋向多元、改革面临全面深化、群众需求日益提升的时代条件下，我国的协商民主大有用武之地，其发展前景十分广阔。路正长，让我们充满信心，立足中国实际，融合中西之长，走出一条有成熟和定型制度保障的中国特色协商民主发展道路。

推进协商民主　提升履职实效*

——扎根群众　“接好地气”

从党的群众路线出发，能够更好地理解协商民主的本质。党的群众路线的内容是：一切为了群众、一切依靠群众，从群众中来、到群众中去，把党的正确主张变为人民群众的自觉行动。

“一切为了群众、一切依靠群众”，说明共产党执政就是为了更好地实现人民当家作主。人民当家作主至少有两层含义：一是国家的发展是为了实现最广大人民的根本利益，就是“一切为了群众”；二是国家的发展从根本上要依靠人民群众的聪明才智和艰苦奋斗，就是“一切依靠群众”。

但是，“一切为了群众、一切依靠群众”仅仅表明了中国共产党有推进人民当家作主的政治立场，怎样才能真正推进人民当家作主，就是如何找到民主的实现形式，或者说方法论还没有解决。实践证明，我国民主政治运作出现的问题，往往不是因为基本纲领、基本制度有什么问题，而与民主实现形式有关。为落实民主的实现形式，就需要做到“从群众中来、到群众中去”。

第一，“从群众中来”，表明中国共产党要深入群众，通过广泛交流、充分协商，真正把握群众的基本诉求，真正汲取群众的聪明才智。显然，只有扎根群众，面对面的协商民主，党委和政府的一系列决策才能得民心，才能接地气。相反，如果不走党的群众路线或不发展协商民主，党委、政府的决策可能就会和老百姓的需求发生错位，到那个时候，党委政府尽管忙得要死，老百姓可能并不领情。宋朝大哲学家朱熹说过：问渠那得清如许，为有源头活水来。如果把党委、政府的决策比喻成一条河流，广大群众就是这条河流的源头。没有源头活水的河流，最终要干涸的。

* 原刊于《安徽日报》，2014·1·21（7）。

第二，“到群众中去”，党委和政府的一系列决策最终要依靠群众去落实，去奋斗，只有通过面对面的协商民主，群众才会真心拥护党委政府的各项决策。因为这些决策从根本上是来自群众的，是和群众同呼吸共命运的，群众才有落实的自觉性、积极性，才能真正把党的正确主张变为人民群众的自觉行动。

加强政治合法性和服务型政府建设*

在当代中国，弘扬马克思学说人本主题，有助于坚持以人为本，执政为民，反对官本政治，夯实其权力来源、正义运作、绩效优化的民意基础，不断提升中国共产党执政的合法性，促进服务型政府建设。

一、政治合法性是执政权力运作的基石

每一种政治秩序建立后，统治阶级都力图使这种秩序获得合法性，以较少的精力和行政费用使自己的统治获得最大的社会效益。那么，什么是政治合法性呢？政治合法性，从学理上说，从属于合法性。因此，这里先来谈谈什么是合法性。

1. 关于合法性

合法性作为一个概念，有其外延和内涵。为了科学把握合法性，必须在弄清外延的前提下，来进一步揭示其内涵。

（1）合法性是一个人事概念

合法性的外延如何呢？在学术界有过窄和过宽两种划界。

所谓过窄的划界，即把合法性仅限于政治领域，特别是政治权力领域。在西方，从韦伯到哈贝马斯所持的都是这种划界观。

韦伯认为："对于统治来说，这种说明其合法性理由的方式，不是一种理论或哲学推论的事情，而是对经验的统治结构极为现实的差异进行阐述，其原因就在于任何权力、甚至任何一般生存的机会都十分普遍地存在着进行自我辩护的需要。"①也就是说，在韦伯看来，任何

* 原文来源于陶富源、陶庭马：《马克思学说现实人本主题论》，芜湖：安徽师范大学出版社，2016年。

① ［德］马克斯·韦伯：《经济与社会》下卷，林荣远译，276—277页，北京：商务印书馆，1997年。

政治统治者或统治权力都存在一个需要说明的合法性问题。

对此，哈贝马斯说得更加明确、更加直接。他说："只有政治秩序才拥有着或丧失着合法性问题。跨国公司或世界市场不会有合法性问题。这一点对于前国家社会即所谓原始社会同样是正确的。"①

所谓过宽的划界，即认为合法性是世界上任何事物都存在的问题。在这种观点看来，合法性追问是为了获得"一种哲学上对'事物'、对'存在'的普遍的理性"，即"反思的是事物的存在前提，质疑它的合理性，关注事物运行的有效性"。为此，就要求"把'存在'（事物）放在'存在的系统'和'存在的过程中'，即把事物放在它关联的历史的基础上进行考察，放在它运行的效果中来界定"②。

在我们看来，前一种观点之所以失之过窄，是因为政治权力及其所建立的政治秩序固然存在一个合法与否的问题，但不能认为合法性问题仅限于此。比如，对跨国公司来说，就存在一个经营合法性的问题，同样，世界市场也存在一个规范和交易合法性的问题。

当然也不能因第一种观点失之过窄，而像第二种观点那样，走向另一个极端，无限泛化合法性的界限，这也是不可取的。实际上，一切自然物及其相互作用都不存在合法性的问题。比如，谁能说清天体运行、风吹云散、水滴穿石等自然现象是否具有合法性。可以断定，这是谁也说不清，谁也不能说清的问题。因为这个问题本身就是一个伪问题。

另外，合法性的外延不仅不包括人的外在自然，而且也不包括人的内在自然。人的内在自然，即人本身作为生理存在及其本能性活动的方面。比如血液循环、胃肠蠕动、呼吸吐纳等生理现象，也不存在合法性与否的问题。

不仅如此，人的内在的心理活动（比如做梦）和思维活动（思想本身是自由的）也不存在合法性与否的问题。

由此看来，合法性是一个人事概念。比如一种实践理念、一种社会政策、一个社会组织、一种社会行为，都有其合法性的问题。

那么什么是合法性呢?

---

① ［德］尤尔根·哈贝马斯：《重建历史唯物主义》，郭官义译，184—185页，北京：社会科学文献出版社，2000年。

② 邓济乾：《解析"合法性"："元立点"的探寻》，《甘肃理论学刊》，2010（3）。

(2) 合法性是以对人事存在的理由或根据的肯定为前提的

《政治学核心概念》对“合法性”的解释是:“合法性,源于拉丁文legitimare,意思是‘宣称合法’,一般表示为正当性。”[①]《布莱克维尔政治学百科全书》对“合法性”的定义是:合法性“是……给予积极支持的社会认可(或认可的可能性和‘适当性’)”[②]。

上述关于合法性的规定,大体是可行的,即合法性相当于正当性或适当性。这里要追问的是什么是正当性。

人事的正当性,意味着某种人事的存在具有值得肯定的理由或根据。这里的理由或根据,可能基于某种理念、某种习惯、某种传统、某种规则,或某种历史必然。比如,“领导就是服务”作为中国共产党执政的一个根本理念,如果某位领导的言行符合了这个理念的要求,那么他的言行也就具有了存在的理由或根据,也就有了正当性。这里的正当性可称为理念型正当性。再比如,某人到别人家的责任田里去抓黄鳝,是用不着打招呼,也用不着支付任何费用的。因为责任田虽然是这位农民的,可责任田里的黄鳝,不是这位农民放养,而是野生的。一切野生的东西,包括山上的野果、林中的野菜和一切野生的动物(除依法需要保护的以外)都是可以凭自己的能耐去捕捉的。这是一种习惯。基于这种习惯而成立的正当性,可称之为习惯型正当性。诚然,还有一种正当性是基于传统,可称之为传统型正当性。还有一种是基于社会规则,包括法律、伦理等规则的正当性,可称为规则型正当性。一项政策、一个工作举措、一项人事安排在现实中获得实实在在的绩效。基于这种绩效的正当性,可称之为绩效型正当性。

除了上文所说的诸种正当性以外,还存在一种基于历史必然的正当性,可称之为历史型正当性。比如,人类总要生存、生活、生产,总要发展,任何阻碍人类生存、生活、生产,以及发展的人和事,包括制度、体制就失去了历史正当性,而一切有利于人的生存、生活、生产及其发展的人和事,也就具有了其存在的历史正当性。历史上一切推翻旧制度的人民革命所具有的正当性,就属这种历史型正当性。

---

① [英]安德鲁·海伍德:《政治学核心概念》,吴勇译,34页,天津:天津人民出版社,2008年。

② [英]戴维·米勒、波格丹诺:《布莱克维尔政治学百科全书》,邓正来等译,439页,北京:中国政法大学出版社,2002年。

（3）合法性是以多数人对人事存在的理由或根据的肯定为关键的

也就是说，某种人事要获得正当性，除了要有值得肯定的理由或根据以外，还必须在这一前提条件下，获得多数人的认同。这里的认同意味着作为正当理由或根据的某种理念或某种习惯或某种传统或某种规则或某种绩效或某种历史要求契合了多数人的某种需要、某种期许、某种理想的尺度。比如，“要想富先修路”这一理念之所以能成为修路这一工程合法性的理由支撑，之所以能被沿途的多数人所认可，是因为这一理念契合了这里多数人想致富的心理期许。又比如，中国古代的“真龙天子”之说，虽然这是一种虚构，但这一虚构的理念又满足了处于分散贫穷状态而又无力保护自己的千万小农寻求依靠的心理需要。因而它也就成为中国封建社会政治合法性的主要支撑。又比如，历史上的人民革命从理由和根据来说具有了历史的正当性，但如果这种历史的理由和根据不能获得人们的认同，不能从他们的生活处境、生活感受中意识到革命之必须，那么他们就不能认同革命，参加革命。没有人民的认同和积极参与，这种革命也就不具民众认可的合法性，也就不能胜利。

综上所述，合法性是多数人对人事存在的正当理由或根据的肯定。

2. 关于政治合法性

政治合法性，这里的政治是名词，不是形容词，即指政治本身的合法性，而非指某种人事是否具有政治的合法性。另外，这里的政治本身的“合法性是国家在社会中获得政治统治与政治管理权威的资格与权利”[①]。进一步说，“政治合法性就是社会成员基于某种价值信仰而对政治统治的正当性所表示的认可，是政府基于被民众认可的原则来实施统治的正统性或正当性。它既是统治者阐述其统治权力来源的正当理由，也是被统治者自愿接受其统治的价值依据。”[②]

从上述论述可以看出：政治合法性是民众对政治统治的正当性或正统性的认可。这种认可的表现形式就是社会成员对政治统治具有高度的忠诚感。

① 时和兴：《关系、限度、制度：政治发展过程中的国家与社会》，211页，北京：北京大学出版社，1996年。

② 参见张凤阳等：《政治哲学关键词》，325页，南京：江苏人民出版社，2006年。

（1）政治合法性意味着政治的正当性或正统性

为了说明这个观点，有必要弄清政治合法性之“法”与“法律”之“法”的关系。“法律”是体现政治权威意志，也可能不体现或部分体现社会公众意志的一种强制性的社会规范。因此，“法律”之“法”与作为社会公众意志体现的政治合法性之“法”是不同的。有可能一致，也可能不一致，甚至相悖。作为社会公众意志体现的“法”，也就大体相当于人们心中对“正义”和“公正”的理解。人们依据这种理解去评判政治权威。这就是他们心中的“法”。亚里士多德是持这一见解的。他指出：“依绝对公正的原则来评判，凡照顾到公共利益的各种政体就是正当或正宗的政体；而那些只照顾到统治者们的利益的政体都是错误的政体或正宗政体的变态（偏离）。”[①]阿尔蒙德对此也作过解释：“如果某一社会中的公民都愿意遵守当权者制定和实施的法规，而且还不仅仅是因为若不遵守就会受到惩处，而是因为他们确信遵守是应该的，那么，这个政治权威就是合法的。”[②]

由于政治合法性之“法”与“法律”之“法”是两个不同的概念，因而政治“合法性”与“合法律性”也是两个有区别的范畴。在实际生活中二者可能会重叠，其前提是“合法律性”具有政治“合法性”。但更多的时候，政治“合法性”的行为并不必然具有“合法律性”（比如，一些反抗压迫的抗争行为，虽然不符合法律规定，却被众多民众视为正当），而“合法律性”的行为又不必然具有政治“合法性”（比如，纳粹德国制定的许多种族灭绝政策都符合该国相关法律，但其合法性却不被世人所承认）。

如果政治“合法性”与“合法律性”相差过大，统治者和被统治者就会同床异梦、离心离德。许多被统治者聚集在政治“合法性”的旗帜下，与统治者分道扬镳，造成统治危机。这个时候，如果统治者寄希望于法律的强制性，强迫被统治者尊奉法律，那么只能造成“合法律性”价值体系的进一步崩溃，甚至会发生法不责众的情形。因此，理智而现实的选择就是统治者努力地按照政治“合法性”之“法”的

① 李伯来：《公共领域与生活世界——哈贝马斯市民社会理论研究》，北京：人民出版社，2006年。

② ［美］加布里埃尔·阿尔蒙德：《比较政治学：体系、过程和政策》，曹沛林等译，35—36页，上海：上海译文出版社，1987年。

要求和目标，去改造、发展“法律”，让“合法律性”最大程度地接近政治“合法性”，让“法律”治理也具有正当性或正统性。

前面说了，合乎政治“合法性”的政治便有正当性或正统性，那么，活在人们心中的“法”或“正义”究竟是一种什么样的存在呢？这是一个非常复杂又非常重要的问题。从马克思主义的观点来看，它是在生产力一定发展基础上，经济、政治、文化，包括传统、习惯等的综合作用的过程中，所产生的民众权利的要求，是对维护和实现这些要求的社会公共规则的期待，是对代表这种公共规则的公共权力的期望，或曰“民心所向”，就是民众心中的“法”。因此，顺民心就具有了政治合法性或政治的正当性或正统性。

（2）政治合法性意味着社会成员对政治统治的忠诚感

这里所说的是政治合法性的另一面。即政治统治具有合法性，也就自然表现为社会公众对政治统治的支持、拥戴。《布莱克维尔政治学百科全书》对“政治合法性”的表现形式作出如下解释：“任何一种人类社会的复杂形态都面临一个合法性的问题，即该秩序是否和为什么应该获得其成员的忠诚的问题。”①

这种对政治统治的高度忠诚感，就是民众在享受国家所赋予的权利的同时，积极为国家尽义务。法国思想家卢梭将之概括为“内在守法”。所谓“内在守法”，是指社会主体自觉认同各种法律、政治制度，而把守法内化的一种道德义务。在卢梭看来，“一切法律之中最重要的法律既不是铭刻在大理石上，也不是铭刻在铜表上，而是铭刻在公民们的内心里。”②

然而要使法律真正能铭刻在公民心里，其前提是现行“法律”必须契合他们心中的“法”的观念或“正义”观念，也就是说，社会成员认为政治具有合法性，从而导致社会成员与“法律”的颁布者、实施者达成了心理契约。有了这种心理契约，其必然的表现就是内在守法。

心理契约是相对于书面契约而言的，是契约主体基于对书面契约所规设权利与义务的主观解读与内在信念而形成的一种自我约束，是

① ［英］戴维·米勒、波格丹诺：《布莱克维尔政治学百科全书》，邓正来等译，440页，北京：中国政法大学出版社，2002年。

② 王秀阁、杨仁忠主编：《马克思主义理论学科前沿问题研究》，410页，北京：人民出版社，2010年。

契约主体对彼此义务的一种内在肯定。肯定了自己的义务，也就间接肯定了对方的权利。反之亦然。

心理契约作为契约主体的心理律令，它一旦形成，在行为上履行契约也就成为自然而然的事情。不仅如此，如果契约主体有了稳固的心理契约，那么在履约过程中，也会按契约精神行事，从而弥补书面契约可能存在的某些不到之处。另外，心理契约包含着契约主体的合理期望，这种期望将会转化为一种动力，使双方履行契约的潜能得到深度激发。也就是说，心理契约一旦达成，将会促使契约主体更加卓有成效地履行契约。

然而一旦心理契约遭遇破裂，对政治来说，就意味着民众对政府的信任危机和政治危机，当这种合法性危机积累到一定程度时，民众在无路可走时，就会选择用手投票①或用脚投票②的方式来表示对政治秩序的不满。

3. 执政权力的巩固和有效运作需要政治合法性的支撑

（1）民心不可违

如上所言，政治合法性对政治权力而言意味着是否具有民意基础，是否获得民众拥戴。而这对于一个政权的巩固及其有效运作是极为重要的。因为这是有效统治和政治稳定的基础，只有当执政者或执政团队获得民众自觉自愿的认同和支持时，其统治才更有效力，才更能保持政局的稳定。反之，其动员和贯彻能力就会被削弱，最终导致政治动荡、政权丧失，这就是合法性危机。

正如德国学者马克斯·韦伯所说：“任何统治都企图唤起并维持对

① 此处用手投票作广义解释。在民主社会，合法性危机会使执政当局被人民罢免、弹劾或者在选举中淘汰。在非民主国家，严重的合法性危机会让民众聚集力量用手推翻暴政，弱水三千狂澜大作后“得民心者得天下”。

② 用脚投票比喻当合法性危机来临时，人们选择非暴力不合作运动，用脚作武器，远离暴政。中西历史上都有用脚投票的经典记录。《诗经·魏风·硕鼠》唱叹的是人民用脚投票，离开这个充满悲哀回忆的国度：“硕鼠硕鼠，无食我黍！三岁贯女，莫我肯顾。逝将去女，适彼乐土。乐土乐土，爰得我所！”公元前510年，由贵族组成的元老院控制了古罗马的一切国政，平民有的因为债务变成了奴隶，所以矛盾十分尖锐。最后的结果是，为了摆脱贵族的控制，许多平民带着武器和生产工具离开罗马城。公元前494年，一大群平民撤出罗马城去了东郊的圣山，表示要建立自己的城市，“永别了，罗马！”由于平民大量出走，势必造成生产停顿、兵源匮乏，贵族一时慌了手脚，于是派出代表追到圣山找平民谈判，最后谈出了保民官制度。此后，只要保民官喊一声“我禁止”，就可否决政府的法令和元老院的决议。后者可谓历史上用脚投票最成功的案例了。

它的‘合法性’的信仰。”[①]在现实政治中，仅仅依靠强制力量进行统治的政权是很少的，而且它们迟早也要获得合法性。[②]历史事实说明，政权的获得固然不能离开暴力的强制，但是纯粹的暴力强制只能带来短暂的军事“征服”，而不可能实施有效的统治。那种仅仅依靠暴力强制而政治合法性不足的统治，最终都将会因代价高昂或直接引起民众的反叛而难以为继。相反，有了民众的认同和支持，权力才能转化为权威，执政者才会有号召力和动员力，才能顺利地推行自己的方针政策，降低自己的执政成本，从而使自己的执政地位得到巩固。

因此，执政者要想长期执政，仅仅依靠强制力量进行统治是不行的，必须有广大民众的认同和支持。关于政治合法性对政权得失的重要性，中国古代有这样两句话给予了经典说明。一是“民可载舟，亦可覆舟”。这句话强调老百姓人数众多，力量巨大，不可轻视，不可得罪。二是“得民心者得天下”。这里是强调天下是天下人的，要取得统治权必须顺从民心，取悦民心，赢得民心。不然就不能得天下，即使得了也会丢失。

（2）赢得民心的途径

如何赢得民心对政治统治者来说，主要有两种途径：一是统治者努力改造现存政治体系，以实现和契合被统治者的“期望”；二是统治者努力改造被统治者的“期望”，使之和现存政治体系相吻合。

从赢得民心的第一种途径来说，在现代政治生活中，比较重要的有以下三点：

一是依法执政。也就是政府依法定的民主程序产生，依照法律制度行使权力。对此阿尔蒙德指出：“在一个现代的民主政治体系中，当权者的合法性将取决于他们在竞争性的选举中是否获胜，取决于他们在制定法律时是否遵守规定的宪法程序。”[③]迈克尔·罗斯金也指出：

---

① 李兰芬：《当代中国德治研究》，102页，北京：人民出版社，2008年。

② 《史记·郦生陆贾列传》记：陆贾时时称说《诗》、《书》。高祖骂之曰：“乃公居马上而得之，安事《诗》、《书》！”陆生曰：“居马上而得之，宁可以马上治之乎？且汤、武逆取而顺守之，文物并用，长久之术也。昔者吴王夫差、智伯极武而亡；秦任刑法不变，卒灭赵（秦）氏。向使秦已并天下，行仁义，法先王，陛下安得而有之？”这个著名的故事告诉人们，政治秩序可以靠武力建立（马背上夺得天下），但政治秩序的维护却要依靠政治合法性（下马治理天下）。

③ 参见［美］加布里埃尔·阿尔蒙德：《比较政治学：体系、过程和政策》，曹沛林等译，37页，上海：上海译文出版社，1987年。

由民众按民主程序选举产生的政府，如果人们感到政府是公平地代表他们的，因而他们在行动上便愿意服从。而如果选举是被操纵的，或存在严重的舞弊现象，那么将无益于合法性。[①]

二是显示魅力。所谓魅力，这里是指领导者或领导集团的良好形象、气度、作为、信誉，在民众中形成了感召力、向心力、凝聚力。有了这种领导魅力，也就带来民众认可的合法性。

三是取得政绩。政绩是一个综合的概念，包括多个方面。比如保证经济增长和充分就业，提供安全保障以抵御外敌入侵和防止内部骚乱，公平对待所有人，这些都有助于政府提高它的合法性。[②]

从赢得民心的第二种途径来说，最核心的是统治阶级通过政治社会化来改造公民的期望与社会心理，从而获得政治合法性。

这里包括政治精英、知识精英、公众人物以自己的理念、品行、操守影响民众，国家通过一定的社会仪式（比如唱国歌），或共同利益象征物（比如挂国旗）等教育、宣传、感化民众，从而提高社会大众对政治的关心度、对政治秩序的理解度和支持度。比如孔子所言的“修身齐家治国平天下”，或如孟子所主张的“内圣外王之道”，都是将政治社会化看成是建立稳定政治的根本。在西方，亚里士多德也认为即使有完善的法制，而公民们的情操尚未经习俗和教化陶冶而符合于政体的基本精神，那这终究是不行的，也就是说，不可能收到长治久安的效果。[②]

（3）剥削阶级统治合法性的虚假性

剥削阶级社会的执政者，除了履行社会公共职能以外，主要的是履行阶级职能，即为统治阶级压迫剥削人民而执掌天下。因而任何剥削阶级政权从根本上说，都不可能真正为民众谋利益（当然可能为安抚民众，为博得某种好感，而施以某些改良措施，给予一些小恩小惠），因而都不可能真正获得合法性。当然这并不妨碍剥削阶级政府要千方百计地去营造执政的合法性。因而这种营造本身也就带有了虚假性。

在古代，为政权提供合法性依据的主要是各种形式的“天命论”和“君权神授论”。中国古代典籍《左传》中就说：“国之大事，在祀

① 参见［美］迈克尔·罗斯金：《政治科学》，林震等译，6页，北京：华夏出版社，2001年。

② 参见［古希腊］亚里士多德：《政治学》，吴寿彭译，275页，北京：商务印书馆，1996年。

与戎。”这里的“祀”即祭祀天神，目的是通过祭天拜祖、神道设教，为政权提供一种必不可少的合法性基础。为什么要拜神呢？在古人看来，神是“至善”和“正义”的化身，因而受命于天的统治者也就拥有了“天启”的理性和权威，拥有了至善和正义的政治光环，这样也就足以让自己稳坐江山了；对于民众来说，服从这种统治秩序，也就成为一种无需选择的“自然义务”。这种统治形式要求臣民对主人效忠与服从。个人的忠心是安排职务的根据。

众所周知，“天命论”和“君权神授论”关于政治合法性的论证，是一种神秘化的虚假的论证。这种论证之所以能在很长的历史时期支配人们的观念，说到底是与生产力水平低下及为其制约的文化水平的低下，所造成的人的总体不开化状况相联系的。

近代以后，随着人本观念的兴起，各种形式的“天命论”和“君权神授论”逐渐失去了作为政治合法性基础的作用。在西方，取代“天命论”和“君权神授论”的是“社会契约论”和民主宪政论。政治权力来自社会契约，政治统治的合法性来自民众的“认同”。民众通过民主程序选举领导人，谁赢得选举，谁就可以合法地成为“统治者”，谁就有资格组建政府。在现代政治生活中，用定期选举领导人的宪政程序来代替不可预测的改朝换代，这是人类政治的一个巨大进步，它结束了封建社会建立在暴力基础上的政权更迭。

社会契约论从理论上来系统论证近代政权产生和运作的政治合法性。这种论证首推卢梭。他在《社会契约论》卷首就开宗明义地指出：“我要探讨在社会秩序中，从人类的实际情况与法律的可能情况着眼，能不能有某种合法的而又确切的政权规则。”[①]他的答案是基于公意的社会契约，他是这样论证的。他说，公意（即全体人民的意志）总是正确的，是政治合法性的惟一基础，是当权者应该忠于的最终价值。如果政府行为符合公意，那么政府就是合法的；反之，政府就是非法的。

不难看出，卢梭的社会契约论，其重要的目的便是对当时新兴资产阶级统治的合法性进行论证。然而这种论证在历史的实践中，逐渐暴露了其虚假性的一面。用恩格斯的话说，按卢梭的社会契约论建立

① ［法］卢梭：《社会契约论》，何兆武译，7页，北京：商务印书馆，1980年。

起来的资产阶级共和国“竟是一幅令人极度失望的讽刺画”[①]。如果说当年的讽刺画仍可算是一幅画的话，那么现如今这幅画已经破败不堪。如果说民主选举制的设置，其初衷是民意的表达，而如今，它愈来愈成为有钱人的游戏。竞选是民主选举的前奏，然而那些竞选者的夸夸其谈，说穿了只是骗取选票的手段。在当代西方政坛上，那种把代表少数人利益的东西装扮成社会共同利益的“广告包装”，那种为吸引公众眼球的政治作秀，那种为培养政治认同感而炮制虚假外部威胁的政治伎俩等，真可谓花样翻新，层出不穷。

对于现代西方政治社会关于获取合法性的形式化、手段化的追求，马克斯·韦伯对此进行了某种肯定性的研究。韦伯发现由命令和服从构成的每一个社会活动系统的存在，都取决于它是否有能力建立和培养对其存在意义的普遍信念，这种信念也就是其存在的合法性。在韦伯看来，合法性就是促使人们服从某种命令的动机，因此任何群体服从统治者命令的可能性主要依据统治系统的合法化程度，即统治者的合法性要求得到实现的程度。

由此，韦伯认为合法性概念具有两个方面的含义：一是对于处在命令—服从关系中的服从者来说，合法性是一个对统治的认同问题；二是对于处在命令—服从关系中的命令者来说，合法性则是一个统治的正当性问题。统治的正当性和对统治的认同构成了统治的合法性。

然而韦伯所关注的重点不是统治权力如何对民众权利加以保障，从而获得合法性，而是政治统治采用何种统治手段、何种技巧驾驭民众，使民众服从政治统治的命令。

对此，不少学者提出了批评，认为这种合法性是没有民众根基、不含民众价值期许的合法性，是不道德的、虚假的合法性。比如，哈贝马斯就坚持对合法性问题作价值判断。在哈贝马斯看来，合法性不应被单纯理解为民众对于国家政权的忠诚和信仰，合法性不是也不会来源于政治系统为自身的统治所作的论证或证明。哈贝马斯要求对一种政治系统是否具有合法性作出价值提问，即一种政治系统是否包含有被认可的价值，这才是对有无合法性的最好证明。在哈贝马斯看来，“一个合法的秩序应该得到承认。合法性意味着某种政治秩序被认可的

① 《马克思恩格斯文集》第3卷，527页，北京：人民出版社，2009年。

价值。”[①]

哈贝马斯的这一见解在理论上是正确的，但在西方政治实践中，很难从根本上付诸行动。为了与那种虚假的合法性划清界限，社会主义国家的执政党——共产党，必须以为人民服务的实实在在政绩，作为自己执政合法性的根据。

二、为民执政是共产党执政合法性的根据

如何理解为民执政是共产党执政合法性的根据，这里必须基于人类政治发展史的正当性、社会主义政治制度的正当性和共产党执政宗旨的正当性等三个角度去加以把握。

1. 共产党为民执政顺应了人类政治发展的总趋势

这里的总趋势是指作为政治核心的国家政权从社会脱离之后，继而具有被社会重新收回的趋势。共产党为民执政正是顺应了人类政治发展的这个总趋势。

什么是政治？政治是与阶级和国家相联系的概念，政治是一定阶级或社会集团争取建立自己的统治和利用政权维护自己统治的全部活动。不难看出，国家政权是一切政治活动为之旋转的核心。

国家政权作为历史的产物，它的形成表现为一个从社会中产生并日益脱离出来的过程。

在原始社会，由于生产门类和人际关系都极为单纯，因此那时的“公共联系、社会本身、纪律以及劳动规则全靠习惯和传统的力量来维持，全靠族长或妇女享有的威信或尊敬……来维持，没有专门从事管理的人构成的特殊等级”[②]。

到原始社会末期，由于生产力的发展，分工交换的扩大，不同部落居民的杂居，使社会事务的管理开始复杂起来，特别是在私有制和阶级产生以后，不同阶级之间的纷争，日益发展到了不可调和的地步。在这种情况下，原始社会的习惯、传统、制度已愈来愈失去行使社会职能的作用，强力逐渐成为实行社会管理的手段，于是拥有暴力的特

① ［德］尤尔根·哈贝马斯：《交往与社会进化》，张博树译，184页，重庆：重庆出版社，1989年。

② 《列宁专题文集·论辩证唯物主义和历史唯物主义》，285页，北京：人民出版社，2009年。

殊机关产生了。恩格斯指出："社会为了维护共同的利益，最初通过简单的分工建立了一些特殊的机关。但是，随着时间的推移，这些机关——为首的是国家政权——为了追求自己的特殊利益，从社会的公仆变成了社会的主人。"[①]这就是说，国家的形成过程，是一个从原先保护共同利益的机关，逐渐脱离而上升成为对社会进行统治的机关。

这里所谓的"逐渐脱离"，是指国家"和社会公共职能的执行者更加疏远"[②]。就是说，它的主要精力、它的本质方面不是执行社会公共职能，不是为社会公众服务，而是执行它的阶级职能。这是因为在阶级社会中，国家政权掌握在剥削阶级手里，这一点决定了国家政权"在本质上都是镇压被压迫被剥削阶级的机器"[③]。这是其一。其二，剥削阶级国家虽然能在一定程度上和一定范围内执行某种社会职能，但归根到底还是为了维护自己的政治统治。正如恩格斯所指出的："政治统治到处都是以执行某种社会职能为基础，而且政治统治只有在它执行了它的这种社会职能时才能持续下去。"[④]在恩格斯看来，这也就是以往的政治统治"具有某种合理性"[⑤]的所在。

然而国家作为历史的产物，在一定历史条件下产生，也必然会在一定条件下消亡。列宁指出："只有在共产主义社会中，当阶级已经不存在的时候，国家才会消失。"[⑥]也只有到那个时候，人们才"会逐渐习惯于遵守多少世纪以来人们就知道的、千百年来在一切行为守则上反复谈到的、起码的公共生活规则，而不需要暴力，不需要强制，不需要服从，不需要所谓国家这种实行强制的特殊机构。"[⑦]

然而国家消亡是一个过程，是一个通过无产阶级革命消灭资产阶级国家，代之以作为"半国家"[⑧]的社会主义国家，并通过其创造条件，自行消亡，直至没有国家的过程。与此相对应，在这一过程中，国家职能也就由公共职能服从阶级职能的旧国家的复合职能结构，而

① 《马克思恩格斯文集》第3卷，110页，北京：人民出版社，2009年。
② 《马克思恩格斯文集》第9卷，190页，北京：人民出版社，2009年。
③ 《马克思恩格斯文集》第4卷，195页，北京：人民出版社，2009年。
④ 《马克思恩格斯文集》第9卷，187页，北京：人民出版社，2009年。
⑤ 《马克思恩格斯文集》第9卷，187页，北京：人民出版社，2009年。
⑥ 《列宁专题文集·论马克思主义》，260页，北京：人民出版社，2009年。
⑦ 《列宁专题文集·论马克思主义》，260页，北京：人民出版社，2009年。
⑧ 《列宁专题文集·论马克思主义》，190页，北京：人民出版社，2009年。

转变为阶级职能服从公共职能的新国家即社会主义国家的复合职能结构，再到阶级职能消亡，社会公共职能成为未来自由人联合体的单一职能结构。

在这一过程中，社会主义国家作为从有国家到无国家过渡的政治形式，它是把从社会中产生，凌驾于社会之上的国家向着回归的方向运动，即实现“社会把国家政权重新收回，把它从统治社会、压制社会的力量变成社会本身的生命力；这是人民群众把国家政权重新收回，他们组成自己的力量去代替压迫他们的有组织的力量；这是人民群众获得社会解放的政治形式”[①]。

共产党作为社会主义国家的执政党，它要利用政权的力量，不断提高人民的物质文化生活水平，不断提升人民群众的主体性和自由度，为国家最终消亡创造条件。因此，共产党为民执政体现了社会把国家重新收回这一人类政治发展的历史趋势和历史要求，因而也就使共产党执政具有了历史的正当性。不然，就是逆历史潮流而动，那样也就丧失了历史的正当性。

2. 共产党为民执政体现了社会主义民主政治的本质要求

社会主义政治制度是人民当家作主的政治制度，人民是国家权力的主人。这是社会主义国家与剥削阶级国家的根本区别。

在国家存在的地方，居民必然分为被管理者多数和专门管理者少数两部分。在剥削阶级占统治地位的国家中，管理者少数凌驾于社会之上，谋求特殊的利益和权力，升官不仅是谋生的手段，而且是发财的手段。因而在几千年的历史中，国家政权都意味着官僚制和特权制的结合，利用这种官僚制和特权制，国家政权把社会的绝大部分权力和利益集中到剥削阶级手中，集中到代表剥削阶级掌权的执政集团手中，甚至集中到最高统治者手中。总之，剥削阶级国家是少数人当家作主的国家。

与之有别，社会主义国家是推翻了少数人的统治而建立的多数人统治的国家。但在无产阶级夺取政权以后的一个相当长时期中，由于物质条件和被物质条件所制约的文化水平的限制，劳动群众还不能直接参加社会公共事务的管理，而只有通过他们的代表，也就是共产党

① 《马克思恩格斯文集》第3卷，95页，北京：人民出版社，1995年。

及其领导的政府来为他们实施管理。这种由少数人管理国家的现象，和历史上是一样的。而且只要这种现象还存在，少数管理者就仍可能“变为脱离群众、站在群众之上、享有特权的人物”[①]的趋势。

如何防止社会主义国家政权的官僚化、特权化，如何防止社会公仆变为社会主人的历史重演，就必须采取人民民主制。人民民主制的根本原则包括尊重民意原则（其中主要是多数决定和保护少数原则）、民主法治原则（尊重法律就是尊重公民意志）、民主协商选举原则（通过民主协商选举，产生代表民意的政府）、民主监督原则。

从词源学上看，民主在古希腊语中，意即“人民的统治”。当时，古希腊人已开始用“民主”这一概念来描述城邦的特定政治生活方式。然而，由于“人民”和“统治”这两个概念的具体内容，在不同历史时期和不同国家，是极为不同的，因此对于究竟什么是“民主”，人们之间的理解也是千差万别的。不过，需要指出的是，尽管千百年来人们对“民主”下过无数的定义，但万变不离其宗，其基本的意义始终是“人民的统治”，或“人民主权”“人民当家作主”。这是民主的一般规定。

马克思反对抽象地谈论民主，强调民主是具体的、历史的，但他并不否认民主的一般意义，即不否认民主的人民性，相反，他对民主的人民性给予高度重视。马克思认为，民主的一般意义就是“人民的自我规定”[②]。即国家制度由人民制定，体现人民的意志，国家的最高权力属于全体人民，这样的制度就是民主制。因此，民主政治就是人们自己决定国家制度，国家制度最终体现人民的意志，人民是国家全部政治生活的主体。这就是“人民主权”或“人民当家作主”的真实意义。

民主作为一种国家制度，在历史上有不同的表现形式，但这些表现形式都是服务于民主权利的手段。因此，不能离开权利来讨论民主制度，否则就失去了客观的依据和衡量是非的标准，因为民主是人民的事情。但是需要指出的是，人民性作为民主的属性之一，并不是任何民主政治形态都具备的。回溯历史不难发现，以往的民主都是少数人的民主，它把大多数人排除在民主生活之外，因而这样的民主政治

① 《列宁专题文集·论马克思主义》，286页，北京：人民出版社，2009年。
② 《马克思恩格斯全集》第3卷，39页，北京：人民出版社，2002年。

并不能代表社会的普遍意志，或者说，不具有充分的政治合法性。

马克思主义创始人正是在批判以往剥削阶级统治不合法性的基础上指出，只有到社会主义社会，在实现了生产资料公有制的基础上，才能真正实现国家制度和人民权利的统一，真正做到人民当家作主，从而使社会主义国家获得充分的政治合法性。列宁曾反复强调，社会主义民主是最高类型的民主，“无产阶级民主比任何资产阶级民主要民主百万倍”[①]。因此实现和保证广大人民当家作主，就成为社会主义革命、建设和改革的一项重要任务。

民主制度决定了权力在来源意义上的正义性，法治则决定了权力在运作意义上的正义性。法治思想由来已久，古希腊思想家亚里士多德在其名著《政治学》中不仅指出“法治优于一人之治”，而且认为“法治应包含两重含义：已成立的法律获得普遍的服从，而大家所服从的法律又应该本身是制订得良好的法律”[②]。法治因其保护权利（良法）和普遍主义克服了人治弊端，使得政治权力运作具有正义性，进而获得了政治合法性。

权力的正义运作与有效运作是辩证统一的两个方面，前者强调形式合理性，后者强调实质合理性。总体来说，有效性是指政治权力的实际作为，是指政治权力对社会进行政治管理或政治统治的实际业绩。

共产党作为为人民掌权的政党，它所领导的政府，其权力来自人民，是人民通过选举产生的，它的运作要按民主法治的规则来进行；它的绩效要由人民按照民主程序来监督，来评判。因此，共产党执政为民，必须权为民所用，情为民所系，利为民所谋，只有这样，它才能获得社会主义民主制度所赋予的正当性，从而也才具有执政的合法性。

3. 共产党为民执政是永葆党的先进性的根本保证

共产党是代表工人阶级和广大人民利益的政党。中国共产党在取得全国政权后，一直致力于政治合法性建设。毛泽东是中国共产党和新中国的主要缔造者。毛泽东是依据党的宗旨来规定党的执政宗旨的。他一向倡导党和国家机关必须全心全意地为人民服务。他说：“全心全意地为人民服务，一刻也不脱离群众；一切从人民的利益出发，而不

① 《列宁专题文集·论资本主义》，243页，北京：人民出版社，2009年。

② ［古希腊］亚里士多德：《政治学》，吴寿彭译，198、199页，北京：商务印书馆，1965年。

是从个人或小集团的利益出发；向人民负责和向党的领导机关负责的一致性；这些就是我们的出发点。”[①]他又说：“我们的权力是谁给的？是工人阶级给的，是贫下中农给的，是占人口百分之九十以上的广大群众给的。我们代表了无产阶级，代表了人民群众，打倒了人民的敌人，人民就拥护我们。共产党基本的一条，就是直接依靠广大革命人民群众。”[②]邓小平从实现人民利益角度思考执政合法性的基础问题。他指出：“经验尤其证明：谁关心人民的问题，谁能帮助人民想办法去和敌人斗争，保护人民利益，谁就是群众爱戴的领袖。”[③]江泽民的“三个代表”重要思想提出和回答了，在长期执政和改革开放的历史条件下，中国共产党应当把自己建设成什么样的党才能获得人民拥护这样一个根本问题。胡锦涛则论述了中国共产党建设执政合法性的具体路径。他说：“我们把人民拥护不拥护、赞成不赞成、高兴不高兴、答应不答应作为制定各项方针政策的出发点和落脚点，一切以是否有利于发展社会主义社会生产力、有利于增强社会主义国家综合国力、有利于提高人民生活水平这‘三个有利于’为根本判断标准，坚持问政于民、问需于民、问计于民。”[④]

需要指出的是，中国共产党作为中国工人阶级的先锋队，同时作为中国人民和中华民族的先锋队，它从根本上代表了人民的利益，然而，在不少情况下，由于中国共产党也会犯主观与客观相背离、理论与实践相脱节的错误，因而在客观上也可能会损害人民的利益，引起人民的不满。同时，由于阶级斗争在一定范围内仍然长期存在，因而有些党员、党的干部、党的机关也会腐败变质，走向人民的反面。此外，国内外反动势力也从来没有停止对中国共产党和社会主义制度的攻击。

在这种情况下，中国共产党不仅要在客观上全面系统地建立政治合法性，而且在主观上也要高度重视合法性建设。从实质上说，建设好、维护好中国共产党的执政合法性，是对全体人民根本利益的维护，

① 《毛泽东选集》第3卷，1094—1095页，北京：人民出版社，1991年。

② 转引自《人民日报》，1968·10·16。

③ 《邓小平文选》第1卷，41页，北京：人民出版社，1994年。

④ 中共中央文献研究室编：《十七大以来重要文献选编》(上)，799页，北京：中央文献出版社，2009年。

也是保持共产党先进性的必然要求。

（1）共产党只有为民执政，才能走在时代前列

这是因为人民群众是历史的创造者，是社会主义建设的主体，是共产党执政的基础。人民群众的根本利益与社会发展方向，与社会主义前进方向，与共产党的先进性方向，在本质上是一致的。不尊重人民群众，不代表人民群众根本利益的政党不可能认识和把握社会发展的方向、社会主义前进的方向，因而也就不可能具有真正的先进性。而共产党具有先进性的具体体现就在于它能自觉认识和把握社会发展规律、社会主义发展规律和共产党执政规律，这样它才能始终代表人民群众的根本利益，从而始终走在时代前列。

（2）共产党只有为民执政，才能成为工人阶级和人民群众的先锋队

共产党为民执政，把人民的利益看得高于一切，这样才能赢得党心、民心，赢得青年，赢得未来，从而就能把社会各阶级各阶层中的最优秀分子特别是青年才俊吸收到党内来，使党不断获得新鲜血液，始终充满生机和活力。这是共产党保持先进性的阶级基础和群众基础。东欧剧变、苏联解体的原因固然很多，但其中一个重要原因是执政的共产党失去了自己的阶级基础和群众基础。由于这些执政党长期脱离工人阶级和人民群众，于是失去了广大党员和人民群众的信任，许多党员脱党而去，党员人数大量减少，又缺少新人补充，于是沦为暮气沉沉的老人党。这个教训是深刻的。

（3）共产党只有为民执政，才能真正发挥先锋模范作用

共产党为民执政，才能增强党的凝聚力、向心力，才能使广大党员团结在党中央周围，使广大群众以党为核心，团结在党的周围，从而增强党的先进性和影响力，扩大党的工作的覆盖面，使人民群众学有榜样，行有目标，有利于调动社会各方面的积极性，更好地推进中国特色社会主义事业。不然就会党心涣散、人心涣散。

三、提升当代中国政治合法性，建设服务型政府

政治合法性直接关系到政权的兴亡更替。应该说，当代中国一直重视政治合法性建设且卓有成效。目睹新中国的政治变迁，人们发现正是基于坚实的政治合法性基础，中国共产党领导的中国政府才带领

人民战胜无数困难并取得一个个巨大胜利，并在这一过程中，显示了执政党和人民政府的远见、效率、负责精神，从而赢得了人民的拥护和支持。但是政治合法性的获得与维护不是一劳永逸、一成不变的，而是一个动态的发展变化过程，它需要更多的发展渠道源源不断地为它补充力量。[①]以人为本能够从多个方面为当代中国建设和维护政治合法性提供服务。

1. 以人为本，提升当代中国政治的合法性

（1）实现人民当家作主，发展社会主义民主，建设和巩固权力来源的政治合法性

以人为本是当代中国民主政治建设的基本理念和最终归宿。在民主政治建设中坚持以人为本，实质就是要保证人民真正当家作主，人民成为国家的真正主人。以人为本必然要求宪法所规定的“中华人民共和国的一切权力属于人民”，在现实的民主政治生活中真正得到落实和体现。广泛而真实的民主是提高人民认同和支持的重要途径，而人民的认同和支持则是获得政治合法性的主要来源。因此，作为中国特色社会主义事业领导核心的中国共产党，就必须推进民主政治建设，维护和实现广大人民群众的根本利益，使人民群众真正当家作主。这样，才能得到人民群众的拥护和支持，才能获得政治合法性。

在当代中国，实现人民当家作主的民主制度载体是人民代表大会制度。人民代表大会制度作为我国的根本政治制度，具有显著的优越性。首先，人民代表大会制度具有广泛的代表性。我国宪法规定：中华人民共和国年满十八周岁的公民，不分民族、种族、性别、职业、家庭出身、宗教信仰、教育程度、财产状况、居住期限，都有选举权和被选举权。这就从国家根本大法的意义上，确保了我国人大代表选举的普遍性和代表的广泛性。改革开放以来，人民群众的选举权和被选举权得到更充分的落实。据近20年来历次县、乡直接选举的统计，我国享有选举权和被选举权的人数，占18周岁以上公民人数的99.97%

① 诚如胡锦涛指出的那样：“党的先进性和党的执政地位都不是一劳永逸、一成不变的，过去先进不等于现在先进，现在先进不等于永远先进；过去拥有不等于现在拥有，现在拥有不等于永远拥有。党要承担起人民和历史赋予的重大使命，必须认真研究自身建设遇到的新情况新问题，在领导改革发展中不断认识自己、加强自己、提高自己。”引自中共中央文献研究室编：《十七大以来重要文献选编》（上），807页，北京：中央文献出版社，2009年。

以上，参选率在90%左右。第十二届全国人大的2987名代表中，少数民族代表409名，占代表总数的13.69%，全国55个少数民族都有本民族的代表。归国华侨代表35名，香港特别行政区代表36名，澳门特别行政区代表12名，台湾地区代表13名。妇女代表699名，占代表总数的23.4%。来自一线的工人、农民代表401名，占代表总数的13.42%。专业技术人员代表610名，占代表总数的20.42%。正是这种代表的广泛性，使得各地区、各阶层、各民族、各方面的群众都能参与到国家政治生活中来，参与到管理国家事务，管理社会事务，管理经济和文化事业上来。

其次，人民代表大会制度的运行方式，能有效保障人民真正行使当家作主的权利。我国各级人大代表都是兼职的，他们是人民中的一员，工作和生活在亿万人民群众之中，同人民群众保持着密切联系，了解人民群众的意见和要求。人民代表大会坚持以人为本、立法为民，积极推进科学立法、民主立法。重要立法的法案都向社会全文发布，广泛征求吸收各界意见，“开门立法”已步入常态化。如2006年《劳动合同法（草案）》向全社会公布征求意见后，短短一个月就收到19万条意见；2008年《食品安全法（草案）》发布后，人们通过网络、报刊、来信等不同方式提出11327件意见；对《社会保险法（草案）》，各界群众提出的意见和建议高达70501件。可见，人民代表大会制度能够切实体现人民的意志，充分反映人民的呼声，有利于维护人民的权益，真正体现了人民当家作主。

因此，坚持以人为本，推进社会主义民主政治建设，最根本的就是要进一步坚持和完善人民代表大会制度，坚持国家一切权力属于人民，更好地代表人民意愿，保障人民各项权益，真正实现人民当家作主，建设和巩固权力来源的合法性。

（2）反对权力本位，加强社会主义法治，建设和巩固权力正义运作的政治合法性

中国历史上，人治意识的生命力非常强大，至今不能完全消除，成为当今中国法治建设的重大梗阻。人治的根本特征是权力至上，统治者意志至上。统治者支配着公共权力，而权力又支配着法律。民主社会之所以被称为法治社会，主要不是因为有法律，而是因为法律至上，法律制约权力。相反，在中国封建社会，法律是权力的婢女，是

权力运行所依凭的工具。因此，在那样的社会中是权力至上，以至形成了一种弥漫中国社会的获得权力就无上荣耀，接近权力便有利可图的权力本位思想。

因此，在当代中国，要消除人治的影响，提升权力正义运作的合法性，就必须坚持以人为本，反对权力本位，将民主与法治结合起来，发展依法的民主或建设民主的法治国家。

首先，要加强民主参与对法治建设的作用。一方面，广泛的民主参与能够增进公民的主体精神。民主参与会激发人们对权力本位和依附人格的厌恶和憎恨。而独立人格和权利意识是政治解放的主要标志，切合人对自由的追求和向往。因此，在批判权力意识和依附人格的基础上，具有独立精神的公民必然获得快速成长。进而，每一个拥有权利本位的公民必然会打破窒息中国法治发展的“差序伦理”，形成具有普遍主义精神的“尊重伦理”。另一方面，广泛的民主参与，尤其是对立法和司法过程的民主参与，有助于公民守法精神的培养。直接参与立法和司法活动，让公民感觉到法律不仅是统治阶级的工具，也是人民自由的圣经。“当每个人参加政治交流，组织利益集团，参加投票或交纳捐税时，他就从非政治角色转变为政治角色。”[①]法律当中体现了公民意志，从而让公民发现遵守法律就是遵守自己的意志。另外，公民直接参与立法和司法，可以让法律更加贴近实践，趋于完善。在良法治理的环境中，公民也会对法律产生内在的尊重和认同。

其次，要健全社会主义法制，为民主建设提供一个良好的制度基础。虽然民主不是一揽子制度、一个体系，而是一种存在状态，向民主的转变是一种“状态转变”，但是民主状态的这种转变与制度是无法分开的。美国学者道格拉斯·诺斯指出：“制度是一个社会的游戏规则，更规范地说，它们是为决定人们的相互关系而人为设定的一些制约。制度构造了人们在政治、社会或经济方面发生交换的激励结构，制度变迁则决定了社会演进的方式。”[②]法律作为一种外在实体性制度，

---

① ［美］加布里埃尔·阿尔蒙德：《比较政治学：体系、过程和政策》，曹沛林等译，6页，北京：东方出版社，2007年。

② ［美］道格拉斯·诺斯：《制度、制度变迁与经济绩效》，刘守英译，3页，上海：三联书店，1994年。

能让有序的民主以确定的方式发展，并能使任意的、机会主义的人治永远无法得逞。总之，法治建设的这些作用能够减少民主实现过程中的成本，克服人为因素的不确定性和某些主观随意性，控制某些专制权力的扩展以及避免民主实现过程中的某些急功近利的短期行为。

在民主的法治国家中，人民当家作主和依法治国是一致的。社会主义法治将人民的民主权利以及国家在政治、经济、文化和社会等方面的民主生活、民主结构、民主形式和民主程序，用系统的法律和制度固定下来，并确保其实施。实行依法治国，保障人民民主，既有利于充分发挥最广大人民群众的主动性、积极性和创造性，又有利于保证国家政治、经济、文化等各项事业有序进行，推动生产力不断发展，保障国家长治久安。

（3）执政为民，提高执政能力，建设和巩固权力有效运作的政治合法性

如前所说，权力的有效性是指权力运作的效率和取得的成效，是指政治权力对社会进行政治管理或政治统治的实际业绩。在中国革命战争年代，这个业绩表现为解放区的欣欣向荣，不断扩大，最后战胜敌人，人民翻身得解放。由于人民信任共产党，共产党才能代表人民执掌政权。在社会主义建设时期，这个业绩就是生产力的不断发展，综合国力的不断提升，人民幸福的日益增进。如果不取得这些业绩，人民会不高兴、不满意、不支持共产党继续执政。也就是说，领导中国革命的胜利，奠定了中国共产党执政的合法性基础，中国共产党执政以后，还必须再立新功，再创佳绩，才能享有继续执政的合法性。

任何一个政党都没有权力仅凭自己的政治遗产而永远享有执政权。一部世界政党发展史告诉我们，一个执政党不管它的资格多老，过去的功劳多大，如果不能站在时代潮流的前面，创造自己的新的辉煌，不能给自己的国家带来荣耀，不能给本国的国民带来安康，就不能持久地赢得广大群众的拥护和支持，就终会丢失执政的合法性，而遭到抛弃。

要创造政治业绩，对执政党来说，提高执政能力至关重要。我们党60多年来的执政实践表明，只有我们党的执政能力不断提高，执政使命才能顺利完成，执政地位才能因人民的支持而更加巩固。也就是说，抓住了党的执政能力建设，也就抓住了政权有效运作的关键，抓

住了巩固党的执政地位的关键。因为提高了党的执政能力，才能适应世情国情党情的变化，并在变化中始终处于主动，统御全局，协调各方，为人民服好务，执好政。

时代和实践的发展，复杂多变的国际形势，以及新的繁重的改革和建设任务，给我们党的执政能力建设提出了新的要求，也为党的执政能力建设增添了新的内容。在这一发展过程中，我们党既面临着难得的机遇，也会遇到严峻的挑战。国际经验表明，我们进入全面建成小康社会以后，是一个“发展机遇期”和“矛盾凸显期”并存的阶段。如果我们党领导有力、措施得当，就能抓住机遇，并且变挑战为动力，迎难而上，推动经济社会协调发展，顺利实现工业化和现代化，把我国建设成为一个富强民主文明和谐的社会主义现代化国家。不然就可能徘徊不前，陷入所谓“中等收入陷阱”。这既是对我们党的执政能力的一个重大考验，也是我们党的执政能力获得极大提升的一个绝佳机遇。

提高执政能力，主要是提高党科学执政、民主执政、依法执政的能力。

所谓提高科学执政能力，也就要求作为执政党的共产党要自觉掌握和运用共产党执政规律、社会主义建设规律、人类社会发展规律，以科学的思想、科学的制度、科学的决策、科学的方法领导中国特色社会主义事业。

所谓提高民主执政能力，就是要坚持为人民执政，靠人民执政，不断完善人民理政、参政、议政的制度，实行民主选举、民主管理、民主决策、民主监督，保证把人民赋予的权力用来为人民谋利益，把人民群众的意愿体现到党的各项工作中去。

所谓提高依法执政能力，就是要求党不能超越法律之上，必须在宪法和法律的范围内活动，将党的主张通过法定程序转化为国家意志，上升为法律，成为全社会遵循的制度和规范，并通过党的执政集中体现和实现出来，实现党对国家领导的法制化。

只要我们党坚持科学执政、民主执政、依法执政，努力提高党总揽全局、协调各方的能力和水平，实现好、维护好、发展好最广大人民的根本利益，就能始终保持与人民群众的血肉联系，在各种困难面前经受住考验，不断增强党的执政合法性。

2. 坚持以人为本，建设服务型政府

（1）“服务型政府”的提出背景

2003年9月中央明确提出，“经济调节、市场监管、社会管理和公共服务，是社会主义市场经济条件下政府的四项基本职能。”[①]这里的四项职能都属国家的公共职能。如果从广义来理解“社会管理”，那么可以说，“经济调节、市场监管”只是“社会管理”的经济内容。这样一来，国家公共职能也就表现为社会管理与公共服务两个方面。

从政府履行公共服务职能的角度，2004年2月温家宝在中央党校省部级主要领导干部专题研讨班结业式的讲话中使用了“建设服务型政府”的概念。这一概念的提出，不仅标示公共服务是政府的一项基本职能，而且意味着它是主导政府性质的一项重要职能。也就是说，要实现从过去重管理轻服务、“以政府为中心”，到开始注重公共服务、“以满足人民的需求为中心”的转变。

党的十七大进一步明确提出，要把“建设服务型政府”作为行政管理体制改革的一个重要目标、一个工作重心。从上述几个时间节点上所表现的认识提升来看，建设服务型政府已成为坚持中国共产党执政为民，促进经济社会又好又快发展，提升执政合法性的一个重要举措、一个战略选择。这可以从以下三个方面来加以说明。

①中国的发展已从经济发展阶段进入以经济发展带动社会整体发展，并用社会整体发展促进经济发展的新阶段。在这个新阶段中，作为促进社会整体发展的基本公共服务，也就成为政府工作中愈来愈重要的内容。

②政府公共服务不到位所造成的问题，已成为每年的“两会”和社会普遍关注的热点问题。这些问题的存在在一定程度上阻碍了现代化建设的整体步伐，影响了执政党的形象和政府的公信力。因此，加强服务型政府建设已成为影响中国现代化建设全局的焦点问题。

③建设服务型政府是政府职能全面履行前提下的重点转移。在中国市场经济建设的前期，执政党领导的中央政府充当了现代化的主体力量，随着现代化进程自上而下的展开，随着新生的现代化主体的形成，国家也就需要从经济建设型政府，向公共服务型政府转变，即在

① 转引自朱光磊：《中国政府职能转变问题研究论纲》，《中国高校社会科学》，2013（1）。

政府充分履行各项职能的前提下，逐渐把工作重心转移到为社会提供优质服务上来。

（2）“服务型政府”的内涵解读

如何理解服务型政府，目前学术界还存在不同观点的分歧。但有以下几点大体是一致的。

①服务型政府是以人为本的政府。人本位或民本位是相对官本位而言的。坚持民本位，在涉及政府权力与公民权利的问题上，强调维护公民权利、以人民利益为根本，政府权力应尽到维护公民权利的义务、责任，而不能倒过来，让公民单纯地为政府尽义务、尽责任。也就是说，权为民所赋，因而也就必然要求权为民所用，利为民所谋。

②服务型政府是回应民意的政府。所谓回应民意的政府是指以民众诉求为中心的与社会互动的政府。这里是说服务型政府不仅要应民众的需求提供公共服务，而且要随时接受人民的批评、监督，不断改进公共服务，并应民众新的需求而提供新的公共服务。

③服务型政府是以提供公共服务为主要职能的政府。把政府职能分为两项：一是阶级职能，二是公共职能。这是关于政府职能的二分法。除此以外，还有三分法。即把公共职能中的社会管理与公共服务分开。这样，国家职能也就分为三项，即阶级职能、社会管理职能、公共服务职能。这三项职能从古到今是任何国家政权都必须履行的职能，只是在不同性质的政权中，三者的权重不同而已。就古代奴隶主阶级、封建地主阶级的国家政权而言，阶级职能是其主要职能。依据这一特点可以把这种政府（借用现代的政府概念）称为强制型政府。近代以来的资产阶级政府，其阶级职能逐渐隐形化，管理职能日益上升为主要职能，可以把这种政府称为管制型政府。社会主义国家的政府从根本性质和内在规定上，其主要职能应该是提供公共服务。对此，马克思主义经典作家都有不少的论述。如马克思的“公仆论”、毛泽东的“全心全意为人民服务”论、邓小平的“管理就是服务”论，都指明了社会主义政府应该是服务型政府。

由上可见，提出服务型政府建设这一命题是很有意义的。它不仅是中国共产党坚持以人为本、执政为民，进行政府建设与改革的一个战略目标，而且指明了人类治理文明的一个新的方向。换句话说，如果我们能在服务型政府建设方面取得令人称道的进步，那将是我国对人类治理文明的一个重要贡献。

（3）努力加强服务型政府建设

我国提出服务型政府建设的时间还较短，而这是一项长期的战略性系统工程，不可能一蹴而就。就各地的一些试点经验来看，目前可以着手或可以加强的有以下几点。

①进行顶层设计。建设服务型政府，是中国政府发展方向的新定位。它不同于机构改革的“加减运算”、减员增效，或简政放权，也不同于改善政府服务，改进工作态度。这些都是操作层次、微观层次的建设，而服务型政府建设是宏观层次与微观层次有机统一的整体建设，是政府行为导向和工作重心的根本转变。在外部，它涉及政府、市场、社会三者关系的正确处理；在内部，它涉及政府的机构改革、职能转变、流程再造、服务方式等多方面的综合配套。因而需要总体设计、逐步推进。

②注重制度安排。要确保政府服务性行为的持续和不断改进，就必须加强制度建设。一是建立公共利益表达制度。通过这种制度安排让政府了解公众意愿及其真实需求，清楚他们有什么期待，需要什么样的服务。二是完善政府服务承诺制度。1994年6月，烟台市建委系统率先实施承诺制的供水、供热、供煤气等10个部门，通过新闻媒体向社会公布了各自的社会服务承诺，即对工作目标、服务内容、服务标准、投诉程序和投诉电话，作出保证，达不到承诺将实行自罚并赔偿。目前，服务承诺制已在我国许多地方得到推广。三是建立完善的信息公开制度，使政务公开、政情公开，这是促进政府有效履行公共职能的重要保障，有利于防止少数人或个别人营私舞弊、暗箱操作。四是建立以公共利益为导向的绩效评价体系和严格的行政问责制度。即建立以公共服务满意度为主要内容的民意调查，其中包括独立的咨询机构和研究机构对公共服务满意度的调查。与此相配套，要通过问责制度，追究政府机关和官员在公共服务方面失职的责任。

③推动在线服务。发展以电话、互联网技术为基础的公共服务，将服务的内容、标准、使命通过网络平台公开，并提供更加标准、便捷化的接入方式。例如，中国住房与建设部大力倡导和推广12319服务热线和数字化城管系统。不少城市设立了市长热线服务电话等。

④重视民众参与。能否保障公众参与服务型政府建设的深度和广度，这不仅是影响服务型政府建设绩效的重要问题，而且更是关系到能否确保服务型政府的本质内涵，构建“公民权利本位，政府义务本位”价值体系的核心要素，也是决定服务型政府合法性的基础，推进服务型政府建设的关键环节。比如，民众参与公共产品的分配，有助于提高分配的公开、公平、透明，这既提高了政府的公信力，也激发了群众参与的积极性。又比如，群众参与公共服务政策的决策，提供了来自各方面的信息，减少了公共政策决策过程中的信息失灵，避免了决策失误，有利于加强公共政策的有效度，提高了政府的威信。同时，公民参与公共政策决策，实际也是政府与群众沟通、协商达成共识的过程，这样也就有助于摒弃偏见、偏好，维护公共利益，削减公共政策执行的障碍、成本。再比如，让公民参与政府公共服务的监督、评价，不仅使政府在公共产品供给和公共服务方面不断改进和创新，确保公共产品和公共服务的群众满意度，而且有助于激发公民在参与中的责任感和主体意识，加强对公共政策的认同度，提高政府的公信力。

总之，坚持以人为本，执政为民，不断提升当代中国的政治合法性，建设服务型政府，在提供丰富周到的公共产品和服务的过程中，将使我国的政治治理文明提高到一个新境界，将使我国人民的幸福感提升到一个新高度。

和平发展与社会主义国家的对外关系*

战后国际政治经济形势发生了重大变化，和平与发展是当今世界的两大主题。社会主义国家应当充分利用有利的国际环境，坚定不移地实行和平发展的外交方针，发展同世界各国的友好合作关系，以促进本国的社会主义建设事业，并推动人类共同走向繁荣。

一、和平与发展是当今世界的两大主题

（一）战后国际政治经济发展的新格局

社会主义国家不仅要致力于实现本国的社会主义现代化，而且要为推动世界进步作出自己的贡献。“现在世界上真正大的问题，带全球性的战略问题，一个是和平问题，一个是经济问题”[①]，亦即发展问题。和平与发展是当今世界的两大主题，是随着战后国际政治经济发展产生的新格局而出现的不可阻挡的时代潮流。

当今国际政治经济的主体力量是国家与国际组织。国际政治经济的基本格局，主要是指世界各国间形成的政治经济的结构关系。这种关系不是凝固不变的，而是随着国际形势的发展不断变化更新的。二战后的世界政治经济格局经历了由两大阵营对立，到三个世界矛盾，再到东西南北关系的演变。

世界反法西斯战争的胜利，使战后世界发生了根本性的变化。战后初期，美国利用战争中急剧增长的军事实力和经济实力，成了超级大国，并把战前为瓜分世界而激烈对抗的两大帝国主义集团纠合在一起，组成了以自己为霸主的帝国主义阵营。但它并不以此为满足，还

* 原文来源于王学坚、陶富源主编：《科学社会主义》，南京：南京大学出版社，1989年。

① 《邓小平文选》第3卷，105页，北京：人民出版社，1993年。

要称霸全世界。为了实现这个目的，美国推行所谓全球战略，从而把自己的势力范围扩展到了西欧、北美和亚非拉广大地区。与此同时，欧亚两洲的社会主义国家，都面临着建设社会主义，反对美帝国主义侵略，保卫世界和平的共同任务，于是它们在团结与合作的基础上，以条约和协定为纽带，建立了政治经济的联合组织，缔结了社会主义阵营。随着两大阵营的形成，美国政府迫不及待地挑起“冷战”。两大阵营因此处于严峻的对峙之中，双方均以意识形态和社会制度的差异为界标，展开了尖锐激烈的斗争。

从60年代开始，由于苏联推行大党主义和大国霸权主义，以及在世界范围内同美国进行争夺，因而遭到一些社会主义国家不同程度的抵制。随着中苏大论战的发生以及两国关系的破裂，从此社会主义阵营不复存在了。由于美国推行扩张和奴役掠夺的政策，以及资本主义政治经济发展不平衡规律的作用，西方垄断资本主义国家纷纷调整对外政策，以摆脱美国的控制，从而加速了帝国主义阵营的瓦解。特别是亚非拉地区一系列国家的独立和第三世界的崛起，从根本上改变了世界政治力量的对比。这样使国际政治力量由原来的两元，变成了多元，形成了既互相联系又互相矛盾的三个世界。美苏成为推行霸权主义的超级大国，被视作第一世界。要求维护政治独立和实现经济独立的亚非拉地区新独立的发展中国家，属于第三世界。介于这两者之间，在国际政治经济事务中处于中间状态的发达国家，具有两重性，乃是第二世界。在三个世界的格局中，霸权主义成为世界最突出的问题，世界各种力量主要以国家安全和国家利益为基本出发点，处于矛盾和对抗之中。

进入80年代以后，新的技术革命促进生产力迅猛发展，一方面，世界各国在经济上相互竞争又相互依存的倾向日益明显，国际市场在不断扩大，经济生活在许多方面突破一国界限而日益趋向于国际化。经济生活的这一变化，有力地促进了国际政治经济格局的改变。另一方面，第三世界日益发展壮大，它已经作为一支有生气、有实力的队伍，投身于国际政治经济事务，其活动的广度和深度，取得的成果和经验都大大超过了以往的水平。其基本标志：一是发展民族经济来巩固民族的政治独立，二是在反帝反霸中加强联合，三是执行中立政策以维护世界和平。正是在这样的新形势下，在两大阵营对立和三个世界矛盾的基础上，世界逐渐形成了东西南北关系的新格局。

东西南北关系虽与地域有关，但它不是地理概念。东西关系主要是一个政治概念；南北关系主要是一个经济概念。具体地说，今天的东西关系，既包括社会主义国家和资本主义国家两种社会制度的共处，又包括社会主义的苏联和垄断资本主义的美国在世界范围的争夺。由于美苏争夺在东西关系中处于突出的地位，战争的危险依然存在，因而战争与和平问题便成为东西关系中的主要内容。从现今的国家政治关系来看，东西关系中原来那种尖锐的两种制度的对立已有很大变化，更多地表现为两种制度的竞赛共处。南北关系主要是指垄断资本主义国家和民族民主国家之间的关系。它既包括发展中的民族民主国家、发展中的社会主义国家联合起来，反对国际垄断资本剥削的斗争，又包括南北双方在变革国际关系旧秩序中这样或那样的合作。当今南北关系的主要内容是经济发展问题，其实质是反对国际垄断资本，维护政治独立，实现经济独立。

和平和发展两件大事是密不可分的，二者互为前提、互为条件。和平是发展的基础，发展是和平的保证。没有发展就没有真正的和平，而没有和平也就没有真正的发展。人类不可能在毁灭性的世界战争中生存，更谈不上发展自己，人类也不可能在饥饿的、经济萧条的、贫富悬殊的世界中维护真正的和平。因此，世界各国和各种政治力量无不适应这一新的形势而调整自己的政策，从而使东西南北关系呈现出既相互渗透又相互冲突，既对抗又协调的错综复杂的局面。显然，当今的国际政治经济格局和50年代两大阵营对立的格局，以及60、70年代三个世界那样的格局不同，它是世界各国相互关系的一种新的格局。正是这种新的国际关系格局把争取和平和发展两大任务提到了当今世界人民的面前。

（二）维护和平是各国人民的共同愿望

人类从进入阶级社会以来，经历了几千年的战祸磨难。特别是资本主义进入帝国主义阶段以后，帝国主义挑起的第一次和第二次世界大战给世界人民造成了极大的灾难。第一次世界大战有30个国家参加，参战军队7千多万，死伤人数达3千万，死于饥饿和疾病的也有约1千万左右。这场战争的规模是很大的。但之后仅仅过了21年，又爆发了规模更大的第二次世界大战。这次大战有61个国家参加，参战军队1亿1千万，死伤军民人数在1亿以上，战争的费用和财产损失约达14 000亿美元。

战后40多年的今天，世界局势仍然动荡不安，战争因素继续增长。世界将向何处去？是战是和，有没有可能防止第三次世界大战？这是一个关系着人类命运的全球性问题。斯大林在1952年有一段著名的话，他说："纵然有保卫和平运动的这一切胜利，但帝国主义仍然保持，仍然存在，因而战争的不可避免性也仍然是存在的。要消灭战争的不可避免性，就必须消灭帝国主义。"①斯大林关于只要帝国主义还存在。世界战争就不可避免的观点，在相当长时期里代表着战后各国共产党人的普遍看法，并成为各社会主义国家观察国际形势和判断国际关系格局的理论基础，以及制定内外政策的依据。

但是，战后国际形势发生了重大变化，出现了许多新情况。正如邓小平同志所指出的："由于两个超级大国进行军备竞赛，战争因素还会发展。但是，人民是要求和平、反对战争的，世界和平力量的增长将超过战争力量的增长。……在较长时间内不发生大规模的世界战争，是有可能的，维护世界和平是有希望的。"②

第一，包括中国在内的第三世界是和平力量的支柱。第三世界现有130多个国家，人口30多亿，占世界人口的3/4，面积占陆地的2/3，拥有丰富的资源和许多战略要地。第三世界强大起来，必将削弱超级大国的战争力量；第三世界的联合反霸，使超级大国不能再为所欲为、横行无忌；第三世界经济实力的不断增强，对世界局势的稳定将起重大作用。战后的事实也说明，超级大国在第三世界发动的一系列战争，都遇到了当地人民强有力的抵抗，从而使超级大国的侵略野心再次受到挫折。另外，在对待"热点"冲突的问题上，可以说，当今世界上哪里有危机，哪里有热点，哪里就有第三世界为缓和紧张局势而奔波联络和调解周旋。这表明第三世界国家各国在维护世界和平斗争中的主力军作用不断加强。

中国是发展中国家，属于第三世界。进入80年代以来，我国在政治、经济领域内的改革取得了很大成效，国力逐渐增强，在国际上引

① 《斯大林文选》下册，599页，北京：人民出版社，1962年。

② 《中央军委扩大会议在京举行》，《新华月报》，1985（6）。

起了强烈的反响。近年来，我国通过调整对外政策，进一步坚持了独立自主的和平外交路线。其结果，不仅使我国在国际关系中居于十分主动有利的地位，而且赢得了国际舆论的普遍赞扬和支持，在国际上树立了主张缓和、爱好和平、反对霸权主义的形象。我国国际地位和威望的提高，对于推动世界形势朝着正常化方向发展，维护世界和平与稳定，起了巨大作用。

第二，美苏各自的盟国已成为维护和平的力量。西欧、东欧、日本和其他地区的人民，饱尝第二次世界大战的灾祸，深知和平的可贵，它们不愿成为美苏两个超级大国进行争夺和妥协的牺牲品，因而反对强权政治、谋求独立自主的倾向日益加强。例如，西欧日益紧密的联合趋势和东欧日益增长的自主倾向，以及东西欧各国往来的开展和扩大，都不断削弱战后形成的美苏两极体制，从而限制了战争因素的发展。此外，欧洲是两次世界大战的策源地和主要战场，战后欧洲又是美苏两国的战略中心，是双方争夺的重点，如果欧洲不把自己绑在美苏的战车上，世界战争就不会爆发。战后欧洲是和平的，前一时期，民主德国和联邦德国的首脑都多次明确宣布，决不允许在德国领土上爆发战争。十分明显，两个德国睦邻关系的建立是欧洲和平的重要保证。

第三，美苏两国人民也是反对战争、要求和平的。近年来，美国公众和舆论反对"战略防御计划"，以及在美国和苏联出现的群众性的和平运动就是证明。

第四，联合国在维护世界和平方面发挥着一定的作用。作为各国政府间最大的国际组织，联合国正在摆脱超级大国的控制，成为世界人民反对霸权主义的重要讲坛，成为缓和国际冲突的重要渠道，成为加强国际合作的有效场所。

总之，世界和平力量已经出现了超越意识形态差别、超越国家界限和国际集团界限的发展趋势，从而给制止战争、维护和平带来了希望。

另外，当今客观形势的发展，也形成了有利于世界和平的因素。这些因素主要是：战略核武器的出现，使得用核战争作为政治斗争的另一种途径来获取物质财富，变得不可能了。因为一打世界大战，就要动用战略核武器。战略核武器的破坏力大，射程远。美苏双方都有上万个核弹头，都有毁灭对方几次的力量。在这种情况下，谁也不敢先动手，打核战争不可能有胜利者，都破坏了，也就无所谓胜负。何况，世界各国都在研究“核冬天”。所谓“核冬天”，是指核大战所引起的烟云遮蔽了太阳光，地球上的温度要降低到无法耕种的地步，那样，人就没有食物，都是冬天，没有了春天。这一研究表明，用战略核武器谁也得不到战争的胜利，只有灾难。此外，随着全球科学技术革命浪潮的兴起，世界各国在贸易投资、信贷方面进行着激烈的斗争，同时又千丝万缕地联系在一起。生产的国际化程度日益加深，资本、生产、贸易相互交叉渗透，你中有我，我中有你，经济衰荣，休戚相关。如果发生大规模战争，各方的经济都将彻底崩溃。既然核时代的战争破坏力极大，既然经济合作的好处甚多，因此，在这种情势下，最有资格打世界大战的美苏两个超级大国也不得不谨慎从事。战后40多年美苏双方不仅没有发生较为严重的武装冲突，甚至像中苏珍宝岛那样的冲突也没有出现过。虽然两国在无形的战线上，如间谍、情报或策动第三国对对方进行这样或那样的破坏是非常频繁的，斗争是非常惊心动魄的，但当他们意识到冲突将要升级，或者有可能发展到武装较量时，双方领导人最后还是心平气和地坐到谈判桌上握手了，双方都想避免迎头相撞。80年代以来，美苏军备竞赛虽然激烈，但谈判对话逐渐增多，并能达成一些协议，这样就有可能出现一个新的、有限度的、较长时期的缓和。例如，1985年11月美苏首脑会谈以后，美苏对话逐渐频繁。1987年美苏首脑华盛顿会晤，关于中导条约的签订，也使国际局势出现了缓和的苗头，使实际的裁军有了一个开端，为进一步削减主要的核武器——战略核武器开辟了前景。

当然，世界局势是复杂的，要达到国际形势的真正缓和是不容易的。美苏在对话的同时，以对抗为主的态势并没有改变。其基本特点是：对抗并不失去控制，对话并不放松争夺。总的是一种僵持局面。因此，世界人民必须把反对霸权主义作为当前的主要任务。只要全世界一切爱好和平的国家和人民加强团结，把命运牢牢掌握在自己手里，不让霸权主义恣意横行，世界和平是可以实现的。“如果真的二十年，三十年不打仗，五十年之间不打仗，这个战争就可能避免。”①

① 《邓小平纵论国内外形势》，《瞭望》，1985（37）。

（三）发展经济是各国面临的主要任务

经济发展是社会生产力发展的必然产物和人类进步的客观要求。当前，无论是西方发达国家，还是发展中国家，以及苏联和东欧的社会主义国家，都面临着发展经济的紧迫任务。

首先，发展中国家面临着发展经济的艰巨任务。二次大战以来，发展中国家在政治上的地位不断加强，但是它们在国际经济中的地位却与此相差甚远。由于长期的殖民统治造成的恶果以及现存的不合理的国际经济旧秩序，使大多数发展中国家尚未摆脱贫困落后的状况。1970—1980年，发展中国家国内生产总额年平均增长额为273亿美元（按1970年价格计算），而发达资本主义国家为766亿美元。就是说，前者的年增长率只有后者的35.7%，而人均增长率前者只有后者的近10%。1981—1985年，经合组织[①]国家国内生产总额年增长额为1004亿美元（1975年价格），而发展中国家为219亿美元，后者只是前者的21.8%。80年代前半期，西方人均国内生产总额年增长额为97.3美元，而发展中国家只有4美元，其中有35个国家被列为“低收入国家”，人均收入不足400美元。长期的贫困落后和严重的对外依附，直接威胁着这些国家的政治独立。

其次，西方发达国家也面临着提高发展速度和经济再发展问题。随着科技革命的发展，西方发达国家曾经一度出现过经济高速发展的“黄金时期”，但从70年代中期以来，它们的经济发展遇到了严重的困难，直到最近两年才逐渐转入低速增长阶段。西方发达国家的实际年增长率，1985年平均仅为3%，其中美国为2.7%，欧洲经济共同体国家平均为2.2%，只有日本稍高，为4.7%；1986年仍停留在低水平上，平均为2.8%，其中美国为2.5%，欧洲经济共同体国家平均为2.5%，日本降至2.7%。[②]因此，加速经济发展也是西方发达国家的当务之急。

最后，从70年代以来，苏联和东欧国家的经济增长速度普遍下降。到80年代前半期，这种下降趋势不仅没有好转，反而愈形恶化，降到了历史最低点。1985年苏联基本上完成了国民收入和工业产值的年度

① 经合组织，全名“经济合作和发展组织”，建于1960年，是资本主义国家的联合组织，其中包括美、法、英、西德、日本、加拿大、意大利等24个主要资本主义国家。

② 《1987年美国总统经济报告》，368页。

计划指标，但农业产值的增长指标远未实现，总的经济增长速度仅为3.5%。从1981年至1985年苏联的第十一个五年计划来看，主要指标都没有完成，年平均增长率只有3.1%，一些东欧国家也由于贸易条件恶化和沉重的外债负担，而遇到较为严重的经济困难。1981—1985年，东欧国家（不包括阿尔巴尼亚）国民收入年平均增长为2.2%，波兰5年平均增长为-0.8%。①

由此看来，发展经济已经成为世界各国面临的主要任务。为了实现经济的发展，虽然每个国家所要解决的困难各不相同，但从全球来看，当前南北关系的现状，已成为严重阻碍南北双方发展和整个世界经济繁荣的具有全局性的问题。这主要表现在：

（1）以旧的国际分工为基础的资本主义国际生产体系，其特点是发达国家对工业制成品生产的垄断和发展中国家单一制的经济结构以及生产的畸形发展。这种不合理的国际分工已成为发展中国家经济发展的严重桎梏。目前，大多数发展中国家的单一经济结构仍未改变，由于这种情况的存在，使许多发展中国家不能获得经济上的独立，不得不依赖于发达国家。另外，单一的经济结构对世界市场的承受能力极为有限，一遇到不利的国际贸易条件，就会造成重大损失。比如，1986年仅石油价格下跌，发展中国家就损失500亿美元。

（2）以不平等交换为基础的资本主义国际贸易体系，其特点是发达国家凭借经济、技术优势，通过抬高工业品价格，压低原料和初级产品价格，对发展中国家进行掠夺。80年代初，有60多个发展中国家，其出口总额的70%是各种初级产品。其中37个国家出口总额的90%为初级产品。据世界银行统计，1981—1986年，按美元计价的非燃料初级产品的实际价格下跌35%，是战后最低水平，进口的工业制造品价格上涨17.5%，从而使发展中国家蒙受重大的经济损失。仅1986年发展中国家（包括石油输出国）由于原料价格下跌就损失了1100亿美元。

（3）发达国家的贸易保护主义，使发展中国家的贸易条件急剧恶化。为了转嫁经济危机，发达国家通过关税壁垒、非关税壁垒和限制性贸易惯例等手段，对发展中国家的出口产品进行严格限制。仅美国

① 参见《世界经济》，28、34页，1988（2）。

各企业和团体1985年向国会提交的贸易保护法案就有近500项，比1984年增加了200多项。1985年，世界贸易的增长明显放慢，世界出口量的增长率从1984年的7.8%下降为2.8%。发展中国家的出口加工业和对外贸易因此而受到沉重打击。据统计，发展中国家向发达国家的出口占世界出口的比重从1981年的19.9%，降到1986年的13%。[①]这样，不仅减少了发展中国家本来可能获得的出口收入，而且对发展中国家的贸易比价产生了不利影响。例如，贸易保护主义使拉丁美洲的贸易比价下降10%，其代价相当于拉美全部债务利息。

（4）美国等发达国家实行高利率政策，使发展中国家的外债猛增。1971年发展中国家的外债是641亿美元。1982年猛增到6260亿美元，1986年突破了10000亿美元大关，到1987年底已达11000亿美元。许多发展中国家由于债务负担过重而无力按期偿还。1970—1980年，发展中国家要求重新安排偿还期的次数平均为5起，1981年上升为13起，1984年已达34起。拉美各国先后于1932年和1984年两度爆发债务危机，外债总额超过了国内生产总额的50%以上，相当于出口总额的3倍多。非洲的外债总额虽然数额不大，但是为了偿还不得不大举新债，其中80%是用于支付利息。沉重的债务负担，迫使发展中国家实行经济紧缩政策，加深了它们的对外依赖性。

南北关系中这种矛盾的激化，必然会使发展中国家的经济受到严重遏制。这表现在：第一，发展中国家的资金严重不足。据统计，每年净流入发展中国家的资金额，70年代和80年代为400亿美元，1982年减少到100亿美元，1983年则完全没有了。1984年由流入变为流出125亿美元，1985年流出310亿美元。1986年和1987年情况没有好转。[②]第二，经济增长缓慢。1980—1982年发展中国家的经济增长率只有2.3%，1983年出现了战后以来第一次负增长。1984年的情况略有好转，但人均产值也只相当于1977年的水平。由于特大干旱和粮食危机，非洲的经济几乎处于停滞状态，1981—1985年的经济年增长率只有1.9%。总之，进入80年代以来，南北的经济差距不是缩小了，而是扩大了。

发展中国家经济的不断恶化，必然会反过来严重影响发达国家的

---

① 参见《世界经济》，5页，1988（3）。

② 参见苏联《世界经济与国际关系》，1987（9）。

再发展。随着世界经济国际化趋势的加强，发达国家对发展中国家的经济依赖日益加深。发展中国家的生产增长、市场扩大与发达国家的经济繁荣休戚相关。在当今，第三世界的发展已成为西方稳定发展的条件。首先，发达国家在燃料和原料的供应方面，对发展中国家的依赖越来越大。发达国家所需石油的75%靠发展中国家供应，发展中国家还提供了除石油以外世界主要农业和矿业原料出口的60%。其次，就商品市场而言，南方不发展，北方的商品就会缩小市场。据估计，如果发展中国家的进口减少10%，发达国家的出口就会下降3%。再次，发展中国家债务危机的加剧，也是对发达国家经济稳定的巨大冲击。因此，与西方发达国家转嫁危机企图摆脱困境的愿望相反，发展中国家经济的停滞和贫困，孕育着世界规模的更大的经济动乱，而这将给整个西方经济以沉重的打击。可见，南北问题不仅是落后国家的发展问题，实际上是整个人类的发展问题。如果占世界人口3/4的发展中国家永远处于落后状态，那么，发达国家的进一步发展也会受到限制。因此，不解决南北问题，人类的发展将会遇到困难。

要解决南北问题，必须开展南北对话，必须改革国际经济旧秩序，按照公正合理的原则建立发展中国家与发达国家之间的经济和技术合作关系。只有改善发展中国家的发展条件，摆脱贫困、落后和饥饿，发达国家才能进一步发展，整个人类也才能前进。

二、我国对外关系的原则和任务

（一）我国对外关系的基本原则

1. 和平与发展是我国外交政策的原则立场

和平与发展是当今各国人民普遍关注的两大课题，也是社会主义国家制定外交政策的原则和目标。从理论上来说，它又是社会主义本质所必然要求的。

社会主义国家的发展，需要有一个和平繁荣的国际环境。社会主义制度建立以后，提高劳动生产率，推进社会生产力的发展，成为社会主义社会全面发展的首要任务。而在当今世界，任何一个社会主义国家，都不可能把自己封闭起来关起门来搞建设。自从资本主义世界经济体系确立以来，人类社会的一个总特征就是，经济结构、经济活动愈来愈世界一体化了，面对日益加深的国际分工和息息相关的统一世界市场，社会主义国家要求得到经济上的迅速发展，都必须在主权独立的前提下，在平等互利的基础上，在日益扩大的对外经济联合和经济往来中增长力量。这样，既因世界经济的竞争，而增加了压力，同时也获得了外界的营养和刺激。也就是说，社会主义国家要使经济繁荣，就必须在对外关系中，坚持友好合作、共同发展的原则。与此相联系，它也必然要表现为对于和平的强烈愿望。这一方面是因为，随着社会主义国家内剥削阶级的消灭，也就消灭了对外侵略的社会根源。另一方面，工人阶级和其他劳动人民作为新社会的主人，要以全部力量来建设自己的新生活，也需要有一个和平的国际环境。远在1870年普法战争期间，马克思基于对工人阶级渴望和平、劳动和自由的分析，明确指出：未来“新社会的国际原则将是和平”[①]。1919年12月，当俄国人民要求停止外来武装干涉和饥饿封锁，以便用全部力量进行和平建设的时候，列宁在全俄苏维埃第七次代表大会上指出：“俄罗斯社会主义联邦苏维埃共和国希望同各国人民和平共处，把自己的全部力量用来进行国内建设。”[②]并在对外政策方面采取了许多促进和平的步骤。

自从中华人民共和国成立以来，我国政府一直在国际关系中坚持和平与发展的原则，坚定地奉行独立自主的和平外交政策，我们愿意在平等互利和互相尊重领土主权的基础上与一切国家建立和发展友好关系，进行经济往来。新中国成立后制定的第一部宪法的序言中就明确规定：“在国际事务中，我们坚定不移的方针是为世界和平和人类进步的崇高目标而奋斗。”我国为此进行了不懈的努力，始终把和平与发展作为自己对外政策的首要目标。党的十一届三中全会以后，社会主义经济建设在我们整个国家生活中，已经居于首要地位。要实现中国的现代化这一宏伟蓝图，只有在和平的环境中才有可能。因此，我们真诚地希望和平，在持久的国际和平环境中，才有持续的社会主义的发展。中国社会主义建设每前进一步，都使国际和平力量得以增强；中国社会主义发展了，就可以为人类作出更多的贡献。从这个意义上

① 《马克思恩格斯文集》第3卷，117页，北京：人民出版社，2009年。

② 《列宁全集》第37卷，354页，北京：人民出版社，1986年。

说，争取和平，加速自身的发展，不仅是中国的需要，也是与世界各国人民要求和平与发展的共同愿望相一致的，是符合世界各国人民的利益的。所以说，我国在国际事务中坚持和平和发展的原则，这不仅是社会主义本质要求的体现，而且也是社会主义中国责无旁贷的国际主义义务。

2. 爱国主义与国际主义的结合是我国处理对外关系的基本方针

无产阶级国际主义是全世界无产者为了实现共同的利益和反对共同的敌人，为了最终在全世界消灭一切压迫和剥削而实行联合的思想。无产阶级国际主义是马克思恩格斯根据时代特点和无产阶级解放斗争的需要提出来的。自从资本主义世界经济体系确立以来，资产阶级的统治就成为国际性的了。与此相联系，世界各国无产阶级的阶级地位也是国际性的。正是资产阶级统治的国际性决定了无产阶级解放斗争的国际性。这就是无产阶级国际主义的客观根据。马克思说："各国的资产者虽然在世界市场上互相冲突和竞争，但总是联合起来并且建立兄弟联盟以反对各国的无产者。"[①]各国无产阶级都处于受资产阶级剥削和压迫的地位，在斗争实践中逐步认识到，他们的敌人不仅是本国的资产阶级，还有整个国际资产阶级，要反对资产阶级的剥削和压迫，无产阶级就需要实行国际团结和相互支援。同时，由于统一的世界市场的形成，使各国在政治、经济、文化等各方面的联系更加密切，加之交通工具和通讯设备的日益发达，使各国无产阶级能够经常接触、频繁交往，这又为国际无产阶级的团结战斗提供了可能。

1848年马克思恩格斯在《共产党宣言》中第一次提出了"全世界无产者联合起来"的战斗口号。这个口号，体现了国际主义的基本精神，从而在理论上奠定了无产阶级国际主义的基本原则。从那时起，全世界无产阶级在国际主义旗帜的指引下，开始了推翻资产阶级统治和实现社会主义直至共产主义的伟大斗争。

到了帝国主义时代，世界已被帝国主义列强瓜分完毕，无论是西方的无产阶级或东方的被压迫民族，都成了国际垄断资本奴役的对象，这种共同的处境，使他们的命运相联。列宁根据帝国主义时代国际阶级斗争的这个新特点，在1920年明确提出"全世界无产者和被压迫民

① 《马克思恩格斯文集》第1卷，694页，北京：人民出版社，2009年。

族联合起来"[①]这一新的口号，在理论上丰富和发展了无产阶级国际主义。

由此可见，国际主义的基本内容，就是要求各国无产阶级和劳动人民在反对剥削和压迫、争取民族解放、争取社会主义和共产主义的斗争中，团结协作，相互支持，相互援助。

在马克思主义学说中，坚持无产阶级国际主义，并不排斥无产阶级爱国主义。从一般意义来说，爱国主义是千百年来形成的对自己祖国的一种深厚的爱慕之情。它表现为热爱祖国、热爱人民、热爱本民族的优秀文化遗产和优良传统。无产阶级爱国主义与历史上任何其他阶级的爱国主义是有原则区别的。其主要特点在于，无产阶级爱国主义是与国际主义相结合的，它把本民族的利益和全人类的利益看作一个整体。因为无产阶级的解放就其形式来说，它首先是一国范围内无产阶级的民族任务。在本国范围内打倒本国的资产阶级，争取社会主义的胜利，这是一种崇高的爱国主义行为。但就其内容来说，它又是国际的。一国无产阶级的解放事业是世界无产阶级解放的总斗争的一部分。从它们的关系来看有这样两个方面：一方面是只有世界各国无产阶级的支持和援助，在一个国家内无产阶级解放斗争的民族任务才可能实现。因此，从这个意义上说，无产阶级国际主义是无产阶级的爱国主义事业得以实现的根本条件。另一方面，一个国家的无产阶级只有搞好本国的社会主义革命和建设，使国家迅速富强起来，才是完成了世界无产阶级革命在本国的任务，这样也才能增强和支援世界被压迫民族被压迫人民进行正义斗争的能力。这就是说，坚持无产阶级爱国主义，是坚持无产阶级国际主义的现实基础。无产阶级爱国主义与国际主义是不可分割的。排斥国际主义的"爱国主义"，并不是无产阶级爱国主义，只能是民族利己主义和社会沙文主义；否定爱国主义的"国际主义"，也不是无产阶级国际主义，它或者是民族虚无主义或民族投降主义，或者是在"国际主义"的借口下，侵犯他国独立和主权的霸权主义。只有把爱国主义和国际主义有机地统一起来，才是马克思主义的观点，才是社会主义国家处理对外关系的正确原则。

---

① 《列宁全集》第40卷，73页，北京：人民出版社，1986年。

中国共产党人从来都是把爱国主义与国际主义融为一体的。毛泽东在领导中国人民进行民族民主革命的过程中，一贯坚持殖民地半殖民地人民的解放斗争与资本主义国家无产阶级的革命斗争必须互相支持这一国际主义原则。他总是把帝国主义国家的统治阶级和那里的人民区别开来，教导中国人民要加强与全世界无产阶级的联合。中国革命胜利以后，毛泽东同志进一步强调了各国人民互相援助的思想。他特别指出："已经获得革命胜利的人民，应该援助正在争取解放的人民的斗争，这是我们的国际主义义务。"[①]中国人民根据毛泽东的教导，一方面致力于本国的革命和建设，决不允许中国的民族尊严和民族利益受到任何侵犯；另一方面，中国人民对亚非拉各国人民的正义斗争进行了道义上和物质上的援助，并且从来不把这种援助看作是单方面的赐予，而认为援助是相互的。中国政府在提供对外援助时，严格尊重受援国的主权，绝不附带任何条件，绝不要任何特权。中国政府提供对外援助的目的不是造成受援国对中国的依赖，而是帮助受援国逐步走上自力更生、经济上独立发展的道路。这一切，充分体现了我国在对外援助中的国际主义精神。

3. 独立自主是我国外交政策的根本原则

马克思主义一向认为，"工人阶级的解放应当是工人阶级自己的事情。"[②]马克思主义的理论和我们的实践经验告诉我们，无产阶级革命政党在与其他政党结成的统一战线中必须保持自己在政治上和组织上的独立性；各个国家间的交往与合作，无产阶级间的国际联合，必须遵循平等和自主的原则；各国的社会制度应由各国人民自行选择；各国革命斗争的道路和形式，应由各国党和无产阶级自行决定；各个国家的内部事务，应由各国自己作主；至于国际事务中的重大问题，应由各国独立自主作出判断。无视各国主权和独立平等的强权政治，命令一切和指挥一切的大国沙文主义和大党主义，都是与马克思主义格格不入的。谁也不能借口国际合作而把自己的意志强加于人，对别国发号施令。恩格斯早就说过："只有在平等者之间才有可能进行国际合作。""民族独立实际上是一切国际合作的

① 毛泽东：《接见非洲朋友发表支持美国黑人斗争的声明时的谈话》，1963·8·8。

② 《马克思恩格斯文集》第2卷，21页，北京：人民出版社，2009年。

基础。”[①]“国际联合只能存在于国家之间，因而这些国家的存在、它们在内部事务上的自主和独立也就包括在国际主义这一概念本身之中。”[②]由此可见，承认各国独立自主的原则与承认无产阶级国际主义是完全一致的。

毛泽东同志早在建国之初，就根据马克思主义的独立自主原则，总结了中华民族长期以来被帝国主义任意宰割而毫无独立主权可言的历史教训，庄严地向全世界宣布：“中国必须独立，中国必须解放，中国的事情必须由中国人民自己作主张，自己来处理，不容许任何帝国主义国家再有一丝一毫的干涉。”[③]周恩来同志也明确地指出：“我们对外交问题有一个基本的立场，即中华民族独立的立场，独立自主、自力更生的立场。”[④]中国人民从过去的苦难中深深懂得，没有独立自主，就不能捍卫祖国的独立和人民的利益，就不能顺利地进行社会主义革命和建设，就不可能在国际事务中从中国人民和世界人民的利益出发，伸张正义，抨击邪恶，发挥自己应有的作用。几十年来，正因为我们始终坚持了独立自主的外交政策，抵制了来自美国、苏联以及其他方面的侵略、威胁、干涉和控制，不允许任何外来势力染指我国的主权，插手中国的事情，才取得了今天的胜利，并赢得了世界人民的尊敬。

80年代以来，面对新的错综复杂的国际形势，为了维护世界和平和实现我国现代化，我们更加强调坚持独立自主的重要性和必要性。世界上有人认为，中国为了加速社会主义现代化建设，需要资金和技术，因此会对某些国家威胁，干涉中国内政以及有损于中国主权和领土完整的行为采取容忍态度。这种想法和做法是错误的。针对这一点，邓小平同志在党的十二大开幕词中说：“独立自主，自力更生，无论过去、现在和将来，都是我们的立足点。中国人民珍惜同其他国家和人民的友谊和合作，更加珍惜自己经过长期奋斗而得来的独立自主权利。任何外国不要指望中国做他们的附庸，不要指望中国会吞下损害我国利益的苦果。”[⑤]中国的现代化建设，从来都是立足于自己的力量，即

---

① 《马克思恩格斯文集》第10卷，472、473页，北京：人民出版社，2009年。

② 《马克思恩格斯全集》第39卷，84页，北京：人民出版社，1974年。

③ 《毛泽东选集》第4卷，1465页，北京：人民出版社，1991年。

④ 《周恩来选集》上卷，321页，北京：人民出版社，1980年。

⑤ 《建设有中国特色的社会主义》，3页，北京：人民出版社，1987年。

主要依靠本国人民的积极性和创造性，充分利用国内的一切有利条件，发挥本国的一切优势，自力更生，艰苦奋斗，勤俭建国。只有这样才能维护国家的政治和经济的独立自主。但是，独立自主，自力更生，决不是自给自足，闭关自守，而是在自力更生的基础上，实行对外开放，加强与各国的经济联系。总之，中国的对外开放政策是不会改变的，独立自主的原则也是一定要坚持下去的，当然这一原则的内容会随着国际形势的变化而不断丰富。

从党的十一届三中全会，特别是80年代初以来，在国际方面，我们的反霸斗争取得了节节胜利。与美国的关系在曲折中不断发展，与苏联的关系趋向缓和。鉴于我国的外交境况和当今东西南北关系的新的国际政治经济格局，我国的外交政策进行了及时的调整、充实和完善，进一步丰富了独立自主原则的内容。即奉行超越意识形态和社会制度的不结盟政策。我们庄严地向世界表明：中国既不与这个超级大国结盟，也不与那个超级大国结盟，既不和美国建立战略关系，也不和苏联建立战略关系，既不联合美国反对苏联，也不联合苏联反对美国。我们不依附于任何一个大国或大国集团，也不屈服于任何大国的压力。当然，我们也不搞无原则的“等距离外交”和“平衡”，而是完全根据中国人民和世界人民的根本利益，根据某个国际问题本身的是非曲直来决定自己的态度和对策。在复杂的国际斗争中，中国可能在某些问题上与美国有相似的立场，而在另一些问题上与苏联有相似的立场，但彼此的出发点不同。苏联和美国，谁做了坏事，我们都批评，谁做了好事，我们都赞扬。中国采取不与大国结盟的政策，不仅仅鉴于结盟会或多或少地束缚我们自己的手脚，有碍中国在对外关系中保持完全的独立自主，也因为中国作为一个大国，如果与美国和苏联任何一个大国结盟，都不利于国际局势的稳定，都不利于维护世界和平，发展各国友好合作关系和促进世界经济的繁荣。

4. 和平共处五项原则是我国处理同各国关系的基本准则

和平共处政策首先是列宁提出来的。十月革命后，世界上出现了社会主义制度和资本主义制度并存的局面。社会主义的苏联处在帝国主义的包围之中，面对被干涉、颠覆和侵略的威胁，两种制度之间不断发生摩擦和冲突。列宁分析，全世界向社会主义过渡是一个相当长的历史过程，因此，社会主义国家和资本主义国家将共存一个很长的历史时期。社会主义国家应当采取和平共处政策，并利用这一政策为自己的生存创造条件，争取与不同制度的国家建立友好关系。历史证明，列宁的和平共处政策是完全正确的。

我国不仅坚持了列宁的和平共处政策，而且发展和丰富了这一政策的内容，提出了和平共处五项原则。早在新中国成立前夕，毛泽东就向全世界郑重宣布："任何外国政府，只要它愿意断绝对于中国反动派的关系，不再勾结或援助中国反动派，并向人民的中国采取真正的而不是虚伪的友好态度，我们就愿意同它在平等、互利和互相尊重领土主权的原则的基础之上，谈判建立外交关系的问题。中国人民愿意同世界各国人民实行友好合作，恢复和发展国际间的通商事业，以利发展生产和繁荣经济。"[①]1953年12月周恩来在接见印度政府代表团时提出：应当根据互相尊重领土主权、互不侵犯、互不干涉内政、平等互利、和平共处五项原则，来解决两国悬而未决的问题。同年他在出国访问时，同印度总理尼赫鲁、缅甸总理吴努，一起确认了这五项原则。

中国自身的经历和国际关系的历史都证明，和平共处五项原则是各国处理相互关系，实现和平、合作与发展的普遍适用的原则和有效的方法。30多年来这些原则经受住了世事变迁和时间的考验，显示出充分的活力，为越来越多的国家所接受。

和平共处是在承认并尊重国家之间现存的各种差别以至分歧，承认并尊重各国对政治、经济制度和社会生活方式选择的前提下，在平等和自愿的基础上，以非军事形式解决争端和处理相互关系的准则，是各国进行多方面合作实现共同发展与繁荣的基础。无论是社会制度不同的国度，还是社会制度相同的国家，如果都能积极地、普遍地实行和平共处原则，不仅可以缓和东西方的严重对立，也可以极大地缓解世界上现有的各种矛盾和分歧，确保各国独立自主地发展，实现稳定持久的和平与合作。

我国不仅是和平共处五项原则的积极倡导者，而且是五项原则的忠实履行者。正是根据和平共处五项原则，中国与世界上130多个国家建立了外交关系，与170多个国家和地区建立了贸易关系。我国在国际

① 《毛泽东选集》第4卷，1466页，北京：人民出版社，1991年。

事务中，从不侵犯别国的主权和利益，从不干涉别国内政，从不以大国自居和盛气凌人。而是尽己所能，对许多国家给以多方面的援助，并进行合作，尊重别国的独立和主权。中国主张世界上所有国家，不论大小、富贫、强弱，一律平等，坚决反对以大欺小，以富压贫、以强凌弱的霸权主义，各国之间的事、世界上的事应由各国协商解决，不能由一两个大国说了算。

中国在与别国相处时，不以社会制度和意识形态的异同来决定亲疏、好恶。一个国家选择什么样的社会制度和信仰，这是这个国家人民自己的事，外国不应干涉，否则，世界将不得安宁。所以，我们坚决反对任何国家以社会制度和意识形态的差异作为占领别国领土、干涉别国的借口。

在东西关系尖锐的形势下，我们认为必须以极大的努力淡化以至消除现存的以军事对峙为特征的集团意识，积累信任和了解，推动东西关系的改善。因为东西两大军事集团的对立，不仅已经成为能够毁灭人类文明的最危险的根源，而且束缚和限制了其成员国单独争取缓和紧张局势的努力，阻碍了国际关系中民主、平等和进步趋势的发展。

我们认为，要实现和平共处，国与国之间就要相互尊重，在国际交往中就要善于让步和妥协，善于求同存异。这不仅仅是外交的技巧与艺术问题，更是善意与诚实、理智与远见的表现。在当今核对峙的形势下，这种外交方式尤其具有现实的和紧迫的意义。

（二）我国对外关系的基本任务

1. 反对霸权主义，维护世界和平

反对霸权主义，维护世界和平，是我国对外关系的基本任务之一。什么是霸权主义？霸权主义就是推行侵略扩张的对外政策，谋求世界或一个地区的霸权。霸权主义一词，来源于希腊的历史，原来是指个别大城邦对其他城邦的控制，后来演变为指某些国家凭借实力侵犯他国主权和独立，对他国进行侵略、干涉、控制和统治。到了帝国主义时代，出现了几个帝国主义国家争夺世界霸权的局面，并因此发生了两次帝国主义世界大战，给人类带来了巨大灾难。

我们党的十二大指出："当今威胁世界各国和平共处的主要力量是帝国主义、霸权主义和殖民主义。""实行霸权主义的超级大国，又构

成了对世界人民新的威胁。超级大国出于独霸全球的目的，以远远超过其他任何国家的军事实力，在世界范围内展开争夺，形成世界不安和动乱的主要根源。"[①]因此，反对霸权主义和维护世界和平是密切联系、不可分割的。要维护世界和平，就必须明确危害世界和平的威胁来自何方，如果不明确这一点，维护世界和平就是一句空话。世界和平不能用祈求来获得，世界大战也不能靠妥协退让来防止。要真正地、有效地维护和平，就必须坚决反对霸权主义、扩张主义的一切表现。

剥削阶级的存在，帝国主义的存在，这是霸权主义存在的阶级根源。因为剥削阶级占统治地位的帝国主义国家的外交政策，总是建立在弱肉强食的强权政治的基础上的。帝国主义资产阶级只要一有机会，就要搞霸权主义，就要对外侵略扩张，这是由帝国主义资产阶级的反动本性所决定的。

社会主义国家，由于消灭了剥削阶级和剥削制度，决定了它在外交政策中反对帝国主义、霸权主义、殖民主义，反对强权政治，主张大小国家、世界各民族一律平等。因此，反对霸权主义是社会主义的本质要求。有的社会主义国家，比如苏联走上了霸权主义、扩张主义的道路，这与社会主义制度本身并没有内在的本质的联系，而是从旧社会带来的痕迹在作怪。苏联推行霸权主义，究其根源，主要是大俄罗斯沙文主义的毒害及其恶性发展。列宁曾经告诫说，社会主义国家"可能犯各种错误（以及自私自利——企图骑在别人头上）"[②]。随着苏联的强大，这种大俄罗斯沙文主义偏见在战后出现了恶性发展，以至苏联推行霸权主义政策。

当今世界上，造成世界局势紧张的主要因素是推行霸权主义的美苏两个超级大国。它们在世界上的争夺和军备竞赛，既威胁世界和平，又影响世界各国的经济发展。

战后至今，美苏两国投入了空前庞大的军费，致使大规模的军备竞赛不断升级。1986年全世界的军费总额为9000亿美元，其中美苏两国的军费就占60%以上。首先，双方的核军备竞赛愈演愈烈，双方共占有全世界核武器的97%。其次，双方的军备竞赛已从陆地、海洋发展到外层空间。苏联在太空武器的研制方面起步较早，建立了反导弹

① 《中国共产党第十二次全国代表大会文件汇编》，47页，北京：人民出版社，1991年。

② 《列宁全集》第28卷，49页，北京：人民出版社，1990年。

防御系统，并于1980年3月首次成功地进行了截击卫星试验。为了夺回优势，美国在反导弹防御系统方面向苏联提出了挑战。1982年春天，美国提出了开拓宇宙空间的“高边疆战略”，1983年3月，又研制了“战略防御计划”，并从1984年正式付诸实施。再次，双方不顾国际舆论的谴责，公然加紧和扩大生物化学武器的竞争。美苏的军备竞赛已经成为世界和平的最大威胁。

不仅如此，美苏两国的激烈争夺也是世界局势动荡不安的重要根源。美苏两国竞相在第三世界扩大自己的势力。他们一方面在第三世界利用矛盾挑起争端，策动政变，甚至打“代理人战争”，或者亲自出兵进行侵略。另一方面，又向第三世界国家大量倾销军火，这无疑是对第三世界国家的武装冲突和局部战争起了火上浇油的作用。美苏双方对此都负有不可推卸的责任。所以，当今世界要维护和平，就必须反对美苏两个超级大国的霸权主义。

我国是一个发展中的社会主义国家，经济和文化还不发达。但是我国是一个大国，我们党多年来一再庄严宣告：“在任何情况下，我们永远不称霸”，永远和世界人民一起反对超级大国的霸权主义。我们反对美苏两国的军备竞赛，主张全面禁止与彻底销毁核武器、化学武器、生物武器和太空武器，主张大量裁减常规军备。我们反对霸权主义，但是，我们无意与超级大国作对，同时也希望美苏两个超级大国的关系能够缓和下来。另外，我们反对霸权主义，主要是对事，而不是专指向某一具体国家。就是说，谁在什么时候搞霸权主义，我们就在什么时候反对谁，谁在什么地方搞霸权主义，我们就在什么地方反对谁。至于美苏两国，我们还要区别其内政和外交。在国际政治中着重于它们的对外关系，在其对外关系中又要区别它们的一般外交政策和霸权主义政策，在国际政治中，我们反对的是霸权主义政策和行径，不应把两者等量齐观。

要反对霸权主义，维护世界和平，必须团结一切可以团结的力量。只有全世界人民联合起来，共同进行反对霸权主义、扩张主义的斗争，才能遏止他们的侵略和破坏，打破他们的威胁，从而保障世界和平，才能在国际上伸张正义，促进人类进步事业的发展。

2. 实现友好合作，走向共同繁荣

积极发展与世界各国的友好合作关系，共同推进人类事业的进步与繁荣，这是社会主义国家对外关系的又一基本任务。

随着科学技术的迅猛前进，国际分工和交换无论在广度上还是深度上都得到了全面发展。这样，生产、贸易和资金流动的国际化，使世界经济更加紧密地联系成为一个整体。然而，由于多种社会形态和多种发展层次的存在和演变，国际间的各种矛盾、分歧以至冲突也大量地普遍地存在着，这就极大地限制和影响了各国的发展。这就要求我们不仅要实现和平共处，而且要在和平共处的基础上进而实现友好合作、共同发展。

我国是一个发展中的社会主义国家，从中华人民共和国成立以来，我们就一直坚持在平等互利和互相尊重领土主权的基础上，与一切国家进行经济和文化交流，建立和发展友好合作关系。从十一届三中全会，特别是80年代初以来，我们把对外开放作为我国现代化建设的一个根本方针，开展了广泛的外交活动，并取得了很大成绩。

最近几年，我国与美国、苏联的关系都有了一定的发展。中美、中苏的贸易额迅速上升，文化科学交流与技术协作和人员往来也不断加强。在与它们的关系中，我们既加强友好合作，又坚持原则斗争。不因为与它们发展友好关系，就不反对它们的霸权主义行径，相反，也不因为反对它们的霸权主义行径，就不与它们改善关系。这样做既有利于我国在国际舞台上伸张正义，支持人类进步事业，又有利于世界和平和我国的现代化建设。

我国与西欧各国的关系近几年也有所发展。西欧各国的社会制度虽然与我国不同，但彼此没有根本的利害冲突，在维护世界和平，加强和平共处方面有着相同或类似的观点。中国和西欧在经济方面各有优势，互有需要，可以取长补短、互通有无。近几年，我国与西欧的经济关系和政治关系都有所加强，特别是与英国和葡萄牙分别就解决历史上遗留下来的香港问题和澳门问题达成了协议，这具有深远的意义。

我国与日本的关系发展很快。近几年，双方通过高级接触，共同制定了发展中日关系的四项原则，即“和平友好、平等互利、相互依赖、长期稳定”，并成立了“中日友好21世纪委员会”。为了进一步发展两国友好关系，必须警惕日本军国主义的不时冒头。展望中日关系，前途还是光明的。

我国与朝鲜民主主义人民共和国的友好关系更加巩固，与罗马尼亚、南斯拉夫的关系继续向前发展，与其他东欧国家的关系也有了明显的改善。几年来，我国与波兰、捷克、民主德国、匈牙利和保加利亚等国的经济技术合作有了很大发展。仅1984年，中国就与这些国家共同商定了一万多个经济合作项目，并普遍签订了“经济技术合作协定”，1985年又与它们分别签订了五年贸易长期协定，贸易额已接近历史最高水平。

我们认为南北关系的现状对世界经济和国际政治的发展进程影响极大。可以说，未来以至21世纪国际经济形势的根本好转，取决于从根本上改变目前建立在不公正、不平等的国际经济旧秩序基础上的南北关系。为了解决南北的矛盾，中国积极推动南北对话，主张通过对话、协调，改变国际经济旧秩序，即以老的不合理的国际分工为基础的资本主义国际生产体系和以垄断为基础的资本主义国际贸易体系，以及国际货币金融体系。这种不合理的国际经济旧秩序是造成南北经济关系现状的最根本的原因，是发展中国家仍然贫困落后的一个症结所在。

为了有助于冲破旧的不平等的国际经济关系，有助于建立国际经济新秩序，中国主张加强南南合作，促进集体自力更生。所谓南南合作是指发展中国家的经济合作。最近几年，南南合作有了显著发展，发展中国家间的区域性、半区域性、原料生产和输出国组织、金融组织等不断增加，发展中国家的贸易额也有很大增长。

我国努力增强与第三世界国家的合作。中国与大多数第三世界国家具有相似的苦难经历，都是长期遭受殖民主义和帝国主义的侵略、压迫和剥削；中国与第三世界国家面临共同的内部困难：经济文化落后；中国与第三世界许多国家在当今世界有同样的处境：都受到霸权主义的威胁；中国与第三世界国家有着共同的任务：维护国家独立和主权，大力发展民族经济和文化。因此，我们与第三世界其他国家能够真诚相待、友好合作。尽管中国的发展水平还不高，但建国30多年来，我国对第三世界国家仍然坚持给予力所能及的援助，并且不附带任何政治、经济条件。我国在联合国和各种国际场合，一贯站在第三世界一边，为维护第三世界的正当权益而斗争。我们决不介入第三世界国家之间的纷争，也反对任何外来势力插手。我们历来认为，第三世界国家没有根本的利害冲突，他们之间的分歧、争执甚至冲突，应该本着互谅互让的精神，排除外来干涉，通过和平协商，求得公平合理的解决；即使一时得不到解决，有关方面也应以大局为重，采取克制态度，防止事态扩大。我们赞成第三世界国家与所有国家建立和发展关系，不依他们对某一个超级大国的态度来画线排队。有的国家根据自己的情况，与这个或那个超级大国关系比较密切，接受这个或那个超级大国的援助，这并不影响我们与它们的关系。我们这种以诚相待的态度，有利于整个第三世界的团结。

总之，和平和发展是我国对外关系的两大目标。我国奉行的反对霸权主义，维护世界和平的政策，与各国发展友好合作关系的政策，为我国的社会主义建设创造了有利的国际条件，同时也有力地促进了国际形势朝着有利于世界人民的方向发展。

中国对经济全球化的理性应对*

经济全球化，是当今世界发展的一个重大趋势。它已影响着人类生活的方方面面。面对这一发展趋势，世界上有这样三种态度。一是积极推动。持这种态度者主要是以西方发达国家为母国的跨国公司。二是坚决反对。持这种态度者大体有三类：西方发达国家那些害怕公司境外转移而失去工作的员工，发展中国家中那些害怕外来优势企业竞争而失去工作的员工，一些左翼人士。他们认为，经济全球化就是资本主义的全球扩张，就是全球资本主义化。三是理性应对。这种态度的持有者认为，经济全球化不可抗拒，如果使自己的国家置身其外，则会走向封闭落后；如果消极卷入，也会丧失自我，被其吞没。对于广大发展中国家来说，经济全球化既是机遇也是挑战，只有理性应对，方能取得胜利。

那么，经济全球化为什么不可抗拒？对广大发展中国家来说，机遇何在，挑战几许，我国又当如何应对？在这方面我们已形成了哪些成功的基本原则和策略？针对这些问题，谈以下几点看法。

一、经济全球化及其历史必然

（一）经济全球化的本质规定

为了说明这个概念，在这里有三个互相联系的概念须加以区别。一是经济国际化。它是指一国与别国在经济上相互依赖和交往的加强。经济学家认为，经济国际化是从1846年开始的。其标志是当年英国废除了“谷物法”，单方面实行了贸易自由。经济国际化作为一个发展阶

* 2011年4月8日给安徽师范大学2010级博士生的报告。

段大体是从19世纪中叶到20世纪80年代。二是经济全球化。它是指从20世纪80年代开始至今仍在发展的主要以跨国公司和区域性经济集团为行为主体而结成的全球性经济联系。三是全球经济一体化。它是指阶级和国家消亡以后，全球经济联系为一个整体，并由代表全人类利益的全球性组织对全球事务进行统一管理。

当今世界尚处于经济全球化阶段，还远未进入全球经济一体化阶段。与这个经济发展阶段相联系的是世界政治多极化和思想多元化。在美国，有人把经济全球化说成全球经济一体化，并由此推论：应实行全球政治一体化和全球文化一体化，从而为美国在全世界推行霸权主义、强权政治和话语垄断提供理论根据，这是应该警惕的。

从经济全球化发展到全球经济一体化是一个长期的过程。这一过程要经过两个发展阶段：一是由发达资本主义为主导的经济全球化发展到以社会主义为主导的经济全球化；二是由社会主义为主导的经济全球化，进一步创造条件，发展到全球经济一体化。

当今经济全球化的实质，是以发达资本主义为主导的生产力在全球范围的发展。

它包括两个层次的内涵：一是作为人类生产力发展的产物，它具有进步性。它的发展有利于在全球范围内进行资源配置，有利于促进人类社会生产力的发展。二是当今的经济全球化是西方发达资本主义国家向全球进行经济扩展的手段和表现，是其在全球范围内追求自身利益最大化的经济活动过程。

因此，对于当今经济全球化上述两个层次的内涵必须进行辩证统一的理解。在这里，必须要注意防止和克服两种倾向。

一是脱离现实的国际生产关系，脱离作为国际生产关系集中体现的国际阶级关系，用纯生产力的观点把当今的经济全球化归结为经济的全球化发展。这种认识是片面的。由这种片面认识所引申出来的经济全球化会给世界各国带来普遍福利的观点，是与事实不符，也是错误和有害的。二是脱离生产力的发展，用单纯阶级分析的观点，把当今的经济全球化简单地归结为资本主义生产方式的全球化或全球资本主义化，这也是片面的。从这种片面认识所引申出来的那种拒斥经济全球化的观点也是错误和有害的。经济全球化不可拒斥，因为它是历史发展的必然。

（二）经济全球化的历史必然

必然性是指事物运动发展中必定如此的趋势。这种趋势的形成和强化都有其客观原因。前者可称为根据性原因；后者是由根据所派生出的一些新因素在发挥作用，可称为派生性原因。与此相对应，事物运动发展的必然性也可分为两种：一是根据性必然性，二是派生性必然性。

就经济全球化而言，其根据性必然性是生产的社会化、国际化发展，以及与这种发展相适应的世界市场的形成和发展。其派生性必然性是指在生产的社会化、国际化和世界市场发展的过程中又形成了一些新因素。这些新因素又进一步促进和加强了经济全球化的必然趋势。这些新的历史因素主要包括现代科技革命的兴起、跨国公司的发展、区域性经济集团的形成，以及全球性问题的产生和解决等。

1. 现代科技革命是经济全球化的支撑性动力

第二次世界大战结束以来，特别是20世纪70年代以来，以信息科技为核心的新科技革命在世界兴起，为20世纪80年代形成的经济全球化浪潮提供了极大的推动力。广播电视的普及、传真技术的发达、计算机网络技术的发展，一定程度上将全球连接成一个整体，使人们的空间距离相对拉近，时间联系相对缩短，因而有“地球村”之感。“秀才不出门，全知天下事”已变成现实，那种“天高皇帝远”的状况也已成为历史。

2. 跨国公司是经济全球化的主体性动力

跨国公司是跨国经营的经济实体，是经济全球化的主体性动力。据联合国贸易和发展会议统计，到1998年全世界的跨国公司发展到6万多家。它们实力雄厚，功能多样，集生产、贸易、投资、金融、技术开发和转让以及其他服务于一体。跨国公司在全球范围内推动着资源的优化配置，控制着40%的世界生产、60%以上的世界贸易、90%的国际投资。①

3. 区域性经济集团是经济全球化的中介性动力

区域性经济集团是一定地域的国家为了共同利益而结成的经济合

---

① 李景治：《经济全球化与西方霸权地位》，《思想理论教育导刊》，1999（12）。

作组织。据统计，到1996年底，全球已有101个区域性经济集团。其中最早的是20世纪50年代成立的西欧共同体。1993年，在此基础上成立了欧盟，现有27个成员国。欧盟现在是世界上联合程度最高的区域性经济集团。在北美有由美国、加拿大和墨西哥三国于1994年成立的“北美自由贸易区”，在亚太有1995年成立的亚太经济合作组织。这些区域性经济集团在一定程度上发挥着整合内部经济和作为一个整体与外部世界进行经济交往的作用，因此日益成为经济全球化的中介性动力。

4. 全球性问题的产生和解决是经济全球化的催化性动力

全球性问题是关系全人类利益和具有全球普遍性的问题。在当前，这些问题有全球生态、人口、粮食以及南北差距扩大、恐怖主义等。要解决这些全球性问题，单靠个别国家和少数国家是远远不够的，而必须世界各国共同行动。为此就要建立相应的平台来商讨、协商、合作，并形成有约束力的目标、机制、程序。正是在这个意义上，全球性问题的产生和解决成为经济全球化的催化性动力。

总之，经济全球化是一个不可抗拒的客观趋势。但同时它对各国来说，又是一个机遇与挑战并不均衡的历史过程。我国作为一个发展中国家，我们无疑应该特别关注经济全球化对发展中国家现代化的影响。

二、经济全球化对后发国家现代化的双刃效应

现代化作为一个世界性历史进程，是指人类社会的工业化、信息化、城镇化、高等教育大众化和政治民主化等为内容的发展过程，这一过程是与经济国际化、全球化有机地结合在一起的。但进入世界现代化进程的国家有先后之别，因而也就有“先发式国家现代化”（简称先发国家现代化）与“后发式国家现代化”（简称后发国家现代化）之分。与此相联系，后发国家现代化相对于先发国家现代化也就有了其特殊发展逻辑。

（一）后发国家现代化的特殊发展逻辑

这表现在以下三个方面。

1. 特殊的发展背景

这里可以用一句话来概括：先发国家现代化享有先手之利，这从而使后发国家现代化遭遇后手之弊。这种先手之利表现在：先发国家现代化的生产要素有广阔的获得空间，在国际分工格局中处于中心地位，是国际经济、政治秩序的制定者和主导者。而那些被迫依附于工业中心的落后的农业国家和地区，在西方炮舰的攻击下，程度不同地沦为殖民者、半殖民地或附属国。在这种被殖民和奴役的痛苦中，在外来异质文明的撞击挤压或间接引进过程中，落后国家和地区艰难地、被动地纳入了世界现代化的旅程。

2. 特殊的发展历程

这表现在，先发国家现代化是先工业革命，后政治革命；而后发国家现代化则是先政治革命，后工业革命。先发国家在现代化之初，其资本主义生产力和生产关系已有了相当程度的发展，后来通过工业革命获得加速，西方资产阶级接着凭借强大的经济力量夺取了政权，这样也就为现代化的发展提供了政治保障。与之相反，后发国家现代化是先通过政治革命改变国家的屈辱地位，获得现代化的政治前提，然后进行工业革命。很显然，如果没有这个政治前提，那么所谓现代化就无从实现。在中国近代史上，一些人所鼓吹的实业救国、科学救国、教育救国等主张为什么会陷于空谈，其原因也就在这里。后发国家只有通过政治革命掌握自己的命运，才能通过内部发展，不断创造条件，实现工业革命。

3. 特殊的推进方式

这表现在：先发国家现代化一般是一个自发的、由下而上的过程；而后发国家现代化则是自觉的、由上而下的过程。先发国家现代化的推动力主要来自民间，而非来自政府，是新兴的市民、商人、企业家、制造商等分散的社会群体扮演着现代化的主体角色，政府的职能主要是保证经济的自由运转，只是到资本主义发展到国家垄断资本主义阶段，国家才从经济运行的看护者变成了重要投资者和宏观调控者。而对落后国家来说，在开始进行现代化时，民间资本力量薄弱，市场发育尚不成熟，经济生活中尚未形成自动运转机制。

另外，为了应对发达国家资本造成的巨大竞争压力，发展中国家的执政党和中央政府等有组织的社会力量充当了现代化的主体力量，推动现代化进程自觉地自上而下地展开。在这种推进过程中，随着新生的现代化主体力量的形成，国家也需要适时地从建设型政府向服务型政府转变。

由于经济国际化、全球化的发展，因而在这一背景下后发国家现代化也就获得了难得的世界历史性机遇。

（二）后发国家现代化的世界历史性机遇

这表现在以下三个方面。

1. 生产力可以跨越式发展

首先，先进的生产要素可以引进。世界范围的交往实践使同一时期的社会发展具有共时性意义，经济全球化带来的国际分工的发展、产业的转移和货币、金融、技术、劳务、信息等要素市场的不断国际化，使落后国家通过引进可以跨越某些中间环节，进而跨入较高发展阶段，甚至可以后来居上。1950—1977年，日本花了57.3亿美元，从国外引进了25777项技术，使日本的经济快速发展起来。又比如，中国的钢铁工业原来的工艺技术比较落后，后来上海宝山钢铁厂的建设，从国外引进先进设备，一下子使我国这方面的进步跨越了20年的发展历程。后来又经过改革、创新，现在宝钢的技术、管理、效益都已达到了世界一流水平。

其次，发展道路可以借鉴。后发国家现代化往往是通过政府的力量，有组织、有计划地自觉推进的，这就使后发国家能够在借鉴先发国家现代化经验教训的基础上，克服盲目性，少走弯路，以比较小的代价取得较大的成果。比如先发国家现代化都曾走过"先污染、后治理"的道路；另外有些国家企图靠"战争崛起"，比如二战中的德国、日本就是这种反面的典型。其实，这是一条既害人又害己的道路。以上这些教训都会给后发国家现代化以重要启示。

2. 获得较为和平的国际环境

在经济全球化进程中，国际社会的关联性在提高，不仅相互联系，相互依赖，而且相互投资，你中有我，我中有你，以至在某些方面，一损俱损，一荣俱荣。这种利益共同性的扩大，促使国际局势从紧张走向缓和，推动国家关系从对抗走向对话。什么地方这种关联性发展得愈充分，什么地方愈不会发生战争。当然这不是说，这些关联性高的国家之间不会发生摩擦和冲突，而是说，矛盾和冲突最终要通过谈判、妥协，以至互让来解决。因为每一方都握有制服另一方的筹码，谁都不可能单方面推行损人利己的政策，而不受到抵制。西方发达国家以往所玩弄的“零和”游戏，在经济全球化的背景下，愈来愈行不通了。这种较为和平的国际环境的形成，为后发国家的现代化提供了有利的国际政治环境。

3. 提供了全新的思维视野

经济全球化推动了各种文化间的相互对话和交流，使各种文化的视界相互交融，并有所拓展。这表现在两个方面。一是通过对话，发现自身文化的局限，取人之长，加以完善。二是发现和拓展了人类文化的某些共性，树立了全球观念和全球意识。改革开放30多年来，在坚持政治思维（算政治账）与经济思维（算经济账）的统一、思想教育与制度规范的统一、管理与经营的统一、公平与效率的统一等方面，我们中国人的观念都大大地进步了。另外，在树立国际大生产观、国际大市场观、国际大合作观、国际竞争风险观以及国际责任观等方面也大大地进步了。

诚然，人类社会向世界历史的转变和经济全球化的发展在给后发国家提供了机遇的同时，也带来了风险，造成了对其发展的挑战。

（三）后发国家现代化面临的挑战

这表现在以下三个方面。

1. 后发国家经济发展面临风险

（1）后发国家承受着不合理的国际经济秩序的压力。如前所说，先发国家除拥有资源、技术、信息、市场等优势以外，还控制着当今世界经济的主导权。二战后，世界经济有三大支柱：国际货币基金组织、世界银行、世界贸易组织（其前身是关贸总协定，1995年1月1日开始用现名）于20世纪40年代相继成立。经过60多年的发展，三大国际经济组织不断完善，其对国际经济的协调作用日益显著，对推动世界经济的发展起到了一定的积极作用。但这些国际经济组织所发挥的国际经济协调作用，主要是为美国等发达国家获得更大利益服务的，从而成为它们控制世界经济的手段和全球扩张的工具。

那么它们是怎样实现这一点的呢？是运用制定规则的投票权。拿国际货币基金组织来说，它采用的不是一国一票原则，而是根据各国国民生产总值、进出口总额、出口占国民收入的比重，以及外汇储蓄等为依据计算出各国享有的投票权。国际货币基金组织决定重大事项需要85%的投票权赞成，而美国一国就掌握了16%的投票权（2001年），并且是享有否决权的唯一国家。世界银行的表决机制与国际货币基金组织大体相同，世界银行决定重大事务需要80%的投票权赞成，而美国控制了22%，西方七国集团的国家占了50%（2002年）。因此，先发国家利用手中的投票权，控制着国际经济游戏规则的制定，以维护发达国家的经济利益，干预后发国家的经济发展，从而扩大对后发国家的经济优势。

另外，西方国家还搞双重标准，也就是说，即使有了国际规则，它们有时也并不执行。例如关于200海里专属经济区，美国就不承认别国的200海里专属经济区，而只承认12海里领海权。即使有联合国海洋公约，美国也视为无物。但别国的渔船如果进入美国的200海里捕鱼，美国则要向其收税。

（2）后发国家对发达国家的经济依赖隐藏着巨大的危机。这种依赖主要有两个方面：一是资本依赖。后发国家为了解决资金缺口，往往依赖发达国家的资本输入。对输出者来说，其唯一目的是为了获取利润，而如果发现输入国存在某种隐患，它就会把资金突然抽逃，这样一来，对输入国来说隐患就会酿成危机。1997年东南亚金融危机、2000年阿根廷金融危机都曾因外国资金的抽逃而雪上加霜。在阿根廷经济出现动荡和困难的时期，一天之间就曾有7亿美元抽逃。二是市场依赖。一些后发国家实行出口导向型发展战略，大多数产品面向海外市场，特别是欧美市场。一旦欧美市场饱和，或实行贸易保护主义，后发国家的贸易条件就会恶化，出口就会受阻，经济就会萎缩。

（3）后发国家经济脆弱往往成为发达国家转嫁危机的对象。发展中国家经济发展水平低，内部机制不健全。这就使它们在与发达国家不平衡、不对称的相互依存中，显得很为不利，往往容易受到冲击，在国际经济波动时，就会成为发达国家转嫁危机的对象，从而遭受创伤。

2. 后发国家政治发展方面面临羁绊

（1）后发国家的主权面临挑战。国际主权是一个国家独立自主地处理内外事务的最高权力。按传统的观点，它不可分割、不可让渡，是一个国家所独有的。但在经济全球化过程中，情况发生了变化，国家边界和管理体系的日益开放，与之相联系的民族国家经济自给程度的降低和对经济体系调控能力的减弱，以及加入全球性、区域性组织，按国际惯例和国际条约运作所造成的国家主权的部分转移等，都为发达国家插手发展中国家的内部事务，干涉其内政，甚至培植反对势力，搞所谓“颜色革命”提供了可能。

（2）后发国家的安全面临挑战。这里的安全不仅指传统意义上的军事安全，而且包括现代意义上的经济安全、科技安全、信息安全和生态安全等。以美国为首的西方发达国家凭借自己强大的军事实力、经济实力、科技实力、信息获取和攻击能力，以及将一些污染严重的产业、生活垃圾和工业废品的境外转移，给后发国家多方面的国家安全构成了威胁，侵犯了它们的利益，增加了这些国家安全的脆弱性。

（3）政治价值选择面临挑战。在国际交往实践中，必然会形成全球化共有的一些政治价值。比如民主、平等、发展、稳定等。但是各国的政治发展选择受经济发展水平、政治文化发展现状和民族传统等因素的影响，在实现上述共同价值目标时，必然会有所侧重，存在着轻重缓急的次序，而且必然会具有各民族的个性特点。广大发展中国家由于曾是殖民地、半殖民地，因而这些国家在获得独立后，经济滞后，社会矛盾重重。地区差别、阶级差别、党派纷争、民族纠纷等困难和问题堆积如山。因此对广大发展中国家来说，稳定压倒一切，发展是首要任务，加之作为自上而下的自觉赶超过程的现代化，需要运用高度集中的政治权力，而这就与在发达国家民主“示范效应”下所形成的民众期望产生巨大反差。

如果这些国家的当权者不立足于国情，不在局势稳定与民主推进的关系处理上找到平衡点，则容易引发社会系统的震荡。19世纪初，拉美国家取得独立后，早期的领导者不谙国情，热衷于推行西方的民主制，结果导致了国家的长期动荡和分裂局面，有的倒入军人独裁，有的陷入部族战争，自家血染自家人。这个教训是值得后发国家深思的。

3. 后发国家在文化发展方面遭遇阻碍

经济发展需要文化支撑，需要文化的同步发展。然而在经济全球化浪潮中，后发国家文化发展所面临的不仅是本土文化的继承与转型，而且还涉及本土文化与外来文化的交流和冲撞。一些西方发达国家利用掌握手中的话语霸权、庞大的全球文化组织系统，以爆炸式的方式倾销文化产品，进行文化输出和渗透，造成后发国家文化被贬斥，心理和意志被征服，精神和价值被扭曲。所谓话语霸权，就是以美国为首的少数西方发达国家以自己的嘴巴大、嗓门大，影响世界舆论。美国人口占世界人口的5%，可美国的哥伦比亚广播公司、美国有线电视传播网、美国广播公司等媒体所发布的信息量是世界其他各国发布的总信息量的100倍，这就形成了体现美国利益的世界话语霸权。除此之外，美国还建立了庞大的全球文化组织体系。到20世纪80年代，美国新闻署已在128个国家设立211个新闻处和2000处宣传活动点，并在83个国家设立图书馆。美国凭借强势的传媒和组织系统，以爆炸式的方式倾销文化产品。就电视而言，据新闻问题专家瓦利斯对1970—1871年电视节目的调查，一些发展中国家在电视节目总量中进口所占的比重很大：危地马拉为84%，乌拉圭为62%，马来西亚为71%，赞比亚为64%，埃及为41%。至于电影，美国的产量只占世界总量的6%—7%，却占世界放映时间的一半以上。

《伸向全球：跨国公司的力量》一书的作者巴尼特和马勒惊呼："外国公司对墨西哥处于底层的一半人民的思想的影响，毫无疑问，比墨西哥政府和墨西哥教育制度的影响更为持久。"①英国记者哈里森指出："今天西方化的现象已经扩展到第三世界的每一个角落。它钻进当地生活的主动脉，从内部散发毒素。"②

总之，经济全球化为后发国家的现代化既提供了机遇，也提出了挑战。但是，机遇能否抓住，能否变成真正的动力；挑战能否化解，能否成为前进的阶梯，这一切都取决于后发国家现代化主体的自觉应对能力。下面着重来谈谈中国在成功推进现代化的过程中，理性应对经济全球化的基本原则和策略。

① ［美］斯塔里亚若斯：《全球分裂——第三世界的历史进程》，迟越等译，514页，北京：商务印书馆，1993年。

② ［英］哈里森：《第三世界——苦难·曲折·希望》，钟菲译，43页，北京：新华出版社，1984年。

三、中国在现代化进程中对经济全球化的理性应对

中国是一个后发国家，从1840年开始，在列强的侵略压迫下，逐渐沦为半殖民地半封建社会。中国人民经过长达109年的斗争，终于推翻了“三座大山”，获得了中华民族的独立和解放。新中国成立60多年来，中国人民在中国共产党领导下，以马克思主义为指导，成功开拓了一条具有中国特色的社会主义现代化道路。这标志着中国现代化已由以往对世界现代化和经济全球化的被动适应，而逐步进入一个自觉、主动、创造性回应的时空境界。具体说来，主要是形成了以下四个方面的基本原则和策略。

（一）在走向世界中，坚持社会主义方向

中国现代化是处于发达资本主义占主导的经济全球化背景下的现代化。中国现代化要获得成功，必须要向世界开放，要通过开放，吸取资本主义的肯定性成果，但同时要抵制资本主义的侵略和演变。也就是说，不能忘记自己的崇高使命，不能在开放中丧失“自我”，不能搞“资本主义自由化”。对此，邓小平反复告诫国人：“在整个改革开放的过程中，必须始终注意坚持四项基本原则。”①在这四项基本原则中，最核心的是坚持共产党的领导和社会主义道路，即坚持中国特色社会主义制度。这是因为：

1. 坚持党的领导和中国特色社会主义制度，才能维护国家的统一和政治的稳定

统一必须有共同利益，稳定必须有政治核心。社会主义公有制所代表的是广大人民的公利，而一切剥削私有制则是为着少数剥削者的私利。为着私利必然导致离心离德、民族分裂。一些国家在由社会主义倒退到资本主义的过程中，由于丧失了共同利益，因而也就由统一走向了分裂。南斯拉夫一分为六，捷克斯洛伐克一分为二，原苏联一分为十五，都是典型的例证。中国是一个幅员辽阔，人口众多，由56个民族组成的国家。在这样一个历史悠久，现实情况错综复杂的国家

① 《邓小平文选》第3卷，379页，北京：人民出版社，1993年。

里进行社会主义现代化建设，没有国家的统一和政治的稳定，一切就无从说起。要保持稳定，就必须有一个能代表最广大人民利益、善于总揽全局、有效协调各方面的政治核心、中坚力量。只有这样，才能保障社会的稳定发展和不断进步。美国学者亨廷顿在研究发展中国家的经验时曾指出："一个现代化中政治体系的安定，取决于其政党的力量。一个强大的政党能够使群众支持制度化，政党的力量反映了大众支持的范围和制度化的水平。凡达到目前和预料的高水平政治安定的发展中国家，莫不至少拥有一个强大的政党。"①

2. 坚持党的领导和中国特色社会主义制度，才能克服现代化过程中的种种困难

从国际比较来看，人类迄今为止的现代化历程已有二三百年，先后有60多个国家和地区进入了工业社会，但所有这些国家和地区的人口总和还不到12亿，而中国作为一个有着13亿人口的发展中国家，进入工业社会并发展成为现代国家，仅用了二三十年时间。也就是说，中国在二三十年里走完西方发达国家二三百年才走完的工业化、城镇化道路。这样一来，也就使在西方发达国家现代化过程中渐次出现的历时性问题，在中国成为共时性问题集中爆发，其情况之复杂、矛盾之突出，为世界所仅见。西方发达国家现代化过程中所呈现的矛盾包括：工业发展，农业衰退；机器生产，人口过剩；效率提高，公平丧失；经济起飞，官员腐败；生产发展，生态恶化；一国崛起，四邻不安。中国现代化除了会碰到世界各国现代化所碰到的这些一般性问题以外，还有一些中国的特殊性问题。比如，中国沉重的人口负担问题，以及中国从计划经济体制向市场经济转轨的问题。从1972年开始，中国实行计划生育政策，少生3亿多人。在体制转轨中，曾有4000万工人下岗。这个数字相当于加拿大或10个新西兰的总人口。然而我们坚持了党的领导和中国特色社会主义制度，已经或正在成功化解上述矛盾。不然，这是难以想象的。

3. 坚持党的领导和中国特色社会主义制度，才能实现经济社会的持续健康发展

（1）中国共产党和中国特色社会主义制度代表了全中国人民的根

① ［美］塞缪尔·亨廷顿：《变化社会中的政治秩序》，王冠华等译，396页，北京：生活·读书·新知三联书店，1989年。

本利益，能够按照这个根本利益的要求，制订一个合理的长远规划。有了这个规划就有了奋斗目标，就能深谋远虑，统筹协调。对邓小平的“三步走”战略，澳大利亚前总理霍华德曾评价说，这是一个了不起的设计。他说，按照一个长远的规划进行建设，这是中国的一个特点。世界上没有哪一个国家能够做到。英国诺丁汉大学姚树洁教授也说：“经济发展中制定五年计划就很有效。有个五年计划就像走路时有了目标，就可以更清晰地规划一些大项目。而英国就没有这样的计划，每年只能靠预算来规划，效果就差得多。”①

（2）中国共产党和中国特色社会主义制度有着为实现长远规划的社会动员。这包括共同的理想、信念和价值追求，以及体制、路线、方针、政策等的激励，从而形成了支撑国家发展的持续的精神动力。共同的理想、信念和价值追求，可以使人们在利益关系的得失比较和现实矛盾的分析处置中分清主次，产生一种资本主义国家不可企及的凝聚力。而在一些西方国家，尽管人均GDP很高，但个人和利益集团各自强调自身利益，内部摩擦成本很大，这在很大程度上影响了国家意志的统一和凝聚力的形成。有的国家缺少这种内在的统一和凝聚力，于是就试图通过树立外在的假想敌来达到这一目的。然而，这终究难以持久。

（3）中国共产党和中国特色社会主义制度能够保证中国政府的强势作用。这里的强势是指政府的高效运转，能对重大问题迅速做出决定，并卓有成效地加以执行。中国的底子薄，基础差，人口多，资源紧缺，发展不平衡，又处于转轨变型的深刻变革之中，加之中国的超大型规模，所有这一切都增加了现代化建设和国家治理的复杂性和艰巨性。每年一个短短的春运就有超过20亿的人次上路，2010年春运则刷新了25亿人次上路的记录。这相当于把美洲、澳洲和非洲的人口在一个月内挪动了一次。何况春运在中国还不是最大最难的事。如果没有一个坚强有力的政府领导，其结果是不难预料的。

总之，在走向世界中，我们必须坚持社会主义方向这一中国现代化建设的生命支柱。

---

① 王亚宏：《中国飞龙为再次腾飞助跑》，《参考消息》，2009·4·14。

（二）在对外开放中，坚持自主发展原则

对外开放，现在在中国不仅早已成为共识，而且经过了30多年的努力，中国在全世界已经是一个开放度很高的国家。早在2004年中国进出口商品和服务的总额已占中国GDP的75%左右。而日本、印度、巴西，这个数字只是25%—30%，也就是说，这些国家的开放度只有中国的33%—40%。诚然，中国还需要进一步扩大开放。为此，需要正确处理好以下三个问题。

第一，以我为主，实现开放。在开放之初，我们怕人家不来，采取了不少优惠措施，可以说，捡到篮子里的都是菜，现在我们应该有所选择。其标准是：有利于促进产业结构改善，有利于国家安全，有利于环保，有利于民族工业的发展。总之，要加强宏观管制。第二，吸收学习与改造创新相结合。不吸收学习，就会进步很慢，光学习，不创新，就不能获得提升。第三，引进来与走出去相结合。这里不仅指商品要走出去，主要是指资本要走出去，要到有市场需求的地方去办企业，到有资源的地方去办企业，到更能实现生产要素结合的地方去办企业，到成本更低的地方去办企业。要打造中国的经济航空母舰，形成更多、更大的中国跨国公司。

（三）在与国际接轨中，坚持体制创新之路

这里的体制创新，不仅是指要改革阻碍中国自身发展的那些体制方面的因素，而且是指在经济全球化过程中，在与国际接轨中，要创造相对于其他国家具有优势的体制。也就是说，不仅要创造中国有史以来最好的体制，而且要创造当今世界上最具竞争力的体制。

比如，每年全球的资本输出总量是一个定数，但是这些资本输往哪些地方、哪些国家，资本输出者就有一个权衡。权衡的一个重要方面就是该国的体制。近几年来，中国是吸收外资仅次于美国的第二大国，这说明我国的体制是有优势的。我国有的企业到印度去投资，那里的地方保护主义很厉害，层层设卡，这里主要的也是体制问题。前几年印度吸引外资每年仅几十亿美元，只是中国的一个零头。又比如，世界性的人才竞争很激烈，中国如何从全世界吸引人才，为我所用，这就涉及人才制度改革。我国体制改革的目标，是要吸收全世界的资

金、技术、管理、人才等要素在中国这块土地上实现最佳的结合，从而在全球经济运动场上提高和显示自己的竞争优势。

（四）在综合国力竞争中，坚持科教兴国战略

我国实施科教兴国战略，是我们党面对世界范围内科学技术迅猛发展，知识经济即将来临，经济全球化态势日益激烈的时代背景，根据经济和社会发展规律及我国现实情况做出的重大战略部署，是保证国民经济持续健康快速发展的根本措施，是中华民族复兴之大计。

中国的现代化不能靠掠夺，不能靠降低人民生活水平，不能靠出卖资源，而只能依靠科技和教育的力量，把经济建设转到依靠科技进步和提高劳动者素质的轨道上来。将沉重的人口负担转化为巨大的人力资源优势，这一点将决定我国现代化的成败。要提高民族素质，提高科技水平，说到底是要发展教育。为此，要加大教育投入，在农村地区需要继续巩固、提高普及九年制义务教育的成果，在全国要提高高中普及率，高等教育要在实现大众化的基础上，进一步提高教育质量，努力创建一批世界一流大学。

中国现代化的前景如何？在经济全球化的背景下，中国现代化既有机遇，也有挑战，且机遇大于挑战，我国仍然处于可以大有作为的重要战略机遇期，我们已经具备了更加坚实的发展基础，只要我们不骄不躁，求真务实，认真解决问题，切实面对挑战，我国现代化将迎来更加光明的未来！

中国和平发展与新军事变革*

近几年来，我国军费开支的增加、军队现代化的推进，特别是国庆60周年所进行的大阅兵等，都引发了种种议论。当然，多数中国人认为大阅兵向世人展示了一个现代化的具有实力的大国形象，是好事。但也有人担心，说这样做会授人以柄，说我们炫耀武力，从而借机宣扬中国威胁论。其实，搞不搞大阅兵，西方有一些人士、研究机构和媒体都会这么做的。因此，问题的关键在于，我们自己怎么看。这里，就“中国和平发展与新军事变革”这个总题目，来谈以下四个方面的问题。

一、国防现代化是中国和平发展的必然选择

纵观以往的国际关系史，大国的崛起往往是与战争扩张如影随形。战争崛起几乎是大国崛起的主要模式、基本道路和通常选择。中国的发展是否也要走这条路，应该说，不能走，也走不通，因而必须另辟新路。这条新路就是我们党和国家提出的“和平发展道路”。这条道路的精髓就是中国永远不称霸，既通过争取和平的世界环境来发展自己，又通过自己的发展来促进世界和平，从而努力实现中国的和平发展、开放发展、和谐发展。因此，坚持和平发展道路，不是中国的权宜之计，而是中国政府和中国人民的郑重选择和庄严承诺。

坚持和平发展与国防现代化的关系如何，矛盾不矛盾？并不矛盾，而是统一的，因为和平发展不是一厢情愿的事。和平至少是双方、多方的事，你要和平发展，人家要让你和平发展，这样中国的和平发展才能从一种良好愿望变成美好现实。然而当今世界并不太平，因此为了争取一个和平的国际环境，你就必须使企图围堵你的国家不敢动作，这样也就要有军事硬实力作支撑，要敢于亮剑。能战方能止战，为此也就必须

* 原刊于《合肥师范学院学报》，2011，29（1）。

加强国防现代化。

世界上流行着一种“安全两难”的观点，即为了自身安全而发展军备，而发展军备又会引起对手疑惧，进而使对手也提高军备水平。而这又导致了自己更大的不安全。怎么办呢？有人认为可以超越“安全两难”，其办法是放松武备、体现善意，从而实现共同和平。但事实证明，实力不对称，恰恰是导致局势不稳的根源之一。

在存在外在威胁的情况下，和平是建立在实力平衡基础上的，有实力才有资格表善意，有力量才有可能谈和平。在冷战时期，正是美苏两极的军事平衡，才使双方相互节制，没有使“冷战”变成“热战”。

美国对处于弱势的对手是从不手软的。苏联解体以后，变社会主义为资本主义，俄国人以为，过去搞社会主义，美国及其盟国虎视眈眈，必欲置于死地而后快。现在搞资本主义了，这下好了，美国及其盟国自然也就会对俄国友好相待。其实，情形恰好相反。

在美国人眼中，苏联地位最高的时期是斯大林、勃列日涅夫时期。苏联一解体，国家由大变小、由强变弱。原先美国及其盟国对俄罗斯所作的大规模经济援助和政治安全承诺，也就化为泡影，被风吹散。不但如此，作为与华沙条约组织对峙的北约，在华沙条约组织解散以后，非但没有解散，而且实施东扩，对俄国进行包抄。同时在一些独联体国家策动“颜色革命”①，培植亲美政权，进一步挤压俄罗斯的生存空间。这成了俄罗斯抹不去的世纪之痛。苏联最后一代领导人戈尔巴乔夫当年曾怀着善良愿望，为取信西方，而提出了一个“全人类利益高于一切”的口号。到头来非但没有得到善报，相反，招来的却是恶报，是瓦解，是打击。②

① 所谓颜色革命，即以美国为首的西方国家利用非政府组织的渗透，在独联体国家扶植反对派，推翻民选政府，在“乌克兰搞橙色革命”，在“格鲁吉亚搞玫瑰革命”，在“吉尔吉斯搞郁金香革命”，先后得手。

② 西方对俄的经济许诺，如果苏俄实现所谓私有化、民主化，美国将给予240亿美元援助，实施一个所谓新马歇尔计划（1951年，美国实施了一个援欧计划，计130亿美元）。然而在苏俄解体以后，给俄罗斯的援助仅24亿美元，仅为许诺的1/10，这24亿美元仅以产品的形式援助，而这些产品是西方销售不掉的库存产品（主要是生活用品）。俄罗斯按西方的要求私有化，而且是急速私有化，搞休克疗法，致使经济陷入全面危机之中。西方对俄的政治许诺，北约不东扩，给俄罗斯提供坚实的安全保障。然而北约利用苏联互解，俄罗斯大为削弱之时，先后启动了三轮东扩计划，一步一步逼近了俄罗斯的家门口。历史证据显示，美国总统老布什与德国总理赫尔穆特·科尔在甜言蜜语给戈尔巴乔夫许诺的时候，在私下里却是另一套。总统图书馆的文件和回忆录显示，老布什非常直白地说：“去死吧。获胜的是我们，而不是他们。我们不能让苏联人反败为胜。”

不难设想，那种以松弛武备来换取对手怜悯的做法，结果只能激起对手的杀心和贪欲。充分的军事准备反而会使对手顾虑重重，从而增加和平的概率。

因此那种松弛武备，借以向对手释放善意的观点是一种迂腐之论。中国历史上受儒家思想影响，重文治轻武功。这在两个朝代表现得最为突出，一是北宋王朝，二是明王朝。拿北宋王朝来说，文化发达，但武备不昌。宋徽宗的书法、绘画的造诣都达到了很高水平。他主编了四本很有学术价值的资料：《宣和画谱》《宣和书谱》《宣和博古图》《宣和风筝谱》，然而正是在这个皇帝手上把国家的半壁江山给搞丢了。

鸦片战争以后，清朝曾派一个使团到欧洲考察，看到人家武器精良，不加警觉，反而加以嘲笑，说外国人把心智都用在制造杀人武器上，而不是用在修齐治平上。这种论调看似高雅，实则麻木不仁。

历史的教训不应忘记。那种认为走和平发展道路，就不要搞国防现代化的观点，如果付诸实践，那是很危险的。这是因为如果没有国防现代化作保障，那么就不能维护国家的领土完整，就不能争取到一个和平的国际环境和良好的周边环境，就不能实现祖国的统一，就不能履行维护世界和平和发展的国际义务和责任。因此加强国防现代化不仅与中国走和平发展道路不相矛盾，而且还是落实和平发展战略的必然要求。不然，和平发展不可得，还会带来灾难性的后果，即在你的头上存在挥之不去的战争阴影。这样一来，不仅会影响中国发展的战略机遇期，而且还会使中国海外利益不断受到损害。

近几年来，我国军费开支有所增加，有些人鼓吹中国军事威胁论；我们用导弹击毁了一颗将废弃的卫星，又有人鼓噪一番，说中国将威胁世界；我们将建造自己的航空母舰，又有人说，这是与中国承诺的和平发展自相矛盾。

之所以会产生这些议论，一是不明实情，二是故意歪曲。一个国家的军事实力，只能说明拥有什么，并不意味要干什么。正如每个人家里都有菜刀，并不意味着要用菜刀杀人一样。搞不搞武力扩张，是否威胁其他国家，主要不取决于拥有什么样的军事实力，而是取决于它的文化传统、治国理念、对外政策和军事战略。

因此，不要怕人家议论，不要怕人家扣帽子。一讲中国威胁，就无所作为，而这正中了世界上一些人的奸计。对此必须头脑清醒，不能上当。这里用得上俄国的一句谚语，狗叫狗的，骆驼队走骆驼队的。

为了提高对我国国防现代化的认识，下面先来谈谈国防理念的变迁。

二、国防理念与战争模式的历史变迁

国防理念是一个国家的安全理念。它通过国家的安全战略和一定的战争模式体现出来。从国防理念的演变来说，在历史上大体经历了如下四个阶段：陆权国防理念、海权国防理念、空权国防理念、多维国防理念。下面分别来加以说明。

（一）陆权国防理念

这一理念主张发展陆军保卫陆地主权。陆地主权是指陆地资源权利。权利永远需要力量来捍卫。这就自然延伸出陆权国防及其实施力量——陆军。

19世纪有两次战争令中国人记忆犹新，一是中英鸦片战争，二是甲午中日战争，这两次战争中国都战败了。究其原因，人们可以从多个方面去加以说明。但从国防理念来说，是海权国防理念打败了陆权国防理念。

中国几千年的封建社会是以自然经济为基础的小农生产方式为主导，其生产要素是劳动力和土地。这种生产方式带给中国军事方面的影响是刺激了中国陆军及以攻占地面要塞为目标的陆权国防理念的发展。除此以外，中国所处的特殊地理环境，也使中国上述军事特点得到强化。鸟瞰中国，可以发现，除北方外，四周均受大自然很好的保护。西部、西南部有昆仑山和喜马拉雅山作为屏障。在中国东部和南部又有东海和南海的天然保护。在没有远程航海技术的古代，征服大海远比征服中国更为复杂。因此，中国古代就没有发展出像英国那样的海军，更没有，也没有必要建设像英国那样的海权国防。鸦片战争前，中国没有一支国防意义的海军。中国的军事著作从孙子兵法到武经七书（中国宋代编印的一部军事著作）所表达的理念都属陆权国防理念。

可见，大海的天然屏障既使古代中国获得了天然保护，又使其失去了海防的功能，从而也就没有条件积累足以在未来战争中进行自卫的海上经验。鸦片战争是英国在海上对中国的胜利，也是大海留给近代中国国防的一粒苦果。

正是因为中国的西、东、南诸方无后顾之忧，所以中国古代国防一直以抵御北方少数民族南犯为目标，长城的出现便是这种国防的产物。

（二）海权国防理念

对海权及制海权最先进行理论总结的，是生活于中英第一次鸦片战争到第一次世界大战期间的美国人艾尔弗雷德·塞耶·马汉（1840—1914）。他在美国崛起并对世界市场产生重大需求的背景下提出了自己的海权理论。他在《海权中的美国利益：现在和将来》一文中说："对海洋——尤其是沿着由各国的利益和商业勾画出的重要航线——的控制是决定一个国家力量和繁荣程度的主要物质因素。之所以如此是因为海洋是世界上极重要的联络媒介。从其中可自然地得出这条以控制海洋为目标的原则：在的确能够做到的时候，一定要把有助于对海洋牢固控制的海上要点拿在自己手中。"[①] "任何地点无论其面积大小，是一个海港还是一个海峡，其战略价值都取决于：1. 它的位置（主要是相对于交通线）；2. 它的力量（固有或后天的）；3. 它的资源（天然的或存储的）。人们可以在位置合理之处集聚力量和资源，但无力将一个地点本身并不优越的位置予以改变，因而位置应成为首先关注的所在。力量和资源可以人为地供应或增加，但移动一个位于战略影响范围之外的港口却不是人力可胜任的，若将直布罗陀搁在大洋中间，那它的力量也许会四倍于今天，但在军事上它将一无所用。"[②] "对商业的打击就是对有关国家交通的打击。它截断了它的营养，它使之忍饥挨饿，切断了它的力量之根基、战争之筋骨。"[③]据说，1890年马汉在波士顿出版社出版的《海权对历史的影响》一书，曾获

① ［美］艾·基马汉著：《海权论》，萧伟中、梅然译，319页，北京：中国言实出版社，1990年。

② ［美］艾·基马汉著：《海权论》，萧伟中、梅然译，351页，北京：中国言实出版社，1990年。

③ ［美］艾·基马汉著：《海权论》，萧伟中、梅然译，379页，北京：中国言实出版社，1990年。

德皇威廉二世大加赞赏，认为，“这是一部相当出色的书。并要求把它带到我的所有舰船之上，舰长和军官们要不停地引述书中的内容。”①

18世纪英国资产阶级工业革命和市场的发展是海权理论形成的社会物质前提。市场经济使人类生产从对使用价值的追求转到对交换价值的追求，因此追求利润成了经济活动的核心动力，而利用世界资源和世界市场，是市场经济条件下国家经济实现资本增值的最快方式。为了获得世界资源和世界市场，于是对海上交通线的控制就成为前提，而为了创造这个前提，海洋贸易线上的岛屿、半岛、海峡、运河就必须执掌在自己手中。

为了实现这一目的，在由农业国变为工业国的西方发达国家，利用远程航海技术，带动了造船业和海军的发展。机动船队的产生和海军的发展，使西方发达国家具有了争夺海上交通线上的岛屿和半岛的能力。英国人占领香港，葡萄牙人占据澳门，日本人占据台湾，都是为此目的。而清政府从陆权国防理念出发，认为中国陆地有的是，大得很，至于边陲岛屿、半岛，则视为“弹丸之地”而不知珍惜。

保卫海上资源和能源自由贸易权利的能力，取决于海外军事投送能力，没有海上军事投送能力，海外贸易的保护就会落空。全球化不能不包括自己手段的全球化。进入全球化进程中的国家，安全是“边界安全”和“安全边界”的统一。所谓边界安全，即领土、主权安全。所谓安全边界是指在全球公共海洋、公共空间维护自身利益的边界。这种边界越广，越能保障本国的利益安全。而为了保障自己的海洋权益，你必须有强大的海军。

另外，从军事角度说，(1) 海上运输与陆上运输相比，调动军事装备和力量无地面障碍（无道路、地形等问题），因而能节省时间。(2) 海洋基地防务比陆地要塞防务，所需兵力少。因为海洋本身是一种天然屏障。(3) 海军相对于陆军有较大的自由度，拥有广阔的打击面。而陆军只能靠其数量增加来扩大防卫面。比如鸦片战争中，中国防备英国的陆军远比进攻中国的英国海军多。但中国吃了败仗，其中一个原因在于英军从广州到天津能在海上自由调动，及时集结，而中国陆军则只能在沿海处处设防。

① 《统治海洋才能成为世界强国》，《参考消息》，2013·9·5（10）。

（三）空权国防理念

意大利人朱里奥·杜黑（1869—1930）从理论上是最先意识到制空权的重要性的。他在《制空权》一书中认为：航空为人类开辟了一个新领域——空中领域，结果就必然形成一个新战场。由此他认为制空权与制海权一样重要。杜黑的这种超前意识被德意日法西斯最先采纳，并迅速转化为他们发动第二次世界大战的主要作战方式。这种新的作战方式使二战中的德意日轴心国在战争初期占据了明显的军事优势。这是因为飞机作战有其重要特点：（1）机动性强，能在短时间内实施起落。二战中的欧洲战场，希特勒的闪电战主要就是利用了空军的极大机动性。（2）可以远距离实施打击。在中国战场，日本凭借空中优势，远距离轰炸重庆和内地一些城市，给中国造成了很大损失。抗美援朝战争中，美国也利用强大的空军而占了不少优势。美国在朝鲜战场上共拥有1170架飞机，我国新生的人民空军的作战飞机不足美国的1/8，即不足200架，飞行员不足200人，人均飞行时间不足100小时。但面对二战中曾经大出风头的对手，他们取得了击落敌机425架的赫赫战功，从而使美国的空中优势减色不少。

（四）多维一体国防理念

多维一体国防理念，是指用信息网络把多维，即海、陆、空、天、电（磁）等联系在一起的国防理念。

第二次世界大战后，以美国为首的西方国家发动了一系列战争，令美国付出惨痛代价且至今难忘的有两次：一是朝鲜战争，二是越南战争。朝鲜战争是美国打着联合国军的旗号侵略朝鲜，时间长达三年多。这次战争主要战场是在朝鲜半岛北部山区。中国人民志愿军所采取的主要是山地运动战。在这场战争中，我军共歼灭以美国为首的联合国军36万人，其中美军5万多人。

越南战争主要在越南南部进行。从越南人民军来说，主要采用丛林游击战。越南南部是热带丛林，雨季来临以后，是越南人民军打击美军的最佳季节，叫雨季攻势。这一战争从1964年一直打到1973年，前后共9年时间，在越南战场，美国派出军队最多时超过50万人。在这场战争中，美军死亡5.8万人。美国付出了沉重代价，国内掀起了大规模的反战运动，最后不得不从越南撤兵。

如何减少地面战争的伤亡而又达到战争目的，这成为战争史上一个新的问题。这一时期高新科技与战争的结合，并由此开始世界范围的新军事变革，为这个问题的解答开辟了前景。这一变革到目前为止可以分为三个阶段。

一是20世纪70年代的孕育阶段。如前所说，20世纪70年代初，美国深陷越战泥潭。美军企图用“地毯式”轰炸，截断被称之“胡志明小道”的交通运输线。位于河内附近的清化大桥，是美军轰炸的重点目标。美军出动飞机600余架次，投弹5000余吨，损失飞机18架，却始终未能将其摧毁。1972年5月，美军首次使用“宝石路”激光炸弹，一次攻击即达目的。此后，美国等发达国家越来越重视研制和生产这类精确制导武器。在这个时期，信息技术迅猛发展并广泛运用于军事领域，在这方面，美苏等军事强国处在世界的前列。精确制导武器与指挥自动化系统的发展，为军事变革的孕育和形成提供了基本的物质技术基础。

二是20世纪80年代的奠基阶段。1979年，苏军总参谋长奥加尔科夫元帅敏锐地看到了军事领域悄然发生的新变化，预言先进技术的出现，特别是以电子计算机为核心的信息技术的迅速发展，精确制导武器的大量涌现，必将引起一场“新的军事技术革命”。这一预言在世界军事领域引起高度重视和极大反响。美国人率先行动起来，美军提出了“空地一体”作战的新理论，积极发展“爱国者”导弹、“阿帕奇”直升机、联合监视与目标攻击系统等多种信息化武器系统，并积极改革军队的体制编制。

三是20世纪90年代以来的全面发展阶段。20世纪90年代以来，以美国为首的西方发达国家共发动了四场局部战争：一是1991年初爆发的海湾战争，这一次战争美军仅死亡500多人；二是1999年3月爆发的南斯拉夫科索沃战争，这一次战争是空中打击，78天狂轰滥炸，炸死南斯拉夫平民1万多人；三是2001年发动的阿富汗战争；四是2003年发动的伊拉克战争。这场战争仅用了3个星期就占领了伊拉克首府巴格达，而美军死亡仅138人。这四次战争全面反映了作战方式和战争形态的根本变化，被人们称之为信息化条件下的高技术局部战争。海湾战争后，新军事变革不仅在美国迅速发展，而且很快波及其他国家，研究新军事变革，应对新军事变革挑战，已成为全球关注的重大问题。

新军事变革是适应现代战争特点的变革。现代战争的特点主要有以下几个方面：

第一，现代战争是信息化战争。冷兵器时代的战争优势是兵力优势，热兵器时代和机械化战争中的优势是火力优势，而现代战争中的优势是信息优势。信息化战争是由信息化部队使用信息化武器，在海、陆、空、天、电（磁）等多维空间进行的战争。2003年的伊拉克战争是迄今为止信息化程度最高的一场战争。美军动用了70多颗卫星和U-2高空侦察机、“全球鹰”无人侦察机，构成绵密的情报侦察网，可以让自己“单向透明”，几乎能洞察对方的一举一动。对方则看不见自己，如同盲人跟明眼人搏斗。美国利用侦察卫星，能够分辨地上10厘米的目标。

第二，现代战争是具有非接触性的战争，即远程战争。这种战争可以在几千里外发动攻击。2003年伊拉克战争中，美国从距伊拉克很远的巡洋舰上发射导弹，进行海空打击，在基本摧毁了伊拉克的军事作战手段的前提下，然后由陆军进行陆上攻击。由此可见，信息化时代非接触作战是高科技局部战争的一种方式，它虽然不能取代地面接触性作战，但它又为地面接触性作战的胜利提供了某种条件，扫清了某些障碍。

第三，现代战争是控制太空的地面战争。在争夺和维护世界霸权的国家眼中，如果说，19世纪谁控制了欧洲大陆，谁就能称霸世界；20世纪谁控制了海洋，谁就能称霸世界；那么，21世纪谁能控制太空，谁就可能称霸世界。美国为了维护在全世界的霸主地位，花费了大量人力、物力进行太空控制，并利用其对太空的控制发动战争。

2003年的伊拉克战争中，美军先后利用各种卫星从太空对伊拉克进行侦查，并与各种预警机、侦察机以及地面侦查装备联网，构成全天候、全时空的立体侦察监视体系。精确制导武器已成为美国信息化武器装备的主体。在伊拉克战争中，美军共投放各种精确制导武器1500多枚，占总投弹量68%。目标只要被发现，就意味着将被摧毁。

第四，现代战争是具有综合化指挥艺术特点的战争。国家的综合国力在持久的、全面的总体战争中，才能显示作用。比如抗日战争，这是综合国力的较量。现代局部战争的胜利，其中一个主要支撑条件是综合的指挥艺术。信息化所带来的网络和数据链系统，使信息多路分发和平行共享成为可能。上级与下级、本部与友邻、军种与军种之间日益紧密地联系在一起，从而极大地推动了真正意义上的三军联合。因此，能否组建体系化的诸军兵种联合作战体制，或者说具有调动诸军兵种联合作战的指挥艺术，成为赢得信息化战争的重要保证。现代化战争是体系对体系的较量，只有多种力量综合使用、各军兵种密切协同、各种武器系统优势互补，才能发挥整体威力。

美军是信息化军队建设的先行者，到目前为止，美国空军装备中70%以上实现了信息化，海军的信息化装备占60%，陆军也有50%以上的装备实现了信息化。美国原计划在2010年前后实现陆、海、空三军联网，到2030年前后，美军将初步完成全军的数字化建设。俄罗斯、日本、韩国、印度也在加紧组建信息化军队。在这一过程中，一体化、轻便化、机动化、精确化成为重要的目标追求。

三、中国国防安全环境分析

要成为世界性强国，其首要基础是拥有广大的版图。因此，西方一些发达国家为了阻止一些后发大国变成世界性强国，所采取的最彻底的办法，就是肢解它的版图，让它在分裂中内耗，在内耗中为西方国家所操纵。

英国在离开印度前夕，把印度肢解为印度和巴基斯坦两部分，到现在这两国依然矛盾重重，互不信任。20世纪末，西方又用同样的方法促成了强大的苏联和南斯拉夫社会主义联邦共和国的解体。

原苏联一分为十五，原南斯拉夫一分为六。为了促成南斯拉夫的分裂，美国及其盟国无所不用其极，甚至制造借口，发动战争。

西藏问题由来已久。1903年英国从大吉岭出兵经亚东直逼拉萨，次年用武力强迫西藏地区政府签订非法的“拉萨条约”，企图把西藏地区纳入英国控制范围。1914年英国人麦克马洪又与西藏地区分裂分子背着中央政府在西姆拉会议上草签“西姆拉条约”，使中国西藏地区失去了9万多平方公里土地。后来由于中国政府的坚决反对及一战爆发，才使英国分裂中国西藏的企图没有实现。

1951年5月23日，中央人民政府和西藏地方政府签订了《关于和平解放西藏办法的协议》，即“十七条协议”。10月22日，西藏民众大会作出决定，建议达赖认可“十七条协议”。10月24日达赖致毛泽东主席，表示拥护协议，西藏正式获得解放。然而，在“十七条协议”签订前后，美国制定了一系列行动计划，秘密策动达赖出逃。由于中央政府耐心细致、周到的工作，才使这一时期美国策动达赖出逃、分离西藏的阴谋失败。①

20世纪末，国际形势巨变使“西藏”问题开始升温。80年代中国开始崛起，90年代苏联的解体及中亚五国的出现，使中国在美国全球战略中的角色发生了变化。美国在需要中国合作的同时，也日益把中国作为潜在的“威胁”。又由于西藏是中国进入中亚、中东及印度洋的前沿地区之一。因此分离中国西部，特别是中国西藏地区，将是美国及其盟国的战略目标所在。1997年底，美国政府开始设“西藏问题特别协调员”一职，其首要职责是“促进中国与达赖喇嘛展开真正的对话”，同时还要负责“推动对西藏独特文化、宗教和语言遗产的保护”。克林顿任总统期间还邀请达赖以宗教领袖的名义访问白宫。在美国支持下，还授予达赖以诺贝尔和平奖。可以预见，西藏地区在美国地缘战略中将进一步升级。为了击破西方势力在西藏问题上挑战中国的阴谋，我们有两个方面的工作要做，一是做好外部工作，让世人了解中国的民族政策，了解西藏的发展变化，包括文化传统的继承和发扬。二是做好藏族的民族工作，坚持信仰自由政策，发展西藏的经济、政治、文化、教育，培养民族干部。

除了西藏问题以外，中国还面临台湾、南沙问题。

中国作为一个新兴的发展中大国，正处于高速发展之中。而要保持中国快速发展的前提在于：中国要有一个持续稳定和畅通的获取海外资源、能源的海上贸易交通线。如从这个角度看，就会发现台湾和南沙群岛这两个属于中国主权的领土，是中国的核心利益所在，对中国下一步的发展具有非常迫切的意义。这是因为：

第一，台湾和南沙群岛是中国进入太平洋和印度洋的最直接或最前沿的出口，若失去了台湾和南沙，中国也就失去了对进入太平洋和印度洋的航海线最低限度的控制力。

① 程早霞：《“十七条协议”签订前后美国秘密策动达赖出逃》，《新华文摘》，2007（11）。

第二，中国东部以及东南部，特别是从广东到上海的沿海地区已成为中国经济产值最高、增值最快的地区，这势必要求我们绝对不能把将来可能发生的战争引向内陆，而应尽可能远地将其推向海面。如果我们还从“敌人大规模入侵”的视角安排国防布局，则不管胜利与否，都将承受远比敌人更为沉重的代价。

第三，海上贸易必需的海军力量存在的前提是海上基地，中国海军存在的最起码前提是属于中国的海上岛屿。陆地和沿岸不应是中国发展海军的天地，若失去了台湾和南沙地区，就等于中国海军在相当程度上失去了中国主权内应有的发展空间。可以说，没有现代化的中国海军，中国肯定就没有伟大的未来。

中国的发展已到了向西部内陆和海洋同时推进的时期。中国应对其中必然出现的东部和西部安全问题有一个清醒和大范围的战略考虑。其中，应回答三个问题：就保障中国本世纪的发展而言，中国安全的关键利益是什么？阻碍中国实现这些利益的关键是什么？解决这些关键的主要手段是什么？

中国现阶段的问题很多，但若从发展的角度看，对国家安全来说影响最大、最深远，从而也是最关键的利益，是台湾和南沙地区的中国主权归属；影响这一问题的关键障碍是美国及其盟国在中国东部及东南海区再次拉起并日益收紧的从日本、中国台湾到中国南海的环岛链条，是这一环岛链条与现代卫星监控技术（比如地区导弹防御系统）的结合所构成的威胁。因此，突破这道链条，是中国维护自己核心利益的主要手段。

根据上面的分析，不难断定，只要中国的军事（主要是海军和空军）实力及其技术含量没有大幅度提高，中国和美国在这一地区的利益绝不会像贸易谈判那样有妥协（甚至没有平等对话）的余地，从中国历史的经验看，经济实力如不以军事实力为依托，就根本形成不了有效的国家力量。经验表明：要想与美国合作，你就必须具有实力。尼克松在《1999不战而胜》一书中说：“地缘政治的一个原理是，只有在战场上夺取更大胜利，才能在谈判桌上赢得更多的东西。”

在中美谈判桌上，中国不想赢得属于别人的东西，中国只想保住自己最基本、最重要，也是本属于中国的利益。在确立了市场经济目标的中国，如果没有至少在自己主权范围内的海权，中国就绝对不能成为世界性强国。

我们应该有所准备。为了防备不测，我们必须具有随时动用，并有绝对把握取胜的用高科技武装起来的陆军，特别是海军、空军力量。只有这样，中国人才可能安享太平，我们才能获得现代化建设的比较长期的和平国际环境，在台湾问题上，“不能承诺放弃武力”的原则才能听起来掷地有声，只有如此，台海两岸才可能真正走向和平统一。

四、中国新军事变革

中国军队建设在60多年的历程中迈上了三个大台阶。一是由解放初期的“小米加步枪”的军队，发展成初步机械化的合成军；二是由常规装备的军队，发展为拥有核威慑力量的军队；三是目前正在进行的信息化建设，中国军队要通过以信息化为核心的新军事变革，建设成一支全面的高科技的精干军队，以全新面貌展现在世界面前。

关于当今世界进行的新军事变革，我国军事理论界比较一致的看法是，它是20世纪90年代初冷战结束后开始出现的，是以安全态势演变为动因的，以高新技术特别是信息技术发展为动力，以军事观念转变为牵引，以军事体系调整为中心的全方位、全领域、全系统的军事变革，涉及军事理论、军事战略、作战思想、指挥体制、部队结构，军备发展、国防工业等各个方面。

推进当代中国的军事变革，刻不容缓。中央领导同志曾多次告诫全军，要充分认清国际战略形势的发展趋势，进一步增强忧患意识和使命意识；要迎接世界新军事变革的挑战，积极推进中国特色的军事变革。

在这方面，从90年代初开始，我军现代化主要做了以下几个方面的工作。

1. 压缩军队规模，走中国特色精兵之路

军费供应不足，是新军事变革中包括我国在内的各国军队普遍遇到的难题。从世界范围看，世界各国国防费用占GDP的比例一般都在2%—4%，而我国只占1.5%左右。以2002年为例，我国国防开支为1694.44亿元人民币，约合200亿美元，只相当于美国的6%左右。我军费大部分用于250万人员的生活费、活动维持费，用于装备和训练的相对较少。如何解决军费供需矛盾，让有限的军费带来最大的效益，其最佳思路是减少人员数量，提高军队质量。军队总员额由1975年前高峰时的611万减到1985年300万，1997年和2003年在这一基础上又分别再裁减50万和20万，现在是230万。随着我军现代化的不断推进，将会提供其规模压缩的新的空间。

走中国特色精兵之路，核心是一个“精”字。精，既是对“量”的要求，更是对“质”的要求。减少数量，提高质量，优化军队内部结构，增大高科技含量，加强综合集成建设，逐步建立符合现代战争要求的体制、编制，是加速中国人民解放军现代化建设和更好地做好军事斗争准备的必然选择。

2. 武器装备更新换代，建设成效显著

新中国成立后，我国是以步兵为主，1955年成立了一个机械化师，下辖8个团。90年代以来，通过自主创新研制和引进消化国外先进设备，我国的国防科技和武器装备建设取得了长足进步。目前中国人民解放军已建立起若干个机械化集团军和机械化师，反应速度、火力配合、技术含量明显提高。海军、空军、战略导弹部队进一步壮大。电子信息装备的数字化、综合化、一体化、保障和抗干扰能力均有所增强。各军兵种、各级各类后勤保障装备和手段逐渐得到改进和更新，联合战役后勤保障能力有了很大提高。

3. 军队信息化步伐加速，高技术兵种相继出现

我军将信息技术运用于作战指挥系统虽然起步较晚，但发展速度很快。目前在“信息获取、指挥控制、协同支援”等数字化建设的主要环节上已取得很大成绩。建立了若干个“数字化”兵种。

为了建立数字化部队，培养高素质人才是关键。到2002年底，全军已有博士、硕士3万多名，近千名军事留学生出国深造。全军具有大专以上学历的军官达71.8%，其中专业技术干部占到近半数。近几年来，这方面的成就不断得到巩固和强化。

4. 变革指挥系统，建立诸军兵种联合指挥体系

指挥系统的变革是新军事变革的关键。有了高新技术武器装备，有了掌握各种武器装备的士兵，如何使其发挥最大的战斗力，正成为各国军队指挥系统必须解决的关键问题。现实向中国军队提出了三军一体、诸兵种一体、全系统一体合成指挥的新要求。我国诸军兵种各自为政的传统观念、传统模式正在被打破，建立诸军兵种联合指挥系统已在着手进行。

总之，中国的新军事变革已取得巨大成就，中国军队已经拥有西方发达国家武器库中大多数先进武器系统，中国军队拥有的很多武器已经达到或接近世界先进水平，可以与西方发达国家相媲美。但还要继续努力，争取更大的成就。中国军队的目标是在2020年前基本实现机械化，使信息化取得重大进展，到本世纪中叶基本实现国防和军队现代化。